Frauenförderun[illegible] [illegible]del

Campus Forschung
Band 918

*Andrea Leitner*, Dr. Mag., ist wissenschaftliche Mitarbeiterin am Institut für Höhere Studien in Wien.

Andrea Leitner

# Frauenförderung im Wandel

## Gender Mainstreaming in der österreichischen Arbeitsmarktpolitik

Campus Verlag
Frankfurt/New York

Bibliografische Information der Deutschen Nationalbibliothek
Die Deutsche Nationalbibliothek verzeichnet diese Publikation in der Deutschen Nationalbibliografie; detaillierte bibliografische Daten sind im Internet unter http://dnb.d-nb.de abrufbar.
ISBN 978-3-593-38356-9


Gedruckt auf säurefreiem und chlorfrei gebleichtem Papier.
Printed in Germany

Besuchen Sie uns im Internet: www.campus.de

# Inhalt

# 1. Einleitung

Gleichstellung von Frauen und Männern ist seit langem Thema in der österreichischen Arbeitsmarktpolitik, hat aber durch Gender Mainstreaming einen neuen Impuls erhalten. Durch Gender Mainstreaming soll Gleichstellung systematisch in die Institutionen und Prozesse der Arbeitsmarktpolitik integriert werden, mit dem Ziel, Routinen, Maßnahmen und Aktivitäten politisch handelnder Organisationen dahingehend zu verändern, dass Politik die Benachteiligungen durch Geschlecht nicht verstärkt. Gleichstellung ist damit nicht länger auf Frauenförderung und Frauenabteilungen oder Frauenreferentinnen konzentriert, sondern ist mit dem neuen Konzept in den Rang der allgemeinen Zielsetzungen der Arbeitsmarktpolitik aufgestiegen und sind alle arbeitsmarktpolitischen AkteurInnen aufgerufen, allen voran die Leitungsebene, ihr Denken und Handeln reflexiv auf das Ziel der Gleichstellung von Frauen und Männern auszurichten.

Doch wieweit dieses Konzept in der Praxis umsetzbar ist, hat zu einer heftigen Debatte über die damit verbundenen Chancen und Risiken der Gleichstellungsförderung geführt. Während die BefürworterInnen von Gender Mainstreaming von einer Transformation der Geschlechterpolitik sprechen, die Gleichstellungspolitik erweitert, befürchten die SkeptikerInnen eine Instrumentalisierung, die auch die erkämpften Fortschritte der Gleichstellungspolitik gefährdet. Daneben gibt es noch Stimmen, die keine Änderung erwarten, sondern Frauenförderung mit all seinen Problemen und Barrieren lediglich durch einen neuen Begriff vertreten sehen.

In der Arbeitsmarktpolitik soll das Instrument Gender Mainstreaming Frauenförderung nicht ersetzen, sondern ergänzen und stärken. Für diese Aufwertung der Gleichstellungspolitik waren weniger emanzipatorische Zielsetzungen als vielmehr ökonomische und sozialpolitische Argumente ausschlaggebend. Die Integration von Frauen in den Arbeitsmarkt soll die Produktivität und die Wettbewerbschancen Europas steigern und damit auch zur Finanzierbarkeit des Sozialstaates beitragen (Behning/Serrano Pascual 2001; Rubery/Fagan 1998; Schmidt 2003). 1994 wurde die Förderung der Chancengleichheit beim Gipfel von Essen als eine zentrale Zielsetzung der EU festgelegt. Durch ihre Berücksichtigung im Amsterdamer Vertrag (1997) und in den Zielsetzungen von Lissabon (2000) haben diese Aufgaben auch auf nationaler Ebene an Gewicht und Verbindlichkeit gewonnen.

Tatsächlich sind Frauenförderung und Gender Mainstreaming in den arbeitsmarktpolitischen Zielsetzungen und den proklamierten Erfolgen der damit befassten Institutionen verstärkt zu finden. Aber wieweit hat sich die Praxis der Arbeitsmarktpolitik durch die neuen Zielsetzungen und Gender Mainstreaming verändert? Welche Zielsetzungen werden mit Gleichstellung in der Arbeitsmarktpolitik verbunden? Können sich Gleichstellungsziele in der Arbeitsmarktpolitik gegenüber anderen Zielsetzungen durchsetzen? Wieweit werden Gleichstellungsziele in der alltäglichen Arbeitspraxis handlungsleitend?

Die vorliegende Arbeit nimmt die Fragen der Umsetzungsmöglichkeiten von Gender Mainstreaming in politischen Organisation auf. Wieweit Gender Mainstreaming tatsächlich eine Weichenstellung in der Gleichstellungspolitik bedeutet, wird am Beispiel des österreichischen Arbeitsmarktservice (AMS) in einer kritisch reflektierenden Analyse des Implementierungsprozesses beleuchtet. Die normativen Vorgaben zu Gleichstellung und Chancengleichheit, wie sie in den Dokumenten der Arbeitsmarktpolitik festgehalten sind, werden dabei der Umsetzungspraxis, wie sie sich in der Perspektive der AkteurInnen darstellt, gegenübergestellt. Kernpunkt der Analyse ist die Frage, wieweit Arbeitsmarktpolitik selbst *Doing-Gender-*Prozesse setzt, das heißt an der Kontruktion von Geschlecht beziehungsweise den damit verknüpften Benachteiligen beteiligt ist und wieweit es mit Gender Mainstreaming gelingt, diese strukturellen Benachteiligungen zu vermeiden.

## Arbeitsmarktpolitik als Gleichstellungsinstrument

Die Frage der Gleichstellung der Geschlechter wird nicht zufällig oft im Rahmen der Erwerbstätigkeit analysiert – ist doch der Arbeitsmarkt in unserem erwerbszentrierten System die zentrale Vermittlungsinstanz für die wirtschaftliche, politische und soziale Teilhabe am gesellschaftlichen Leben. Ein großer Teil der Ungleichheit zwischen den Geschlechtern wird am Arbeitsmarkt sichtbar (zum Beispiel bei Einkommensunterschieden oder Segregation), beziehungsweise steht in unmittelbarer Beziehung zum Arbeitsmarkt (beispielsweise die Trennungslinie zwischen bezahlter und unbezahlter Arbeit). Es ist daher davon auszugehen, dass jegliche Form arbeitsmarktpolitischer Maßnahmen zugleich die Frage der Gleichstellung berührt. Während jedoch die Dimensionen der Ungleichheit am Arbeitsmarkt bereits seit langem Thema in der Frauen- und Geschlechterforschung sind, gewinnt umgekehrt die Gender-Perspektive in der Arbeitsmarktforschung nur zögerlich an Bedeutung (Maier 1998a). Damit bleibt auch die Frage, wie wirksam arbeitsmarktpolitische Maßnahmen zur Förderung von Gleichstellung von Frauen und Männern beitragen, weitgehend offen (Müller/Kurtz 2002).

Stellt man den Ursachen der Benachteiligung von Frauen am Arbeitsmarkt die Aufgaben von aktiver Arbeitsmarktpolitik gegenüber, so scheinen sich diese beiden Bereiche gut zu ergänzen. Trotz zunehmender Bildungsbeteiligung der Frauen, bleiben Bildungsdefizite durch beruflich schlecht verwertbare Bildungsabschlüsse und unterbrechungsbedingte De-Qualifizierungen die zentralen Barrieren der Gleichstellung von Frauen und Männern am Arbeitsmarkt. Die von Frauen mitgebrachten Kenntnisse und Fähigkeiten werden teilweise nicht als »objektive Qualifikationsvoraussetzungen« ausgewiesen und bewertet (Goldberg 2002). Probleme treten für Frauen vor allem beim geplanten Wiedereinstieg in den Arbeitsmarkt nach familiär bedingten Unterbrechungen auf. Qualifizierungsmaßnahmen zur Ausbildung, Fortbildung, Umschulung oder beruflicher Mobilitätsförderung sowie die Unterstützung bei der Arbeitsuche, die zu den Kernbereichen der aktiven Arbeitsmarktpolitik zählen, können dazu beitragen, Frauen bessere Chancen am Arbeitsmarkt einzuräumen. Insbesondere, wenn diese Maßnahmen auf die spezifische Lebenssituation von Frauen ausgerichtet sind, zum *Empowerment* von Frauen beitragen und durch spezifische Beratung und Unterstützung bei der Kinderbetreuung begleitet werden.

Doch die hohen Erwartungen an die Arbeitsmarktpolitik müssen angesichts ihrer Wirkungsmöglichkeiten relativiert werden. Aktive Arbeitsmarktpolitik kann nur bedingt Arbeitsplätze schaffen, aber kann durch gestaltende und präventive Maßnahmen die Beschäftigungschancen benachteiligter Gruppen verbessern (Layard u. a. 2005). Arbeitsmarktpolitik ist demnach weniger als Intervention zur Beseitigung von Arbeitslosigkeit zu verstehen, denn als Instrument zur Umreihung der Beschäftigungschancen zwischen unterschiedlichen Gruppen von Arbeitslosen. In dieser Interpretation geht Frauenförderung in der Arbeitsmarktpolitik auf Kosten von Männern und wird zur machtpolitischen Frage zwischen den Geschlechtern.

Vorliegende Untersuchungen über die Wirksamkeit von arbeitsmarktpolitischen Maßnahmen oder Programmen vermitteln ein ambivalentes Bild über die Frauenförderung durch Arbeitsmarktpolitik:[1] Am häufigsten wird das Thema im Rahmen von Maßnahmenevaluationen spezifischer Frauenfördermaßnahmen behandelt.[2] Die bloße Existenz von Frauenmaßnahmen und individuelle (Brutto-)Beschäftigungseffekte[3] werden oft als positiver Beitrag zur Gleichstellung interpretiert.

Auch in Wirkungsanalysen, die Nettobeschäftigungseffekte zwischen unterschiedlichen Maßnahmen und Zielgruppen vergleichen, weisen Frauen tendenziell bessere Beschäftigungserfolge auf als Männer. Die Zusammenfassung internationaler Evaluationen durch die OECD zeigt, dass Frauen nach Qualifizierungsmaßnahmen, *on-the-job*-Training und Vermittlungsprogrammen höhere Beschäftigungsintegrationsquoten zeigen (Martin 1998; Martin/Grubb 2001). Auch österreichische Analysen belegen, dass die Nettobeschäftigungseffekte von Frauen in arbeitsmarktpolitischen Programmen höher sind als jene von Männern (Weber/Hofer 2003; Leitner u. a. 2003).

Hingegen führt die Gesamtbetrachtung der umgesetzten Arbeitsmarktpolitik eher zu negativen Befunden: Frauen sind in der Arbeitsmarktpolitik unterrepräsentiert – sowohl den Frauenanteil an den Geförderten als auch die Fördermittel betreffend (Beigewum 2002). Zudem zeigen sich unter-

---

1 Widersprüchliche Argumente zur Wirksamkeit arbeitsmarktpolitischer Maßnahmen für Frauen verlaufen dabei durchaus analog zur Diskussion der generellen Wirksamkeit aktiver Arbeitsmarktpolitik (vgl. z. B. Fay 1996).

2 Beispiele für arbeitsmarktpolitische Maßnahmen für Frauen in Österreich sind: Enzenhofer/Kaupa (2002) zu »Karenz Plus«; Holzmann-Jenkins (1998) zu Homeservice; Leitner/Wroblewski (2000c) zu »WiederIn«.

3 Bruttobeschäftigungseffekte messen den Erfolg einer Maßnahme danach, wieweit es den TeilnehmerInnen gelingt, nach Maßnahmen in den regulären Arbeitsmarkt überzutreten. Unberücksichtigt bleibt dabei die Tatsache, dass ein Teil der Geförderten auch ohne Maßnahmenteilnahme eine Beschäftigung aufgenommen hätte, was durch Nettobeschäftigungseffekte berechnet wird. Doch die Ermittlung von Nettobeschäftigungseffekten wird angesichts der methodischen Herausforderungen oft vernachlässigt (vgl. Lassnigg u. a. 2000a).

schiedliche inhaltliche Förderschwerpunkte bei Frauen und Männern. Dies trägt zu einer Feminisierung des sekundären Arbeitsmarktes und zur Verstärkung der geschlechtsspezifischen Segregation am Arbeitsmarkt bei (Henninger 2000; Knapp/Weg 1995; Leitner/Wroblewski 2000b).

Die unterschiedlichen Befunde zur Frauenförderung in der Arbeitsmarktpolitik lassen sich vorerst damit zusammenfassen, dass es zwar viele erfolgversprechende Maßnahmen zur Förderung der Gleichstellung durch Arbeitsmarktpolitik zu geben scheint. Doch Frauen bleiben eher von arbeitsmarktpolitischen Maßnahmen ausgeschlossen und teilweise verstärken arbeitsmarktpolitische Maßnahmen geschlechtsspezifische Benachteiligungen am Arbeitsmarkt. Für eine gleichstellungsorientierte Arbeitsmarktpolitik sind daher mehrere Kriterien entscheidend:

- Die Umsetzung einzelner frauenfördernder und beschäftigungswirksamer Maßnahmen reicht nicht aus.
- Bei allen arbeitsmarktpolitischen Maßnahmen ist ein geschlechtergerechter Zugang zu Förderungen zu sichern.
- Und schließlich dürfen die umgesetzten Maßnahmen die bestehenden Benachteiligungen am Arbeitsmarkt nicht verstärken, sondern sollen diesen entgegenwirken.

Wie und vor allem warum arbeitsmarktpolitische Maßnahmen erfolgreich sind oder nicht, sie die Gleichstellung von Frauen und Männern am Arbeitsmarkt fördern oder nicht, ist durch quantitativ orientierte Wirkungsanalysen allein kaum zu beantworten. Vielmehr gilt es die Arbeitsmarktpolitik als Prozess mit den zugrundeliegenden Steuerungsmechanismen und den alltäglichen Umsetzungspraktiken in den Blick zu nehmen und damit qualitative Dimensionen zu berücksichtigen. Die vorliegende Arbeit konzentriert sich daher nicht auf die Wirkungen von Arbeitsmarktpolitik, sondern auf den Prozess, wie politische Programme in der Praxis umgesetzt werden. Ausgehend vom Stand des Wissens über die Frauenförderung in der Arbeitsmarktpolitik und der aktuellen Diskussion über eine veränderte Gleichstellungspolitik durch Gender Mainstreaming werden der Umgang mit Gleichstellungszielen in der arbeitsmarktpolitischen Praxis des Arbeitsmarktservice (AMS) analysiert und Änderungen, die durch die Strategie des Gender Mainstreaming entstanden sind, identifiziert.

## Aufbau der Arbeit

Die Frage, inwieweit Gender Mainstreaming eine Veränderung der gleichstellungsorientierten Arbeitsmarktpolitik, respektive der Praxis des AMS bringt, schließt eine Bewertung der Gleichstellungspolitik mit ein. Solche Bewertungen bewegen sich immer im Balanceakt zwischen dem Wecken von Hoffnungen und dem Aufzeigen der Grenzen von Politik; ihre Beurteilung ist ganz wesentlich von den Erwartungen abhängig. Um einen Bewertungsmaßstab für die Umsetzung der Arbeitsmarktpolitik zu schaffen, erfolgt in der vorliegenden Studie zunächst eine theoretische Aufarbeitung der Zielsetzungen einer gleichstellungsorientierten Arbeitsmarktpolitik.

Ausgangspunkt bildet die Annahme, dass Frauen eine spezifische Zielgruppe der Arbeitsmarktpolitik darstellen, die mit anderen Zielgruppen wie zum Beispiel Ältere, Behinderte, Langzeitarbeitslose etc. in Konkurrenz stehen. Aufgrund ihrer Arbeitsmarktsituation begründen Frauen einen speziellen Interventionsbedarf für aktive Arbeitsmarktpolitik, der nicht nur auf weibliche Defizite ausgerichtet ist, sondern auch Frauen als Potential des Arbeitsmarktgeschehens nützen kann. Entsprechend dieser Annahme werden zunächst die Wirkungsmöglichkeiten und Instrumente der aktiven Arbeitsmarktpolitik auf Basis der Arbeitsmarkttheorie und der Erfahrungen mit unterschiedlichen arbeitsmarktpolitischen Maßnahmen analysiert (Kapitel 2).

Die empirische Analyse zur Erwerbssituation von Frauen begründet die arbeitsmarktpolitischen Zielsetzungen zur Frauenförderung. Die Reduzierung der Arbeitslosigkeit von Frauen stellt zwar den zentralen Ansatzpunkt für die Arbeitsmarktpolitik dar, umfasst aber noch weitere Zielsetzungen wie die Gleichstellung von Frauen und Männern im Erwerbsleben oder auch die Erhöhung des Beschäftigungspotentials durch die Erwerbsintegration der Frauen (Kapitel 3).

Die Zielsetzungen für eine gleichstellungsorientierte Arbeitsmarktpolitik können auch aus gesellschaftspolitischen Überlegungen abgeleitet werden, indem Arbeitsmarktpolitik als ein Instrument der Gleichstellungspolitik gesehen wird. Dieser Ansatz basiert auf Vorstellungen über Gleichheit und Gerechtigkeit und wird in Analysen und Forderungen der Gender-Forschung argumentiert. Die Darstellung der Zielsetzungen und Strategien von Gleichstellungspolitik liefert damit einen zweiten Argumentationsstrang, der in Kapitel 4 dargestellt wird.

In Kapitel 5 wird auf die Frage nach dem Veränderungspotential von Gender Mainstreaming näher eingegangen. Gender Mainstreaming stellt eine spezifische Gleichstellungsstrategie dar, die zwar theoretisch definiert ist, aber hinsichtlich ihrer Umsetzbarkeit sehr unterschiedlich interpretiert wird und damit zu Kontroversen über die damit verbundenen Hoffnungen und Risiken für die Gleichstellungspolitik führt.

Die zentralen Barrieren einer wirksamen Umsetzung von Gender Mainstreaming liegen aber wohl weniger bei den Spezifika dieser neuen Strategie, als vielmehr bei den Hindernissen, die auch der traditionellen Gleichstellungspolitik entgegenstehen. Für diese Einschätzung werden die Erkenntnisse aus der betrieblichen Frauenförderung aufgenommen, indem *Doing Gender*-Prozesse der Organisation und der Politikumsetzung näher betrachtet werden. Dazu werden in Kapitel 6 Ergebnisse aus empirischen Untersuchungen zur Gleichstellung in der Arbeitsmarktpolitik und zur betrieblichen Frauenforschung sowie die Konzeption des Theorieansatzes der »*gendered organizations*« beleucht.

Welche Erfolge und Herausforderungen in der Gleichstellungspolitik bestehen und wieweit Gender Mainstreaming Frauenförderung ablöst, wurde am Beispiel des österreichischen Arbeitsmarktservice untersucht. Einleitend für die empirische Analyse werden in Kapitel 7 die aus den vorangegangenen Kapiteln entwickelten Fragestellungen zusammengefasst und die methodische Vorgangsweise konkretisiert.

Anschließend werden zur Erklärung der Funktionsweise der Arbeitsmarktpolitik zentrale Organisationsaspekte und Steuerungsprozesse des AMS dargestellt (Kapitel 8). Inwieweit die europäische Beschäftigungsstrategie, der Frauenanteil im AMS und das *Mangement by Objektives* Gleichstellungspolitik beeinflusst, wird näher erläutert.

Wie Gender Mainstreaming implementiert wurde, ist Thema von Kapitel 9. Dabei wird sowohl auf die institutionelle Verankerung von Gender Mainstreaming, die Beteiligung von AkteurInnen im Gender-Mainstreaming-Prozess als auch auf den Aufbau von Gender-Kompetenz eingegangen.

Kapitel 10 befasst sich mit den Zielsetzungen der Gleichstellung im AMS. Dafür werden sowohl die konkreten arbeitsmarktpolitischen Zielsetzungen zwischen 1997 und 2003 als auch grundlegende Orientierungen in den allgemeinen Zielsetzungen des AMS analysiert. Welche Wirkungen aus den Zielsetzungen für die Gleichstellung entstehen, wird anhand von vorliegenden Evaluationen eingeschätzt. Schwerpunkt bleibt aber auch in diesem Kapitel die Gegenüberstellung von dokumentierten Zielkonzepten und subjektiven Einschätzungen über Bedeutung und Wirkung.

Welche Veränderungen Gender Mainstreaming bewirkt hat und welche Widerstände dagegen bestehen, wird in Kapitel 11 dargestellt. Da sich auch in der Praxis des AMS die Beziehung zwischen der etablierten Frauenförderung und dem inhaltlich nach wie vor vagen Gender Mainstreaming als zentral erweist, wird diesem Zusammenspiel auf Ebene der AkteurInnen besondere Aufmerksamkeit gewidmet.

In Kapitel 12 werden die Veränderungen durch Gender Mainstreaming in der österreichischen Arbeitsmarktpolitik zusammengefasst und daraus Schlussfolgerungen über die Probleme von Gender Mainstreaming gezogen. Vorweg sei hier bereits angedeutet, dass sich durch Gender Mainstreaming die Arbeitsmarktpolitik verändert hat, allerdings anders als dies in der Theorie erwartet wird.

Die empirische Analyse der Implementierung von Gender Mainstreaming im AMS erfolgte bereits in den Jahren 2002/2003.[4] Damit stellt die vorliegende Studie insofern einen »historischen« Befund dar, als sich die Gleichstellungspolitik im AMS seither weiterentwickelt und sich auch der ökonomische und politische Kontext verändert hat. Doch die Ergebnisse behalten ihre Relevanz, da sich in den Grundprinzipien der Gleichstellungspolitik wenig verändert hat und das AMS bei Gender Mainstreaming eine Vorreiterrolle einnimmt, indem es im Gender-Mainstreaming-Prozess wesentlich weiter ist als viele andere Organisationen.

---

4 Die empirische Erhebung erfolgte im Rahmen der Evaluierung des Europäischen Sozialfonds 2000-2006 Ziel 3, im Auftrag des Bundesministeriums für Wirtschaft und Arbeit, kofinanziert mit Mitteln des Europäischen Sozialfonds. Die weiterführende Analyse der Implementierung von Gender Mainstreaming im AMS erfolgte im Rahmen meiner Dissertation, die im November 2005 abgeschlossen wurde.

# 2. Zielsetzungen und Wirkungen aktiver Arbeitsmarktpolitik

In der österreichischen Arbeitsmarktpolitik hat sich Frauenförderung mittlerweile als ein fixer Schwerpunkt etabliert. Bereits 1986 wurde ein spezielles Maßnahmenpaket für Frauen geschaffen. Davor wurden spezifische Anliegen von Frauen diskutiert und im Rahmen der allgemeinen arbeitsmarktpolitischen Maßnahmen mehr oder weniger berücksichtigt. In den neunziger Jahren wird Frauenförderung unter dem Einfluss der EU weiter verstärkt (Leitner 2001a; Pastner 1998; Sauer 2004). Doch während die Umsetzung von Frauenförderung in der arbeitsmarktpolitischen Praxis unbestritten scheint, ist ihre theoretische Legitimierung – wie insgesamt die der Arbeitsmarktpolitik – abhängig von den Vorstellungen über die Funktionsweise des Arbeitsmarktes. Die Notwendigkeit von arbeitsmarktpolitischen Interventionen sowie ihre Effektivität zur Reduzierung von Arbeitslosigkeit wird immer wieder kontrovers diskutiert. In diesem Kapitel geht es daher darum, einen Überblick über die Aufgaben und Wirkungsmöglichkeiten von aktiver Arbeitsmarktpolitik zu geben.

## Zielsetzungen der Arbeitsmarktpolitik

Arbeitsmarktpolitik stellt einen Überbegriff für Regelungen, Einrichtungen und Aktivitäten dar, die die generellen Beziehungen zwischen Angebot und Nachfrage am Arbeitsmarkt beeinflussen und damit zur Reduktion beziehungsweise Beseitigung von Ungleichgewichten am Arbeitsmarkt beitragen sollen. Arbeitsmarktpolitik kann also als wirtschaftspolitischer Eingriff angesehen werden, mit dem das Ziel verfolgt wird, den »Marktfehler« der unfreiwilligen Arbeitslosigkeit zu korrigieren und die Anpassungsfähigkeit der ArbeitsmarktakteurInnen zu erhöhen (Greve 2000; Knapp/Weg 1995; Kubin/Rosner 1997; Schmid u. a. 1996).

Die Notwendigkeit für Arbeitsmarktpolitik resultiert aus den Besonderheiten des Arbeitsmarktes, durch die – anders als bei anderen Märkten – die Prinzipien von Angebot und Nachfrage nicht zu einer Markträumung führen. Diese Abweichung des Arbeitsmarktes von anderen Märkten ergibt sich daraus, dass Arbeit keine Ware wie jede andere ist, sondern durch »Marktunvollkommenheiten« und »asymmetrische Machtverhältnisse« geprägt ist (Maier 1998b; Offe/Hinrichs 1984; Rothschild 1988).[5]

Entsprechend der ökonomischen Theorie ist der Arbeitsmarkt insofern ein Markt wie jeder andere, als Arbeitsangebot und Arbeitsnachfrage in der Konkurrenz mit den MitanbieterInnen und -nachfragerInnen zu ständigen Anpassungsstrategien angehalten sind: Theoretisch können Arbeitskräfte die Menge ihres Arbeitsangebotes variieren und jeden Preis für ihre Arbeit verlangen, den sie durchsetzen können. Aber da Arbeit das primäre Mittel zur Existenzsicherung darstellt, ist der Großteil der Mensch darauf angewiesen, ihre Arbeitskraft ständig und ohne zeitliche Unterbrechung zu verkaufen. Das Ausmaß des Arbeitsangebotes ist weitgehend durch demographische Prozesse vorgegeben und ist nicht lagerbar. Auch die Qualität des Arbeitsangebotes (berufliche Qualifikation und Erfahrungen) ist nur in Grenzen variierbar. Und selbst die räumliche Mobilität, die die wichtigste Anpassungsbewegung der Arbeitskraft bleibt, ist mit Opfern beziehungsweise Kosten durch längere Anfahrtszeiten oder die Herauslösung aus dem Familien- und Lebenszusammenhang verbunden. Für den Arbeitsmarkt bedeutet dies, dass Preissenkungen nicht notwendig zu einem reduzierten Angebot, sondern eher zu einer Ausweitung des Arbeitsangebotes führen – wenn eine andere Existenzsicherung fehlt. Für die Arbeitskräfte bedeutet die quantitative, qualitative und zeitliche Unelastizität des Arbeitsangebotes Einkommenseinbußen.

Die relative Starrheit des Arbeitsangebots auf der einen Seite und die relative Flexibilität der Produktion auf der anderen Seite, die durch die Substitutionsmöglichkeiten von Arbeit durch Kapital (durch den Einsatz von Technik) noch verstärkt wird, führt zu einer Machtasymmetrie zwischen ArbeitgeberInnen und ArbeitnehmerInnen. Arbeitskräfte haben

5 Diese Kritik richtet sich gegen das neoklassische Standardmodell des Arbeitsmarktes in der Ökonomie. Neuere Perspektiven auf Such- und Matching-Prozesse, auf die Lohnentwicklung und deren Barrieren oder auf unterschiedliche Gruppen am Arbeitsmarkt haben dieses einfache Bild des Arbeitsmarktes durch Suchtheorien, die Bedeutung von Signalling, Kontrakttheorien, Effizienzlohntheorien, Insider-Outsider-Modellen etc. deutlich erweitert (vgl. Ehrenberg/Smith 2006; Sesselmeier/Blauermehl 1997; Wagner/Jahrn 2004).

deutlich weniger Möglichkeiten, marktstrategisch rational zu agieren, um sich flexibel an die Arbeitsnachfrage anzupassen. ArbeitsanbieterInnen müssen damit fast jeden Preis beziehungsweise vorgegebene Arbeitsbedingungen akzeptieren, Arbeitsnachfragende können fast jeden Preis und beliebige Arbeitsbedingungen durchsetzen. Die Strategie, die für Arbeitskräfte bleibt, ist sich einen Vorteil gegenüber den Mit-AnbieterInnen zu verschaffen.

Durch Qualifikationsunterschiede von Arbeitskräften und Arbeitsplätzen (fachlich-berufliche Heterogenität), durch Unterschiede der Arbeitskräfte hinsichtlich Alter, Geschlecht, ethnischer Zugehörigkeit etc. (personelle Heterogenität) und durch räumlich getrennte Märkte (regionale und lokale Heterogenität) existiert eine Vielzahl von Teilarbeitsmärkten. Dies kann ein Vorteil für Spezialisierungs- und Individualisierungsstrategien sein, verlagert aber das Machtgefälle zwischen Nachfrage und Angebot des Arbeitsmarktes (»primäres Machtgefälle«) auf die Angebotsseite und wirkt durch die Spaltung der Arbeitskräfte als »sekundäres Machtgefälle« (Offe/Hinrichs 1984). Das Fehlen eines einheitlichen Preises erhöht aber auch die Informationsprobleme und Intransparenz am Arbeitsmarkt und vermindert damit die Chancen auf einen Marktausgleich. Informationsprobleme bestehen nicht nur hinsichtlich der Höhe der Entlohnung für die angebotenen Arbeitsplätze, sondern auch hinsichtlich anderer relevanter Bedingungen wie Arbeitsplatzsicherheit, Arbeitsklima oder Aufstiegschancen.

Wenn keine inhärente Ausgleichstendenz hin zum Gleichgewicht existiert oder eine solche Gleichgewichtsposition infolge der Asymmetrien gar nicht eindeutig bestimmt werden kann, bedarf es politischer Interventionen, die dafür sorgen, dass der Arbeitsmarkt funktionieren kann. Wieweit Politik aber in das Arbeitsmarktgeschehen eingreifen soll, ob politische Interventionen lediglich Anstöße geben sollen, um etwaige Störungen der Funktionsweise des Arbeitsmarktes zum Gleichgewicht auszugleichen, oder ob massivere Eingriffe als notwendig erachtet werden, weil die Selbstregulierungskraft des Arbeitsmarktes grundsätzlich angezweifelt wird, wird in den Arbeitsmarkttheorien unterschiedlich beurteilt.

In den ökonomischen Ansätzen können zwei unterschiedliche »Paradigmen« unterschieden werden (Rothschild 1988)[6]: Neoklassische Ansätze

6 Sowohl »neoklassische« als auch »keynesianische« Ansätze umfassen zum Teil recht unterschiedliche Theorien wie zum Beispiel Monetarismus, Neue Mikroökonomie oder Theorie der rationalen Erwartungen bei der »Neoklassik«, Postkeynesianismus, Neo-

bleiben dem Grundprinzip eines Marktgleichgewichtes verhaftet, auch wenn dieses durch mangelnde Preisflexibilität, Arbeits- und Kapitalmobilität oder Konkurrenz gestört ist. Demgegenüber gehen Keynesianische Theorien davon aus, dass ein solches Gleichgewicht niemals durch den Preis oder andere selbstregulierende Mechanismen erreicht werden kann. Während bei den Neoklassikern die Funktionsfähigkeit des Arbeitsmarktes durch Gewährleistung von Preisflexibilität, Mobilität von Arbeit und Kapital sowie Konkurrenz hergestellt werden soll, indem beispielsweise Preisregulierungen oder Informationsdefizite beseitigt werden, reicht dies nach Meinung der Keynesianer nicht aus. Für sie ist Vollbeschäftigung eher die Ausnahme und Arbeitslosigkeit die Regel. Eingriffe müssen die Besonderheit der Ware Arbeit berücksichtigen, indem auf ihre Bindung an die Person, die Inflexibilität des Arbeitsangebotes und die Heterogenität der Arbeitsuchenden eingewirkt wird.

»In vielen Teilarbeitsmärkten hat der Preismechanismus des Lohnes nur wenig allokative Wirkung, allerdings kann die Allokation von Arbeitskräften am richtigen Ort durch Information, finanzielle Unterstützung (Mobilitätsbeihilfen) und andere Instrumente verbessert werden. Kurz gesagt: die Arbeitsmärkte tendieren nicht nur nicht zum Gleichgewicht, sondern ihr Charakter erfordert Institutionen und Organisationen, damit sie funktionieren können.« (Maier 1998b: 19)

Organisationen der ArbeitgeberInnen und ArbeitnehmerInnen, die Arbeitsbedingungen und Löhne kollektiv aushandeln, sind demnach genauso notwendiger Bestandteil funktionierender Arbeitsmärkte wie staatliche Interventionen, die die rechtlichen und institutionellen Rahmenbedingungen unterstützen. Dazu zählen auch arbeitsmarktpolitische Eingriffe, wie die Existenzsicherung bei Arbeitslosigkeit und die Unterstützung bei der Arbeitsuche.

Im soziologischen Ansatz von Offe und Hinrichs (1984) wird die Notwendigkeit von Interventionen der Arbeitsmarktpolitik noch weiter definiert, indem die ungleichen Machtverhältnisse zwischen Angebot und Nachfrage beziehungsweise innerhalb des Arbeitsangebotes, die sich aus den Besonderheiten des Arbeitsmarktes ableiten lassen, vermindert werden sollen. Um diese Machtasymmetrien zu vermindern, werden die strategischen Optionen der Arbeitskräfte beispielsweise durch Arbeitsschutzbestimmungen oder Qualifizierung gestärkt.

---

ricardianismus oder Marxistische Ansätze im »Keynesianismus« (vgl. Felderer/Homburg 2003).

»Weitaus erfolgversprechender erscheinen flankierende und egalisierende politische Maßnahmen und Rahmenbedingungen, die den Anpassungszwang für die einzelne Arbeitskraft senken (z.B. Arbeits- und Kündigungsschutz) und/oder ihre Anpassungsfähigkeit steigern (z. B. ›aktive‹ Arbeitsmarktpolitik mit Umschulungs- und anderen Weiterbildungsprogrammen) und so insgesamt das Machtgefälle am Arbeitsmarkt ein Stück weit einebnen.« (Offe/Hinrichs 1984: 67).

Unabhängig vom attestierten Interventionsbedarf kann das Interesse eines funktionierenden Arbeitsmarktes sowohl aus den wirtschaftlichen Effizienzverlusten abgeleitet werden, die nicht nur bei Unterbeschäftigung, sondern auch bei Überbeschäftigung bestehen, als auch aus den sozialen und ökonomischen Kosten von Arbeitslosigkeit. Für den Wohlfahrtsstaat bedeutet Arbeitslosigkeit höhere Kosten der Existenzsicherung, Einnahmenausfälle durch geringere Erwerbseinkommen und eventuell auch Kompensationskosten für damit einher gehende soziale oder gesundheitliche Probleme. Die Verringerung der Arbeitslosigkeit wird aber auch von Gewerkschaften als Vertretung der Arbeitskräfte angestrebt, was aber durchaus im Konflikt mit ihren anderen Zielen wie hohe Erwerbseinkommen und günstige Arbeitsbedingungen für die Beschäftigten stehen kann.

## Maßnahmen und Wirkungen aktiver Arbeitsmarktpolitik

Diese aus den Unvollkommenheiten des Arbeitsmarktes abgeleitete und in der wissenschaftlichen Diskussion übliche Definition der Aufgaben und Zielsetzungen von Arbeitsmarktpolitik, die das Marktversagen des Arbeitsmarktes korrigieren soll, muss für den Untersuchungszweck konkretisiert werden. Im Folgenden erfolgt zum einen eine Einschränkung auf *Interventionen, die im Verantwortungsbereich des Arbeitsmarktservice (AMS)* und zum anderen auf *aktive Arbeitsmarktpolitik* liegen. Das AMS gilt zwar als der zentrale aber nicht der einzige Akteur der österreichischen Arbeitsmarktpolitik. Sie wird durch ein enges Zusammenspiel von staatlichen und nichtstaatlichen Institutionen wie Bundes- und Landesverwaltungen, Sozialpartner, Trägerorganisationen, öffentliche und private Arbeitsvermittler etc. geprägt.[7]

7 Die Aufgaben des AMS sind durch Gesetze und Verordnungen wie das Arbeitsmarktförderungsgesetz (AMFG), das Arbeitslosenversicherungsgesetz (AlVG), etc. geregelt (vgl. Kapitel 8).

Die zweite Einschränkung betrifft die passive Arbeitsmarktpolitik, die auf die finanzielle Existenzsicherung während Phasen der Arbeitslosigkeit ausgerichtet ist.[8] Aktive Arbeitsmarktpolitik[9] zielt hingegen auf die Verbesserung der Beschäftigungsfähigkeit, auf die *employability* der Arbeitsuchenden. Durch angebots- und nachfrageseitige Interventionen soll das Ungleichgewicht am Arbeitsmarkt behoben werden. Diese arbeitsmarktpolitischen Zielsetzungen i.e.S. sind auf die Beseitigung unterschiedlicher Arten von Arbeitslosigkeit ausgerichtet (Layard u. a. 2005; Rothschild 1988).[10] Neben diesen arbeitslosigkeitsbezogenen Zielen werden mit aktiver Arbeitsmarktpolitik aber auch wirtschaftspolitische Ziele, wie zum Beispiel die Förderung des Strukturwandels oder der Regionalentwicklung, und soziale Ziele, wie die Integration von Randgruppen, verfolgt.

Trotz dieser grundsätzlichen Übereinstimmung über die Aufgaben der aktiven Arbeitsmarktpolitik gibt es kein einheitliches Verständnis über ihre Handlungsfelder und Instrumente. Dies liegt zum einen an ihrer Einbindung in breitere wirtschafts-, sozial- und gesellschaftspolitische Konzepte und den vielfältigen Überschneidungen mit anderen Politikfeldern. Zum anderen haben sich die Zielsetzungen und die Inhalte mit der Arbeitsmarktentwicklung verändert. Beispielsweise diente aktive Arbeitsmarktpolitik in Zeiten der Vollbeschäftigung der Vermeidung von Arbeitskräfteknappheit, während heute die Aktivierung von Arbeitslosen im Zentrum steht.

Aktive Arbeitsmarktpolitik subsumiert jedenfalls ein breites Spektrum von Maßnahmen, Programmen und Instrumenten, deren Effektivität unterschiedlich beurteilt wird. Im Laufe der Zeit haben sich unterschiedliche Klassifikationen oder Taxonomien der Maßnahmen aktiver Arbeitsmarktpolitik entwickelt (vgl. zum Beispiel Keller 1993; Lassnigg u. a. 2000;

---

8 Im Falle von Arbeitslosigkeit stehen das Arbeitslosengeld und daran anschließend die Notstandshilfe als Lohnersatzleistungen zur Verfügung. Sind die Anspruchsvoraussetzungen wie das Vorliegen von Arbeitslosigkeit, -fähigkeit, -willigkeit und eine Mindestdauer an unselbständiger, arbeitslosenversicherungspflichtiger Beschäftigung gegeben, besteht ein Rechtsanspruch auf diese Leistungen. Die BezieherInnen von Leistungen sind kranken-, pensions- und bedingt unfallversichert. Die Höhe der Leistungen wird nach dem zuvor bezogenen Arbeitseinkommen und den Familienzuschlägen für Personen, für deren Unterhalt die arbeitslose Person sorgt, berechnet.

9 In Österreich wurde »aktive Arbeitsmarktpolitik« bis in die siebziger Jahre als »experimentelle Arbeitsmarktpolitik« bezeichnet.

10 Folgende Formen von Arbeitslosigkeit können unterschieden werden: friktionelle oder Sucharbeitslosigkeit, konjunkturelle Arbeitslosigkeit, strukturelle Arbeitslosigkeit und lohnbedingte oder klassische Arbeitslosigkeit.

Schmid 1997; Schmid/Blancke 2001; Schönig 2001). Als Kernbereiche aktiver Arbeitsmarktpolitik können folgende Maßnahmen zusammengefasst werden:

- *Unterstützung bei der Arbeitsuche:* Arbeitsvermittlung, Information und Beratung;
- *Qualifizierung:* Ausbildung, Fortbildung, Umschulung und berufliche Mobilitätsförderung;
- *Geförderte Beschäftigung (im privaten Sektor):* Lohnkostenzuschüsse für Arbeitslose, Reduzierung von Nebenkosten oder Steuern, Job Rotation;
- *Schaffung von Arbeitsplätzen:* Gemeinnützige Beschäftigung, sozialökonomische Betriebe, Unterstützung von Unternehmensgründungen.

Darüber hinaus sind arbeitsmarktpolitische Institutionen wie das AMS auch mit der Abwicklung von Maßnahmen betraut, die andere politische Zielsetzungen als die Entlastung des Arbeitsmarktes beinhalten, wie zum Beispiel Karenzierungen oder Frühpensionierung beziehungsweise Altersteilzeit. Teilweise werden aber auch finanzielle Leistungen, die über das Arbeitslosengeld beziehungsweise die Notstandshilfe hinausgehen als Instrumente aktiver Arbeitsmarktpolitik ausgewiesen, beispielsweise Beihilfen zur Kinderbetreuung oder die Deckung des Lebensunterhalts während der Teilnahme an arbeitsmarktpolitischen Maßnahmen.

Übersicht 1 zeigt eine schematisierte Darstellung der aktuellen Maßnahmen oder Handlungsfelder aktiver Arbeitsmarktpolitik nach ihren Zielen und ihre Einbettung in weitere Politikfelder: Aktive Arbeitsmarktpolitik wird dabei nicht nur durch die passive Arbeitsmarktpolitik begleitet und beeinflusst, sondern wird maßgeblich durch sonstige Politikfelder wie Wirtschafts-, Sozial-, Ordnungs-, Finanz-, Bildungs-, Familienpolitik etc. und vor allem durch Beschäftigungspolitik mitbestimmt. Aktive Arbeitsmarktpolitik soll den *Mismatch* zwischen Arbeitsangebot und Arbeitsnachfrage vermindern, indem durch arbeitsplatzvermittelnde Tätigkeiten Informationsasymmetrien abgebaut werden oder durch Qualifizierungsmaßnahmen die Struktur des Angebots mit jener der Nachfrage besser abgeglichen wird. Mittels angebots- oder nachfrageseitige Lohnsubventionen wird der Preis korrigiert. Die Ausweitung oder Beschränkung des Arbeitsangebots beziehungsweise der Arbeitsnachfrage (direkt oder indirekt über ihre Rahmenbedingungen) bilden weitere Handlungsoptionen der Arbeitsmarktpolitik, durch die Beschäftigung und Arbeitslosigkeit beeinflusst werden. Der Großteil dieser arbeitsmarktpolitischen Instrumente richtet sich an die

Angebotsseite des Arbeitsmarktes, das heißt an die Arbeitslosen. Zwar bestehen für alle Handlungsfelder auch Maßnahmen auf Seite der Arbeitsnachfrage, doch sind diese in der Praxis mengenmäßig von geringerer Bedeutung, am stärksten noch bei der Einflussnahme auf die Menge des Arbeitsangebots, das heißt durch Arbeitsbeschaffungsmaßnahmen.

Wieweit die unterschiedlichen Instrumente der aktiven Arbeitsmarktpolitik erfolgreich bei der Bekämpfung von Arbeitslosigkeit sein können, wird bei der Darstellung der unterschiedlichen Instrumente auf Basis von internationalen Erfahrungen mit Instrumenten der aktiven Arbeitsmarktpolitik und Simulationsstudien bewertet. Fast man die Ergebnisse aus Evaluationsstudien zusammen, so können makroökonomische Effekte[11] von arbeitsmarktpolitischen Maßnahmen dann erwartet werden, wenn eine effiziente Abstimmung von Angebot und Nachfrage am Arbeitsmarkt erfolgt beziehungsweise durch Überbrückung der Kluft zwischen Insidern und Outsidern am Arbeitsmarkt eine dämpfende Wirkung auf die Lohnentwicklung ausgeht. Weiters können Ausbildungsmaßnahmen die Produktivität der Beschäftigten und damit die Wettbewerbsfähigkeit erhöhen, was wiederum Beschäftigung und Einkommen positiv beeinflusst. Und schließlich können Maßnahmen gegen Langzeitarbeitslosigkeit die Qualität des Arbeitsangebots aufrechterhalten. Doch diese positiven Effekte können durch Mitnahme-, Substitutions- und Verdrängungseffekte vermindert werden.[12] Das heißt, vieles scheint zu wirken, aber mit einer Reihe weiterer nicht intendierter Effekte verbunden zu sein. Daher zeigen mikroökonomische Evaluierungen, die sich mit den Wirkungen einzelner Programme hinsichtlich der Situation der TeilnehmerInnen befassen, bessere Effekte als makroökonomische Evaluationen, die Mitnahme-, Substitutions- und Verdrängungseffekte berücksichtigen (Calmfors 1994; Berthold/Fehn 1997; Rabe 2000; Konle-Seidl 2005).

11 Auch hier werden wiederum Nettoeffekte und nicht Bruttoeffekte betrachtet (vgl. Fußnote 3).

12 Von Mitnahmeeffekten spricht man, wenn Arbeitslose auch ohne Maßnahme das gleiche Ergebnis erzielt hätten; Substitutionseffekte bestehen, wenn ArbeitgeberInnen ihre Arbeitskräfte durch staatlich geförderte Arbeitslose austauschen und Verdrängungseffekte, wenn Unternehmen mit staatlich geförderten Beschäftigten innerhalb ihres Marktes einen Wettbewerbsvorteil erzielen.

*Übersicht 1: Aufgaben und Handlungsfelder aktiver Arbeitsmarktpolitik*

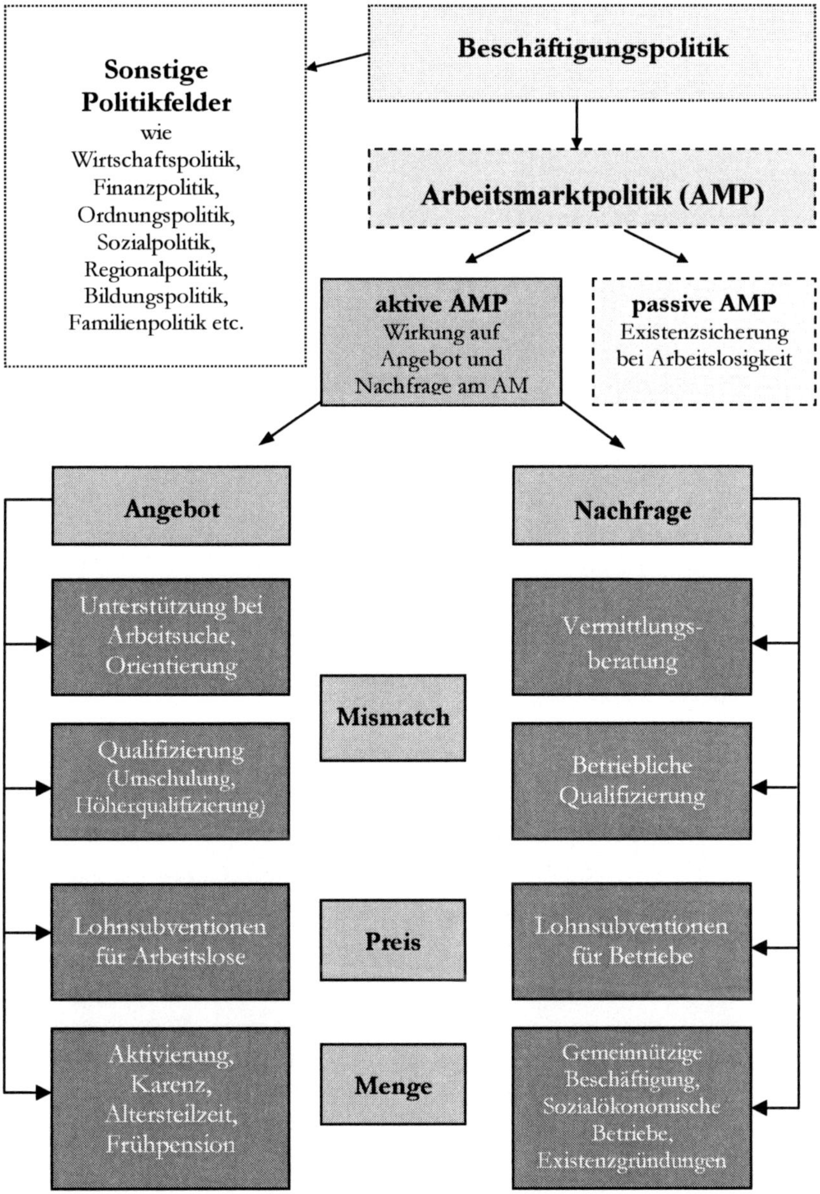

Aktive Arbeitsmarktpolitk weist aber auch zahlreiche Interdependenzen zu anderen Politikbereichen auf. So kann sie in Komplementariät zur Wirtschafts-, Finanz-, Struktur-, Sozial- oder Bildungspolitik den Arbeitsmarkt fördern. Ihre Wirksamkeit kann aber auch durch Konkurrenz oder Widersprüchlichkeit der Zielsetzungen unterschiedlicher Politikbereiche beeinflusst werden. Beispielsweise ist der Wiedereinstieg von Frauen nach der Karenz nicht nur durch geeignete arbeitsmarktpolitische Maßnahmen gestaltbar, sondern hängt zentral von den sozialpolitischen Rahmenbedingungen ab. Ein anderes Beispiel sind Qualifizierungsziele: Qualifizierung soll die Humankapitalausstattung der Betroffenen steigern, um den Arbeitsmarkteinstieg zu erleichtern. Ob das im Einzelfall tatsächlich funktioniert, hängt entscheidend vom Beschäftigungssystem ab: Wird diese Qualifikation gerade jetzt in dieser Region gebraucht? Kann der/die Qualifizierte den Betrieben das *richtige* Signal hinsichtlich der neuerworbenen Qualifikation geben?

Trotz der enormen methodischen Weiterentwicklung in der Evaluationsforschung ist aufgrund dieser komplexen Wirkungsweise und der Abhängigkeit der Ergebnisse von der zugrundeliegenden Theorieorientierung kaum ein klares Bild über die Wirksamkeit aktiver Arbeitsmarktpolitik abzulesen. Zu sehr ist aktive Arbeitsmarktpolitik auch vom jeweiligen institutionellen Umfeld, von den jeweiligen politischen Schwerpunktsetzungen und der jeweiligen Arbeitsmarktentwicklung geprägt. Aus der Zusammenschau von internationalen Erfahrungen mit Instrumenten der aktiven Arbeitsmarktpolitik lassen sich aber einige verallgemeinbare Resultate ableiten, die sich auf die Einschätzung unterschiedlicher arbeitsmarktpolitischer Maßnahmen, Kriterien der institutionellen Ausgestaltung zur Erhöhung der Erfolgswahrscheinlichkeit und den Zusammenhang von aktiven und passiven Leistungen beziehen (OECD 1993; Fay 1996; Martin 1998; Konle-Seidl 2005):

- Weitgehende Einigkeit besteht darin, dass Maßnahmen der aktiven Arbeitsmarktpolitik im Rahmen der allgemeinen Wirtschafts- und Sozialpolitik bestenfalls flankierend wirksam sind, und dass sie den Maßnahmen der »passiven« Einkommenssicherung vorzuziehen sind.
- Für gezielte Maßnahmen der direkten Unterstützung der Arbeitsuche, für Lohnsubventionen und Unternehmensgründung konnten positive Effekte verhältnismäßig gut nachgewiesen werden.
- Lohnsubventionen zeigen hohe Bruttoeffekte, die teils aber durch Mitnahme-, Substitutions- und Verdrängungseffekte vermindert werden.

- Für Maßnahmen im Bereich der Qualifizierung und Arbeitsbeschaffung bestehen hingegen keine eindeutigen Ergebnisse, was auch bei der breiten Vielfalt dieser Förderungen in sehr unterschiedlichen Kontexten nicht unbedingt überraschend ist. Eine sorgfältige Abstimmung der Maßnahmen auf die Zielgruppe und ausreichende Ressourcen pro Förderfall erhöhen die Wirksamkeit.
- Die Arbeitsmarktpolitik insgesamt sollte auf ein ausgewogenes Portfolio von Maßnahmen zurückgreifen, da der überproportionale Einsatz bestimmter Maßnahmetypen zu sinkenden Skalenerträgen führt.
- Die Maßnahmen sollten gezielt auf die angestrebten Personengruppen und Wirkungen zugeschnitten sein. Dabei ist zu beachten, dass die Zielgruppen klar definiert sind und die Wiedereingliederung oft durch komplexe Kombination verschiedener Hemmnisse erschwert wird.
- Die Zugangsvoraussetzungen für die Zielgruppen müssen klar und nachvollziehbar definiert und in der Praxis umsetzbar sein.
- Ansprüche auf Leistungen sollten klar begrenzt und Mehrfachförderungen ausgeschlossen werden, um Anreize zur Arbeit-suche zu setzen. Das Niveau der finanziellen Kompensation sollte im Bereich der aktiven Maßnahmen nicht wesentlich höher sein als im Bereich der Arbeitslosenversicherung beziehungsweise anderer Systeme der Einkommenssicherung, um die Struktur der Anreize nicht zu verzerren.

Zusammenfassend bleibt also für die Wirkungsmöglichkeiten aktiver Arbeitsmarktpolitik die *Matching*-Funktion relativ unbestritten, indem sie Informationsdefizite abbauen und die Mobilität zwischen Teilarbeitsmärkten fördern soll. *Mismatch* oder strukturelle Arbeitslosigkeit bildet häufig den Hintergrund für Langzeitarbeitslosigkeit und daher einen klassischen Ansatzpunkt für aktive Arbeitsmarktpolitik. Verschiedene Maßnahmen zeigen zwar unterschiedliche Erfolgswahrscheinlichkeiten, diese werden aber durch einen ausgewogenen *Policy Mix* unterschiedlicher Förderungen und durch eindeutige, nachvollziehbare und umsetzbare Zielsetzungen erhöht. Letzteres betrifft insbesondere die zielgruppenspezifische Konzeption der Maßnahmen und die Zielgruppenauswahl. Zentrale Bedeutung kommt daher der konkreten Ausgestaltung der Maßnahmen zu, der Art wie die Maßnahmen geplant, eingeführt und umgesetzt werden. Aber auch die Rahmenbedingungen der Maßnahmen, wie zum Beispiel andere arbeitsmarktpolitische (auch passive Arbeitsmarktpolitik) oder sozialpolitische Maßnahmen und vor allem auch die Arbeitsmarktsituation, sind zentral.[13]

## Resümee

In der Theorie leitet sich die Funktion der Arbeitsmarktpolitik aus den Unvollkommenheiten des Arbeitsmarktes ab. Arbeitsmarktpolitik soll dazu beitragen, die Informationsprobleme am Arbeitsmarkt zu reduzieren, die strategischen Möglichkeiten der ArbeitnehmerInnen beim Anbieten ihrer Arbeitskraft zu erhöhen und die Mobilität der Arbeitskräfte zu fördern. Wieweit politische Interventionen gehen sollen, sie nur Informationsdefizite ausgleichen oder die Inflexibilität des Arbeitsangebotes wieder herstellen oder auch die Machtungleichheit zwischen den Arbeitsmarktkontrahenten beeinflussen sollen, wird von den verschiedenen Theorieansätzen unterschiedlich eingestuft.

In der politischen Praxis besteht durch die angespannte Arbeitsmarktlage und die Vorgaben zur Konsolidierung des öffentlichen Budgets ein hoher Erfolgsdruck für die Politikverantwortlichen, effektive arbeitsmarktpolitische Maßnahmen zur Beseitigung beziehungsweise Verringerung der Arbeitslosigkeit einzusetzen. Doch diese großen Erwartungen an die aktive Arbeitsmarktpolitik werden durch Evaluationsergebnisse oder ökonometrische Simulationsmodelle eher gedämpft. Die Erwartungen an einwandfrei nachweisbare Effekte auf das Niveau von Arbeitslosigkeit und Beschäftigung sind im Vergleich zur Fiskal- oder Beschäftigungspolitik eher gering.

Aktive Arbeitsmarktpolitik kann kaum neue Arbeitsplätze schaffen, sondern lediglich die Beschäftigungssituation benachteiligter Personengruppen verbessern, das heißt die Warteschlangen der Arbeitslosen umreihen. Dies ist zwar hinsichtlich der Zielsetzung Vollbeschäftigung unbefriedigend, kann aber die ungleiche Verteilung von Arbeitsmarktrisiken auflösen. Denn die Wahrscheinlichkeit, arbeitslos zu werden und längere Zeit

13 Diese Abhängigkeit der Wirkungsmöglichkeiten arbeitsmarktpolitischer Maßnahmen von ihrer konkreten Gestaltung und Umsetzung führt auch zur Kritik an den quantitativ orientierten Evaluationen. Die Weiterentwicklung in Richtung technisch immer ausgefeilterer ökonometrischer Methoden vernachlässigt die qualitativen Aspekte von Evaluationen. Beispielsweise plädiert Schönig (2001) für eine Methodenvielfalt bei der Evaluation.

arbeitslos zu sein, ist zum einen auf bestimmte Teile der Bevölkerung konzentriert und zum anderen eng mit »askriptiven«, das heißt zugeschriebenen und nicht veränderbaren Merkmalen, wie Geschlecht, Alter, Nationalität oder physische Verfassung, verknüpft. Soziale, erworbene Merkmale (Fähigkeiten, Bildung, Wohnort) können diese Risiken mindern oder erhöhen, doch die Chancen am Arbeitsmarkt werden keineswegs nur durch solche »Leistungsmerkmale« bestimmt (Offe/Hinrichs 1984). Arbeitsmarktpolitik erhält damit die Funktion von Chancengleichheitspolitik, die einen Ausgleich für die benachteiligenden Wirkungen unterschiedlicher Arbeitsmarktrisiken schaffen kann. Als zentral erweist sich daher die Frage, welche Personen zu den primären Zielgruppen der Arbeitsmarktpolitik zählen. Für die Gleichstellung von Frauen und Männern ist zum einen der Frauenanteil in den Maßnahmen relevant, zum anderen, inwieweit Frauen als »Problemgruppe« mit besonderen Förderbedürfnissen gesehen werden.

Unter der Annahme, dass Geschlecht als askriptives Merkmal zu Benachteiligungen am Arbeitsmarkt führt und für Frauen das Risiko, arbeitslos zu werden, größer ist als bei Männern beziehungsweise sie im Falle der Arbeitslosigkeit schwieriger vermittelbar sind, sollten Frauen durch aktive Arbeitsmarktpolitik verstärkt gefördert werden. Dies erfordert sowohl eine spezifische Ausrichtung der Maßnahmen auf Frauen – von der Zuweisung über die inhaltliche Planung, organisatorische und pädagogische Umsetzung etc. Es verlangt aber auch die Umsetzung eines ausgewogenen *Policy Mix* verschiedener Maßnahmen für Frauen, bei dem vor allem auch besser wirksame Maßnahmen wie Unterstützung der Arbeitsuche, Unternehmensgründungen und Lohnsubventionen berücksichtigt werden.

# 3. Empirische Befunde zur »Problemgruppe« Frauen

Frauen werden in der Arbeitsmarktpolitik meist als Problemgruppe betrachtet, die ähnlich wie andere Problemgruppen, wie zum Beispiel ältere ArbeitnehmerInnen, MigrantInnen, Langzeitarbeitslose, Behinderte etc., ein höheres Arbeitslosenrisiko oder geringere Vermittlungschancen aufweisen. Argumente für die Problemgruppe Frauen finden sich sowohl in der empirischen Analyse des Arbeitsmarktes als auch in den Arbeitsmarkttheorien und der Gender-Forschung.[14] Neben diesem Defizitansatz, der auf die Beseitigung der Arbeitslosigkeit und den Abbau von Benachteiligungen im Erwerbsleben abzielt, werden Frauen aber auch als Potential für Beschäftigungsausweitung gesehen.

## Arbeitslosigkeit von Frauen

Der zentrale Ansatzpunkt für spezifische Arbeitsmarktförderung von Frauen ergibt sich aus der höheren Betroffenheit von Arbeitslosigkeit. So weisen die Arbeitslosenstatistiken in fast allen Ländern bei Frauen höhere Arbeitslosenquoten auf als bei Männern.[15] In Österreich lag die Arbeitslosenquote der Frauen im Jahr 2004 mit 5,2 Prozent um 1,3 Prozentpunkte über jener der Männer (vgl. Tabelle 1). Mit der stärker sinkenden Arbeitslosenquote der Frauen Ende der neunziger Jahre hat sich der *Gender Gap* etwas verringert, ist aber seit 2002 wieder gestiegen.

---

14 Die Schwerpunktsetzung dieses Kapitels liegt auf den empirischen Befunden, die den Kontext der Arbeitsmarktpolitik bilden. Daher wurden die Daten nicht aktualisiert, sondern sollen die Situation zum Untersuchungszeitpunkt beschreiben.

15 Im Jahr 2003 war mit Ausnahme von Finnland, Irland, Schweden und Großbritannien die Arbeitslosenquote von Frauen in allen EU-Ländern höher als bei Männern. Besonders hoch war dieser Gender Gap in Griechenland (8,8 Prozentpunkte), Spanien (7,7 Prozentpunkte) und Italien (4,8 Prozentpunkte).

*Tabelle 1: Entwicklung der Arbeitslosenquote von Frauen und Männern 1993–2004 (internationale Quote)*

| | *Männer* | *Frauen* | *Gender Gap* |
|---|---|---|---|
| *1993* | 3,1% | 5,0% | 1,9 |
| *1994* | 3,0% | 4,9% | 1,9 |
| *1995* | 3,1% | 5,0% | 1,9 |
| *1996* | 3,7% | 5,2% | 1,5 |
| *1997* | 3,7% | 5,4% | 1,7 |
| *1998* | 3,8% | 5,4% | 1,6 |
| *1999* | 3,4% | 4,7% | 1,3 |
| *2000* | 3,1% | 4,3% | 1,2 |
| *2001* | 3,1% | 4,2% | 1,1 |
| *2002* | 3,9% | 4,4% | 0,5 |
| *2003* | 3,9% | 4,7% | 0,8 |
| *2004* | 3,9% | 5,2% | 1,3 |

*Gender Gap* gemessen als absolute Differenz zwischen der Frauenarbeitslosenquote und Männerarbeitslosenquote, Angabe in Prozentpunkten.

*(Quelle: Eurostat)*

In der vom AMS ausgewiesenen Registerquote[16], der üblicherweise in Österreich verwendeten Arbeitslosenquote, spiegelt sich die höhere Arbeitslosigkeit von Frauen hingegen nicht so klar wider: So waren im Jahr 2004 103.618 Frauen und 140.262 Männer beim AMS als arbeitslos gemeldet.[17] Gemessen an ihrer Erwerbsbeteiligung ergibt dies eine Arbeitslosenquote von 6,6 Prozent für Frauen und 7,5 Prozent für Männer. Die registrierte Arbeitslosigkeit ist demnach bei Frauen geringer als bei Männern.

16 Die Differenzen zwischen nationaler und internationaler Arbeitslosigkeit laut Eurostat resultieren aus den Unterschieden bei der Erhebung von Arbeitslosigkeit (registrierte Arbeitslose beim AMS versus Selbstdefinition in Mikrozensusbefragung), der Definition der Erwerbstätigkeit (bei internationaler Quote werden auch geringfügigb Beschäftigte ab einer Stunde Wochearbeitszeit als Erwerbstätige berücksichtigt) und der Berücksichtigung der Saisonarbeitslosigkeit (bei Registerarbeitslosigkeit erfasst, aber nicht bei internationaler Quote, weil sie keine Suchaktivitäten zeigen) (vgl. Fasching 1999).

17 Dies bezieht sich auf den Jahresdurchschnitt. Die Zahl der über das Jahr von Arbeitslosigkeit betroffenen Personen ist deutlich höher, bei ca. 800.000 Personen (vgl. Hofer u. a. 2005).

Betrachtet man die längerfristige Entwicklung der Arbeitslosenquote von Frauen und Männern, so sind Phasen, in denen die Arbeitslosenquote der Männer über jener der Frauen liegt, auch bei der Registerquote eher die Ausnahme als die Regel (vgl. Grafik 1). Seit den siebziger Jahren ist die Arbeitslosigkeit in Österreich stetig gestiegen und zwar bei Frauen stärker als bei Männern. Bis zum Jahr 2000 war die Arbeitslosenquote der Frauen meist höher als jene der Männer. Doch Ende der 1990er Jahre ist der *Gender Gap* tendenziell gesunken und 2001 lag die Arbeitslosenquote der Männer erstmals seit 1985 wieder über jener der Frauen. Die Entwicklungen der letzten Jahre wirkten sich für Frauen deutlich positiver aus als für Männer und führten zu dieser vergleichsweise vorteilhaften Situation von Frauen (Hofer u. a. 2005).

*Grafik 1: Entwicklung der Arbeitslosigkeit nach Geschlecht (Registerquote) 1980–2004*

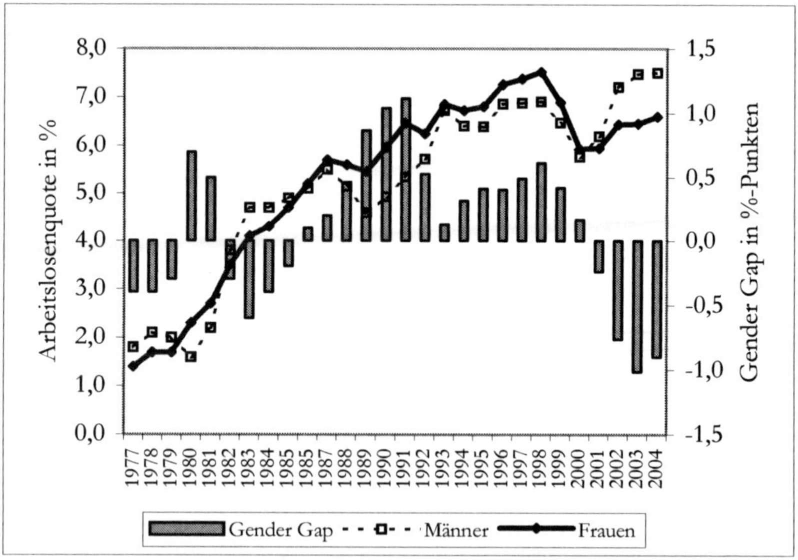


*Gender Gap* gemessen als absolute Differenz zwischen der Frauenarbeitslosenquote und Männerarbeitslosenquote, Angabe in Prozentpunkten.

*(Quelle: AMS, eigene Berechnungen)*

Frauen sind im Schnitt auch länger arbeitslos als Männer. Doch auch hier hat sich die positivere Entwicklung der Frauenarbeitslosigkeit dahingehend ausgewirkt, dass die durchschnittliche Verbleibsdauer bei arbeitslosen

Frauen und Männern 2004 beinahe gleich hoch lag und zwar bei 109 Tagen. Zuvor war die Verbleibsdauer von Frauen durchgängig höher, beispielsweise waren Frauen im Jahr 1998 im Schnitt noch 139 Tage arbeitslos und der Geschlechterunterschied betrug 16 Tage (AMS).

Die durchschnittlich längere Dauer spiegelt sich aber nicht in einer höheren Langzeitarbeitslosigkeit von Frauen wider, denn Männer sind durchwegs stärker von Langzeitarbeitslosigkeit betroffen. 2004 lag der Anteil der langzeitarbeitslosen Frauen bei 20,6 Prozent, jener der Männer bei 21,3 Prozent; davon waren 13,5 Prozent der Frauen zwischen 6 Monaten und einem Jahr arbeitslos und 7,2 Prozent über ein Jahr; für Männer betrug der Anteil der Arbeitslosen zwischen 6 Monaten und einem Jahr 12,1 Prozent und 9,3 Prozent waren über ein Jahr arbeitslos. Das heißt Frauen sind zwar weniger häufig von Arbeitslosigkeit über einem Jahr betroffen, aber häufiger von einer Arbeitslosendauer zwischen 6 und 12 Monaten.

Die teils widersprüchlichen Daten hängen auch damit zusammen, dass zusätzlich zur registrierten Arbeitslosigkeit ein beträchtlicher Teil »versteckter« Arbeitslosigkeit existiert, was eine Einschätzung über die Geschlechterunterschiede bei der Betroffenheit von Arbeitslosigkeit erschwert. Denn Frauen haben öfter als Männer keinen Leistungsanspruch aus der Arbeitslosenversicherung und damit geringere Anreize, sich beim AMS als arbeitsuchend zu melden beziehungsweise geben sie ihre Arbeitsuche entmutigt durch geringe Chancen auf und werden zur »stillen Reserve« des Arbeitsmarktes.[18] Für Österreich liegen zwar keine aktuellen Schätzungen über die Höhe der versteckten Arbeitslosigkeit vor,[19] aber die Zahl der arbeitsuchenden Frauen dürfte wohl weit über den vom AMS ausgewiesenen 100.000 Frauen liegen und ihre Betroffenheit in Relation zur Beschäftigtenzahl jene der Männer übersteigen. Hinweise für die versteckte Arbeitslosigkeit liefern die unterschiedlichen Geschlechterverhältnisse in der Register- und der internationalen Arbeitslosenquote, die höhe-

---

18 Frauen werden wie Jugendliche oder ältere Arbeitskräfte entsprechend des Konzeptes der »Stillen Reserve« zu den sekundären Arbeitskräften gezählt. Während primäre Arbeitskräfte, das heißt Männer im Haupterwerbsalter auch bei längerdauernder Arbeitslosigkeit nicht aus dem Arbeitsmarkt verschwinden, scheiden sekundäre Arbeitskräfte oft aus dem Arbeitsmarkt aus (Wiederschwinger 1987).

19 Wiederschwinger (1987) hat die Zahl der »versteckten Arbeitslosigkeit« auf Basis der Mikrozensus-Sonderprogramme 3/1984 mit 28.800 Frauen und 7.900 Männer geschätzt, was eine Erhöhung der Frauenarbeitslosigkeit von 70 Prozent, jene der Männerarbeitslosigkeit von 16 Prozent bedeuten würde.

ren Abgänge aus Arbeitslosigkeit von Frauen in einen erwerbsfernen Status (*Out of Labour Force*) und die Schwankungen des Arbeitsangebotes über den Konjunkturzyklus. Das weibliche Arbeitsangebot schwankt deutlich stärker mit den Produktionsschwankungen als jenes der Männer (Hofer u. a. 2005). Erklärt werden kann dies über einen geringeren Abbau männlicher Arbeitskräfte bei Produktionseinschränkungen, aber auch über den Zustrom von weiblichen Arbeitskräften in den Arbeitsmarkt, die durch die besseren Arbeitsmarktchancen angesprochen werden. Die zusätzliche Beschäftigung der Frauen speist sich dabei nicht nur aus Arbeitslosen, sondern auch aus Frauen, die vorher nicht als arbeitsuchend registriert waren. Gleichzeitig »verschwinden« Frauen aus den Arbeitslosenstatistiken, indem sie nach Ende ihres Anspruchs auf Arbeitslosengeld nicht länger beim AMS als arbeitsuchend gemeldet sind.

Sucht man nach Erklärungen für die Arbeitslosigkeit beziehungsweise Nichterwerbstätigkeit von Frauen so werden sowohl in den Arbeitsmarkttheorien als auch in den politischen Diskursen vor allem Humankapitaldefizite und familienbedingt eingeschränkte Verfügbarkeiten für den Arbeitsmarkt dafür verantwortlich gemacht.[20] Diese frauenspezifischen Defizite bleiben als Ursachen geringerer Arbeitsmarktchancen bestehen, auch wenn dies – wie im Folgenden gezeigt wird – durch empirische Befunde nur bedingt nachgewiesen werden kann.

## Vermittlungsprobleme durch Bildungsdefizite

Entsprechend der empirischen Daten ist und bleibt Qualifikation ein zentraler Zuordnungsmechanismus für Arbeitsmarktchancen, auch wenn sich die Bildungspartizipation und das Bildungssystem gewandelt haben. Bis in

20 In den Arbeitsmarkttheorien war Geschlecht bis Mitte der sechziger Jahre kein Thema und liegen keine expliziten Theorien zur Frauenarbeitslosigkeit vor: Das Risiko der Arbeitslosigkeit wird aus ihrer Arbeitsmarktpositionierung abgeleitet und die Entscheidung gegen eine Arbeitsmarktpartizipation als Teil der Erwerbsentscheidung gesehen und daher auch in diesem Kontext untersucht. Frauen werden dabei meist als homogene Gruppe den *Outsidern* des Arbeitsmarktes zugerechnet. Es lassen sich zwei zentrale Theorietraditionen unterscheiden: Das Partizipationsverhalten von Frauen wird entweder primär aus der Perspektive der Einbettung in den familiären Zusammenhang analysiert (z. B. als Teil der Lebenslauftheorien) – oder es dominiert eine arbeitsmarktbezogene Betrachtungsweise, indem Erklärungsansätze aus der Humankapitaltheorie oder strukturelle Ansätze wie die Segmentationstheorien verwendet werden (vgl. Biffl 1994; England 1992; Kohli 1985; Kreimer/ Leitner 2002b; Sesselmeier/Blauermehl 1997).

die 1970er Jahre galten schulische und berufsfachliche Bildung als zentrale Defizite von Frauen. Dies hat sich mittlerweile verändert, indem Frauen im Bildungsprozess aufgeholt haben. Doch die unterschiedliche inhaltliche Ausrichtung weiblicher und männlicher Berufskarrieren, die Segregation im Bildungssystem, bleibt bestehen (Wroblewski u. a. 2005a; Papouschek, Pastner 1999; Pechar u. a. 2005). Bildung und Qualifikation ist weiterhin für die Erwerbschancen im Hinblick auf Arbeitszeitsicherheit, Einkommen und Aufstiegsmöglichkeiten bestimmend (OECD 2003).

*Tabelle 2: Arbeitslosigkeit und Schulbildung von Frauen und Männern (2003)*

| | *Frauen* | | *Männer* | |
|---|---|---|---|---|
| | Bestand | Quote | Bestand | Quote |
| *Pflichtschule* | 47.966 | 13,2% | 60.160 | 18,3% |
| *Lehre* | 28.622 | 5,8% | 60.746 | 6,6% |
| *BMS* | 9.812 | 3,9% | 4.374 | 3,0% |
| *AHS/BHS* | 9.618 | 3,5% | 10.068 | 3,4% |
| *Hochschule, Hv.LA* | 4.006 | 2,4% | 4.145 | 2,3% |
| *Arbeitslose Gesamt* | 100.362 | 6,4% | 139.717 | 7,5% |

BMS = berufsbildende mittlere Schule; AHS = allgemeinbildende höhere Schule; BHS = berufsbildende höhere Schule, Hv.LA = hochschulverwandte Lehranstalten, Hochschule = Universität, Fachhochschule.

*(Quelle: AMS, Mikrozensus, eigene Berechnungen)*

Arbeitslosigkeit ist entsprechend der Arbeitslosendaten zentral mit Qualifikationen verbunden (vgl. Tabelle 2). Nahezu die Hälfte der Arbeitslosen weisen keine berufliche Ausbildung, sondern maximal einen Pflichtschulabschluss auf; bei Frauen 48 Prozent, bei Männern 43 Prozent. Und auch die bildungsspezifischen Arbeitslosenquoten sind für PflichtschulabsolventInnen deutlich höher als für Personen mit höheren Qualifikationen. Allerdings zeichnet sich entsprechend der bildungsspezifischen Arbeitslosenquoten kein spezifisches Bildungsdefizit von Frauen ab. Die Arbeitslosenquote der männlichen Pflichtschulabsolventen ist höher als jene der Frauen, während hingegen bei den mittleren und höheren Bildungsklassen die weibliche Arbeitslosenquote jene von Männern übersteigt.

Die höhere Betroffenheit von Arbeitslosigkeit bei männlichen Pflichtschulabsolventen ist aber wohl weniger auf ihre schlechteren Vermittlungschancen zurückzuführen, als auf den Rückzug der Frauen aus dem Arbeitsmarkt bei schlechten Arbeitsmarktchancen. Während etwa zwei Drittel der männlichen Pflichtschulabsolventen (67,3 Prozent) erwerbstätig sind[21], sind es bei Frauen nur knapp die Hälfte (48,7 Prozent). Mit zunehmender Bildung steigt die Erwerbsbeteiligung der Frauen und schließt sich der *Gender Gap*. Bei den gering qualifizierten Frauen scheint also versteckte Arbeitslosigkeit besonders hoch zu sein (vgl. Tabelle 3).

*Tabelle 3: Erwerbsbeteiligung und Schulbildung von Frauen und Männern (2002)*

| | *Frauen* | | *Männer* | |
|---|---|---|---|---|
| | Bestand | Erwerbsquote | Bestand | Erwerbsquote |
| *Pflichtschule* | 327.162 | 48,7% | 339.767 | 67,3% |
| *Lehre* | 478.662 | 71,4% | 1.033.759 | 92,2% |
| *BMS* | 239.147 | 75,1% | 172.318 | 91,3% |
| *AHS* | 108.679 | 53,0% | 126.222 | 65,7% |
| *BHS* | 167.791 | 76,8% | 205.886 | 86,0% |
| *Hv.LA* | 55.647 | 86,7% | 36.358 | 90,8% |
| *Hochschule,* | 104.073 | 85,0% | 159.683 | 95,5% |
| *Arbeitslose Gesamt* | 1.481.160 | 65,1% | 2.073.993 | 84,3% |

BMS = berufsbildende mittlere Schule; AHS = allgemeinbildende höhere Schule; BHS = berufsbildende höhere Schule, Hv.LA = hochschulverwandte Lehranstalten, Hochschule = Universität, Fachhochschule.

*(Quelle: Mikrozensus)*

Die Defizite im Ausbildungsniveau betreffen insbesondere ältere Frauen, denn junge Frauen haben wesentlich von der Bildungsexpansion profitiert. Frauen unter 40 Jahren haben Männer bei Abschlüssen von höheren Schulen bereits überholt, bei Universitätsabschlüssen haben sie sich den Männern angenähert. Rigider scheinen die geschlechtsspezifischen Unter-

21 Das heißt beschäftigt oder arbeitslos.

schiede in den untersten Bildungskategorien. Auch wenn sich der Anteil der Frauen mit maximal Pflichtschulabschluss innerhalb einer Generation beinahe halbiert hat, haben mehr Frauen als Männern keine über die Pflichtschule hinausgehende Ausbildung. Bei den über 50-Jährigen Frauen beträgt der Anteil an Pflichtschulabsolventinnen 41 Prozent, bei 25- bis 29-Jährigen Frauen nur noch 20 Prozent (Vgl. Tabelle 4). Trotzdem bleibt der Anteil der Frauen ohne einen über die Pflichtschule hinausgehenden Ausbildungsabschluss auch bei den jüngeren Kohorten deutlich über jenem der männlichen Altersgenossen (15 Prozent).

*Tabelle 4:* *Wohnbevölkerung nach höchster abgeschlossener Ausbildung (2001)*

| | *PS* | *Lehre* | *BMS* | *AHS* | *BHS* | *Hv. LA* | *HS* | *Ges.* |
|---|---|---|---|---|---|---|---|---|
| *25 – 29-J.* | 17,5 | 39,2 | 11,8 | 8,0 | 13,0 | 2,5 | 8,0 | 100 |
| Frauen | 20,4 | 29,2 | 16,3 | 8,2 | 13,4 | 4,2 | 8,3 | 100 |
| Männer | 14,5 | 49,4 | 7,3 | 7,8 | 12,6 | 0,7 | 7,6 | 100 |
| *30 –39-J.* | 20,1 | 40,0 | 14,0 | 5,6 | 8,8 | 2,4 | 9,1 | 100 |
| Frauen | 24,7 | 28,8 | 20,0 | 6,0 | 8,3 | 4,0 | 8,3 | 100 |
| Männer | 15,7 | 51,0 | 8,1 | 5,1 | 9,4 | 0,9 | 9,8 | 100 |
| *40 – 49 J.* | 25,4 | 39,8 | 14,0 | 4,2 | 5,1 | 3,5 | 8,0 | 100 |
| Frauen | 32,5 | 27,5 | 20,3 | 4,3 | 3,7 | 5,2 | 6,5 | 100 |
| Männer | 18,4 | 51,9 | 7,8 | 4,1 | 6,5 | 1,7 | 9,4 | 100 |
| *50 – 59 J.* | 32,2 | 40,6 | 12,1 | 3,3 | 4,1 | 1,6 | 6,0 | 100 |
| Frauen | 41,4 | 29,0 | 17,3 | 3,3 | 3,3 | 2,0 | 3,7 | 100 |
| Männer | 22,8 | 52,6 | 6,7 | 3,4 | 4,9 | 1,3 | 8,3 | 100 |

Angaben in Prozent

PS = Pflichtschule, BMS = berufsbildende mittlere Schule; AHS = allgemeinbildende höhere Schule; BHS = berufsbildende höhere Schule, Hv.LA = hochschulverwandte Lehranstalten, HS = Universität, Fachhochschule.

*(Quelle: VZ 2001, eigene Berechnungen)*

Diese Unterschiede in der Schulausbildung setzen sich in der beruflichen Weiterbildung fort. Frauen weisen insgesamt eine etwas geringere Weiterbildungsbeteiligung auf als Männer[22] und eine noch deutlich geringere Beteiligung an beruflichen Kursen. Während 14 Prozent der Männer

22 Die Beteiligung an beruflichen und privaten Kursen beträgt bei Frauen 21 Prozent, bei Männern 23 Prozent (Statistik Austria 2004).

innerhalb von einem Jahr an beruflichen Kursen teilgenommen haben, waren dies nur 10 Prozent der Frauen (vgl. Tabelle 5). Bei Pflichtschulabsolventinnen liegt dieser Anteil bei nur 3 Prozent. Diese unterschiedliche Beteiligung an Weiterbildung ist zentral mit der Erwerbsbeteiligung verbunden. Bei den Erwerbstätigen liegt die Weiterbildungsbeteiligung der Frauen etwas höher als jene der Männer: 25 Prozent der Frauen (24 Prozent der Männer) haben an einem beruflichen Kurs teilgenommen. Vor allem vollzeitbeschäftigte Frauen nehmen öfter an beruflichen Weiterbildungen teil als Männer.

*Tabelle 5: Berufliche Weiterbildung von Frauen und Männern (2004)*

| | *Männer* | *Frauen* | *Gesamt* |
|---|---|---|---|
| *Wohnbevölkerung nach höchster abgeschlossener Schulbildung* | | | |
| Pflichtschule | 5% | 3% | 4% |
| Lehrabschluss | 13% | 10% | 12% |
| BMS | 19% | 14% | 16% |
| AHS | 15% | 13% | 14% |
| BHS | 21% | 21% | 21% |
| Hochschulverw. Lehranstalt | 34% | 32% | 33% |
| Universität, Hochschule | 27% | 27% | 27% |
| *Wohnbevölkerung Gesamt* | 14% | 10% | 12% |
| *Erwerbstätige nach Beschäftigung* | | | |
| Selbständige | 21% | 18% | 20% |
| Unselbständige zusammen | 24% | 26% | 25% |
| Teilzeit | 25% | 22% | 22% |
| Vollzeit | 24% | 27% | 25% |
| *Erwerbstätige Gesamt* | 24% | 25% | 24% |

*(Quelle: Statistik Austria)*

Deutlich unterschiedlich bleibt das Bildungsverhalten von Frauen und Männern hinsichtlich ihrer inhaltlichen Ausrichtung. Die Bildungssegregation hat kaum abgenommen. Nach wie vor streben Frauen stärker in kaufmännische, soziale und geisteswissenschaftliche Bereiche, während technische und naturwissenschaftliche Bereiche von Männern dominiert werden. Besonders stark ausgeprägt ist die Bildungssegregation im mittleren Bildungsbereich: Mädchen mit mittleren Bildungsabschlüssen absolvieren eher eine schulische Ausbildung, während Burschen bei der betrieblichen Ausbildung durch Lehre dominieren. Wählen sie einen Lehrberuf, so konzentrieren sich mehr als die Hälfte der weiblichen Lehrlinge auf die drei Lehrberufe Einzelhandelskauffrau, Friseurin sowie Bürokauffrau (Schmid 2003). Die Beibehaltung von typisch weiblichen und typisch männlichen Bereichen, wie sie in der Bildungssegregation deutlich wird, setzt sich in der Berufswahl fort. Sowohl die Berufswahl junger Frauen, als auch die Bereiche, in denen Frauen aller Altersgruppen ihren Beruf ausüben, weisen darauf hin, dass stereotype Rollenzuweisungen nach wie vor die Einsatzmöglichkeiten von Frauen einengen (siehe unten).

### Vermittlungsprobleme durch familiäre Hemmnisse

Im Verlauf der Zeit haben sich die Geschlechterverhältnisse am Arbeitsmarkt wesentlich durch die verstärkte Erwerbstätigkeit der Frauen verändert. Doch trotz der zunehmenden Integration in den Arbeitsmarkt bleiben die Benachteiligungen von Frauen im Erwerbsleben bestehen und sind auch weiterhin eng mit ihrer Rolle in der Familie verknüpft. Vereinbarkeitsstrategien zu entwickeln und durchzusetzen ist Privatsache der Frauen geblieben. »Sie – und nicht etwa Väter, soziale Sicherungssysteme oder ArbeitgeberInnen – haben unmittelbar die Risiken zu tragen, die mit solchen selbstgezimmerten Lösungsversuchen einer an sich kollektiven Aufgabe verbunden sind.« (Knapp/Weg 1995: 20) Auch wenn sich eine Annäherung der Erwerbsbeteiligung zwischen den Geschlechtern abzeichnet und der Anteil von Frauen ohne Familie steigt, zeigen Bildungsverhalten, Berufswahl und Berufskarriere von Mädchen oder Frauen das Etikett »Mutterrolle«, gewollt oder ungewollt, gelebt oder nicht gelebt, bewusst oder unbewusst.

Die familienbedingte Diskontinuität weiblicher Erwerbskarrieren und/-oder ihre zeitlich eingeschränkte Verfügbarkeit für den Beruf erhöht das Risiko auf Arbeitslosigkeit und erschwert ihre Beschäftigungsvermittlung. Zum anderen spielen hier aber auch die Erwartungen oder Vorurteile von UnternehmerInnen gegenüber weiblichen Bewerberinnen eine Rolle. Die Assoziation von Frauen mit Berufsunterbrechungen und eingeschränkter zeitlicher Verfügbarkeit durch Kinderbetreuungsaufgaben sind die klassischen Argumente, die Frauen in Bewerbungsverfahren gegenüber männlichen Konkurrenten benachteiligen (Engelbrech 1994). Während Letzteres mit Geschlechterstereotypen und Diskriminierungsverhalten gegenüber Frauen zu tun hat, ist Ersteres mit direkten oder indirekten De-Qualifizierungen verbunden.

In den Arbeitslosenstatistiken des AMS wurden Hemmnisse aufgrund von Kinderbetreuung bis 1999 als Einschränkung der regionalen Mobilität registriert. Knapp die Hälfte der weiblichen Arbeitslosen (46 Prozent 1999) wiesen demnach Vermittlungshemmnisse aufgrund eingeschränkter Mobilität auf. Nach Wegfall dieses Indikators liegen nunmehr bei den AMS-Daten keine Informationen über zu betreuende Kinder vor (vgl. Kapitel 8).

Die altersspezifischen Arbeitslosenquoten zeigen keine Hinweise auf eine höhere Arbeitslosigkeit der Frauen in der intensiven Familienphase. Eher das Gegenteil: Ältere Frauen über 50 und junge Frauen bis 24 Jahre sind überdurchschnittlich von Arbeitslosigkeit betroffen, während Frauen in den mittleren Jahren auch geringere Arbeitslosenquoten als Männer aufweisen (vgl. Tabelle 6).

*Tabelle 6: Arbeitslosigkeit und Alter von Frauen und Männern (2003)*

| | *Frauen* | | *Männer* | | *Gender Gap* |
|---|---|---|---|---|---|
| | Bestand | Quote | Bestand | Quote | |
| *bis 19 Jahre* | 5.003 | 6,1% | 5.048 | 4,3% | 1,8 |
| *20 bis 24 Jahre* | 11.739 | 7,2% | 17.576 | 10,2% | -3,0 |
| *25 bis 29 Jahre* | 11.618 | 5,9% | 15.557 | 7,7% | -1,8 |
| *30 bis 34 Jahre* | 14.553 | 6,5% | 17.634 | 6,8% | -0,3 |
| *35 bis 39 Jahre* | 15.290 | 6,2% | 19.575 | 6,6% | -0,4 |
| *40 bis 44 Jahre* | 13.309 | 5,7% | 18.178 | 6,6% | -0,9 |
| *45 bis 49 Jahre* | 10.522 | 5,4% | 14.912 | 6,8% | -1,4 |
| *50 bis 54 Jahre* | 10.368 | 7,0% | 14.083 | 7,9% | -0,9 |
| *55 bis 59 Jahre* | 7.544 | 12,3% | 12.959 | 10,5% | 1,8 |
| *60 Jahre und älter* | 416 | 4,5% | 4.195 | 14,3% | -9,8 |
| *Gesamt* | 100.362 | 6,5% | 139.717 | 7,5% | -0,9% |

*Gender Gap* gemessen als absolute Differenz zwischen der Frauenarbeitslosenquote und Männerarbeitslosenquote, Angabe in Prozentpunkten.

*(Quelle: AMS)*

Diese tendenziell geringere Betroffenheit von Arbeitslosigkeit der Frauen in den mittleren Altersklassen muss aber wieder im Zusammenhang mit ihrer Erwerbsbeteiligung gesehen werden. Denn Frauen über 25 weisen weiterhin deutlich geringere Beschäftigungsquoten auf als Männer (vgl. Grafik 2). Besonders deutlich ist der Beschäftigungs*gap* in den Altersklassen zwischen 30 und 44 Jahren, das heißt in den Jahren, in denen in der Regel die intensive Kinderbetreuung anfällt.

*Grafik 2: Beschäftigungsquote und Alter von Frauen und Männern (2004)*

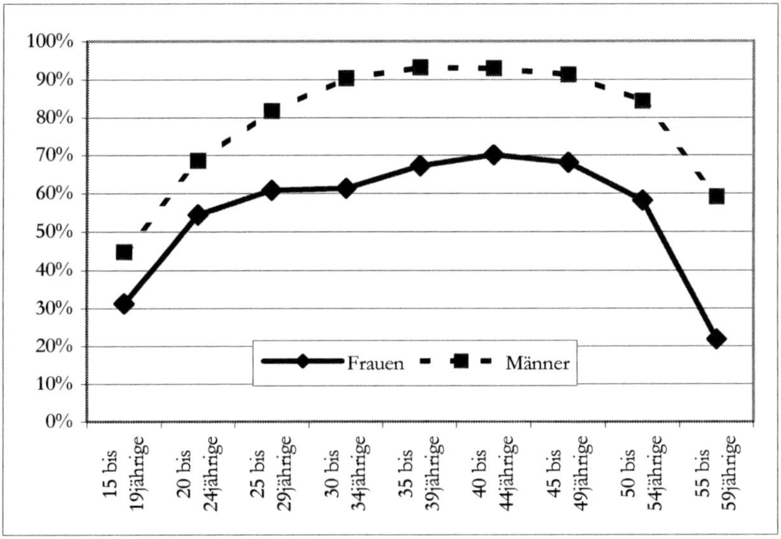


*(Quelle: Hauptverband der Sozialversicherungsträger)*

Diskontinuitäten weiblicher Erwerbskarrieren beziehungsweise die Alternativrolle von Frauen in einem arbeitsmarktfernen Status (Offe/Hinrichs 1984) machen Frauen zu Arbeitskräften, durch die höhere Einstellungskosten als bei Männern entstehen können. Denn jeder Arbeitsabgang verursacht für ein Unternehmen Kosten durch Neueinschulungen, Bewerbungsverfahren etc. Das betriebliche Argument, »mit Frauen kann es komplizierter werden«, wird so zum Vermittlungshemmnis.

Obwohl die Instabilität weiblicher Karrieren als zentraler Faktor für die Benachteiligungen von Frauen am Arbeitsmarkt gilt, gibt es wenig verfügbare Daten und Ergebnisse darüber, wann und wie lange Frauen in Österreich den Beruf aus familiären Gründen unterbrechen und inwieweit sie tatsächlich häufiger als Männer den Arbeitsplatz wechseln und somit zu einem »Unternehmensrisiko« werden.[23]

Im Familienbericht 1999 (BMUJF 1999) wurden auf Basis des *Family and Fertility Survey* 1996 Erwerbsverläufe von Frauen hinsichtlich Berufsunterbrechungen klassifiziert und ihre Verteilung analysiert. Abgesehen von den rund 30 Prozent kinderlosen Frauen verteilen sich die Frauen mit cirka einem Drittel auf »Erwerbsorientierte Zwei-Rollen-Typen« (kurze Unterbrechungszeiten bis maximal zwei Jahre), mit etwas mehr als einem Drittel auf »Ein-Rollen-Typen mit Familienphase« (Unterbrechungen zwischen zwei und sechs Jahren beziehungsweise bei mehr Kindern bis zehn Jahre) und mit etwas weniger als einem Drittel auf »Familienorientierte Ein-Rollen-Typen« (längere Unterbrechungen beziehungsweise kein Wiedereinstieg). Familiär bedingte Unterbrechungen von mindestens 2 Jahren beziehungsweise Berufsausstiege spielen also bei rund der Hälfte aller Frauen eine Rolle. Aber immerhin rund ein Fünftel der Mütter setzt ihre Berufstätigkeit innerhalb von sechs Monaten nach der Geburt eines Kindes fort. »Berufsfortsetzerinnen« kommen nach dieser Definition bei älteren Kohorten deutlich häufiger vor als bei jüngeren (45-49-Jährige 22 Prozent, 25-29-Jährige 13 Prozent). Hingegen hat die Anzahl der »Berufsrückkehrerinnen«, die also ihre Berufstätigkeit zwischen sechs und 24 Monaten unterbrechen, zugenommen (45-49-Jährige 12 Prozent, 25-29-jährige 21 Prozent). Damit haben familiär bedingte Berufsunterbrechungen im Zeitverlauf eher zugenommen, aber die Länge der Familienphase hat sich sukzessive verkürzt. Beeinflusst werden diese unterschiedlichen Karrieremuster sowohl von demographischen Veränderungen (Zunahme der Ein-Kind-Familien) als auch von Veränderungen der Karenzregelungen (Verlängerung der Dauer und Ausweitung des Kreises der begünstigten KarenzgeldbezieherInnen).

Die Analyse individueller Erwerbskarrieren zeigt aber auch, dass Männer aus Sicht der Unternehmen ähnlich hohe Abgangswahrscheinlichkeiten aufweisen wie Frauen, allerdings aus anderen Gründen und mit anderen Fristigkeiten. Männer beenden Dienstverhältnisse öfter innerhalb des ers-

23 Voraussetzung dafür sind Längsschnittsdaten, die für Österreich aber nur punktuell erhoben werden (zum Beispiel durch den Family and Fertility Survey 1996, dem Mikrozensus-Sonderprogramm 3/1996, oder die Panelerhebung des Europäischen Haushaltspanels (ECHP) sowie seines Nachfolgeprogrammes EU-SILK. Vorliegende administrative Daten wie zum Beispiel des Hauptverbandes der Sozialversicherungsträger haben den Nachteil, dass diese mit immensem Datenorganisationsaufwand verbunden sind und daher nur wenig genutzt werden.

ten Beschäftigungsjahres, während Frauen höhere Abgangswahrscheinlichkeiten nach längeren Beschäftigungsverhältnissen (über drei Jahre) aufweisen (Mahringer 2005). Die Annahme, dass es sich nicht lohnt, Frauen einzustellen und in ihre berufliche Weiterbildung zu investieren, weil sie wegen ihrer Mutterrolle dem Betrieb nicht lange erhalten bleiben, wird dementsprechend nur bedingt empirisch bestätigt. Doch Berufseinschränkungen durch Familie bleiben weiterhin das zentrale Hemmnis von Frauen bei Bewerbungsverfahren (Engelbrech 1994).

## Benachteiligungen von Frauen im Erwerbsleben

Ein weiterer Ansatzpunkt für arbeitsmarktpolitische Interventionen ergibt sich aus den Benachteiligungen von Frauen im Erwerbsleben. Trotz zunehmender Erwerbsintegration von Frauen bestehen althergebrachte Ungleichheiten weiter. Die quantitative Integration konnte die qualitativen Defizite der Frauenarbeitsplätze nicht mindern, sondern hat diese in den letzten Jahren teilweise noch verstärkt. Mit der Beseitigung von Benachteiligungen beschäftigter Frauen scheint Arbeitsmarktpolitik über ihre zentrale Funktion, der Beseitigung von Ungleichgewichten am Arbeitsmarkt hinauszugehen. Doch die Benachteiligungen von Frauen hinsichtlich Arbeitsbedingungen, Arbeitsbewertung oder Zugangschancen zu Arbeitsplätzen sind eng mit dem Arbeitslosigkeitsrisiko verknüpft.

Die Ungleichheiten zwischen Frauen und Männern manifestieren sich am deutlichsten in den Einkommensunterschieden, da diese zugleich auch unterschiedliche Arbeitsmarktplatzierungen, Arbeitszeiten, Arbeitsbedingungen, Karrierechancen etc. abbilden. Die längerfristige Entwicklung der Einkommen zeigt, dass die Geschlechterunterschiede kaum abgenommen, sondern in den letzten Jahren eher noch zugenommen haben (Grafik 3). Während in den achtziger Jahren noch eine Verminderung der Einkommenslücke sichtbar ist, besteht in den neunziger Jahren eine leicht zunehmende Tendenz. Der *Gender Gap* ist zwischen 1993 und 2001 von 31 Prozent auf 33 Prozent gestiegen.

Die Einkommensunterschiede zwischen Frauen und Männern sind zum Teil auf unterschiedliche Produktivitäten der Arbeitskräfte zurückzuführen. Dies kann unter anderem durch unterschiedliche Arbeitszeiten (mehr Teilzeit von Frauen), Qualifikationen (geringere Ausbildung und

Arbeitserfahrung durch Berufsunterbrechungen von Frauen) oder unterschiedliche Arbeitsplätze (vertikale Segregation) erklärt werden. Doch Schätzungen zeigen, dass der Einkommens*gap* weniger auf diese erklärbaren Faktoren als auf Diskriminierung, das heißt auf Einkommensbenachteiligungen ohne objektive Begründung, zurückzuführen ist. So schätzen Böheim u. a. (2002) den Diskriminierungsanteil am *Gender Gap* auf zwei Drittel bis vier Fünftel und kommen damit für das Jahr 1997 zu ähnlichen Ergebnissen wie dies für 1983 geschätzt wurde (Zweimüller/Winter-Ebmer 1994). Trotz verbesserter Ausbildung und sinkender Unterbrechungsphasen von Frauen, konnten also die Einkommensunterschiede nicht abgebaut werden.

*Grafik 3: Einkommensunterschiede von Frauen und Männern (1980–2001)*

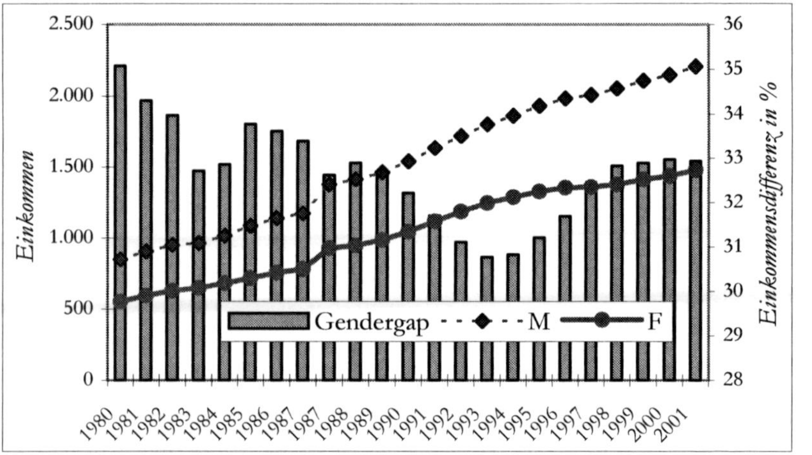


*(Quelle: Hauptverband der Sozialversicherungsträger)*

Eine zentrale Erklärung für die unterschiedliche Bewertung von Frauenarbeit und Männerarbeit stellt die Verteilung von Frauen und Männern auf unterschiedliche Tätigkeitsfelder, Berufe und Branchen (horizontale Segregation) sowie auf unterschiedliche Hierarchieebenen (vertikale Segregation) dar. So verhindert die »Gläserne Decke« für die Mehrzahl der Frauen auch weiterhin einen Aufstieg in die obersten Berufspositionen. Nur 17 Prozent der ISCO Berufsklassen 1 und 2 (Leitende Angestellte, GeschäftsbereichsleiterInnen, DirektorInnen, PhysikerInnen, MathematikerInnen, MedizinerInnen und BiowissenschafterInnen oder wissenschaftliche Lehrkräfte) sind Frauen.[24] Und dieser Anteil ist in den letzten Jahrzehnten nur wenig gestiegen.

Aber auch die horizontale Segregation wirkt sich auf das Einkommen aus. Frauen und Männer sind nicht nur auf unterschiedliche Berufe verteilt, sondern der Bereich, auf den sich die Frauenberufe konzentrieren, ist auch wesentlich kleiner als jener der Männer. Knapp die Hälfte der Frauen konzentriert sich auf nur 4 der 27 Berufsgruppen, zwei Drittel auf die größten 7 und 75 Prozent auf 8 Berufsgruppen. Frauen sind vor allem im Bereich der persönlichen Dienstleistungen, in Bürotätigkeiten und in Verkaufstätigkeiten beschäftigt. Die Hälfte der Männer ist hingegen in 7 Berufsgruppen beschäftigt, zwei Drittel in 10 Berufsgruppen und 75 Prozent in 12 Berufsgruppen und dabei primär in technischen Berufen.

Fasst man die Berufsgruppen nach ihrer Geschlechterdominanz zu 5 Kategorien zusammen[25], so zeigt sich folgendes Bild der Berufsbereiche von Frauen (vgl. Tabelle 7):

– Zwei Drittel der Frauen (68,3 Prozent) arbeiten in *Frauenberufen*, das heißt. in Berufen, in denen der Frauenanteil über 50 Prozent liegt. 9 Prozent der weiblichen Beschäftigten sind in Bereichen beschäftigt, in denen weniger als 20 Prozent Männer arbeiten. Diese *stark segregierten Frauenberufe* betreffen zum einen nicht-wissenschaftliche Lehrkräfte (KindergärtnerInnen, Volks- oder SonderschullehrerInnen), zum anderen biowissenschaftliche und Gesundheitsfachkräfte (Krankenschwestern, Hebammen, BiotechnikerInnen und verwandte Berufe). Die *segregierten Frauenberufe* beinhalten den Kernbereich der Frauenbeschäftigung, das heißt Berufe, die auch im Alltagswissen als Frauenberufe bezeichnet werden wie Verkäuferinnen, Sekretärinnen, Buchhalterinnen, Lehrerinnen, Friseurinnen, Kellnerinnen, Reinigungskräfte oder Kassiererinnen. Alle Frauenberufe gehören zur Gruppe der Dienstleistungsberufe.

---

24 Frauen in der Berufsklasse 2 sind vor allem auf Lehrkräfte konzentriert.

25 Zur Erklärung der Segregation werden die Berufe entsprechend ihres Geschlechteranteils in in folgende Kategorien eingeteilt (vgl. Kreimer 1999): Stark segregierte Frauenberufe mit einem Frauenanteil von 80 Prozent und mehr; segregierte Frauenberufe mit einem Frauenanteil von 50 bis 79,9 Prozent; integrierte oder gemischte Berufe mit einem Frauenanteil von 30 bis 49,9 Prozent; segregierte Männerberufe mit einem Frauenanteil von 10 bis 29,9 Prozent; stark segregierte Männerberufe mit einem Frauenanteil unter 10 Prozent. Die folgenden Ausführungen wurden der Studie »Frauenberufe – Männerberufe: Zur Persistenz geschlechtshierarchischer Arbeitsmärkte« (Leitner 2001b) entnommen und aktualisiert.

- Knapp ein Fünftel (19,2 Prozent) der Frauen ist in gemischten oder *integrierten Berufen* beschäftigt, bei denen der Frauenanteil in etwa dem durchschnittlichen Frauenanteil aller Beschäftigten entspricht. Dieser Berufsbereich ist nicht nur von der Geschlechterzusammensetzung der Beschäftigten her gemischt, sondern auch hinsichtlich der Berufe. Dazu zählen Beschäftigte in der Landwirtschaft (Fachkräfte und Hilfskräfte), sonstige Fachkräfte mit mittlerer Qualifikation (zu denen u. a. Verwaltungsfachkräfte, sozialpflegerische Berufe gehören), MaschinenbedienerInnen, MedizinerInnen und sonstige WissenschafterInnen sowie LeiterInnen von Kleinunternehmen. Der Frauenanteil ist in den höher qualifizierten Berufen dieser Gruppe, den MedizinerInnen, WissenschafterInnen und GeschäftsleiterInnen etwas geringer als in den landwirtschaftlichen Berufen, den sonstigen Fachkräften und den BedienerInnen von Maschinen.
- In den *Männerberufen* (mit mehr als 70 Prozent Männeranteil) sind nur noch ein Achtel (12,5 Prozent) der Frauen beschäftigt, aber die Hälfte der Männer. Sie umfassen Handwerks- und verwandte Berufe im Produktionsbereich, HilfsarbeiterInnen im Baugewerbe, technische, höhere und leitende Bedienstete in der Privatwirtschaft und der Verwaltung. Die *stark segregierten Männerberufe*, in denen der Frauenanteil unter 10 Prozent liegt, gehören vorwiegend dem Produktionsbereich an.

Die Zugangsmöglichkeit zu allen Berufsfeldern stellt einen wesentlichen Aspekt der Gleichstellung dar und bestimmt die weiteren Arbeitsmarktmöglichkeiten und damit auch das Einkommen. Die Einkommensunterschiede zwischen Frauen und Männern sind in den männerdominierten Beschäftigungsgruppen geringer (26 Prozent) als in den frauendominierten Berufen (37 Prozent, vgl. Gregoritsch u. a. 2002; Leitner 2003, 2004b). Dies ist weniger durch die unterschiedliche Produktivität der Sektoren zu erklären, vielmehr geht der Konzentration von Frauen und Männern auf spezifische Bereiche eine geschlechtsspezifische Bewertung voraus.

Dementsprechend ist die Rigidität der Segregation in Österreich problematisch zu werten. So ist der Anteil von Frauen in den frauendominierten Berufen zwischen 1994 und 2001 tendenziell gestiegen (1994 waren 66,7 Prozent, 2001 68,3 Prozent in stark segregierten Frauenberufen und in segregierten Frauenberufen). Demgegenüber ist vor allem der Anteil in den gemischten Berufen gesunken (23,1 Prozent gegenüber 21,6 Prozent).

*Tabelle 7: Segregation der Berufe (1994 und 2001)*

| | | *Absolut 2001* | | *Frauenanteil* | | *Anteil an Beschäftigten* | | | |
|---|---|---|---|---|---|---|---|---|---|
| | | *Frauen* | *Männer* | *2001* | *1994* | *F 01* | *F 94* | *M 01* | *M 94* |
| Ia Stark segre. Frauenberufe | 32 Biowissenschaftliche und Gesundheitsfachkräfte | 109.055 | 17.092 | 86,5% | 82,9% | 6,7% | 6,0% | 0,8% | 0,8% |
| | 33 Nicht-wissenschaftliche Lehrkräfte | 40.978 | 7.757 | 84,1% | 79,0% | 2,5% | 2,1% | 0,4% | 0,4% |
| Ib Segregierte Frauenberufe | 91 Verkaufs- und Dienstleistungs-hilfskräfte | 187.223 | 51.498 | 78,4% | 76,4% | 11,5% | 11,2% | 2,5% | 2,2% |
| | 52 Modelle, VerkäuferInnen und VorführerInnen | 185.341 | 83.941 | 68,8% | 69,8% | 11,3% | 10,9% | 4,1% | 3,1% |
| | 41 Büroangestellte ohne Kunden-kontakt | 271.841 | 105.216 | 72,1% | 68,0% | 16,6% | 18,0% | 5,1% | 5,5% |
| | 23 Wissenschaftliche Lehrkräfte | 93.223 | 44.395 | 67,7% | 60,7% | 5,7% | 5,0% | 2,2% | 2,1% |
| | 51 Pers.Dienstleistungsberufe und Sicherheitsbedienstete | 150.661 | 92.027 | 62,1% | 57,6% | 9,2% | 9,7% | 4,5% | 4,6% |
| | 42 Büroangestellte mit Kunden-kontakt | 77.851 | 56.857 | 57,8% | 48,5% | 4,8% | 4,4% | 2,8% | 3,0% |
| II Integrierte Berufe | 61 Fachkräfte in Landwirtschaft und Fischerei | 95.162 | 99.022 | 49,0% | 46,8% | 5,8% | 7,3% | 4,8% | 5,4% |
| | 24 Sonst. WissenschafterInnen und verwandte Berufe | 71.955 | 80.144 | 47,3% | 40,0% | 4,4% | 4,1% | 3,9% | 4,0% |
| | 34 Sonstige Fachkräfte (mittlere Qualifikationsebene) | 81.651 | 105.539 | 43,6% | 40,5% | 5,0% | 4,8% | 5,1% | 4,6% |
| | 82 MaschinenbedienerInnen und MontiererInnen | 44.961 | 64.497 | 41,1% | 41,4% | 2,8% | 3,8% | 3,1% | 3,5% |
| | 22 BiowissenschaftlerInnen und MedizinerInnen | 19.644 | 23.491 | 45,5% | 41,2% | 1,2% | 1,0% | 1,1% | 1,0% |
| | 13 LeiterInnen kleiner Unter-nehmen | 38.658 | 85.846 | 31,0% | 24,7% | 2,4% | 1,9 | 4,2% | 3,9% |
| IIIa Segregierte Männerberufe | 73 PräzisionsarbeiterInnen, Kunsthandwerk.,DruckerInnen | 8.876 | 28.498 | 23,7% | 30,6% | 0,5% | 3,1% | 1,4% | 1,6% |
| | 74 Sonstige Handwerks- und verwandte Berufe | 32.175 | 84.303 | 27,6% | 28,5% | 2,0% | 1,0% | 4,1% | 4,6% |
| | 92 Landwirtschaftliche, Fischerei- und verwandte HilfsarbeiterInnen | 1.687 | 4.600 | 26,8% | 26,7% | 0,1% | 0,2% | 0,2% | 0,4% |
| | 12 GeschäftsleiterInnen und BereichsleiterInnen in gr. Untern. | 53.624 | 126.755 | 29,7% | 19,1% | 3,3% | 1,6% | 6,1% | 4,5% |
| | 93 HilfsarbeiterInnen im Bergbau und Baugewerbe | 17.375 | 67.592 | 20,4% | 17,8% | 1,1% | 1,3% | 3,3% | 3,8% |
| | 11 Angehörige Körperschaften u. leitende Verwaltungsbedienste | 610 | 3.624 | 14,4% | 14,7% | 0,0% | 0% | 0,2% | 0,2% |
| | 31 Technische Fachkräfte | 20.816 | 154.731 | 11,9% | 10,8% | 1,3% | 1,1% | 7,5% | 5,8% |
| | 21 PhysikerInnen, Mathematike-rInnen und | 8.552 | 35.281 | 19,5% | 9,6% | 0,5% | 0,2% | 1,7% | 1,5% |
| | 81 BedienerInnen stationärer und verwandter Anlagen | 1.915 | 28.028 | 6,4% | 7,0% | 0,1% | 0,2% | 1,4% | 1,8% |
| IIIb Stark segregierte Männerberufe | 72 MetallarbeiterInnen, Mecha-nikerInnen und verwandte Berufe | 7.370 | 251.005 | 2,9% | 2,2% | 0,5% | 0,4% | 12,2% | 11,9% |
| | 83 FahrzeugführerInnen und BedienerInnen mobiler Anlagen | 6.982 | 142.278 | 4,7% | 2,5% | 0,4% | 0,3% | 6,9% | 8,1% |
| | 71 Mineralgewinnungs- und Bauberufe | 5.689 | 207.724 | 2,7% | 1,8% | 0,3% | 0,3% | 10,1% | 10,3% |
| | 1 SoldatInnen | 28 | 10.598 | 0,3% | 0% | 0,0% | 0% | 0,5% | 1,5% |
| | *Gesamt* | 1.633.900 | 2.062.340 | 44,2% | 39,4% | 100% | 100% | 100%, | 100% |

*(Quelle: MZ 1994, MZ 2001, eigene Berechnungen)*

Die Konzentration von Frauen auf bestimmte Beschäftigungssegmente und der weitgehende Ausschluss aus Männerbereichen erleichtert eine frauenspezifische Definition und Bewertung von Tätigkeiten, erschwert aber den Nachweis von Ungleichbehandlung, reduziert Ausweichmöglichkeiten in andere Bereiche und führt oft in Berufe mit geringen Aufstiegsmöglichkeiten. Frauenberufe sind zugleich Berufe, die oft hohe Flexibilisierungstendenzen aufweisen, das heißt auch hohe Beschäftigungsmobilitäten und überdurchschnittliche Arbeitslosenrisiken mit sich bringen. Frauen sind dabei oft in Branchen beschäftigt, in denen in den letzten Jahren die Arbeitslosigkeit trotz Beschäftigungserhöhung gestiegen sind, wie Unternehmensbezogene Dienstleistungen, Gesundheit, Einzelhandel oder Beherbergung und Gastgewerbe (Hofer u. a. 2005).

## Beschäftigungspotential Frauen

Arbeitsmarktpolitik kann aber nicht nur an den Defiziten von Frauen ansetzen, sondern auch an ihrem Beschäftigungspotential, um sie als Wettbewerbsfaktor zu nützen. In der europäischen Beschäftigungspolitik stellen Frauen neben älteren Arbeitskräften die zentrale Arbeitskraftreserve dar, um die Produktivität und Konkurrenzfähigkeit der europäischen Wirtschaft zu erhöhen. Auch wenn die Erwerbsbeteiligung der Frauen in den letzten Jahrzehnten bereits wesentlich gestiegen ist, kann ihr Potential noch erheblich stärker genützt werden. Durch unterschiedliche Maßnahmen sollen Frauen zur Teilnahme am Erwerbsleben motiviert werden, wobei die berufliche Qualifizierung und die Vereinbarkeit von Familie und Beruf gleichermaßen gefördert werden.

Die zunehmende Integration von Frauen in bezahlte Erwerbsarbeit gilt als eine der großen Veränderungen der entwickelten westlichen Industriestaaten. So zeigen auch für Österreich die Beschäftigungszahlen der Frauen eine steigende Tendenz, während jene der Männer stagnieren (Grafik 5).

Die Ursachen dafür liegen vor allem darin, dass die Voraussetzungen für das männliche Ernährermodell (*male breadwinner - female caretaker-Modell*), nachdem dem Mann die Rolle des Ernährers zukommt, während die Frau für die Hausarbeit zuständig ist, zunehmend verloren gegangen sind (Lewis/Ostner 1994; Gottschall/Pfau-Effinger 2002). Stabile Familienverhältnisse und Vollbeschäftigung beziehungsweise existenzsicherndes Einkommen der Männer sind kaum mehr die Regel; immer mehr Frauen sind als Singles oder Alleinerzieherinnen (unverheiratet oder geschieden) auf ihr eigenes Einkommen angewiesen. Hinzu kommt noch, dass ein Arbeitseinkommen kaum mehr im Stande ist, einen mittleren Lebensstandard einer Familie zu sichern, beziehungsweise Arbeitslosigkeitsphasen diesen vorübergehend gefährden. Dennoch bleibt die weibliche Rolle der Erwerbstätigkeit ambivalent. Das *male breadwinner – female caretaker-Modell* hat zwar in der Lebenspraxis an Bedeutung verloren, ist aber im politischen Handeln, den sozialpolitischen Regelungen und als theoretisches Leitbild des Alltagshandelns weiterhin prägend. Frauen sind also zunehmend auf eine Erwerbstätigkeit angewiesen, sind aber entsprechend ihrer Rollenzuschreibung als Hauptverantwortliche für die Haus- und Familienarbeit nur beschränkt für den Arbeitsmarkt verfügbar.

*Grafik 4: Beschäftigungsentwicklung von Frauen und Männern (1987–2004)*

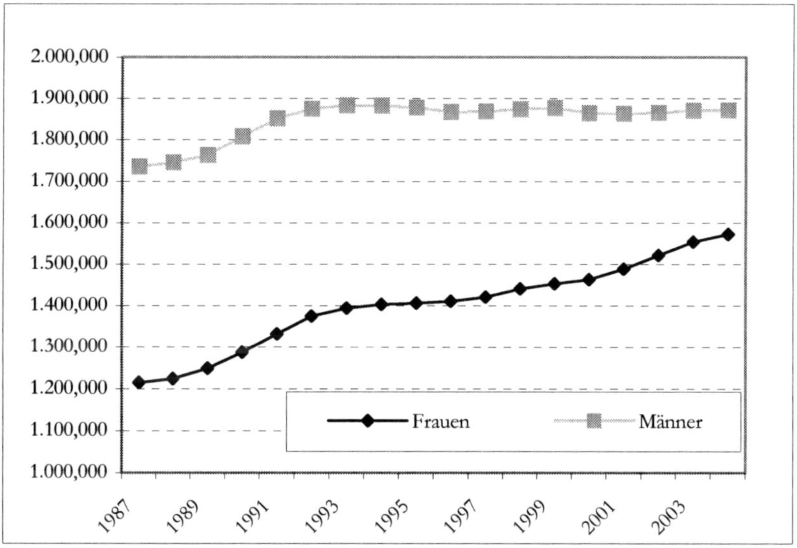


*(Quelle: Hauptverband der Sozialversicherungsträger)*

Betrachtet man die steigenden Beschäftigungszahlen von Frauen genauer, so zeigt sich dieses ambivalente Verhältnis auch in der Entwicklung der Erwerbsbeteiligung von Frauen. Die längerfristige Entwicklung zeigt eine Erhöhung der Frauenerwerbsquote um sieben Prozentpunkte seit 1960 (Grafik 4). Dies ist angesichts der erheblich gestiegenen

Erwerbsorientierung von Frauen erstaunlich wenig für diesen langen Zeitraum. Andererseits ist im gleichen Zeitraum die Erwerbsbeteiligung der Männer um 10 Prozentpunkte gesunken (1960: 90 Prozent, 2000: 80 Prozent) und hat damit zu einer Halbierung des *Gender Gap* geführt (1960: 35 Prozent, 2000: 18 Prozent; vgl. Grafik 5). Diese Entwicklung ist geprägt durch einen späteren Berufseintritt durch längere Ausbildungszeiten wie auch ein tendenziell früheres Pensionseintrittsalter. Für Frauen werden diese beschäftigungsmindernden Faktoren durch die zunehmende Erwerbsorientierung kompensiert.

*Grafik 5: Entwicklung der Erwerbsquote von Frauen und Männern (1960–2000)*

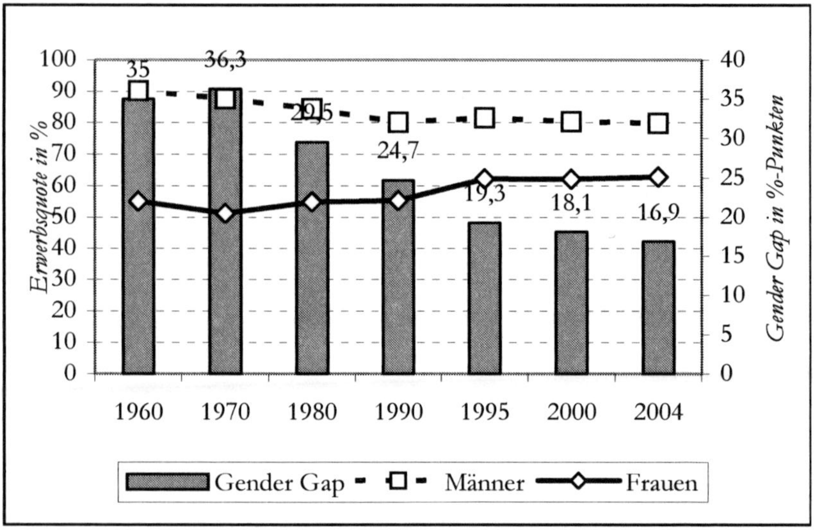


*(Quelle: OECD)*

Bei genauerer Betrachtung zeigt sich aber auch, dass die statistisch ausgewiesene Erhöhung der Erwerbsbeteiligung von Frauen nicht immer eine höhere Beschäftigung bedeutet. Die Beschäftigungsausweitung der letzten Jahre erfolgte primär über Teilzeitarbeitsplätze. Umgerechnet auf Vollzeitäquivalente beträgt die Beschäftigungsquote der Frauen damit nur noch 51 Prozent (gegenüber 61 Prozent normaler Beschäftigungsquote 2002) und liegt der *Gender Gap* nach Vollzeitäquivalenten bei 25 Prozentpunkten.

Zudem erfolgte der Beschäftigungszuwachs von Frauen in den letzten Jahren nur noch über die steigende Zahl von Frauen in Karenz. Durch Verlängerung der Anspruchsdauer ist ihr Anteil ständig gestiegen und umfasst im Jahr 2002 bereits mehr als 5 Prozent der erwerbstätigen Frauen.[26] Werden BezieherInnen von Karenz- beziehungsweise Kinderbetreuungsgeld aus den Beschäftigten herausgerechnet (vgl. Grafik 6), verringert sich die weibliche Erwerbsquote um ca. 5 Prozentpunkte und erhöht in etwa in diesem Ausmaß den *Gender Gap* (Mahringer 2003).

*Grafik 6: Beschäftigungsentwicklung von Frauen und Männern (1987–2004)*

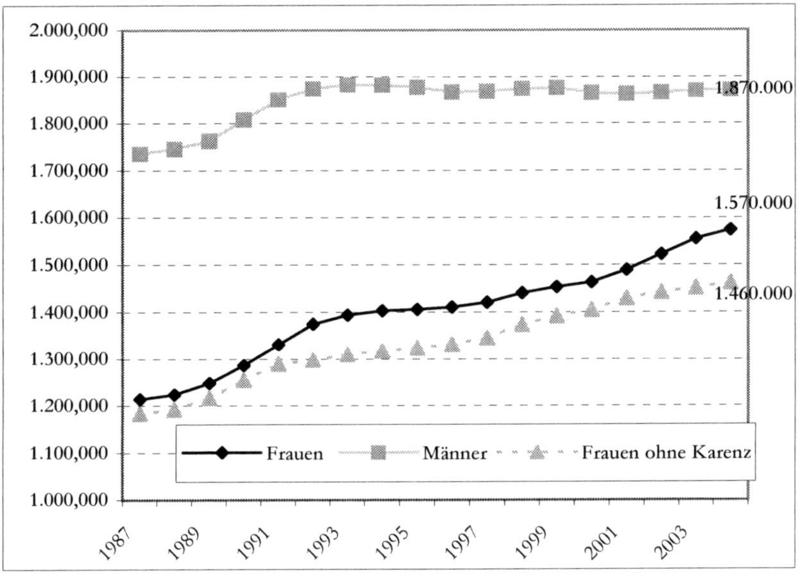


*(Quelle: Hauptverband der Sozialversicherungsträger, eigene Berechnungen)*

Trotz hoher Erwerbsbeteiligung von Frauen bleibt die Vereinbarkeit von Beruf und Familie schwierig und werden Familienbetreuungsaufgaben als zentraler Ausschließungsmechanismus der Erwerbstätigkeit gesehen. Vergleicht man die Erwerbsquote von Frauen im Alter zwischen 25 und 45 Jahren – also in jenen Jahren, in denen meist familiäre Unterbrechungen auftreten – mit und ohne Kinder, so zeigt sich ein Unterschied von 7 Prozentpunkten.[27] Größer ist hingegen der Unterschied beim Anteil der Teil-

26 So weisen Mütter mit Kindern bis 3 Jahre eine Erwerbsquote von 72 Prozent auf wenn karenzierte Frauen mitgezählt werden, tatsächlich gehen aber nur 32 Prozent einer Beschäftigung nach (vgl. OECD 2003: 131).

27 Dabei werden Frauen in Karenz, soweit sie ein aufrechtes Dienstverhältnis aufweisen, als Beschäftigte gezählt.

zeitbeschäftigten. Die Teilzeitquote von Müttern (49 Prozent) ist mehr als doppelt so hoch wie jene von Frauen ohne Kinder (23 Prozent). Reduzierte Arbeitszeit stellt also für Frauen in Österreich eine wichtige Möglichkeit dar, um Beruf und Familie zu vereinbaren.

Stärker als die familiäre Situation scheint aber weiterhin die Qualifikation die Erwerbsbeteiligung der Frauen zu bestimmen (vgl. Tabelle 8). Während Frauen mit akademischer Ausbildung eine nahezu gleich hohe Erwerbsbeteiligung (85 Prozent) aufweisen wie Männer, sind nur 49 Prozent der Frauen mit maximal Pflichtschulabschluss erwerbstätig. Während Männer (mit Ausnahme der Pflichtschul- und der AHS-Absolventen) vom Bildungsniveau beinahe unabhängige Erwerbsquoten aufweisen, ist der Einfluss des Ausbildungsniveaus auf die Erwerbstätigkeit der Frauen wesentlich stärker ausgeprägt. Frauen sind mit höherer Qualifikation eher in das Erwerbsleben integriert. Das heißt, mit zunehmendem Bildungsniveau nimmt der Unterschied in der Erwerbsbeteiligung zwischen den Geschlechtern, der *Gender Gap*, ab (von rund 20 Prozent bei Pflichtschul- und LehrabsolventInnen auf rund 10 Prozent bei AkademikerInnen).

*Tabelle 8: Erwerbsquoten und Qualifikation von Frauen und Männern (15–60 Jahre; 2002)*

| | *Männer* | *Frauen* | *Gender Gap* |
|---|---|---|---|
| *APS* | 67,3% | 48,7% | 18,6 |
| *Lehre* | 92,2% | 71,4% | 20,8 |
| *BMS* | 91,3% | 75,1% | 16,2 |
| *AHS* | 65,7% | 53,0% | 12,7 |
| *BHS* | 86,0% | 76,8% | 9,2 |
| *Hv.LA* | 90,8% | 86,7% | 4,1 |
| *HS* | 95,5% | 85,0% | 10,5 |
| *Gesamt* | 84,3% | 65,1% | 19,2 |

*Gender Gap* gemessen als absolute Differenz zwischen der Frauenarbeitslosenquote und Männerarbeitslosenquote, Angabe in Prozentpunkten.

BMS = berufsbildende mittlere Schule; AHS = allgemeinbildende höhere Schule; BHS = berufsbildende höhere Schule, Hv.LA = hochschulverwandte Lehranstalten, Hochschule = Universität, Fachhochschule.

*(Quelle: Mikrozensus 2002, eigene Berechnungen)*

Die Unterschiede bei den weiblichen Erwerbsquoten ergeben sich durch unterschiedliche Strategien der Vereinbarkeit von Familie und Beruf.

Frauen mit höheren Abschlüssen kehren nach familiär bedingten Berufsunterbrechungen früher in den Beruf zurück (Buber 2001; Kytir/Münz 1999). Bei der Betrachtung der Erwerbsquoten nach Qualifikationsniveau, zeigen sich zwar Unterschiede nach Qualifikation, doch durch die Berücksichtigung aller erwerbsfähigen Personen, also auch jener die sich noch in Ausbildung befinden, wird der Einfluss der Bildung unterschätzt. Beschränkt man die Analyse auf Personen zwischen 25 und 45 Jahren, also auf jene, die vermutlich ihre Ausbildung bereits abgeschlossen haben und schließt ältere Frauen mit »traditionellen Hausfrauenkarrieren« aus, so zeigt sich der Einfluss der Bildung noch deutlicher: Während Frauen mit akademischer Ausbildung eine nahezu gleich hohe Erwerbsbeteiligung (82,4 Prozent) aufweisen wie Männer, sind nur 41,6 Prozent der Frauen mit maximal Pflichtschulabschluss erwerbstätig. Für diese qualifikationsspezifischen Unterschiede in der Erwerbsbeteiligung können mehrere Gründe angeführt werden: Zum einen bestehen für Frauen mit höheren Bildungsabschlüssen bessere Arbeitsmarktchancen und weisen eine höhere Berufsorientierung auf. Zum anderen stellen die Transfereinkommen einen geringeren Anreiz zur Nichterwerbstätigkeit dar, da die betraglich fixierten Leistungen eine geringere Kompensation für höhere Einkommen bieten.[28]

Arbeitsmarktfaktoren und familiäre Faktoren spielen oft als Erwerbshemmnisse zusammen eine Rolle (vgl. Ehrenberg/Smith 2006; Mahringer 2005). Eine Untersuchung der Risikofaktoren der Nichterwerbstätigkeit hat gezeigt, dass die Nichterwerbstätigkeit von Frauen keinesfalls nur eine Frage familiärer Rahmenbedingungen ist (Kreimer/Leitner 2002b; Kapeller u. a. 1999). 45 Prozent der nicht erwerbstätigen Frauen – immerhin fast die Hälfte – weisen sowohl Defizite durch familiäre Betreuungspflichten (primäre Verantwortung für Kinderbetreuung ohne ausreichende familiäre und/oder staatliche Unterstützung) als auch hinsichtlich ihrer spezifischen Arbeitsmarktchancen (Qualifikation, regionaler beziehungsweise berufspezifischer Arbeitsmarkt) auf. Für die große Mehrheit der nicht erwerbstätigen Frauen ist das primäre Hindernis einer Arbeitsmarktteilnahme sehr viel mehr im »klassischen« Vereinbarkeitsproblem zu suchen als in ihren Präferenzen, die Erwerbstätigkeit vorübergehend für Betreuungsaufgaben zu unterbrechen. Die »Erleichterung der Nichterwerbstätigkeit« von Müttern, die in Österreich derzeit dem Ziel der verstärkten Integration von Frauen in den Arbeitsmarkt gegenüber steht, weist auch auf das Potential für eine

28 Vgl. zu dieser Problematik ausführlich Wroblewski/Leitner 2005c bzw. Lutz 2004 und 2003.

Erwerbserhöhung hin. Denn tatsächlich scheinen eher die Lebensumstände oder Arbeitsmarktchancen entscheidend für einen längeren Berufsausstieg zu sein, als der explizite Wunsch danach.

## Zielgruppen der Arbeitsmarktpolitik

Die unterschiedlichen arbeitsmarktpolitischen Zielsetzungen für Frauen, die sich auf die Beseitigung der Arbeitslosigkeit, des Abbaus von Benachteiligungen am Arbeitsmarkt oder auf die Integration arbeitsmarktferner Gruppen in den Arbeitsmarkt konzentrieren, führen auch zur Frage, wer zu den Zielgruppen der Arbeitsmarktpolitik zählt. Im traditionellen Konzept soll Arbeitsmarktpolitik Arbeitslose und Arbeitsuchende bedienen. Es bleibt aber ungeklärt, wieweit sich Arbeitsmarktpolitik allein auf die LeistungsbezieherInnen, das heißt die KundInnen des AMS beziehen soll, oder auch echte »WiedereinsteigerInnen«, das heißt Personen ohne Leistungsbezug, die im Haushalt tätig, in Karenz oder in Ausbildung sind, in arbeitsmarktpolitische Maßnahmen miteinbeziehen.

Betrachtet man das Ausmaß der nicht beschäftigten Personen nach ihrem Arbeitsmarktstatus, so zeigt sich zwar eine ziemlich eindeutig formulierte Zielgruppe bei Männern für Arbeitsmarktpolitik, wohingegen bei Frauen mehr Interpretationsspielraum besteht. Das Beschäftigungspotential, das heißt die Personen im Erwerbsalter, ist bei Männern mit knapp zwei Drittel (65 Prozent) genutzt, während weniger als die Hälfte der Frauen im Erwerbsalter beschäftigt sind (43 Prozent) und von ihnen 40 Prozent als Teilzeitbeschäftigte arbeiten.[29] Beschäftigte und sonstige Nichterwerbstätige, das heißt Personen in Pension, Frühpension und Ausbildung, können kaum in den Arbeitsmarkt integriert werden, während Arbeitslose die zentrale Zielgruppe der Arbeitslosigkeit bilden. Offen ist der Status von in Karenz und im Haushalt tätigen Frauen. Frauen in Karenz werden – wenn ein aufrechtes Dienstverhältnis besteht – den Beschäftigten zugerechnet, die genutzte Dauer der Karenz ist aber wesentlich von der Beschäftigungs- und Betreuungssituation abhängig. Und vor allem bei den im Haushalt tätigen Frauen, die ebenfalls meist wegen Kinderbetreuung nicht erwerbstätig sind, ist die Aufnahme einer Erwerbstätig-

29 Eigenen Berechnungen nach Daten des Mikrozensus 2003.

keit von den Arbeitsplatzchancen und der Unterstützung bei der Kinderbetreuung abhängig. Zwar steht nur ein Teil dieser Frauen für den Arbeitsmarkt zur Verfügung, aber das Beschäftigungspotential speist sich aus den rund 650.000 potentiellen WiedereinsteigerInnen.[30]

Die Zielgruppe Frauen kann in der Arbeitsmarktpolitik jedenfalls nicht auf die Gruppe der Arbeitslosen beschränkt werden und ist es de facto auch nicht. Beispielsweise waren Wiedereinsteigerinnen in der zweiten Hälfte der neunziger Jahre eine stark beworbene Zielgruppe in der österreichischen Arbeitsmarktpolitik (vgl. Leitner/Wroblewski 2000b; Sprengseis 2000).

## Resümee

Der empirische Überblick zur Situation in Österreich zeigt, dass Frauen zunehmend in den Erwerbsmarkt integriert wurden, aber dass durch diese quantitative Integration kaum qualitative Defizite vermindert wurden. Trotz steigender Erwerbsbeteiligung bleiben Männer und Frauen in unterschiedlichen Berufen, Beschäftigungsformen und Einkommensgruppen tätig. Die Segregation des Arbeitsmarktes hat sich demnach kaum vermindert. Jene Ausschlussmechanismen, die früher dafür verantwortlich gemacht wurden, dass Frauen nicht erwerbstätig waren, nämlich schlecht verwertbare Qualifikationen und eingeschränkte Verfügbarkeit für den Arbeitsmarkt durch Familienbetreuungspflichten, bleiben Faktoren, die das Arbeitslosigkeitsrisiko von Frauen erhöhen.

Die empirische Analyse folgt dabei weitgehend den Indikatoren zur Beschreibung der Situation von Frauen und Männern am Arbeitsmarkt, wie sie üblicherweise der Arbeits- und Beschäftigungspolitik zugrunde gelegt werden. Diese Analyse der *Gender Gaps* hebt die Unterschiede zwischen Frauen und Männern hervor, aber verschleiert die Tatsache, dass die Differenzen zwischen Frauen teilweise größer sind, als jene zwischen Frauen und Männern.[31] Die angeführten Unterschiede nach Qualifikation

30 Laut einer Schätzung der ARGE Wiedereinstieg (1996) werden ca. 10 Prozent der Frauen, die 1990 in Karenz, in Arbeitslosigkeit oder im Haushalt tätig waren, den potentiellen Wiedereinsteigerinnen zugerechnet.

31 Solche Analysen konstruieren soziale Geschlechter mit, sind Teil des *Doing Gender*-Prozesses. Doch für *Gender*-Analysen, die über ein *Sex-Counting* hinausgehen, das heißt

und Familiensituation weisen darauf hin. Aber auch andere Faktoren wie Schichtzugehörigkeit oder Wohnregion beeinflussen die Positionierung im jeweiligen Arbeitsmarktsegment und die mehr oder weniger riskante Vereinbarkeitsproblematik. Weder der erleichterte Zugang zu Bildungsinstitutionen noch die zunehmende regionale Mobilität können verhindern, dass die Ausgangsposition von Frauen, ihre soziale und regionale Herkunft, die Lebens- und Arbeitschancen wesentlich mitbestimmt (Leitner/Wroblewski 2005a; Leitner 2004a; Kapeller u. a. 1999).

Während sich ein Teil der Frauen hinsichtlich Qualifizierung und Berufsorientierung dem männlichen Lebens- und Arbeitsstil angenähert hat, bleibt ein Teil der Frauen in traditionellen weiblichen Lebensmustern verhaftet. Geschlecht stellt weiterhin ein Strukturmerkmal dar, aber individuelle Defizite und Lebensmuster kommen hinzu. Schließungsmechanismen gegenüber Frauen als Gruppe und Diskriminierungsverhalten gestalten sich zunehmend komplexer und treffen nicht alle Frauen im gleichen Ausmaß. Im untersten Segment des weiblichen Arbeitsmarktes kumulieren demnach geschlechts-, schicht-, qualifikations-, regions- und familienstandsabhängige Nachteile, die seitens der Betriebe für flexible und billige Arbeitskräfte genutzt werden. Solche Arbeitsplätze werden aber auch von Frauen »gewählt«, da sie – zumindest kurzfristig betrachtet – Vorteile in der Vereinbarkeit mit Betreuungsaufgaben bieten und eine Alternative zur Nichterwerbstätigkeit darstellen.

Arbeitsmarktpolitische Maßnahmen setzen an den Defiziten von Frauen an, indem sie beispielsweise Um- und Weiterqualifizierungen fördern, die Bewerbungschancen von Frauen durch Unterstützung bei der Arbeitsuche erhöhen, durch Beratungen oder Orientierungsmaßnahmen die Vereinbarkeit von Beruf und Familie unterstützen, Beschäftigungsverhältnisse subventionieren beziehungsweise diese im zweiten Arbeitsmarkt anbieten, oder Unterstützungen bei der Kinderbetreuung bieten. Die Beseitigung des Ungleichgewichtes am Arbeitsmarkt, das heißt der Arbeitslosigkeit, ist ihre primäre Zielsetzung. Arbeitsmarktpolitik zielt aber auch darauf ab, Benachteiligungen von Frauen im Erwerbsleben, die zu einem höheren Arbeitslosigkeitsrisiko führen, zu mindern. Wieweit dies ebenfalls zu den Aufgaben der Arbeitsmarktpolitik zählt, ist umstritten; jedenfalls sollte sie aber die Benachteiligungen der Frauen am Arbeitsmarkt nicht verstärken. Arbeitsmarktpolitik setzt aber nicht nur bei den Defiziten von

---

eine geschlechterdifferenzierte Analyse betreiben, und nicht geschlechterübergreifende Strukturen sichtbar machen, fehlen Indikatoren und Daten (vgl. Hedman et al. 1996).

Frauen an, sondern ist auch auf eine stärkere Nutzung ihres Beschäftigungspotentials zur Erhöhung der Produktivität und der Verbesserung der wirtschaftlichen Konkurrenzsituation ausgerichtet.[32]

Je nach Zielsetzung werden unterschiedliche Zielgruppen innerhalb von Frauen angesprochen. Bei der Beseitigung von Arbeitslosigkeit stimmen die Zielgruppen von Frauen und Männern noch weitgehend überein. Sie richtet sich an alle Arbeitslose, bezieht potentiell auch die »versteckt« Arbeitslosen mitein. Auch die Beseitigung von Ungleichheit am Arbeitsmarkt richtet sich primär an Arbeitslose, da kaum in bestehende Beschäftigungsverhältnisse eingegriffen werden kann. Hingegen bezieht die Erhöhung des Beschäftigungspotentials auch sonstige Nichterwerbstätige ein, berücksichtigt auch die im »Haushalt Tätigen« und zielt damit vor allem auf Frauen.

Die unterschiedlichen Zielsetzungen führen aber auch zur Frage, inwieweit Arbeitsmarktpolitik all diese Aufgaben übernehmen und erfolgreich erfüllen kann. Die Beseitigung der Arbeitslosigkeit, das heißt des Ungleichgewichts am Arbeitsmarkt, ist durch die Besonderheiten der Ware Arbeit (existenzsichernd, nicht lagerbar, inhomogen) und des Arbeitsmarktes (Informationsdefizite, viele Teilmärkte, unterschiedliche Machtverhältnisse) erforderlich. Die Einschätzungen über ihre Wirkungsweise dämpfen aber die Erwartungen an die Arbeitsmarktpolitik. Eine Beschäftigungsausweitung kann kaum erwartet werden, sondern eher eine Umverteilung der Arbeitslosen in den Warteschlangen für Arbeitsplätze. Frauenförderung in der Arbeitsmarktpolitik kann damit durchaus zu einer Verminderung der Arbeitslosigkeit von Frauen beitragen, allerdings auf Kosten anderer »Problemgruppen«.

Die Beseitigung von Benachteiligungen am Arbeitsmarkt erweist sich als ein noch schwierigeres Ziel, da Arbeitsmarktpolitik nur bedingt in bestehende Arbeitsverhältnisse eingreifen kann. Gleichstellung von Frauen und Männern im Erwerbsleben ist durch Arbeitsmarktpolitik kaum erreichbar, aber Schritte in diese Richtung sind durchaus möglich. Es ist vor allem darauf zu achten, dass arbeitsmarktpolitische Förderungen die Benachteiligungen von Frauen am Arbeitsmarkt nicht verstärken, indem zum Beispiel eine geschlechtsspezifische Segregation gefördert wird.

Ähnlich fordernd stellt sich die Aufgabe der Nutzung des Beschäftigungspotentials dar. Auch hier steht Arbeitsmarktpolitik im Konflikt mit

32 Und dabei nicht nur hinsichtlich der beschäftigten Personen, sondern auch hinsichtlich ihrer Arbeitszeit.

bestehenden Rahmenbedingungen oder auch mit Zielsetzungen aus anderen Politikbereichen. Eine Erhöhung der Erwerbsbeteiligung von Frauen kann nur dann erfolgen, wenn eine konsistente Zielsetzung bezüglich ihrer Erwerbsrolle besteht. Doch derzeit werden sowohl Anreize gesetzt, um längere Erwerbsunterbrechungen zur Kinderbetreuung einzugehen, als auch Maßnahmen, um Frauen verstärkt in den Arbeitsmarkt zu integrieren (Mairhuber 2000; Wroblewski/Leitner 2005).

Gleichstellung in der Arbeitsmarktpolitik steht aber immer auch in Konkurrenz mit anderen Zielsetzungen der Arbeitsmarktpolitik und ist aufgrund der Finanzrestriktionen Zielkonflikten ausgesetzt. Dies bezieht sich sowohl auf die Konkurrenz der Zielgruppen als auch auf die inhaltlichen Zielsetzungen. Zwar sind Frauen bei der Förderung von Langzeitarbeitslosen, Jugendlichen, Behinderten etc. enthalten – aber eben nur mitenthalten; sie sind durch Diskriminierungsprozesse, die in der Arbeitsmarktpolitik ähnlich wirken wie am Arbeitsmarkt, häufig unterrepräsentiert (vgl. Kapitel 6). Diese Konkurrenz bezieht sich aber auch auf die inhaltlichen Zielsetzungen: Beispielsweise kann die Zielsetzung »Abbau der Arbeitslosigkeit« wirksamer und kosteneffizienter erreicht werden, wenn arbeitsmarktpolitische Maßnahmen auf die registrierten Arbeitslosen beschränkt bleiben und nicht auch WiedereinsteigerInnen nach längeren familienbedingten Berufsunterbrechungen einschließen. Die inhaltliche Konkurrenz bezieht sich aber auch auf die Wahl der Maßnahmen: Beispielsweise kostet die Qualifizierung oder Umschulung von Frauen für zukunftsträchtige Berufsfelder deutlich mehr als ihre Integration in typische Frauenbereiche (Kreimer/Leitner 2002a; Lutz u. a. 2003).

Zudem kann aktive Arbeitsmarktpolitik oft nur in Kombination mit anderen Politikfeldern wirksam vorgehen, beziehungsweise übernimmt Arbeitsmarktpolitik eine Ausgleichsfunktion für Interventionen aus anderen Politikfeldern. Angesprochen sind hier insbesondere die Bildungspolitik, die Familien- und Sozialpolitik. Ein Beispiel ist die aktive Berücksichtigung von Kinderbetreuungspflichten arbeitsuchender Frauen (Kinderbetreuungsbeihilfe, Förderungen für Kinderbetreuungseinrichtungen). Angesichts der Defizite, die Österreich in diesem Politikfeld aufzuweisen hat, ist klar, dass die aktive Arbeitsmarktpolitik hier nur sehr begrenzt ausgleichend wirken kann. Zielführender wäre eine Abstimmung mit anderen öffentlichen Förderungen für Kinderbetreuungseinrichtungen wie auch mit der Ausgestaltung der Elternkarenz.

# 4. Zielsetzungen und Strategien von Gleichstellungspolitik

Die Zielsetzungen für eine gleichstellungsorientierte Arbeitsmarktpolitik können auch aus den Forderungen der Gleichstellung zwischen Frauen und Männern abgeleitet werden. Das Arbeitsmarktgeschehen beeinflusst ganz wesentlich das Geschlechterverhältnis und damit kann auch jede Form von Intervention in den Arbeitsmarkt durch Arbeitsmarktpolitik als Instrument der Gleichstellungspolitik genutzt werden. Als Motivation für Gleichstellungspolitik dienen gesellschaftspolitische Vorstellungen von Gleichheit und Gerechtigkeit. Doch ob nur Gleiches gleich und Verschiedenes seiner Eigenart entsprechend verschieden behandelt werden soll und ob der Prozess oder das Ergebnis gleich sein soll, ist weder in der moralphilosophischen Diskussion, noch in der feministischen Theorie geklärt. Dementsprechend haben sich auch unterschiedliche Zielsetzungen und Strategien der Gleichstellungspolitik ergeben. Gender Mainstreaming stellt eine neue Strategie der Gleichstellungspolitik dar, die konzipiert wurde, um die wahrgenommenen Defizite in der Umsetzung von Gleichbehandlung und Frauenförderung zu überwinden.

Gleichstellungspolitik kann als Gesamtheit der Maßnahmen zur Beseitigung direkter und indirekter Diskriminierung bzw. zur Gleichstellung oder gleichen Teilhabe von Frauen und Männern in der Berufsarbeit, in der politischen Partizipation oder in der Privatheit bezeichnet werden (vgl. Glossar von Rosenberger/Sauer 2004). Diese allgemeine Definition von Gleichstellungspolitik wirft eine Reihe von Fragen für die konkrete Umsetzung auf. Die Unbestimmtheit von Gleichstellungspolitik wird durch eine unterschiedliche Begriffsverwendung noch verstärkt. Daher erscheint es notwendig – bevor auf die Zielsetzungen und Möglichkeiten einer geschlechterorientierten Arbeitsmarktpolitik eingegangen wird – grundlegende Fragen und Begriffe zu klären.

## Schlüsselbegriffe und Konzepte von Gleichstellung

Chancengleichheit stellte in der Arbeitsmarktpolitik lange Zeit den zentralen Begriff in der Geschlechterpolitik dar. Chancengleichheit im Erwerbskontext soll die Diskriminierung am Arbeitsmarkt beziehungsweise die sozialen Folgen, die durch die Benachteiligungen am Arbeitsmarkt entstehen, beseitigen (vgl. Kapitel 10). Chancengleichheit wird demnach als Gleichstellung von Frauen und Männern verstanden, so wie der von der Frauenbewegung verwendete Begriff auch gemeint war. Doch der Begriff wird teilweise auf formale Gleichheit beschränkt (Jarosch 2001). Daher wurde Chancengleichheit häufig durch den Begriff Gleichstellung ersetzt.[33]

Die Erkenntnisse über die Ursachen und Folgen der Geschlechterbenachteiligungen legitimieren Gleichstellungs- beziehungsweise Chancengleichheitspolitik. Aber Chancen*gleichheit* wird entsprechend der verfolgten Gleichheits- und Gerechtigkeitsvorstellungen unterschiedlich interpretiert. Gleichheit ist ein Verhältnisbegriff, der keinen Sachverhalt, sondern eine Beziehung zwischen Gegenständen oder Personen bezeichnet. Gleichheitsaussagen sind demnach immer ein Gleichheitsurteil, eine Wertung in bestimmter Hinsicht (Dann 1979). Der Maßstab für Gleichheit ergibt sich aus den Vorstellungen zur Gerechtigkeit. Doch inwieweit ein Recht auf gleiche Behandlung (formales Gleichheitsverständnis) oder das Recht, als Gleiche/Gleicher behandelt zu werden (substanzielles Gleichheitsverständnis), als gerecht empfunden wird, bleibt eine ideologische Frage. Diese ist in der moralphilosophischen Diskussion genauso offen wie die Frage nach der Unterscheidung zwischen dem Recht auf gleichen Zugang (prozessorientierte Gerechtigkeit) und dem Recht auf ein gleiches Ergebnis (ergebnisorientierte Gerechtigkeit) (Jarosch 2001).

Analog zu den unterschiedlichen gesellschaftspolitischen Vorstellungen über Gerechtigkeit können unterschiedliche Zielsetzungen der Chancengleichheitspolitik abgeleitet werden. Theoretisch besteht eine klare Unterscheidung zwischen formaler, substantieller, prozessorientierter und ergebnisorientierter Gleichheit (vgl. Übersicht 2. Formale Gleichheit kann sich beispielsweise gegen Frauenquoten richten, da Benachteiligungen auf

33 Ich verwende in der vorliegenden Arbeit grundsätzlich den Begriff Gleichstellung, um eine Reduktion auf formale Gleichheit zu vermeiden. Eine Ausnahme davon bildet der aktuelle Abschnitt, wo die Begriffe entsprechend ihrer grundsätzlichen Bedeutung eingesetzt werden.

individuelle Vor- und Nachteile (wie etwa Mangel an intellektuellen Fähigkeiten) zurückgeführt werden. Substantielle Gleichheit zielt dagegen auf die Erreichung von faktischer Gleichheit ab: Zufällige Unterschiede sollen ausgeglichen werden (Rawls 1975) – es soll gleichermaßen wahrscheinlich sein, x zu tun (O'Neill 1993). Prozessorientierte Gleichheit fokussiert auf Zugangschancen, während ergebnisorientierte Gleichheit auch die Umsetzbarkeit dieser Chancen berücksichtigt.

*Übersicht 2: Zielsetzungen von Chancengleichheit*

| | *Formal* | *Substantiell* |
|---|---|---|
| *Prozess* | Gleichbehandlung<br>z.B. gleicher Lohn für gleiche Arbeit<br>*Negation: Ungleichbehandlung* | Chancengleichheit<br>z.B. gleiche Zugangs-chancen für leitende Positionen<br>*Negation: Diskriminierung* |
| *Ergebnis* | Gleichberechtigung<br>z.B. gleicher Lohn für gleichwertige Arbeit<br>*Negation: Benachteiligung* | Gleichstellung<br>z.B. gleiche Partizipation in leitenden Positionen<br>*Negation: Ungleichheit* |

Doch die damit zusammenhängenden Begriffe von Gleichbehandlung, Gleichberechtigung, Chancengleichheit und Gleichstellung werden in der politischen Argumentation unterschiedlich verwendet. Daher ist es sinnvoll, die Attribute substantiell beziehungsweise formal sowie prozessorientiert oder ergebnisorientiert mitzudenken beziehungsweise eine klare begriffliche Unterscheidung zwischen den Zielsetzungen vorzunehmen.

Gleichbehandlung und Gleichberechtigung zielen auf die rechtliche Gleichheit der Geschlechter und stellen in vielen Bereichen eine Basis für Gleichstellung dar. Während Ersteres unabhängig von individuellen Unterschieden gleich behandeln soll, zielt Gleichberechtigung darauf ab, dass alle ihr Leben nach ihren Begabungen und individuellen Leistungen gestalten können; Unterschiede zwischen Frauen und Männern werden also berücksichtigt.

Chancengleichheit ist demgegenüber auf den Prozess orientiert und bedeutet, dass jedes Mitglied einer Gruppe die gleiche Möglichkeit haben soll wie jedes andere Mitglied der Gruppe Güter zu erlangen; doch nicht alle werden darin erfolgreich sein, diese Güter auch zu bekommen. Das Ergebnis hängt wesentlich davon ab, wie viele Personen von dieser Chance Gebrauch machen (können).

Während Chancengleichheit in dieser engen Definition die gleichen Ausgangsbedingungen für alle herstellen soll, sollen durch Gleichstellung (unsichtbare) Vorteile von privilegierten Gruppen neutralisiert werden.[34] Gleichstellung fokussiert die inhaltliche und praktische Ausgestaltung der substantiellen Gleichberechtigung durch institutionelle Frauenpolitik. Dieses Konzept akzeptiert sowohl die gleiche Partizipation von Frauen und Männern in allen Lebensbereichen, als auch die traditionelle geschlechtsspezifische Arbeitsteilung, fügt aber als wichtiges Moment die »Wahlfreiheit« von Frauen hinzu.

Hinsichtlich der Verletzung oder Negation von Gleichstellung ist vor allem der Begriff der Diskriminierung wichtig. Unter Diskriminierung wird jede Ungleichbehandlung von Gleichen, die an ungerechtfertigten Differenzierungskriterien anknüpft, verstanden. So sollen Personen nicht aufgrund askriptiver Merkmale anders behandelt werden. Für die *formale* Perspektive ist die Unterscheidung aufgrund des Geschlechts (oder anderer askriptiver Merkmale) unzulässig, für die *substantielle* Sichtweise werden politische, soziale und ökonomische Umstände miteinbezogen. Man unterscheidet zwischen folgenden Diskriminierungskategorien:

– *Direkte Diskriminierung* wird als unterschiedliche Behandlung ohne sachliche Begründung verstanden (Ungleichbehandlung).
– *Indirekte Diskriminierung* liegt vor, wenn Frauen und Männer aufgrund ihrer Charakteristika verschieden behandelt werden. Sie zeigt sich oft erst in den tatsächlichen Auswirkungen auf Männer und Frauen; eine Diskriminierungsabsicht muss nicht bestehen. So kann beispielsweise eine Maßnahme infolge ihrer Koppelung an Höchstaltersgrenzen, Mindestkörpergrößen, Dienstalter, Senioritätsprinzip, Verheiratetenzulagen, Teilzeitbeschäftigung etc. die Geschlechter unterschiedlich betreffen.
– *Strukturelle Diskriminierung* resultiert aus machtpolitisch gedeckter sozialer oder ökonomischer Ungleichheit (Galtung 1977, zitiert nach Jarosch

34 Diese nunmehr übliche enge Definition von Chancengleichheit weicht von der ursprünglichen Bedeutung des von der linken Frauenbewegung entwickelten Begriffes ab, nach der Chancengleichheit als Synonym für Gleichstellung galt.

2001, 103ff.). Diese Form basiert nicht auf speziellen Handlungen, sondern zeigt sich in den Mustern der Ungleichheit.

Die Differenzierung unterschiedlicher Gleichstellungsziele und der dabei berücksichtigten Gleichheits- und Gerechtigkeitsvorstellungen verdeutlicht, wie sehr die Zielsetzungen von Gleichstellung aus politischen Werturteilen resultieren. Geschlechtergerechtigkeit als Werturteil zu verstehen bedeutet, sie als Ergebnis eines Aushandlungsprozesses zu sehen, der von unterschiedlichen gesellschaftspolitischen Vorstellungen und Interessen geprägt ist und sich im historischen Prozess verändert (Helming 2002: 15). Diese Sichtweise begründet sowohl die Debatten zwischen Männern und Frauen, als auch innerhalb der feministischen Bewegung und erklärt die unterschiedlichen Instrumente beziehungsweise Strategien der Geschlechterpolitik.

## Gleichheit und Differenz in der feministischen Theorie

Selbst in der feministischen Theorie besteht keine Einigkeit über die Zielsetzungen von Chancengleichheitspolitik. Meinungsverschiedenheiten bestehen vor allem bezüglich der Frage, wieweit Männer und Frauen gleich sind beziehungsweise gleich sein sollen oder ob das »andere Geschlecht« Frau aufgewertet werden soll. Die Diskussion geht über die Definitionsfrage von Gleichheit hinaus, indem die Frage nach der (Berechtigung von) Differenz der Geschlechter gestellt wird. Die feministische Debatte bewegte sich zunächst zwischen den beiden Konzepten Gleichheit und Differenz (vgl. Gerhard 2000) mit weitreichenden und widersprüchlichen Konsequenzen für die politische Umsetzung der Frauenförderung. Während dem Gleichheitsfeminismus[35] der Vorwurf gemacht wurde, dass er ein Konzept verfolgt, das eine Angleichung von Frauen an Männer nach

35 Im Gleichheitsfeminismus oder liberalen Feminismus (zum Beispiel Beauvoir, Friedan) wird von der Gleichheit der Geschlechter bzw. keinen wesenhaften Unterschieden zwischen Frauen und Männern ausgegangen. Nur die gleichen Rechte und Pflichten für Frauen und Männer können eine Gleichheit ermöglichen. Doch die »Menschenzentrierung« dieses Ansatzes, der allen Individuen Freiheit und Selbstbestimmung zuerkennt, wird als eine »Männerzentrierung« entlarvt. Der liberale Feminismus findet sich vor allem in der Epistemologie des feministischen Empirismus wieder (Bendl 2006).

sich zieht, wurde dem Differenzfeminismus[36] entgegengesetzt, dass er Klischees der Geschlechtercharaktere und die polarisierten Positionen von Weiblichkeit und Männlichkeit festschreibt, statt diese aufzulösen.

Der Differenzfeminismus betont die Unterschiede zwischen Frauen und Männern. Thema der Analyse ist aber nicht die Spaltung selbst, sondern die unterschiedliche Bewertung der weiblichen und männlichen Lebensweisen und Interessen. Mit dem Ansatz des weiblichen Arbeitsvermögens haben DifferenzfeministInnen im deutschen Raum vor allem in den achtziger und neunziger Jahren die Frauenpolitik geprägt. Sie erklärten die Existenz von Frauenberufen mit der Andersartigkeit von Frauen (Ostner 1982; Beck-Gernsheim 1981). Frauen seien aufgrund ihres biologischen Geschlechts und ihrer Sozialisation zur Familienarbeit »anders« als Männer. Dieses Anderssein ist entscheidend für das Funktionieren der gesellschaftlichen Organisation von Arbeit, da Frauen überwiegend die Familien- und Hausarbeit übernehmen, daher müssten Arbeitgeber dem spezifisch weiblichen Arbeitsvermögen entgegenkommen.

Als Konsequenz begründen Differenztheorien eine von Männern und Männlichkeit abgegrenzte Politik. Die weibliche Subjektivität wird zur Gegenstrategie erhoben, wobei die gemeinsame Identität von Frauen als treibendes politisches Bild gilt, das viele Frauenprojekte, Mütterzentren, Frauengruppen etc. motiviert hat. Diese gemeinsame Identität ist auch die Basis für die Forderung nach mehr Frauen in die Politik, da davon ausgegangen wird, dass Frauen aufgrund ihres Geschlechts eine andere Politik betreiben.

Ohne die Gleichheits-Differenz-Debatte befriedigend zu lösen, hat sich in den letzten zwei Jahrzehnten die feministische Debatte auf Unterschiede und Gleichheiten zwischen Frauen verlagert. So wie in der ersten Phase der Gleichheits-Differenz-Debatte tendenziell die Differenzen zwischen Männern und Frauen wichtiger wurden, zeigt sich auch in dieser zweiten Phase

36 Der Differenzfeminismus (zum Beispiel Daly, Gilligan, Irigaray) geht hingegen von einem Unterschied im Wesen der Geschlechter aus, der auf die Verknüpfung von körperlichen und symbolischen Faktoren zurückgeführt wird. Frauen werden dabei besondere Fähigkeiten zugeschrieben, die durch politische Maßnahmen unterstützt bzw. aufgewertet werden sollen. Differenzfeminismen, die im Laufe der Theorieentwicklung unterschiedliche Ausformungen angenommen haben, werden der feministischen Standpunkttheorie zugeordnet (Bendl 2006).

eine Akzentverschiebung vom Pol der Gleichheit zum Pol der Differenz im Dekonstruktivismus (Klinger 2001).[37]

Aus empirischer Sicht ist die Identität von Frauen kaum zu halten. Dies wurde vor allem von der dekonstruktivistischen Geschlechtertheorie kritisiert. Demnach ist Geschlecht keine natürliche Seinsform der Körper oder Individuen, sondern es gibt eine Vielzahl von Geschlechtern, das heißt verschiedener Weiblichkeiten und Männlichkeiten. Die Frage wie Geschlechter konstruiert werden und das Hinterfragen selbstverständlicher und naturalistischer Konstruktionen stehen im Mittelpunkt dekonstruktivistischer Untersuchungen. »Auf welche Weise die Differenz zwischen den Geschlechtern immer wieder neu reproduziert wird, eröffnet sich nur dann, wenn sie selbst als konstruiert und nicht als überzeitlich natürlich Gegebenes angenommen wird.« (Stiegler 1998: 10).

Die Grundannahmen des Dekonstruktivismus sind:

- Das duale Geschlechtersystem ist eine Konstruktion, die durch Diskurse, Interaktionen oder auch durch gesellschaftliche Strukturen hergestellt wird.
- Das Subjekt wird über ständige Ausgrenzungen des je anderen zum geschlechtlichen Wesen.
- Machtmechanismen, welche die Geschlechterhierarchie aufrechterhalten und reproduzieren, werden in Frage gestellt.
- Das Prinzip der Zweigeschlechtlichkeit wird angezweifelt und statt dessen für die Vielfältigkeit von Geschlechtern und die Anerkennung multipler Differenzen eingetreten.

Damit wird nicht nur die strenge Polarisierung der Geschlechter aufgehoben, auch die Frage nach Differenz oder Gleichheit von Frauen und Männern verliert an Gewicht. Die alltägliche strukturelle Diskriminierung des weiblichen Geschlechts muss nicht für jede Frau so erfahrbar sein, dass sie sich aktiv dagegen wehrt. Noch weniger ist es selbstverständlich, dass alle

37 Das Prinzip der Dekonstruktion findet sich in den postmodernen Feminismen (zum Beispiel Butler, Haraway) wieder, die die Frage nach dem Wesen der Geschlechter durch die symbolische Relation der Geschlecher und die kulturellen Strategien der Ontologisierung und Naturalisierung der Geschlechterdifferenz ersetzt. Er wendet sich gegen die diskursiv produzierte zweigeschlechtliche Ordnung, sowohl was »Frau und »Mann« betrifft, als auch was »sex« und »gender« betrifft, indem mehr Geschlechterformen als Frau und Mann zugelassen werden. Der Postmoderne Feminismus stellt eine Weiterentwicklung des feministischen Empirismus und der feministischen Standpunkttheorie dar (Bendl 2006).

Frauen eine einzige Lösung des Diskriminierungsproblems anstreben. Young (1995) bezeichnet diese Differenz als »serielle Identität«, das heißt erst wenn Frauen bestimmte Strukturen oder Situationen als solche erfahren oder erkennen, werden sie sich dagegen wehren.

Die Kritik an der Dekonstruktionsperspektive richtet sich an ihre entpolitisierende Wirkung, weil sie das Subjekt der Frauenbewegung zerstört. Allerdings legitimieren Dekonstruktionstheorien jede Art von Politik, die geschlechtliche Identitäten nicht ausgrenzt und ermutigen dazu, sich von den Zuschreibungen aufgrund des Geschlechts zu befreien. Die Kategorie Geschlecht dient als potentieller, nicht als wesentlicher und allgegenwärtiger Begründungszusammenhang; Geschlecht ist nur einer unter mehreren Gesichtspunkten.

Diese theoretische Debatte ist insofern von Bedeutung für die Politik, als sie Extrempole von unterschiedlichen Leitbildern über das Geschlechterverhältnis darstellt. Die Konsequenzen dieser unterschiedlichen Leitbilder zeigen sich beispielsweise in der Frage über bildungspolitische Weichenstellungen zum Abbau der beruflichen Segregation am Arbeitsmarkt:

- Eine gleichheitsorientierte Politik würde eine Durchmischung von Männern und Frauen fördern und beispielsweise verstärkt Frauen in technische Berufe leiten.
- Eine differenzorientierte Politik richtet sich hingegen nicht gegen die horizontale Spaltung in Frauen- und Männerberufe, sondern versucht die damit verbundenen Bewertungen, zum Beispiel die geringere Entlohnung typisch weiblicher Beschäftigungsfelder, also die vertikale Segregation zu verringern, während aber horizontale, durch unterschiedliche Interessen oder Fähigkeiten bedingte Segregation belassen wird.
- Die dekonstruktivistische Politik richtet ihre Aufmerksamkeit auf die Entstehung unterschiedlicher Berufssegmente für Frauen und Männer. Politische Ansatzpunkte ergeben sich beispielsweise im Bildungsprozess, indem Weichenstellungen für die Benachteiligungen von Mädchen im Unterricht aufgedeckt und vermieden werden sollen.

Doch jede Gleichstellungspolitik, die sich auf eine dieser theoretischen Leitbilder konzentriert, führt für sich genommen in ein politisches Dilemma (Knapp 1997; Wetterer 2003):

- *Gleichheitsdilemma:* Die Gleichbehandlung von Ungleichen baut Ungleichheit nicht ab, sondern reproduziert sie.

- *Differenzdilemma:* Der Fokus auf der Differenz verfestigt tradierte, geschlechtsspezifische Zuschreibungen und (re-)aktiviert Geschlechterstereotypen.
- *(De-)Konstruktionsdilemma:* Die Dekonstruktionstheorien stellen Grundmuster zweigeschlechtlichen Denkens so radikal in Frage, dass verallgemeinernde Aussagen über geschlechtsspezifische Benachteiligungen und Konfliktkonstellationen nicht mehr möglich sind und damit der Ansatzpunkt für Gleichstellungspolitik verloren geht.

Um diesen Dilemmas zu entgehen, müssen alle drei Perspektiven gleichermaßen berücksichtigt werden. Die einzelnen Ansätze fokussieren letztlich unterschiedliche Erklärungsphänomene und ergänzen sich demnach im Hinblick auf ihre Erkenntnisse. Um aber ein Bewusstsein aufzubauen, das über die dualen Geschlechtergrenzen hinausgeht, ist eine intensive Auseinandersetzung mit dem Geschlechterthema und eine grundsätzliche Bereitschaft erforderlich, das traditionelle Geschlechterverständnis in Frage zu stellen.

## Strategien der Gleichstellungspolitik

Korrespondierend zu den unterschiedlichen Zielsetzungen von Gleichstellungspolitik bestehen unterschiedliche Gleichstellungsstrategien, wobei auch hier eine Ausweitung der umgesetzten Strategien stattgefunden hat.

Die Gleichstellungsdebatte in bezug auf den Arbeitsmarkt startete mit Forderungen wie »gleicher Lohn für gleiche Arbeit« oder »gleicher Zugang zu allen Arbeitsmarktbereichen«, also mit der Forderung nach der Gleichbehandlung der Geschlechter. Im Zentrum dieser Gleichbehandlungspolitik stand das Streben nach »geschlechtsneutralen« Regelungen und somit die Beseitigung jeglicher Form direkter Diskriminierung. Allerdings wurde bald klar, dass die damit verbundene Zunahme der rechtlich-formellen Gleichheit keinen Abbau der faktisch-materiellen Ungleichheit am Arbeitsmarkt mit sich bringt, da nicht auf bestehende und durch vergangene Ungleichbehandlung institutionalisierte Ungleichheit Bezug genommen werden kann (Mairhuber 2000).

Um tatsächlich auch indirekte und strukturelle Diskriminierungen bekämpfen zu können, bedarf es mehr als einer individuellen Gleichbehandlung – es bedarf einer Bevorzugung des benachteiligten Geschlechts.

Erst durch Frauenförderung ist es möglich, das Ziel der Gleichstellung der Geschlechter am Arbeitsmarkt aktiv anzustreben, während Gleichbehandlung nur der Wahrung des Status Quo dienen kann, aber keine Handhabe zum Ausgleich von Ungleichem bietet. Die Implementierung von Frauenförderung ist von heftigen Diskussionen begleitet, da sie zwangsläufig zu einer *positiven* Diskriminierung zugunsten der Frauen führt und auf relativ geringe gesellschaftliche und betriebliche Akzeptanz stößt. Frauenförderung wird eher als eine »*good-will*-Aktion« für gute Zeiten betrachtet, während bei schlechter Wirtschaftslage andere Probleme im Vordergrund stehen (Riegraf 1996). Ausschlaggebend dafür ist, dass Frauenförderung eine Umverteilung der Ressourcen erfordert. Zudem basiert Frauenförderung implizit auf einem Defizitmodell, das bei Frauen individuelle Qualifikations- und Motivationsdefizite voraussetzt und die traditionelle Verantwortung der Frauen für den Familienbereich zementiert.

Die geringen Wirkungen von Frauenfördermaßnahmen und rechtlicher Gleichbehandlung führten dazu, dass bei der Weltfrauenkonferenz 1985 in Nairobi eine systematische Einbeziehung der Geschlechterperspektive in alle politischen Prozesse gefordert wurde. Zehn Jahre später, bei der Weltfrauenkonferenz in Peking, wurde Gender Mainstreaming in die Aktionsplattform aufgenommen und der politischen Öffentlichkeit bekannt gemacht. Mit der Unterzeichung des Amsterdamer Vertrags wurde Gender Mainstreaming 1997 als verbindliche Aufgabe für die Mitgliedsstaaten der Europäischen Union festgeschrieben und durch die EU-Richtlinie zur Umsetzung von Gender Mainstreaming 1998 konkretisiert (Schmidt 2003).

Mit Gender Mainstreaming wird die Erkenntnis, wonach auch scheinbar geschlechtsneutrale Entscheidungen unterschiedliche Auswirkungen auf Frauen und Männer haben können, in die Politikgestaltung proaktiv einbezogen. Es ist ein Instrument für (staatliche) Politik, das von Unterschieden bei der Arbeits- und Lebenssituation zwischen Männern und Frauen ausgeht. Ungerechtigkeiten ergeben sich daraus, dass die bestehenden Strukturen niemals geschlechtsneutral wirken, sondern aufgrund der verschiedenen Lebensbedingungen und Interessen von Frauen und Männern unterschiedliche Möglichkeiten und Effekte sowie unterschiedliche Zugänge zu Ressourcen in sich tragen. Die beteiligten AkteurInnen sollen daher ihre Aufmerksamkeit für die Geschlechterwirkung schärfen und ihr Handeln entsprechend einer geschlechtergerechten Politik verändern. Gleichstellungspolitik im Sinne von Gender Mainstreaming ist demnach als proaktive Strategie zu verstehen, die verhindern soll, dass neue Regelungen und Maßnahmen die Gleichstellung der Geschlechter behindern, weil Auswirkungen auf die Geschlechter nicht in den Entscheidungsprozess einbezogen wurden.

Entsprechend der Definition von Gender Mainstreaming der ExpertInnengruppe des Europarates (1998) soll Gender Mainstreaming alle Organisationseinheiten einschließen und die Organisation als Ganzes bei Veränderungsprozessen im Blick haben (vgl. Übersicht 3):

*Übersicht 3: Definition von Gender Mainstreaming (Europarat 1998)*[38]

| *»Gender Mainstreaming besteht in der* | *Das bedeutet:* |
|---|---|
| ... (Re-)Organisation, Verbesserung, Entwicklung und Evaluierung von Entscheidungsprozessen mit dem Ziel, dass die ... | Gender Mainstreaming ist ein Prozess der Qualitätsverbesserung |
| ... an politischer Gestaltung beteiligten Akteurinnen und Akteuren ... | Personelles Mainstreaming: Alle sind verantwortlich |
| ... den Blickwinkel der Gleichstellung zwischen Frauen und Männern ... | Zielorientierung: Gleichstellung |
| ... in allen Bereichen ... | Fachliches Mainstreaming: Alle Inhalte sind auf ihre Geschlechtsspezifik hin zu überprüfen |
| ... und auf allen Ebenen einnehmen.« | Formales Mainstreaming: Alle Hierarchieebenen sind involviert |

Vgl. Trommer 2002, zitiert nach Helming 2002: 5.

Diese Definition der ExpertInnengruppe der *Council of Europe* gibt eine Orientierung darüber, »*was*« Gender Mainstreaming bewirken soll, »*wer*« dafür verantwortlich ist und »*wie*« es umgesetzt werden soll: Die Zielsetzung der Gleichstellung soll durch eine systematische Qualitätsverbesserung der politischen Prozesse erreicht werden (»was«). Dies erfolgt, indem der Gender-Aspekt in die Mitte des politischen Handelns, in den *Mainstream*, gesetzt wird, also in allen Phasen und auf allen Ebenen der Politik von allen AkteurInnen auf die jeweiligen geschlechtsspezifischen Wirkungen geachtet wird (»wie«). Die Verantwortlichkeit dafür liegt bei allen,

38 Dabei handelt es sich um die Übersetzung aus dem französischen Original von Tondorf (2001: 272), die sich gegenüber der deutschen Fassung des ExpertInnenberichtes des Europarates durchgesetzt hat.

wobei die Weichenstellungen dafür von der Leitung ausgehen sollen, das heißt eine *Top-Down*-Strategie erfolgt (»wer«).

Gender Mainstreaming zielt damit darauf ab, Gleichstellungspolitik aus ihrer Ghettosituation zu befreien und sie als Querschnittsaufgabe in alle Politikbereiche zu integrieren. Sowohl durch diese Prozessänderung aber auch durch seine inhaltliche Zielsetzung unterscheidet sich Gender Mainstreaming maßgeblich von rechtlicher Gleichbehandlung und Frauenförderung. Gender Mainstreaming setzt nicht nur bei Frauen an, sondern richtet den Blick auf geschlechtsspezifische Strukturen in der Gesellschaft. Mit dem Begriff Gender sind aber auch inhaltliche Botschaften verknüpft, die auf seine soziale Konstruktion von Geschlecht verweisen (vgl. Kapitel 5). Die Unterschiede lassen sich nach Verloo (2001) anhand der Kategorien Analyse, ursächliche Zuständigkeit, Zielsetzungen und Zuständigkeiten konkretisieren (vgl. Übersicht 4).

*Übersicht 4: Gleichstellungsstrategien*

| *Strategie* | *Analyse*<br>Was ist zu verändern? | *Zuordnung der Ursache*<br>Was ist verantwortlich für das Problem? | *Zielsetzungen*<br>Wie soll das gemacht werden? | *Call for action*<br>Wer soll was machen? |
|---|---|---|---|---|
| *Gleichbehandlung* | Ungleichbehandlung durch Gesetz; unterschiedliche Rechte für Männer und Frauen | Individuelle Diskriminierung | Veränderung der Gesetze für formale Gleichberechtigung von Frauen u. Männern | Gesetzgeber |
| *Spezielle Frauenförderung/ Positive Diskriminierung* | Unterschiedliche Ausgangspositionen von Frauen und Männern als Gruppe. Mangelnde Zugangsmöglichkeiten, Fertigkeiten und Ressourcen | Sowohl individuelle als auch strukturelle Diskriminierung | Entwicklung und Finanzierung spezifischer Projekte für die Zielgruppe Frauen | Gleichbehandlungsstellen, teilweise mit etablierten Institutionen (z.B. AMS) |
| *Gender Mainstreaming* | Geschlechtsspezifische Verzerrungen bei politischen Interventionen und sozialen Institutionen, die zu Ungleichheit führen | Politische Interventionen (ungewollt) | Im politischen Prozess soll systematisch Geschlechterperspektive berücksichtigt werden | Regierung / alle AkteurInnen, die bei politischen Entscheidungen beteiligt sind |

Vgl. Verloo 2001, eigene Ergänzungen.

Während sich Gleichbehandlung auf gesetzliche Diskriminierung und Frauenförderung auf unterschiedliche Ausgangspositionen, Zugangsmöglichkeiten, Fertigkeiten und Ressourcen zwischen Frauen und Männer bezieht, zielt Gender Mainstreaming auf die geschlechtsspezifischen Verzerrungen durch politische Interventionen und soziale Institutionen. Dies führt auch zu unterschiedlichen Ursachenzuschreibungen, Zielsetzungen und AdressatInnen für Veränderungen: Gleichbehandlung setzt den Fokus auf die personale Ebene und soll Gleichstellung durch Veränderung der Regelungen herbeiführen, ist also an den Gesetzgeber adressiert. Frauenförderung knüpft ebenfalls an individuellen Defiziten an, nimmt aber auch die strukturelle Ebene, das heißt das Geschlechterverhältnis als sozialer Strukturzusammenhang auf und versucht diese durch spezifische Projekte für Frauen zu beseitigen, die von Gleichbehandlungsstellen oder sonstigen Institutionen der Gleichstellungspolitik initiiert werden sollen. Gender Mainstreaming zielt hingegen auf alle politischen Entscheidungsprozesse, indem (ungewollte) geschlechtsspezifische Auswirkungen verhindert werden sollen und richtet sich damit an alle politischen AkteurInnen, die sowohl in öffentlichen Einrichtungen als auch in sonstigen politisch wirkenden Einrichtungen (z.B. auch Privatunternehmen) tätig sind.

Auch wenn Gender Mainstreaming eine Weiterentwicklung der bisherigen Strategien darstellt, kann sich Gleichstellungspolitik aber nicht auf Gender Mainstreaming beschränken, da mit dieser Strategie bestehende Ungleichheiten zwar berücksichtigt, aber nicht beseitigt werden. Gender Mainstreaming ist daher als Teil einer Doppelstrategie beziehungsweise einer Tripelstrategie zu sehen: Gleichstellung als Querschnittsaufgabe ergänzt die spezifische Frauenförderungspolitik und setzt rechtliche Gleichbehandlung voraus. Theresa Rees (1998) fasst dies durch das Bild von »*Tinkerung*« (für rechtliche Reform), »*Tailering*« (für frauenspezifische Politik) und »*Transformation*« (für Gender Mainstreaming) zusammen; Mainstreaming baut auf den beiden ersten auf.[39]

Rechtliche Gleichbehandlung wird mittlerweile als unbestrittene Voraussetzung von Geschlechtergleichheit gesehen und ist als solche in vielen Rechtsbereichen verankert – obwohl auch hier weiterhin Defizite bestehen. Hingegen bleibt in Diskussion, wieweit Gender Mainstreaming zusätzlich

---

39 Die Notwendigkeit einer Doppelstrategie wurde nachträglich auch von der Europäischen Kommission aufgenommen, nachdem Frauengruppen, insbesondere die Europäische Frauenlobby, wegen der fehlenden Erwähnung der Beibehaltung der Frauenfördermaßnahmen protestierten.

zur Frauenförderung notwendig ist, diese Strategien sich tatsächlich ergänzen und einander bedingen, oder aber redundant wirken. Um den innovativen Charakter von Gender Mainstreaming sichtbar zu machen, wird daher immer wieder auf die Unterschiede zwischen diesen beiden Strategien verwiesen. Im Vergleich zur traditionellen Frauenförderung ergeben sich folgende Unterschiede für Gender Mainstreaming:

*Übersicht 5: Frauenförderung und Gender Mainstreaming*

| *Frauenförderung* | *Gender Mainstreaming* |
|---|---|
| Richtet sich an Frauen | Richtet Blick auf geschlechtsspezifische Strukturen in der Gesellschaft |
| Zielt auf bestehende Benachteiligungen von Frauen (reaktiv) | Zielt auf Veränderungen der Rahmenbedingungen und Strukturen, um geschlechtsspezifische Benachteiligungen zu verhindern (prospektiv) |
| Bietet spezifische Maßnahmen für Frauen<br><br>Beispiel: Internetkurs für Frauen | Integriert in allen politischen Maßnahmen eine gleichstellungsorientierte Perspektive<br><br>Beispiel: Gestaltung von Internetkursen, damit sie Frauen und Männer gleichermaßen ansprechen |

Vgl. Bergmann/Pimminger 2004 sowie eigene Ergänzungen.

Gender Mainstreaming ist damit eine deutlich umfassendere Strategie, als die auf spezifische Einzelmaßnahmen ausgerichtete Frauenförderung. Sie ist zugleich inhaltliche Strategie und Methode, um Ungleichheiten aufgrund der unterschiedlichen Geschlechterrollen aufzudecken und Benachteiligungen auszugleichen. Durch Institutionalisierung eines »geschlechtsspezifischen Blicks« sollen die Voraussetzungen und Wirkungen politischer Maßnahmen überprüft werden. Spezifische Aktivitäten zur Frauenförderung können das Ergebnis dieser Prüfung sein, indem zum Beispiel Maßnahmen stärker auf die Interessen und Bedürfnisse von Frauen angepasst oder spezifische Maßnahmen für Frauen entwickelt werden.

## Resümee

Sieht man Arbeitsmarktpolitik als Instrument der Gleichstellung, so stellt sich zum einen die Frage, welche Gleichheitsziele verfolgt werden, zum anderen welche politischen Strategien zur Verfügung stehen. Wie sich bei der Analyse unterschiedlicher Gleichstellungskonzepte und -strategien gezeigt hat, sind dies keineswegs voneinander getrennte Fragestellungen, sondern hängen entsprechend des dahinterliegenden Geschlechterverständnisses miteinander zusammen.

Als Gleichstellungsziele können Gleichbehandlung, Gleichberechtigung, gleiche Zugangschancen und Gleichstellung unterschieden werden. Je nachdem, ob von einem Gleichheits- oder Differenzkonzept zwischen Frauen und Männern beziehungsweise innerhalb von Frauen und Männern ausgegangen wird, werden unterschiedliche Strategien bevorzugt. Rechtliche Gleichbehandlung geht eher von einem Konzept der Geschlechtergleichheit aus: Durch gleiche Rechte und Pflichten für Frauen und Männer soll Gleichstellung erreicht werden. Das Differenzkonzept unterstützt hingegen eine spezifische Frauenförderung, um die schon in der Ausgangsposition bestehenden Benachteiligungen abzubauen.

Dabei zeigt sich aber auch, dass sowohl eine auf Geschlechtergleichheit als auch eine auf Geschlechterdifferenz ausgerichtete Politik Benachteiligungen von Frauen weiter verstärken kann. Gleichbehandlung unterliegt dem Gleichheitsdilemma, da Gleichbehandlung von Ungleichen die Benachteiligungen nicht aufheben kann. Spezifische Frauenförderung oder positive Diskriminierung ist hingegen im Differenzdilemma gefangen, da mit der Orientierung an der Andersartigkeit von Frauen, die für Benachteiligungen verantwortlichen Geschlechterzuschreibungen eher noch verstärkt werden. Die Infragestellung des zweigeschlechtlichen Denkens von Frauen- und Männerkategorien, die in der Gender Mainstreaming Strategie angelegt ist, kann zwar diese Dilemmas auflösen, aber macht Erklärungen über geschlechterbezogene Problemlagen und Konfliktsituationen schwierig, da Geschlechterverhältnisse jenseits des binären Denkens schwer denk- und vermittelbar sind. Durch dieses Dekonstruktionsdilemma besteht die Gefahr, dass Gleichstellungspolitik ihre Durchsetzungskraft verliert.

Angewendet auf eine gleichstellungsorientierte Arbeitsmarktpolitik sind demnach unterschiedliche Zielsetzungen und Strategien möglich, wenn nicht gar wünschenswert. So wie die unterschiedlichen Geschlechterkonzepte für sich genommen in politische Dilemmas führen, wirken auch unterschiedliche Gleichstellungsstrategien in der Arbeitsmarktpolitik suboptimal, wenn sie sich nicht gegenseitig ergänzen. Eine erfolgreiche Umsetzung einer gleichstellungsorientierten Arbeitsmarktpolitik setzt dementsprechend eine Kombination von Gleichbehandlung, Frauenförderungsmaßnahmen und Gender Mainstreaming voraus. In der gängigen Arbeitsmarktpolitik wird die rechtliche Gleichbehandlung von Frauen und Männern kaum mehr in Frage gestellt. Der Schwerpunkt der Förderungspolitik liegt aber klar bei Frauenförderung. Inwieweit sich schließlich Gender Mainstreaming als Strategie durchsetzen kann, kristallisiert sich erst allmählich im Implementierungsprozess heraus.

Die unterschiedlichen politischen Strategien sind mit unterschiedlichen Zielsetzungen der Arbeitsmarktpolitik verbunden. Während die Gleichbehandlung von Frauen und Männern im Arbeitslosen- oder Arbeitsmarktförderungsgesetz auf eine gleichberechtigte Teilhabechance in der passiven und aktiven Arbeitsmarktpolitik abzielt, wirken spezifische Frauenfördermaßnahmen primär Richtung Gleichstellung im Erwerbsleben, insbesondere hinsichtlich gleicher Vermittlungschancen der Arbeitslosen. Gender Mainstreaming soll indirekte und ungewollte Benachteiligungen bei den Zugangschancen zu arbeitsmarktpolitischen Förderungen abbauen. Denn die Gleichbehandlung von Frauen und Männern in den Gesetzen stellt zwar eine essentielle Grundlage für die gleichen Zugangschancen dar, kann diese aber nicht sicherstellen. Erst wenn Maßnahmen so konzipiert sind, dass sie Frauen und Männer mit ihren unterschiedlichen Lebenslagen und Interessen gleichermaßen zugänglich sind, beispielsweise Kurszeiten auch an weibliche Lebenslagen angepasst sind, geschlechtssensible pädagogische Konzepte verwendet werden, die Vermittlung von Frauen in bisher männerdominierte Fördermaßnahmen verstärkt wird etc., kann Gleichstellung in der Arbeitsmarktförderung erreicht werden. Gender Mainstreaming unterstützt damit die im Gesetz angelegte Gleichberechtigung der Frauen und Männer bei den Zugangschancen zu arbeitsmarktpolitischen Fördermaßnahmen. Positive Diskriminierung durch spezifische Maßnahmen für Frauen muss dies weiterhin ergänzen, um bestehende Benachteiligungen reaktiv abbauen zu können.

Die Frage nach den Zielsetzungen der Gleichstellung in der Arbeitsmarktpolitik erweist sich aber noch komplexer, da die Partizipation an den Fördermaßnahmen nur ein Mittel ist, um eine erfolgreiche (Wieder-)Eingliederung in den Arbeitsmarkt und die Gleichstellung im Erwerbsleben zu erreichen. Dies tangiert sowohl die Frage, wieweit Arbeitsmarktpolitik die Vermittlung von Arbeitslosen überhaupt verbessern kann – wie dies in Kapitel 2 diskutiert wurde –, als auch die Frage, wie sehr Arbeitsmarktpolitik zur Gleichstellung am Arbeitsmarkt oder zur Nutzung des Beschäftigungspotentials beitragen kann und soll (vgl. Kapitel 3).

Welche Zielsetzungen und Strategien in der Arbeitsmarktpolitik letztlich gewählt werden, ist eng verknüpft mit den jeweiligen Vorstellungen von Gerechtigkeit und den dahinterliegenden Geschlechterkonzepten. Dies sind keineswegs wertneutrale Interpretationen, sondern sind immer auch durch die Interessenslagen der AkteurInnen geprägt. Theoretische Überlegungen können die Alternativen in solchen Entscheidungsprozessen aufzeigen, aber welche Konzepte letztlich gewählt werden, bleibt eine politische, das heißt auf den Aushandlungsprozess unterschiedlicher Interessenslagen konzentrierte Entscheidung.

# 5. Transformation der Gleichstellungspolitik durch Gender Mainstreaming?

Die Frage, inwieweit Gender Mainstreaming die Arbeitsmarktpolitik verändert, erfordert eine genauere Auseinandersetzung mit dieser Strategie. Seit der Veröffentlichung der EU-Richtlinie zur Umsetzung von Gender Mainstreaming ist eine Vielzahl an Publikationen über die erwarteten Chancen und Gefahren von Gender Mainstreaming erschienen. Doch inwieweit Gender Mainstreaming tatsächlich eine Verbesserung der Gleichstellungspolitik bedeutet, wird sehr unterschiedlich eingeschätzt. Während die BefürworterInnen dieser Strategie von einer Transformation der Geschlechterpolitik oder einer salonfähigen Variante der feministischen Forderungen sprechen, befürchten die SkeptikerInnen eine Instrumentalisierung von Gender Mainstreaming, die auch die erkämpften Fortschritte der Gleichstellungspolitik gefährdet. So artikuliert beispielsweise Wetterer (2002) ihre Skepsis gegenüber dieser Strategie, indem sie Gender Mainstreaming lediglich als »rhetorische Modernisierung« beschreibt. Hingegen streicht Woodward (2001) Akzente hervor, die auf eine »Transformation der Geschlechterpolitik« schließen lassen und Hoffnung auf einen Paradigmenwechsel in der Geschlechterpolitik nähren. Wer von den unterschiedlichen ProtagonistInnen Recht behält, ist schwer zu prognostizieren, da sich erst allmählich herauskristallisieren wird, was Gender Mainstreaming für die politische Praxis bedeutet. Aber die Argumente dieser theoretischen Debatte liefern Hinweise für potentielle Stolpersteine oder Erfolgsfaktoren von Gender Mainstreaming und können damit die praktisch orientierten Umsetzungsempfehlungen für die Implementierung von Gender Mainstreaming ergänzen.

Obwohl Gender Mainstreaming nun schon seit einigen Jahren diskutiert wird, ist man weit entfernt von einem einheitlichen Zugang über die Zielsetzungen und Inhalte.

»Entwickelt auf internationaler, speziell europäischer Ebene scheint Mainstreaming als eine Möglichkeit, die Geschlechterfrage zu lösen und Frauen aus ihrer Zweitrangigkeit zu befreien. Da wird Frauenförderpolitik als überholt abgetan, der Querschnittspolitik wird die mangelnde Parteilichkeit für Frauen angekreidet und Mainstreaming gilt als postmoderne Innovation der Frauenpolitik. Andere sehen im Mainstreaming aber auch einen ›alten Hut‹, einen Neuaufguss schon sehr alter Bemühungen, Querschnittspolitik zu betreiben. Und manche halten Mainstreaming sogar deswegen für modern, weil es die längst fällige Anpassung an Männer und männliches Denken bedeutet.« (Stiegler 2000, 6).

Vor allem in der Umsetzungspraxis wird Gender Mainstreaming sehr unterschiedlich verstanden. Die Interpretationen reichen von sehr spezifischen Politikansätzen bis zu vagen Glaubensbekenntnissen (Woodward 2001, 6). Folgende Beispiele von internationalen Organisationen illustrieren das unterschiedliche Verständnis von Gender Mainstreaming (ebd.: 9f.):

- Unterschiedliche Abteilungen der EU verwenden Gender Mainstreaming als neue Art, Gleichstellungspolitik zu vermarkten.
- Fortschrittlichere Organisationen wie die *Nordic Council of Ministers* verwenden es als ex-ante *Gender-Testing* der Politik.
- In der OECD wird festgehalten, dass Gender Mainstreaming zwar voller Gefahren sei, da es keine schnellen Ergebnisse verspricht, disaggregierte Statistiken und Ressourcen erfordert, aber es verspräche Erfolge wie keine andere Politik.
- In der deutschen Wirtschaft sieht Heinz Fischer von der Deutschen Bank Gender Mainstreaming durch betriebliche Gleichstellungspolitik und *Management of Diversity* seit langem verankert.

Mieke Verloo führt die unterschiedlichen Interpretationen von Gender Mainstreaming auf den »*Stretch-Faktor*« des Konzeptes zurück, der sowohl als Vorteil als auch als Nachteil gesehen werden kann.

»Wie alle erfolgreichen politischen und strategischen Konzepte hat Gender Mainstreaming einen hohen ›Stretch‹-Faktor. Es kann so ›gedehnt‹ werden, dass Gleichstellung darunter verstanden wird oder Chancengleichheit oder einfach nur Einschätzung geschlechtsspezifischer Auswirkungen von Maßnahmen, oder es bedeutet Aufmerksamkeit für Anliegen der Verschiedenheit, oder mehr Frauen in Leitungspositionen usw. Seine Dehnbarkeit ist Teil des Erfolgs. Ein Konzept passt auf alles.« (Verloo 2002: 4).

Der Nachteil des »Stretch-Faktors« von Gender Mainstreaming ist allerdings, dass dadurch die in seiner Entwicklung erarbeiteten Zielsetzungen, Kriterien, Standards und Indikatoren einfach wegdefiniert werden können. Durch die »flexible« Interpretation entsteht Verwirrung darüber, was

Gender Mainstreaming bedeutet, inwieweit es sich dabei um ein Analyseinstrument, eine Prozessmethode oder eine inhaltliche Strategie handelt. Es ist weit verbreitet, dass Gender Mainstreaming mit traditioneller Frauenförderung gleichgesetzt wird, aber es sollte mehr bedeuten. In der maximalen Auslegung wird Gender Mainstreaming als Strategie für eine fundamentale Transformation der Gleichstellungspolitik gesehen, als ein wohlüberlegter und systematischer Ansatz, der die Geschlechterperspektive in Analyseprozesse und Politik bringt (Woodward 2001, 10). Doch schon allein die hohe Akzeptanz von Gender Mainstreaming deutet darauf hin, dass damit nicht immer Veränderungen der Geschlechterpolitik verbunden werden.

## Gender Mainstreaming als Prozessinnovation

Gender Mainstreaming wird primär als eine Prozessveränderung verstanden, durch die Gleichstellung zur Querschnittsaufgabe wird, das heißt Gleichstellungspolitik soll konsequent in *allen* Politikbereichen und von *allen* Akteurinnen verfolgt werden. Vereinfacht gesagt bedeutet die Veränderung durch Gender Mainstreaming nicht mehr – aber auch nicht weniger –, als dass die Planung und Umsetzung von Gleichstellungspolitik nun nicht mehr in eigenen Sitzungen von Gleichstellungsbeauftragten stattfindet, sondern Geschlechterinteressen in allen Sitzungen mitbehandelt werden (Stiegler 1998).

Dieses Bild verdeutlicht sowohl die Chancen als auch die Risiken dieses Konzepts. Wenn es gelingt, Geschlechterpolitik tatsächlich in allen Sitzungen zu verankern, indem bei allen Entscheidungen geschlechtsspezifische Wirkungen mitgedacht und Benachteiligungen verhindert werden, werden Frauenanliegen nicht länger aus einer Bittstellersituation heraus behandelt und hängen Geschlechterthemen damit nicht mehr von Tagesordnungen oder vom *good will* einzelner AkteurInnen ab. Frauen- beziehungsweise Gleichstellungspolitik hatte im traditionellen Konzept der Geschlechterpolitik eine Art Ghettofunktion: Gender-Belange wurden allgemein von Frauen- beziehungsweise Gleichstellungsbeauftragten erledigt, die nach Bedarf beziehungsweise Anlassfall bei politischen Prozessen beigezogen wurden. Vielfach waren sie als Stabstellen organisiert und waren selbst dafür verantwortlich, dass Gender-Aspekte berücksichtigt werden. Mit dem Konzept des Gender Mainstreaming sollen Gender-Themen aus dieser Gettho-Situation befreit werden (Woodward 2001): Die Geschlechterperspektive soll ähnlich wie Umweltbelange oder der effiziente Finanzmitteleinsatz in allen Entscheidungen mitbedacht, das heißt zur Querschnittsmaterie werden. Nicht mehr Frauen- oder Gleichstellungsbeauftragte sind für die Berücksichtigung der Geschlechterperspektive zuständig, sondern die jeweiligen Themenverantwortlichen. Und dass die Geschlechterperspektive mitberücksichtigt wird, liegt in der Verantwortung der Leitung – Geschlechterpolitik wird zur *Top-Down*-Strategie beziehungsweise zur Leitungsaufgabe.

Für eine konstruktive Umsetzung von Gender Mainstreaming ist aber mehr als nur eine Empfehlung zur Berücksichtigung der Gleichstellung in allen politischen Belangen erforderlich. Es bedarf klarer Zuständigkeiten und Mitentscheidungsmöglichkeiten für Gender Mainstreaming, damit der Umstand, dass alle dafür zuständig sind, nicht dazu führt, dass niemand dafür verantwortlich ist. Dies verlangt eine strukturelle Veränderung der Organisation als Ganzes, die alle Organisationseinheiten einschließt und vor allem das Kommitment der politischen Entscheidungsträger an der Spitze der Organisationen voraussetzt (Woodward 2004). Gender Mainstreaming geht daher mit einer Organisationsentwicklung einher, die sowohl auf die Veränderungen der Verhaltensmuster, Einstellungen und Fähigkeiten der Organisationsmitglieder, als auch auf die Entwicklung von Organisations- und Kommunikationsstrukturen zur Unterstützung von Gender Mainstreaming abzielt (Jochmann-Döll 2002).

Trotz der Festlegung von Gender Mainstreaming als Leitungsaufgabe spielen Gender-ExpertInnen, wie sie traditionell durch Frauen- oder Gleichstellungsbeauftragte abgedeckt wurden, weiterhin eine wichtige Rolle beziehungsweise werden in ihrer Funktion noch aufgewertet. Denn für die Berücksichtigung der Gender-Perspektive ist eine neue Art von Gender-Kompetenz nötig, die sich als Kombination von Gender-Wissen, Fachkompetenz sowie Sozial- und Selbstkompetenz darstellt (Bereswill 2004). Die Leitung muss oder kann diese Aufgabe oft nicht selbst erfüllen, sondern delegiert sie an ExpertInnen. Der Bedarf an »zertifizierter« Gender-Kompetenz[40] führt zur Entwicklung eines Gender-Marktes sowohl für

40 Dieser Bedarf wird vor allem durch öffentliche Institutionen (nationale oder EU-weite Organisationen) genährt, die die Berücksichtigung von Gender Mainstreaming als Vergabekriterium für Förderungen oder Aufträge festschreiben.

Anbieter von Bildungsmaßnahmen als auch für Consulting- und Unternehmensberatungsfirmen (Meuser/Neusüß 2004).

Mainstreaming bedeutet aber nicht nur, dass Geschlechterinteressen in den Mainstream aufgenommen werden sollen, sondern auch, dass Gender-ExpertInnen als AkteurInnen der frauenpolitischen Anliegen in den Mainstream einsteigen. Gefragt sind nicht mehr Frauen, die aus Interesse initiativ werden und autonom diese Interessen vertreten (»autonome Frauen«), sondern Personen, die in Institutionen und in der Sprache und Logik dieser Institutionen agieren. Die Veränderung der Politik soll von innen heraus erfolgen, indem sogenannte *Femocrats* (FeministInnen, die innerhalb der öffentlichen Bürokratie arbeiten) die inhaltlichen Ziele von Gender Mainstreaming bestimmen. Woodward (2001) verwendet dafür die Metapher des »Trojanischen Pferdes«: Mit den Mitteln und der Logik der Bürokratie werden feministische Zielsetzungen unter dem Deckmantel bürokratischer Sprache und Logik in die Institutionen eingeschleust.

Die Kritik an Gender Mainstreaming als Prozessstrategie setzt einerseits daran an, dass Gender Mainstreaming zum integralen Bestandteil der Politik beziehungsweise der Bürokratie wird und damit die Schlagkraft der feministischen Forderungen verloren geht. Die ambitionierten Zielsetzungen von Gender Mainstreaming werden aber auch dadurch als gefährdet gesehen, da sie mit erheblichem Ressourcenaufwand verknüpft sind. Folgende Kritikpunkte dominieren die theoretische Debatte:

– Ängste bestehen vor allem darin, dass vertikale Institutionen für Gleichstellungspolitik verschwinden. Die Intention war, verstärkt Ressourcen für Geschlechteraspekte einzusetzen. Dies kann sich aber genauso gut ins Gegenteil verkehren, indem Gender Mainstreaming kaum mit Ressourcen ausgestattet wird und Frauenförderung verschwindet (Schunter-Kleemann 2001; Nohr 2001). Daraus resultiert die Forderung, dass Gender Mainstreaming als Doppelstrategie mit Frauenförderung betrieben wird.
– Eine weitere Gefahr liegt darin, dass Gleichstellungspolitik nicht verschwindet, aber auf Organisationsebenen delegiert wird, die keine Einflussmöglichkeiten haben (Woodward 2001). Stiegler (1998) sieht daher den Erfolg von Gender Mainstreaming explizit von der Entscheidungsmacht der Beteiligten abhängig. Wenn Gender Mainstreaming in der Leitungsebene nicht verankert ist, dann besteht wenig Durchsetzungskraft.

- Weinbach (2001) kritisiert die Reduktion von Gleichstellungspolitik durch Gender Mainstreaming auf ein Organisationsprinzip: Wenn Gender Mainstreaming als Qualitätssicherungsprozess mit dem Ziel einer leistungsorientierten Mittelvergabe verstanden wird, bleibt Gleichstellungspolitik zwar nicht mehr dem Zufall und dem *good-will* konsequenzenlos überlassen, aber zerfällt in interessensgeleitete Einzelmaßnahmen, die sich vorrangig an wirtschaftlichen Effizienzkriterien und sozialer Befriedung orientieren. Umfassende Pläne und langfristige Zielsetzungen mit den dazu passenden Maßnahmen werden hingegen vernachlässigt.
- Gender Mainstreaming gibt lediglich vor, dass eine Politik gemacht werden soll, die die Folgen für beide Geschlechter berücksichtigt. Die konkrete inhaltliche Zielsetzung bleibt hingegen der jeweiligen Organisation überlassen. Dies erzeugt eine gewisse Beliebigkeit, ist aber auch mit erheblichen Anforderungen an die Organisationen verbunden. Für eine inhaltliche Konkretisierung sind nicht nur neue politische Instrumente erforderlich, sondern auch Kenntnisse über Wirkungszusammenhänge, Gleichstellungsindikatoren, Prüfungsinstrumente und Umsetzungsmethoden, um die gesamte Organisation mit einzubeziehen. Dies verlangt allerdings substantielle Ressourcen und die Bereitschaft für einen veränderten Blick auf politische Prozesse (Woodward 2001).
- Alte Routinen sollen verändert und durch neue Routinen ersetzt werden, die schließlich nicht mehr kontinuierlich überwacht werden müssen. »Create routines, and mainstream gender into existing routines... once routines become just that, routine, the require a lot of activity to change back again« (Stark 1998, zitiert nach Woodward 2001, 16). Doch die »Routinisierung« von Gleichstellungspolitik fördert die Bürokratie, was mit anderen Zielen wie zum Beispiel Kosteneffizienz in Konkurrenz steht (Kuhn 2001).
- Ein zentrales Dilemma, das vor allem die Skepsis von FeministInnen gegenüber Gender Mainstreaming hervorgerufen hat, ist die alte Frage, wieweit die Logik eines Systems genützt werden kann, um dieses System zu bekämpfen: Oder wie Woodward (2001, 4) es formuliert: »Whether the master's tool can be used to dismantle the master's house?« Hier zeigt sich wiederum eine Spaltung der FeministInnen bei der Umsetzungsstrategie ihrer Forderungen. *Femocrats* haben diesen Ansatz schon länger verfolgt, doch dies stößt auf Abwehr der autonomen Feministinnen.

## Gender Mainstreaming als inhaltliche Innovation

Die Verwirrung über die Bedeutung von Gender Mainstreaming resultiert vor allem daraus, wieweit beziehungsweise welche inhaltlichen Zielsetzungen damit verknüpft werden. Auf die inhaltliche Komponente wurde in der Debatte um Gender Mainstreaming zunächst kaum eingegangen; die inhaltliche Neuerung beschränkte sich häufig darauf, dass Gender Mainstreaming nunmehr auch Männer in die Gleichstellungspolitik einbezieht (Bergmann/Pimminger 2001). Doch die Definition des Europarates beinhaltet noch weitere Vorgaben, die Gender Mainstreaming zu mehr als einer Prozessmethode machen.

Zum einen ist Gender Mainstreaming ausdrücklich auf Gleichstellung von Frauen und Männern ausgerichtet, die ihre unterschiedlichen Ausgangsbedingungen und Interessen berücksichtigt. Damit soll Gender Mainstreaming explizit über eine formale oder prozessorientierte Chancengleichheit hinausgehen.

Zum anderen nimmt Gender, das soziale Geschlecht, einen zentralen Stellenwert im Konzept ein – wie dies ja im Begriff zum Ausdruck kommt. In der Erklärung von Gender Mainstreaming durch den Europarat wird auf die Bedeutung von Gender verwiesen:

»Gender ist eine künstliche soziale Definition von Frauen und Männern. Es ist der soziale Ausdruck des biologischen Geschlechts, der von den Vorstellungen, Aufgaben, Funktionen und Rollen bestimmt wird, die man den Frauen und Männern in der Gesellschaft sowie im öffentlichen und privaten Leben zuschreibt. Es ist eine kulturspezifische Definition von weiblich und männlich, die daher nach Zeit und Raum unterschiedlich ist. Die Konstruktion und Reproduktion von Gender geschieht sowohl auf der individuellen als auch der gesellschaftlichen Ebene. Beide sind gleichermaßen wichtig. Jeder Einzelne trägt durch das, was er tut, zur Ausformung der Geschlechterrollen und Normen bei und reproduziert sie, indem er sich diesen Erwartungen gemäß verhält. Das Bewusstsein dafür nimmt zu, dass das soziale Geschlecht auch auf politischer und institutioneller Ebene berücksichtigt werden muss. Politische Konzepte und Strukturen bestimmen die Lebensbedingungen in großem Ausmaß und institutionalisieren dadurch oft die Aufrechterhaltung der Reproduktion des sozialen Gender-Konstrukts. Ohne dass man sich dessen bewusst wäre, entsteht aus alltäglichen Routinen und den täglichen politischen Entscheidungen eine Geschichte der Diskriminierung.« (Europäischer Rat 1998: 5f.)

Mit diesem Verweis auf die soziale Konstruktion von Geschlecht und die im Alltagsverständnis bestehenden Annahmen über Geschlecht, sind inhaltliche Botschaften verknüpft (Stiegler 2002):

- Geschlecht ist kein biologisch vorgegebenes Merkmal, sondern seine Erscheinungsform wird historisch, schichtspezifisch und kulturell konstituiert.
- Auch Männer haben ein Geschlecht. Geschlechtlichkeit beinhaltet für Männer im gleichen Maße wie für Frauen eine gesellschaftlich bedingte, historisch geformte Zuschreibung von Anforderungen, Rollen und Normen.
- Gender ist nicht nur eine Zuschreibung für Personen, sondern strukturiert auch soziale Systeme und Regelungswerke. Strukturen sind nicht geschlechtsneutral. Daher müssen Zuweisungsmechanismen und Regelungssystematiken analysiert werden, die zum *Gendering* beitragen.

Gender Mainstreaming setzt damit direkt an der sozialen Konstruktion von Geschlecht und den damit einhergehenden Benachteiligungen durch politische Institutionen oder betriebliche Organisationen an: Die Verstärkung der Geschlechterhierarchien durch politische Entscheidungen soll dadurch verhindert werden, dass etwaige Benachteiligungen eines Geschlechts systematisch kontrolliert und schon im Entstehungsprozess vermieden werden.

Die Kritik an Gender Mainstreaming in seiner inhaltlichen Dimension richtet sich vor allem gegen die mangelnde Berücksichtigung der feministischen Debatten. Dies resultiert teilweise aus der Strategie, ein möglichst großes Publikum mit Gleichstellungspolitik anzusprechen, führt aber auch dazu, dass Gender Mainstreaming inhaltlich unbestimmt bleibt.

- Obwohl der Begriff Gender Mainstreaming von der feministischen Bewegung entwickelt wurde (vgl. Kapitel 4), besteht wenig Bezug zur feministischen Theorie. So werden im Gender Mainstreaming Ansatz zwar Begriffe der feministischen Bewegung wie Gleichheit, Differenz oder Gender verwendet, doch ihre RepräsentantInnen bleiben im Hintergrund. In der Definition des Europarates wird kein Bezug zur Theoriegeschichte und zu feministischen Theoretikerinnen hergestellt (Huschke 2002).
- Der Begriff Gender Mainstreaming wird als Erfindung der Bürokratie wahrgenommen. Die Instrumentalisierung von Sprache und Logik des

Managements[41] mag durchaus eine hilfreiche Strategie sein, um feministischen Forderungen im neuen Gewand Gehör zu verschaffen. So kann auch der mangelnde Bezug zum Feminismus als Vorteil gesehen werden im Sinne vom »Loslassen von Ballast«, der Verbreiterung des Politikansatzes, der Einbeziehung von Männern und sonstiger Personen, die dem feministischen Diskurs nicht zugänglich sind. Allerdings ist der »Ballast« unter der Oberfläche wohl nicht loszuwerden beziehungsweise ist es nicht sinnvoll davon zu abstrahieren; denn für die Festlegung inhaltlicher Zielsetzungen bedarf es des Rekurses auf die Gender-Debatte (Weinbach 2001).

- Organisationen adaptieren die Definition von Mainstreaming, damit sie zur institutionellen Kultur passt, doch dabei gehen oft die Ambitionen der feministischen Bewegung verloren. »Seeing gender everywhere is almost as dangerous as never seeing gender at all« (Woodward 2001: 3). Die Definition von Mainstreaming und des Politikinstrumentes *Gender Impact Assessment* zeigen, dass sprachliche Kompromisse notwendig und wünschenswert sind, um eine breitere Basis für Gleichstellungspolitik zu finden. Je weitreichender Gender-Aspekte gehen sollen, desto mehr Kompromisse sind notwendig. Doch diese Strategie hat auch ihre Tücken. Es muss eine Sprache gefunden werden, die für die öffentliche Verwaltung passt. Dabei ist es aber wichtig, Gender Mainstreaming genau zu definieren und nicht als leere Worthülse bestehen zu lassen.
- Ein weiterer Kritikansatz knüpft an den Gleichheitsbegriffen an (vgl. Kapitel 4). Die Gefahr besteht darin, dass Gender Mainstreaming auf formale Chancengleichheit reduziert wird, während substantielle Gleichheit, die mit spezifischer Frauenförderung und den dahinter liegenden Gerechtigkeitskriterien verknüpft ist, auf der Strecke bleibt: Chancengleichheit wird nicht im Sinne des ehemals »linken« Chancengleichheitsbegriffs interpretiert, sondern neoliberal angepasst und in Konkurrenz zum Gleichstellungsbegriff gesetzt (vgl. Nohr 2001).
- Die Praxis der Implementierung von Gender Mainstreaming zeigt, dass sich die Bedeutungsreflexion von Gender vielfach darauf beschränkt, dass die Betrachtungsebene die Geschlechterverhältnisse, das heißt Frauen und Männer sind. Auf die soziale Konstruktion von Geschlecht, die die Zweigeschlechtlichkeit in Frage stellt, wird nicht weiter eingegangen. Im Gegenteil, es kommt eher zu einer Re-Aktivie-

41 Neben dem schwer übersetzbaren Begriff Gender Mainstreaming sind auch Begriffe wie Managing Diversity oder Benchmarking in Verwendung (vgl. Wetterer 2003).

rung tradierter, zweigeschlechtlich strukturierter Denk- und Deutungsmuster (Wetterer 2003: 138). Damit kann der Biologismus, der eine unterschiedliche Behandlung von Frauen und Männern aufgrund ihres Geschlechts legitimiert, nicht verhindert werden. Es erfolgt eine Legitimation traditioneller Arbeitsteilung durch biologische Unterschiede oder des »weiblichen Arbeitsvermögens«, ohne dass unterschiedliche Möglichkeiten und Spielräume innerhalb der Geschlechter beachtet werden (Wetterer 2003). Politik – selbst Gleichstellungspolitik – läuft damit weiterhin Gefahr, die traditionellen Geschlechterannahmen und -stereotypen zu verstärken.

- Die bisher mangelnde Berücksichtigung von Gender-Aspekten ist nicht nur ein Ergebnis von Strukturen, sondern von den Rationalitäten und dem Verständnis, die diesen Strukturen unterliegen (Benschop/Dorreward 1998). Androzentristisches Denken ist subversiv und ist gepaart mit Widerständen gegen Gender Mainstreaming – schließlich sind damit auch Umverteilungen verbunden. Dass Gender Mainstreaming soweit akzeptiert wird, hängt damit zusammen, dass dies als eine neutrale Strategie verstanden wird, die Männern nicht weh tut. Erst wenn bewusst wird, dass Gender Mainstreaming etwas kostet und mit Umverteilungen auf Kosten von Männern einhergeht, setzt die Abwehr dagegen ein.
- Durch seine inhaltliche Unbestimmtheit kommt es zu unklaren beziehungsweise reduzierten Zielsetzungen in der Umsetzungspraxis, die teilweise durchaus als bewusste Strategie eingesetzt werden. Dies erweist sich vor allem bei der Politikumsetzung auf der ausführenden Ebene als problematisch. Bei der Planung von Gesetzen oder Maßnahmen können Personen mit Gender-Kompetenz hinzugezogen werden, die mit ideologischen und strukturellen Barrieren vertraut sind. Doch in der Umsetzung von Gleichstellungspolitik, wie sie beispielsweise im Alltagsgeschäft von arbeitsmarktpolitischen Beratungen vollzogen wird, können unklare und unbestimmte Anweisungen für Gender Mainstreaming zur Verstärkung der Geschlechterhierarchien und -stereotypen beitragen.

## Umsetzungskonzepte und Erfolgskriterien

Grundsätzlich sind unterschiedliche Möglichkeiten zur Umsetzung von Gender Mainstreaming gegeben, die von konkreten Anweisungen für spezifische Handlungsabläufe über Bewusstseins- oder Kompetenzbildung bis hin zur Veränderung der Zielsetzungen, Strukturen, Abläufe und Kultur von Organisationen reichen. Entscheidend ist, dass Personen, die in die operationale Planung, Verwaltung und Umsetzung integriert sind, über Techniken und Methoden verfügen, die die Strategie von Gender Mainstreaming erläutern und Zielsetzungen, Umsetzungsschritte und Analysekriterien vorgeben.

In der Praxis hat sich eine Vielfalt von Anleitungen und Techniken für Gender Mainstreaming entwickelt, die häufig in Form von *Toolboxes*, *Toolkits* oder Fragenkatalogen gestaltet sind. Die folgenden Beispiele sollen die Grundideen dieser Anleitungen und Techniken vermitteln:[42]

*Übersicht 6: Umsetzungskonzepte für Gender Mainstreaming*

*Die 3R-Methode*

Die 3R-Methode ist ein analytisches Instrument aus Schweden, das Fragen zur Gleichstellung für unterschiedliche Wirkungsbereiche enthält. Die 3 »Rs«, die Prüfkriterien für Gleichstellung, beziehen sich auf folgende Fragestellungen:

– *Repräsentation*: Die erste Frage richtet sich auf die zahlenmäßige Verteilung von Frauen und Männern als AkteurInnen und Zielgruppen im betreffenden Bereich, auf ihre Stellung und Funktionen.
– *Ressourcen*: Die Frage der Verteilung von Ressourcen umfasst Geld, Zeit und Raum, die für Frauen und Männer zur Verfügung stehen.
– *Realität*: Sie deckt die qualitative Dimension von Gleichstellung ab, indem den Ursachen der festgestellten Unterschiede nachgegangen wird und Rollenbilder, Normen und Werte hinterfragt werden; beispielsweise wird gefragt, ob die Interessen und Fähigkeiten von Frauen und Männer gleichermaßen angesprochen werden oder Frauen und Männer mit unterschiedlichen Anforderungen und Erwartungen konfrontiert sind.

Die 3R-Methode wurde im Verlauf der Zeit um eine viertes »R« erweitert:

42 Die dargestellten Methoden sind als eine Auswahl zu verstehen. Prüflisten, Toolboxes oder sonstige Anleitungen zur Umsetzung von Gender Mainstreaming nehmen weiter zu (beispielsweise wurde die 3R-Methode mittlerweile auf 5R erweitert), folgenden aber weitgehend den Prinzipien der dargestellten Beispiele.

- *Rechtliche Situation*: Dabei geht es um die rechtliche Gleichstellung von Frauen und Männern, also um die Vermeidung von direkter und indirekter Diskriminierung durch das Gesetz.

Die 3R-Methode ist eine Methode zur Analyse der Gleichstellung, das heißt zur Problemidentifikation. Dabei geht es aber nicht nur um die Analyse des Ist-Zustandes, sondern auch um Ursachen, Einflussfaktoren und Auswirkungen der identifizierten geschlechtsspezifischen Ungleichheiten. Diese Gender Analyse kann einerseits als Basis für die Formulierung von Gleichtstellungszielen und die Planung von politischen Vorhaben herangezogen werden, sie kann aber auch zur Überprüfung der erwarteten und eingetretenen Wirkungen von Veränderungen eingesetzt werden.

*Gender Impact Assessment (GIA)*

Dieses Instrument wurde von der holländischen Regierung bereits im Jahr 1992 entwickelt, um potentielle Geschlechtereffekte neuer Regierungsvorschläge zu überprüfen. GIA versucht systematisch die unterschiedlichen Perspektiven der Geschlechter zu berücksichtigen, wie dies in Gender Mainstreaming vorgesehen ist. Folgende fünf Schritte werden dabei unterschieden (Naylon/Weber 2000)

1. Beschreibung der bestehenden Geschlechterverhältnisse;
2. Beschreibung der vermutlichen Entwicklung dieser Situation ohne die neue Politik;
3. Beschreibung und Analyse der Inhalte des neuen politischen Plans, seiner Maßnahmen und Ziele;
4. Beschreibung potentieller Effekte auf die Geschlechterverhältnisse;
5. Evaluierung der potentiellen positiven und negativen Effekte auf die Geschlechterverhältnisse.

Das Ziel der verfolgten Gleichstellung richtet sich sowohl auf Strukturen, wie die Arbeitsteilung zwischen den Geschlechtern und die Organisation der Privatsphäre, wie auch auf grundlegende Prozesse, die das Geschlechterverhältnis festschreiben (Verteilung und Zugang zu Ressourcen, Existenz und Anwendung geschlechterbezogener Normen). Als zentrale Kriterien gelten Gleichstellung (gleiche Rechte und gleiche Behandlung) und Autonomie.

GIA ist allerdings ein sehr komplexes Verfahren, das die Zusammenarbeit von Verwaltungspersonen mit ExpertInnen erfordert. Die Schritte müssen auf spezifische Fragestellungen und Politikbereiche zugeschnitten sein. Die Fragestellungen und der theoretische Rahmen bilden aber einen sinnvollen Analyseraster für die Beurteilung von Gender-Wirkungen.

*SMART*

Das GIA-Verfahren wurde von der Europäischen Kommission vereinfacht, indem grundlegende Fragestellungen davon abgeleitet wurden (Europäischer Rat 1998):

- Betrifft der Vorschlag eine oder mehrere Zielgruppen? Hat er Einfluss auf das tägliche Leben eines Teils/von Teilen der Bevölkerung?

- Gibt es in diesem Bereich Unterschiede zwischen Männern und Frauen im Hinblick auf Rechte, Ressourcen, Beteiligung, Werte und Normen?

Wenn eine dieser Fragen bejaht wird, soll der geschlechtsspezifische Einfluss von Maßnahmen bewertet werden. Als Bewertungskriterien werden Beteiligung, Ressourcen, Normen und Werte sowie Rechte angeführt. Hierbei wird insbesondere auf die notwendigen geschlechtsspezifischen Daten verwiesen. Dieses Instrument dient als Frageinstrument primär der Sensibilisierung für geschlechtsspezifische Wirkungen.

*6-Schritte-Programm*

Das 6-Schritte-Programm von Tondorf (2001) wurde vom AMS zur Umsetzung von Gender Mainstreaming in der österreichischen Arbeitsmarktpolitik angewandt (z.B. Berücksichtigung von Gender Mainstreaming für die Zielsetzung des Abbaus von Langzeitarbeitslosigkeit).

Die Vorgehensweise erfolgt in 6 Schritten:

1. *Definition der gleichstellungspolitischen Zielsetzung:* Analyse des Ist-Zustandes und Definition des Sollzustandes unter Berücksichtigung bestehender Vorgaben (einschlägiger Rechtsnormen, Programme, Leitlinien etc.).
2. *Analyse der Probleme und der Betroffenen:* Identifikation von Hemmnissen der Gleichstellung (Diskriminierungsforschung und praktische Arbeit mit Gleichstellungsproblemen) sowie der Betroffenheit spezifischer Gruppen.
3. *Entwicklung von Optionen:* Entwicklung von Realisierungskonzepten auf Basis von bereichsspezifischem Fachwissen.
4. *Analyse der Optionen und Entwicklung eines Lösungsvorschlags:* Richtet sich nach Gleichstellung in bezug auf Berufsausübung, berufliche Weiterentwicklung und Aufstiegsförderung. In der internationalen Diskussion gibt es drei Gruppen von Prüfkriterien: Rechtliche Gleichstellung, Gleichstellung hinsichtlich verschiedener Ressourcen, Gleichstellung hinsichtlich der Beteiligung an Entscheidungen.
5. *Umsetzung der getroffenen Entscheidung.*
6. *Erfolgskontrolle und Evaluation:* Analyse des Erreichungsgrades der definierten Ziele sowie weiterer notwendiger Maßnahmen, um Gleichstellung voranzutreiben.

Hier wird für die Umsetzung von Gender Mainstreaming ein systematischer Problemlösungsansatz aus der allgemeinen Beratung verwendet. Kritisiert wird daran, dass die Entscheidungsumsetzung nicht weiter konkretisiert ist.

*Gender-Mainstreaming-Toolbox der GeM*

Die Toolbox der österreichischen Gender-Mainstreaming-Koordinationsstelle des ESF (GeM) ist auf arbeitsmarktpolitische AkteurInnen (unterschiedlicher Ebenen) des ESF ausgerichtet und soll einen anschaulichen Leitfaden für die praktische Umsetzung von Gender Mainstreaming bieten. Gender Mainstreaming wird entsprechend dieser Toolbox in vier Gender-Mainstreaming-Schritte unterteilt (Bergmann/Pimminger 2001):

- *Analyse:* Welche geschlechtsspezifischen Unterschiede, Ursachen und Einflussfaktoren bestehen?
- *Ziele:* Welche konkreten Gleichstellungsziele sollen verfolgt werden?
- *Umsetzung:* Welche (potentiellen) geschlechtsspezifischen Wirkungen bestehen? Wie sind die Wirkungen im Hinblick auf Gleichstellungsziele zu beurteilen? Welche Maßnahmen werden geplant und was sind Entscheidungskriterien für die Projektauswahl?
- *Evaluierung:* Geschlechtsspezifische Überprüfung der Umsetzung und Wirkung

Handlungsleitend für dieses Konzept ist Gleichstellung als Ziel. Durch Berücksichtigung der Geschlechterperspektive soll verhindert werden, dass die Unterschiede zwischen Frauen und Männern zementiert werden. Dazu wird zwischen einer prozessorientierten Perspektive (Planung, Durchführung und Evaluierung) und einer ergebnisorientierten Perspektive (Entwicklung und Überprüfung von Projekten beziehungsweise Programmplanung) unterschieden.

Der Ablauf der erforderlichen Schritte erfolgt nach dem Bild einer Spirale. Die vier Gender-Mainstreaming-Schritte bilden keinen abgeschlossenen Prozess, sondern die Evaluierung soll wiederum in eine Analyse einfließen, eine neue Definition der Ziele erfolgen, usw. In der Toolbox wurden sowohl Checklisten für Programme als auch Projekte entwickelt.

*Checkliste Gender Mainstreaming für ESF-Ziel3 kofinanzierte Maßnahmen des bm:bwk*

Von bm:bwk wurde 2004 eine Checkliste erstellt, die von allen AkteurInnen von esf-Ziel3 kofinanzierten Maßnahmen zu beachten ist.[43] Ziel ist es eine geschlechtssensible Sichtweise auf die beantragten beziehungsweise umgesetzten Maßnahmen zu werfen.

Die darin enthaltenen Fragestellungen beziehen sich auf folgende Aspekte:

- *Ist-Analyse:* Wie stellt sich die aktuelle Situation im Projekt unter geschlechtsspezifischen Aspekten dar?
- *Zielsetzungen:* Welche Ziele setzt sich die Projektleitung auf Basis des beschriebenen Ist-Standes beziehungsweise welche hat sie sich gesetzt?
- *Konkrete Maßnahmen:* Welche konkreten Maßnahmen sind geplant und welche wurden umgesetzt? Hier wird zwischen den Ebenen Projektmanagement/Leitung, Zielgruppen-Auswahl, Lehrinhalte/Methoden/Didaktik sowie TrainerInnenauswahl/LehrerInnenfortbildung unterschieden.

Die Checkliste folgt der Logik der von der GeM-Koordinationsstelle des ESF entwickelten Toolbox. In der Checkliste werden beispielhaft Anregungen zur Problemdefinition gegeben. Welche Aspekte letztlich bei der Analyse und Zielsetzung berücksichtigt werden, bleibt der Gestaltung der AkteurInnen überlassen. Hingegen werden bei der Maßnahmengestaltung Möglichkeiten einer gleichstellungsorientierten Umsetzung vorgegeben, wie zum Beispiel

43 Vgl. http://www.bmbwk.gv.at/medienpool/11251/checkliste.pdf, Juni 2005.

»Gleichberechtigte Funktionsverteilung von Frauen und Männern im Projektteam«, »Schaffung von Rahmenbedingungen für eine gleichberechtigte Teilnahme der Geschlechter, wie zum Beispiel zeitliche Gestaltung, Kursort, Kinderbetreuung etc.« »Klare Absage an rollen-stereotypisierende und diskriminierende Witze« oder »Auswahl von TrainerInnen mit Gender-Kompetenz«. Die Fragestellungen für die Umsetzung der geplanten und durchgeführten Maßnahmen sind so formuliert, dass ein Mehr an positiven Antworten eine größere Berücksichtigung der Geschlechterwirkungen verspricht.

*Checkliste Gender Mainstreaming bei Maßnahmen der Presse und Öffentlichkeitsarbeit*

Die Checkliste für Presse und Öffentlichkeitsarbeit wird vom deutschen Bundesministerium für Familie, Senioren, Frauen und Jugend als Öffentlichkeitsarbeit angeboten.[44] Die Reflexion der Geschlechterrollenberücksichtigung von Presse- und Öffentlichkeitsarbeit soll als Qualitätsverbesserung das Produkt zielgerichtet optimieren, ohne die journalistische Freiheit einzuschränken.

Die formulierten Fragestellungen beziehen sich auf

- *Vorüberlegungen zum Produkt:* Welche Botschaft soll vermittelt und welche Zielgruppe erreicht werden?
- Wahl der Produktart: Wieweit wird das vorgesehene Mittel/Medium von Frauen und Männern gleichermaßen genutzt und akzeptiert?
- *Inhalte des Produkts:* Wieweit ist das Thema für Frauen und Männer relevant und werden diese Unterschiede berücksichtigt? Welches Geschlecht haben die vertretenen ProtagonistInnen? Werden herabsetzende Geschlechterstereotypen vermieden, Leistungen und Eigenschaften von Frauen und Männern gleich bewertet? Erfolgt beim verwendeten Zahlenmaterial eine Differenzierung nach Geschlecht?
- *Sprache des Produktes:* Ist eine geschlechtersensible Formulierung gegeben?

Die formulierten Fragestellungen, die vor allem beim Inhalt des Produktes sehr unterschiedliche Ebenen ansprechen, werden durch Erläuterungen veranschaulicht und Schlüsselbegriffe erklärt.

Die Geschlechterperspektive wird in der Checkliste in allgemeine Fragen zur zielgerichteten Produkterstellung eingebunden. Die Berücksichtigung von Gender-Aspekten soll die geplanten Botschaften unterstützen und zwar in einer zielgerichteten Form. Als Veranschaulichungsbeispiel wird die Empfehlung zur Verwendung geschlechtsdifferenzierter Daten herangezogen. So muss ein allgemeiner Überblick zur Arbeitslosigkeit nicht notwendig durch eine zweite Statistik oder ergänzende Schaubilder mit Daten, die die Situation von Frauen und Männern abbilden, aufgebläht werden, sondern soll dann gezielt und an hervorragender Stelle angebracht werden, wenn sie dem verfolgten Ziel nützlich ist.

---

44 http://www.bmfsfj.de/RedaktionBMFSFJ/Abteilung4/Pdf-Anlagen/gm-checkliste-pressearbeit,property=pdf.pdf, Juni 2005.

Ungeachtet der unterschiedlichen Konkretisierung ist den Methoden, Anleitungen, *Toolboxes* oder Checklisten zur Umsetzung von Gender Mainstreaming gemeinsam, dass sie versuchen, die Berücksichtigung der Gender-Perspektive systematisch in den Prozess oder in Maßnahmenstrukturen zu integrieren. Meist basiert ihr Zugang auf einem Problemlösungsansatz, der mit der Analyse der Problemsituation startet, die geschlechterspezifischen Wirkungen der geplanten Maßnahmen vordenkt und mit einer Evaluierung oder Reflexion der Umsetzung endet. Der Vorteil dieser Methoden ist die systematische ex-ante Analyse der Maßnahmen, die insgesamt zu einer besseren Strukturierung von Arbeitsabläufen beiträgt (Ahrens u. a. 2004).

Eine systematische Berücksichtigung der Gender-Perspektive erfordert allerdings umfassende Informationen über geschlechtsspezifische Benachteiligungen und Kenntnisse über Wirkungszusammenhänge von Diskriminierungsprozessen etc. Während die 3R-Methode, das *Gender Impact Assessment*, SMART oder das 6-Schritte-Programm die vorgegebenen Gender-Mainstreaming-Schritte so allgemein formulieren, dass sie für unterschiedliche Arbeitskontexte gelten und für die jeweils spezifische Situation erst konkretisiert werden müssen, liefern die Checklisten oder Fragenkataloge konkrete Fragen für spezifische Anwendungsgebiete. Letztere vermitteln zunächst den Eindruck, dass sie von allen AkteurInnen einfach angewendet werden können, indem Punkt für Punkt abgehackt wird. Der Interpretationsspielraum bei den Fragestellungen zeigt aber auch hier, dass trotz dieser Anleitungen Gender-Trainings notwendig und wichtig sind, um Gender Mainstreaming umsetzen zu können.

Gender-Trainings sind ein Instrument der Personalentwicklung, wirken dabei aber auf unterschiedlichen Ebenen, da sowohl die Person, als auch die Team- und Organisationsentwicklung angesprochen wird. Bei Gender-Trainings steht nicht die Selbsterfahrung im Mittelpunkt, sondern die fachliche Fortbildung zum Erlernen verschiedener geschlechterpolitischer Umsetzungsstrategien. Ziel ist die Versachlichung von Gender-Fragen. Dabei werden meist drei Bausteine angeboten: Sensibilisierungsphasen, fachlicher Input und Handlungsorientierungen. Als besonders erfolgreich erweisen sich in der Praxis Gender-Trainings, die einen engen Praxisbezug aufweisen und in Gruppen organisiert sind, die einen gemeinsamen Arbeitszusammenhang haben (Schambach/Bargen 2004).

Gender-Trainings sind wichtig, da sie zur Verankerung von Gleichstellungsthemen in Organisationen beitragen. Darüber hinaus sind aber auch strukturelle Vorkehrungen notwendig, damit Gleichstellung ein Thema bleibt. Für Gender Mainstreaming als Organisationsveränderungsprozess gibt es aber kaum standardisierte Instrumente oder »Blaupausen«. Die konkrete Vorgangsweise hängt von der jeweiligen Organisation, ihrer Kultur, ihrer Struktur, ihren Programmen und ihren Zielen ab und orientiert sich an den »klassischen« Instrumenten der Organisations- und Personalentwicklung. Entscheidend ist dabei, dass die Rahmenbedingungen der Organisation Gender Mainstreaming ermöglichen. Dies erfordert zum einen das Bekenntnis der Organisation als Ganzes, Gender Mainstreaming implementieren zu wollen und zwar auch mit der Bereitschaft, die dafür notwendigen personellen, zeitlichen und finanziellen Ressourcen zur Verfügung zu stellen. Wesentlich ist aber auch die Installierung einer Organisationseinheit, die für die Umsetzung von Gender Mainstreaming verantwortlich ist. Darüber hinaus sind Analyse-, Planungs- und Steuerungs- sowie Bildungs- und Beratungsinstrumente erforderlich, die für die jeweilige Situation und Organisation adaptiert werden (Schambach/Bargen 2004).

Die Gender-Mainstreaming-Koordinationsstelle des ESF (GeM) entwickelte einen Leitfaden für die Verankerung von Gender Mainstreaming in Institutionen:

*Übersicht 7: Leitfaden zur Verankerung von Gender Mainstreaming*

Die GeM empfiehlt eine integrative Verankerung von Gender Mainstreaming, durch die doppelte Abläufe und Strukturen vermieden werden (Bergmann/Pimminger 2001, 2004). Im Leitfaden werden folgende Bereiche als zentrale Ansatzpunkte angesprochen:

- *Engagement der Leitungsebene: Eine* wesentliche Voraussetzung ist, dass sich die Leitungsebenen für die Umsetzung von Gender Mainstreaming einsetzen.
- *Verankerung im institutionellen Regelwerk:* Die Integration von entsprechenden Zielen, Vorgaben und Kriterien in Leitbildern, Richtlinien, Aufgabenbeschreibungen u.ä. stellt die Grundlage für die institutionelle Verankerung von Gender Mainstreaming dar.
- *Unterstützungsstruktur:* Eine Unterstützungsstruktur fördert und gewährleistet die Umsetzung von Gender Mainstreaming. Zu klären sind die Organisationsform, Aufgaben, Ressourcen und Kompetenzen. In diesem Zusammenhang ist auch die Rolle von Frauenreferentinnen zu thematisieren.
- *Aktionspläne:* Aktionspläne mit konkreten Zielen und internen Maßnahmen unterstützen und leiten die Einführung von Gender Mainstreaming in Institutionen.

- *Durchdringung der Institution:* Voraussetzung für die tatsächliche Umsetzung von Gender Mainstreaming ist die Durchdringung der gesamten Institution, sodass sich alle MitarbeiterInnen in ihrem jeweiligen Tätigkeitsbereich dafür zuständig sehen.
- *Verfahren der Umsetzung:* Die verbindliche Anwendung von maßgeschneiderten Methoden und festgelegten Konsultations- und Begutachtungsverfahren unterstützen und sichern die Umsetzung von Gender Mainstreaming in allen Bereichen.
- *Monitoring und Evaluation:* Die Dokumentation und Evaluierung dient der laufenden Verbesserung und Weiterentwicklung der Umsetzung von Gender Mainstreaming

Mit der organisatorischen Verankerung von Gender Mainstreaming sollen sowohl Weichenstellungen für die Politik »nach außen«, also für die jeweiligen Aufgabenstellungen, als auch für die Politik »nach innen«, das heißt die Personalpolitik, geschaffen werden. Um ein strukturiertes und systematisches Vorgehen zu gewährleisten, wird ein konkreter Aktions- oder Implementierungsplan angeregt, indem Zuständigkeiten und Aufgaben der Implementation von Gender Mainstreaming geklärt werden.

Vgl. Bergmann/Pimminger 2004.

Trotz der überall zunehmenden Professionalisierung beim Zugang zu Gender Mainstreaming und der Übertragung aussichtsreicher Praxis sind die EU-Länder unterschiedlich erfolgreich bei der Umsetzung von Gender Mainstreaming. Die internationalen Erfahrungen zeigen, dass sich Gender Mainstreaming nur schwer in bisher von Gender-Aspekten wenig berührten Bereichen einführen lässt und dass der Erfolg wesentlich von den institutionellen und organisatorischen Settings und den verwendeten Methoden abhängt (Woodward 2001). Länder, die bereits einen hohen Grad an Gleichstellung zwischen Frauen und Männern erreicht haben, sind auch bei der Implementierung von Gender Mainstreaming erfolgreicher (Behning, Serrano Pascual 2001; Magnusson u. a. 2003). Entsprechend der Erfahrungen in den nordischen Ländern sind folgende Faktoren beziehungsweise Kriterien für eine erfolgreiche Umsetzung von Gender Mainstreaming zentral (Woodward 2004: 98f.):

- *Gender Auftrag:* Die Verpflichtung, Gender Mainstreaming in Organisationen einzuführen, kann sowohl aus Eigeninitiative, zum Beispiel aus Prestigegründen oder Gewinnsteigerung, durch Druck oder Verpflichtung von Außen erfolgen. Entscheidend ist jedenfalls, dass die Spitze davon überzeugt ist und Vorkehrungen trifft, dass sich die gesamte Organisation für Gender Mainstreaming engagiert. Eine Überzeugung für Gender Mainstreaming ist zwar bei allen Organisationsmitgliedern wünschenswert, aber untergeordnete MitarbeiterInnen können auch durch Anreize, Anweisungen oder Sanktionen zur Unterstützung von Gender Mainstreaming angeregt werden. Wichtig ist vor allem, dass durch die Leitung die notwendigen strukturellen Rahmenbedingungen und Abläufe für Gender Mainstreaming sowie die erforderlichen Ressourcen sichergestellt werden.

- *Institutionelle Charakteristika*: Die Institution soll gewährleisten, dass sich eine ausreichend große Zahl unterschiedlicher Personen daran beteiligt, Möglichkeiten zu finden, um Gender sichtbar zu machen, zu erarbeiten und Raum für Unterschiede zu schaffen. »Je differenzierter eine Organisation das Gender-Thema behandelt, desto größer ist die Wahrscheinlichkeit, dass ihre Gender-Mainstreaming-Bestrebungen erfolgreich sind und dass diese Bestrebungen nach und nach zu einer Innovation innerhalb der Institutionen führen werden« (Woodward 2004, 99). Es sollen sowohl Frauen als auch Männer eingeschlossen werden und es sollen unterschiedliche »Männlichkeiten« und »Weiblichkeiten« entwickelt werden.
- *Bewusstsein über internen Widerstand gegen Veränderungen:* Je stärker die Abwehr gegen Veränderungen des Geschlechterverhältnisses ist, desto eher wird die bisherige Gleichstellungspolitik unverändert fortgesetzt oder durch leere Phrasen ersetzt. Solche Widerstände entstehen sowohl aus Gründen der Arbeitsvermeidung wie auch aus dem Festhalten an Gegebenem. Gender Mainstreaming kann aber auch als persönliche Bedrohung gesehen werden, stellt sie doch die gegebene Geschlechterordnung in Frage und zweifelt damit die männliche Macht an. Diese Widerstände, die oft subtil auftreten, müssen bewusst gemacht werden, um ihnen entgegen treten zu können.
- *Zeit und Geduld*: Gender Mainstreaming ist ein ambitioniertes Konzept, das wie jeder andere Lernprozess die Organisation und das Bewusstsein der Menschen verändert. Kurzfristige Maßnahmen können dies nicht erfüllen – Gender Mainstreaming ist ein Langzeit-Projekt. Dies erfordert, dass es Personen gibt, die den Gender Mainstreaming Prozess kontrollieren und immer wieder neue Forderungen zur Erfüllung von Gender Mainstreaming stellen.

## Resümee

Betrachtet man die Flut an Texten, die seit der Entwicklung von Gender Mainstreaming publiziert wurden, so zeichnet sich insofern ein Erfolg ab, als die ins Stocken geratene Geschlechterdebatte durch die neue Strategie wiederbelebt und ins öffentliche Interesse – auch bei Männern – gerückt wurde (Meuser/Neusüß 2004). Ob damit aber auch tatsächlich politische Veränderungen einhergehen, die dem Ziel der Gleichstellung von Frauen und Männern folgen, ist weniger klar. Die praktischen Anleitungen und Instrumente zur Umsetzung von Gender Mainstreaming scheinen ein Umdenken bezüglich der Geschlechterrollen einzuleiten. Doch das Abhacken von Check-Listen zur Berücksichtigung der Gender-Perspektive und das formale Bekenntnis von Organisationen zu Gender Mainstreaming bringt wenig reale Veränderungen. Mag sein, dass es angesichts der Komplexität des Gender-Mainstreaming-Ansatzes, der sowohl organisatorische Veränderungen als auch ein allmähliches Durchsickern der Strategien auf unterschiedlichen Ebenen von Organisationen und ein Umdenken von AkteurInnen erfordert, noch mehr Geduld für sichtbare Veränderungen braucht. Es kann aber auch sein, dass die Veränderungen oberflächlich bleiben und unter der Oberfläche männliche Machtinteressen eine Umgestaltung der Geschlechterordnung verhindern.

Die Aufbruchstimmung, die zumindest Teile der politischen AkteurInnen erfasst hat und zu einer Fülle von praxisorientierten, erfolgversprechenden Beiträgen zur Umsetzung von Gender Mainstreaming geführt hat, ist in der theoretischen Debatte weniger ersichtlich. Hier werden massive Zweifel an der Umsetzbarkeit und Wirksamkeit von Gender Mainstreaming erhoben. Die Strategie, Geschlechterpolitik in die Organisationsstrukturen und -abläufe zu integrieren, erscheint zwar als wirksames Mittel, um feministische Forderungen akzeptabel und salonfähig zu machen, birgt aber die Gefahr in sich, seine politische Schlagkraft zu verlieren. Denn, wieweit kann man sich auf die Logik des zu bekämpfenden Systems einlassen, ohne die Kampfbereitschaft zu verlieren? Und wer verhindert, dass Gleichstellungsziele anderen Zielen untergeordnet werden?

Die Implementierung von Gender Mainstreaming als Querschnittsmaterie setzt eine Sprache voraus, die allgemein verständlich beziehungsweise an die Managementsprache angepasst ist. Taktisch war es daher wohl zielführend, Gleichstellungspolitik als Geschlechterthema (nicht als Frauenthema) und in der Managementsprache zu installieren, um ein breiteres

Publikum anzusprechen. Doch durch die Entwicklung von neuen Begriffen oder der Übernahme von Bezeichnungen aus unterschiedlichen Bereichen, die nur mehr schwer auf die ursprünglichen Ideen zurückgeführt werden können, vermissen diese präzise Bedeutungen und geben Raum für unterschiedliche Interpretationen. Für die empirische Analyse des Veränderungspotentials der Gleichstellungspolitik durch Gender Mainstreaming bedeutet die Flexibilität des Begriffs Gender Mainstreaming eine Unbestimmtheit des Untersuchungsgegenstandes. Wie diese Herausforderung gelöst wird, wird in Kapitel 7 näher erläutert.

Von feministischer Seite werden Zweifel angemeldet, wieweit Entscheidungsträger wirklich hinter einer Strategie stehen, die Politik und letztlich Machtverhältnisse grundlegend verändern soll. Eine Politik, die radikal die Geschlechterverhältnisse umgestaltet, das heißt eine Umverteilung auf Kosten von Männern zu Gunsten von Frauen vorsieht, würde kaum auf diese Akzeptanz stoßen und wird wohl in der Praxis selten mit dem Begriff Gender Mainstreaming assoziiert. Das zentrale Umsetzungshemmnis von Gender Mainstreaming in seiner theoretischen Definition liegt daher in seinem essentiellen Veränderungsanspruch. Gender Mainstreaming wurde in dem Glauben entwickelt, dass Politik eine Veränderung herbeiführen kann und will. Doch die Forderung, dass jeder Politikvorschlag nach seinen Konsequenzen für Frauen und Männer analysiert werden soll, verlangt sowohl eine politische Bereitschaft zur Veränderung als auch dafür notwendige Ressourcen, Kenntnisse und Instrumente. Damit werden Voraussetzungen angesprochen, die schon in der bisherigen Gleichstellungspolitik zu Barrieren der Umsetzung wurden. Die Effektivität von Gender Mainstreaming hängt damit ganz entscheidend davon ab, wieweit bereits eine Sensibilisierung für Geschlechtergleichstellung (nicht nur für vereinzelte Frauenfördermaßnahmen) gegeben ist, wieweit Erkenntnisse über Ausmaß und Wirkungsweise von geschlechtsspezifischen Benachteiligungen vorliegen, und – nicht zuletzt – wieweit eine politische Zielorientierung zur Gleichstellung akzeptiert und verfolgt wird. Ihre Wirksamkeit erfordert eine allgemein verbindliche, inhaltliche Zielsetzung von Gleichstellung und Entscheidungskompetenzen. Sie erfordert aber auch Zeit- und Finanzressourcen, um sich tiefergehend mit Geschlechterwirkungen auseinandersetzen zu können oder unterschiedliche Personen und Interessen zu koordinieren.

# 6. Barrieren einer gleichstellungs-orientierten Arbeitsmarktpolitik

Ob Gender Mainstreaming eine erfolgreiche Strategie ist, hängt letztlich damit zusammen, inwieweit generell Gleichstellungspolitik Unterstützung findet und wieweit Organisationen verändert werden können. Durch Gender Mainstreaming ist es zwar einfacher, Widerstände gegen feministische Forderungen zu umgehen. Aber ob Gender Mainstreaming eine Floskel bleibt oder tatsächlich zu Veränderungen der Geschlechterverhältnisse führt, hängt von den Widerständen gegen Gleichstellung, das heißt gegen eine Veränderung der Machtverhältnisse zwischen Frauen und Männern ab (vgl. Kapitel 5).

## Barrieren in empirischen Untersuchungen

Betrachtet man die Geschichte zur Förderung der Gleichstellung in der Arbeitsmarktpolitik, so zeigt sich ein wenig optimistisches Bild: Empirische Untersuchungen zur Arbeitsmarktpolitik belegen die Unterrepräsentanz von Frauen in arbeitsmarktpolitischen Förderungen in der Vergangenheit. In den achtziger Jahren wurden die Benachteiligungen von Frauen in der Arbeitsmarktpolitik für Österreich beispielsweise von Wiederschwinger (1987), für Deutschland von Gottschall (1986), Ostendorf (1987) oder Neumann (1988) untersucht und die Diskriminierung der Frauen vor allem auf das Förderrecht zurückgeführt: Durch ihre Berufsunterbrechungen sind Frauen strukturell benachteiligt, da sie damit nicht die für die Vergabe erforderliche beitragspflichtige Beschäftigung aufweisen. Doch die Übertragung des Arbeitsmarktförderungsgesetzes auf die neuen deutschen Bundesländer machte deutlich, dass die geringen Teilnahmequoten von Frauen weiterbestehen, auch wenn Frauen weniger Berufsunterbrechungen aufweisen (Ochs/Seifert 1992). Die Forcierung frauenspezifischer Programme in der Arbeitsmarktpolitik in den 1990er Jahren hat zwar die quantitative Beteiligung von Frauen an aktiver Arbeitsmarktpolitik erhöht, aber die strukturellen Benachteiligungen wenig verändert, wie dies in aktuelleren Studien nachgewiesen wird (Leitner/Wroblewski 2000b; Lutz, Pimminger 1999; für Deutschland: Knapp/Weg 1995; Henninger 2000; Müller/Kurtz 2002, 2004). Der Frauenanteil ist besonders gering in Aufstiegsfortbildungen und betrieblichen Qualifizierungsprogrammen. Überproportional sind Frauen hingegen in Orientierungsmaßnahmen und in frauentypischen Bildungsprogrammen vertreten (Leitner/Wroblewski 2000b). Die Benachteiligungen von Frauen in der Arbeitsmarktpolitik sind dabei nicht allein auf die Besonderheiten der Frauenerwerbsarbeit und die gesetzlichen Regelungen zurückzuführen. Barrieren für die Umsetzung liegen auch bei der Umsetzung vor Ort, bei den AkteurInnen der Arbeitsmarktpolitik, in den regionalen Geschäftsstellen und bei den Maßnahmenträgern.

Dieses Ergebnis verlangt einen tieferen Blick auf die Praxis der Arbeitsmarktpolitik. Henninger (2000) wendet die Erkenntnisse aus der Forschung über die Umsetzungsschwierigkeiten betrieblicher Frauenförderung auf die Analyse frauenfördernder Arbeitsmarktpolitik an und nennt zwei Erklärungsansätze für Umsetzungsprobleme von Frauenfördermaßnahmen in Betrieben, die auf die Arbeitsmarktpolitik übertragen werden können:

- Einerseits kann die Umsetzung von arbeitsmarktpolitischen Frauenfördermaßnahmen durch die geschlechtsspezifische Struktur von Organisationen und die Abwehrstrategien männlicher Interessensgruppen behindert werden. Dies können sowohl Barrieren gegen die Konzeption von Frauenfördermaßnahmen sein, als auch Barrieren bei den umsetzenden AkteurInnen vor Ort (Regionale Geschäftsstellen, Maßnahmenträger).
- Andererseits können Umsetzungsprobleme aus konfliktreichen Aushandlungsprozessen resultieren, bei denen Frauen wegen geringerer Macht benachteiligt werden.

Zu ähnlichen Ergebnissen kommen empirische Studien zur Frauenförderung in anderen Bereichen. So führt Meuser (1989) die Implementationsbarrieren für Frauenförderung in der Verwaltungspraxis auf die beiden Dimensionen »Organisationskultur der Verwaltung« und »Alltagsideologie der Verwalter« zurück, die durch eine »Unterprogrammierung der

Entscheidungssituation«[45] zur Wirkung kommen (Meuser 1989: 113).[46] Die notwendig gegebene Gestaltungsfreiheit der Richtlinie zur Frauenförderung wird genutzt, um deren Anwendung zu vermeiden. Durch die in der Verwaltungspraxis gegebene Organisationskultur wird die Richtlinie als Störfaktor empfunden, nutzen die Verwalter ihren Entscheidungsspielraum bei der Bewertung der Qualifikation und berücksichtigen andere »höherwertige« Auswahlkriterien als jene der Richtlinie. Dazu kommen noch individuelle Faktoren, wie die in der Alltagsideologie verhafteten Gerechtigkeitskriterien, die gegen die Bevorzugung von Frauen sprechen, sowie der Mangel an Problembewusstsein und die Externalisierung der Verantwortung auf gesellschaftliche Verhältnisse und geschlechtsspezifische Sozialisation.

Pastner (1997) sieht die Widerstände gegen betriebliche Frauenförderung in ihrer empirischen Untersuchung vor allem im »mangelnden Problembewusstsein der AkteurInnen«. Die Benachteiligungen von Frauen werden auf den außerbetrieblichen Bereich zurückgeführt, indem die Arbeitsmarktlage oder die gesellschaftlichen und politischen Rahmenbedingungen als Ursache von Diskriminierung gesehen werden. Diese Grenzen für Veränderungen legitimieren das Nichthandeln. »Frauen kommen in den Blick, wenn sie in's Konzept passen« (Pastner 1997: 245); das heißt, wenn die Unternehmen ein spezifisches Interesse an der Arbeitskraftressource Frau haben.[47]

Diese Ergebnisse zur Frauenförderung in Betrieben und in der Verwaltungspraxis sowie die Indizien, dass die Effektivität von Gender Mainstreaming von der Akzeptanz und Sensibilisierung für Gleichstellungspolitik im Allgemeinen abhängig sind, legen den Schluss nahe, dass die Barrieren von Gender Mainstreaming ebenfalls in der vergeschlechtlichten Substruktur von Organisationen zu finden sind.

---

45 Als »Unterprogrammierung« bezeichnet Meuser unklare bzw. ungenaue Handlungsanweisungen in den Gleichstellungsrichtlinien.

46 Diese Barrieren beziehen sich vor allem auf die Ziffer 9 der »Richtlinie zur Förderung von Frauen im öffentlichen Dienst der freien Hansestadt Bremen«, die als Kernstück die Bevorzugung von Frauen bei Einstellungen und Beförderungen bei gleicher Qualifikation festschreibt.

47 Bereswill (2004) bezeichnet diese Barriere von Gleichstellungspolitik im Zusammenhang mit Gender Mainstreaming als »Verbetriebswirtschaftlichung der Geschlechterpolitik«, durch die der Aspekt der sozialen Ungleichheit verloren geht.

## Gender als Substruktur von Organisationen

Diskriminierung von Frauen kann entweder direkt erfolgen, indem Personen ohne sachliche Begründung aufgrund ihres Geschlechts anders behandelt und/oder ausgegrenzt werden, oder indirekt, wenn scheinbar neutrale Regeln oder Entscheidungskriterien Frauen aufgrund ihrer persönlichen Merkmale, Interessen oder Erwerbsrollen benachteiligen (vgl. Kapitel 4). Während direkte Diskriminierung durch gesetzliche Regelungen oder auch Bewusstseinsänderungen[48] abnimmt, bleibt indirekte Diskriminierung, insbesondere strukturelle Diskriminierung, aufgrund von vorgegebenen Rahmenbedingungen weiterhin wirksam.

Welche Rolle Organisationen als Rahmenbedingungen individuellen Handelns in der betrieblichen oder politischen Praxis spielen, ist vor allem in den neunziger Jahren verstärkt ins Interesse der Gender-Forschung gerückt. Forschungsarbeiten, die sich mit dem Geschlechtereinfluss von und auf Organisationen befassen, werden meist unter dem Ansatz »*gendered organizations*« zusammengefasst (vgl. Acker 1990; Hofbauer 2004; Meuser 2004a; Riegraf 2000; Wilz 2004, 2002).[49] Organisationen werden dabei nicht mehr länger als »bürokratische Maschinen«[50] gesehen, die durch instrumentelle Rationalität geprägt sind, sondern in ihrer sozialen Konstruiertheit beleuchtet. Organisationen eröffnen und begrenzen Chancen der beruflichen Platzierung, sind also an der Herstellung und Fortschreibung sozialer Ungleichheit wesentlich beteiligt. Ein zentrales Ergebnis dieser geschlechterbezogenen Organisationsanalyse lautet, dass die Vorstellung einer entkörperlichten Arbeitskraft, wie sie in den meisten Organisationsstudien zu finden ist, ebenso wenig haltbar ist, wie die Vorstellung geschlechtsneutraler bürokratischer Strukturen in Organisationen (Wilz 2004). Organisationales Handeln fokussiert auf das Modell der »Normalarbeitskraft«, und dieses ist geschlechtlich bestimmt, ein »männliches«

48 Persönliche Diskriminierung gilt heute in den meisten Bereichen als political incorrect.

49 Wilz (2004) konstatiert eine gewisse Unübersichtlichkeit angesichts vorhandener theoretischer Stränge und empirischer Umsetzungen. Dies verweist darauf, dass hier noch einiges an theoretischer Aufarbeitung und Begriffsklärung (zum Beispiel zum oft nur vage definierten Organisationsbegriff) notwendig ist.

50 Das von Max Weber entworfene »Bürokratiemodell«, indem eine perfekte Organisation wie eine Maschine funktioniert, war bis in die 1950er und 1960er Jahre hinein vorherrschend. Von den darin arbeitenden AkteurInnen wurde abstrahiert, indem ihnen weder ein Entscheidungsspielraum noch persönliche Merkmale zugeschrieben wurden. Damit blieb natürlich auch Geschlecht unberücksichtigt (vgl. Wilz 2002; Riegraf 2000).

Modell. So prägt Geschlecht den Charakter der Organisation und sind Organisationen selbst *gegendered*.

Im angloamerikanischen Raum begann die Befassung mit *gendered organizations* bereits in den siebziger Jahren, wobei insbesondere die Studie von Kanter (1977) als Meilenstein hervorgehoben wird (Wilz 2004; Riegraf 2000). Kanter stellt die These auf, dass Einstellungen und Verhaltensweisen von Individuen besser durch die Merkmale ihrer Positionen, die sie innehaben, als durch die Merkmale der Personen selbst erklärt werden können. Sie setzt sich dafür ein, das Verhalten von Individuen im jeweiligen Kontext zu sehen, also das Umfeld in Betracht zu ziehen. Kanters *tokenism*-Konzept[51] hat den Grundstein für eine Reihe von empirischen Untersuchungen gelegt, ist allerdings auch auf Kritik gestoßen, weil sie letztlich von einer geschlechtsneutralen Position heraus argumentiert, dass Frauenprobleme Minderheitenprobleme sind. Die empirischen Forschungen zeigten jedoch recht bald, dass Männer in Minderheitenpositionen (unter 15 Prozent Männeranteil) andere Erfahrungen machen als Frauen (Heintz u. a. 1997; Williams 1993).

Ein anderes Beispiel ist die Studie über Männer- und Frauenkultur an Arbeitsplätzen von Cynthia Cockburn (1991), in der sie Beispiele für die Verweigerung von Gleichheit in Institutionen und Betrieben beschreibt. Subtile Mechanismen der Ausgrenzung von Frauen, teils durch individuelles Verhalten, vor allem aber durch die Organisationskultur, durch Aufstiegswege, Rekrutierungsmaßnahmen, Autoritätsgefüge, sind an der Aufrechterhaltung der Benachteiligung von Frauen wesentlich beteiligt. Sichtbar wird dies zum Beispiel durch die fehlenden Frauen in den Führungsetagen; nachvollziehbar und erklärbar wird es in den alltäglichen Handlungen und üblichen Praktiken, die kaum hinterfragt werden.

---

51 Frauen sind als Minderheit in männlich dominierten Bereichen oft sozial isoliert, insbesondere sind sie von den männlich dominierten sozialen Beziehungsnetzen, den old-boys-networks, in denen unter anderem die beruflichen Karrieremöglichkeiten entschieden werden, ausgeschlossen. Die von Kanter untersuchten sogenannten token women hatten drei Erfahrungen gemeinsam: Sie waren »über-sichtbar«, das heißt ständig erhöhter Aufmerksamkeit ausgesetzt und damit dem Druck, besonders gut zu sein; sie waren relativ ausgegrenzt aus informellen sozialen und beruflichen Netzwerken und schließlich wurden Unterschiede zwischen ihnen und den männlichen Kollegen ständig überbetont und übertrieben. In der Kombination führen diese Faktoren dazu, dass gleichwertige Leistungen von Frauen tendenziell unsichtbar werden und die Frauen es daher scheinbar nie schaffen, eine den Männern gleichwertige Leistung zu erbringen.

Mit Acker (1990) verlagerte sich der Fokus der *gendered organizations* hin zur Herstellung und Hierarchisierung von Geschlechterdifferenzen auf der Ebene von Arbeitspraxen, das heißt zum *»doing gender while doing the job«* (Wilz 2004; Gottschall 1998; Wetterer 2002).

»To say that an organization, or any other analytic unit is gendered means that advantage and disadvantage, exploitation and control, action and emotion, meaning and identity, are patterned through and in terms of a distinction between male and female, masculine and feminine. Gender is not an addition to ongoing processes, conceived as gender neutral. Rather, it is an integral part of those processes, which cannot properly be understood without an analysis of gender.« (Acker 1990: 146).

Annahmen über die gesellschaftliche Trennung von Produktions- und Reproduktionsarbeit sind in Organisationen »inkorporiert« und zwar weniger auf der formellen Ebene der Organisationen, nämlich in den Organisationszielen, Organisationsplänen etc., wo Personen als Mitglieder der Organisation, als Positions- und Statusträger, als Funktionsträger und nicht in ihren sozialen Eigenschaften wahrgenommen werden. Geschlecht wirkt vielmehr auf der informellen Ebene festgeschrieben, ist in der vergeschlechtlichten »Substruktur« von Organisationen verankert. Sie zeigt sich in zeitlichen und örtlichen Arrangements von Arbeit, Regeln für Verhalten am Arbeitsplatz oder in der Beziehung zwischen Arbeitsplatz und Privatheit. Konkret kann sie an der Arbeitsteilung in der Organisation, an den Symbolen, Bildern und Vorstellungen, die die Trennung der Geschlechter rechtfertigen, an den Interaktionsmustern zwischen Männern und Frauen, zwischen Frauen und Frauen sowie zwischen Männern und Männern oder an stereotypen Wahrnehmungen von Frauen festgemacht werden. Daraus ergeben sich zwei Typen von Arbeitskräften: Solche, die diese Regeln einhalten können, und solche, die durch andere Verpflichtungen wie Betreuungs- oder Hausarbeit daran gehindert werden. Auf mehreren Ebenen dieser Substruktur laufen Prozesse ab, über die sich die Differenzierung und Hierarchisierung nach Geschlecht reproduziert. Zweigeschlechtlichkeit bildet damit ein konstitutives Element jeder Organisation und ist in alle Organisationsstrukturen und -prozesse eingebettet (Riegraf 2000).

Wie solche ungewollten und unterbewussten Strategien zur Aufrechterhaltung und Reproduktion des bestehenden und für Frauen nachteilig wirkenden Geschlechterverhältnisses in sozialen Interaktionen zustande kommen, wird durch den Ansatz des »*Doing Gender*« beschrieben[52] (Gildemeister/Wetterer 1992; Gildemeister 2004; Hirschauer 1994; Leitner 2005; West/ Zimmerman 1998). Das Geschlechterverhältnis wird dabei nicht mehr auf biologische Unterschiede zurückgeführt, sondern auf soziale Interaktion. Durch symbolisches Interaktionshandeln werden die Grenzziehungen zwischen Frauen und Männern (wieder)hergestellt und damit die Zweigeschlechtlichkeit reproduziert. Dies kann sowohl von Individuen ausgehen, sich in Gruppen spezifisch niederschlagen und eben auch durch Organisationen, beziehungsweise der dort vorherrschenden Kultur bestimmt werden.

Wenn das hierarchische auf eine Zweigeschlechtlichkeit orientierte Geschlechterverhältnis, das in den Alltagsideologien verankert ist, nicht als unhinterfragtes Faktum hingenommen, sondern verändert werden soll, muss sich der Blick auf die Konstruktion der Geschlechterunterscheidung, das »Tun« von Geschlecht, das *Doing Gender* richten. Geschlecht ist nicht etwas, was Personen sind – auch wenn wir uns so wahrnehmen –, sondern das alltägliche Handeln, das durch Interaktion, die Partizipation in Arbeitsorganisationen etc. entsteht. Gender ist damit nicht länger ein askriptives Merkmal, sondern es werden die Voraus- und Zusammensetzungen dieses dichotomen Merkmals geprüft (Hirschauer 1994).[53]

Diese Betrachtungsweise führt aber auch zu einer neuen Perspektive auf die VerursacherInnen der Benachteiligungen. Denn diese werden nicht mehr (allein) auf die Machterhaltungsstrategien der Männer zurückgeführt, sondern als Folge sozialer Rationalisierung gesehen. Sowohl Männer als auch Frauen sind an der Aufrechterhaltung der Zweigeschlechtlichkeit und der damit einhergehenden Hierarchisierung beteiligt.

Hirschauer weist in Diesem Zusammenhang darauf hin, dass Zweigeschlechtlichkeit unabhängig von seinen biologischen und psychologischen Annahmen, eine selbsttragende soziale Konstruktion ist. *Undoing Gender* soll durch Praktiken entstehen, die keine charakteristischen Anhaltspunkte

52 Doing Gender steht für die Darstellungs-, Wahrnehmungs- und Geschlechtsattributionsprozesse, durch die Geschlecht sozial konstruiert wird. Als Forschungskonzept ist der Doing Gender-Ansatz auf die Frage ausgerichtet, wie Geschlecht gemacht bzw. konstruiert wird und beschäftigt sich mit der Dynamik der Konstruktion von Barrieren in der Arbeits- und Berufssoziologie (Gildemeister 2004; Gildemeister/Wetterer 1992; West/Zimmermann 1998).

53 Damit wird die ursprüngliche Arbeitsteilung zwischen Frauenforschung und Soziologie sowie die weitgehende Geschlechtsneutralität von Funktionen und Organisationen aufgehoben.

für weibliches und männliches Verhalten aufweisen, die zwar eindeutige Zuschreibungen des Individuums zur männlichen und weiblichen Genusgruppe erlauben, aber auf die Geschlechtskategorisierung vergessen lassen. »Die Geschlechtsneutralität ist kein ›Naturzustand der Moderne‹, sondern eine äußerst anspruchsvolle und prekäre Konstruktion, die immer wieder durchkreuzt werden kann.« (Hirschauer 1994: 679).

## *Doing Gender* in politischen Organisationen

Wieweit Diskriminierungsmechanismen der betriebsinternen Gleichstellungspolitik auch für die Wirkungsweise externer Politik maßgeblich sind, ist noch wenig erforscht, erscheint aber aus der Perspektivenverschiebung des Ansatzes von *Doing Gender*, der nicht mehr auf die interessensgeleiteten Machtkämpfe von Individuen fokussiert, sondern auf die Selbstregulierungsmechanismen von Sozialstrukturen, logisch. Denn die Steuerung einer nach außen gerichteten Politik betrifft die eigene Geschlechtsposition nicht mehr direkt durch Machtkämpfe um die eigene Position, sondern indirekt. Gleichstellung bedeutet dabei oft auch eine Veränderung bisheriger Abläufe und Regelungen und damit mehr Aufwand. Für eine nach außen gerichtete Gleichstellungspolitik bestehen damit auch noch andere, organisationsinterne Widerstände.

Viele dieser Diskriminierungsprozesse laufen unbewusst und unbemerkt. Voraussetzung für eine Veränderung der Geschlechterverhältnisse ist es daher, dass der subtile Geschlechtereinfluss in Organisationen auch wahrgenommen wird.

»What is problematic is the discontinuity, even contradiction, between organizational realities obviously structured around gender and ways of thinking and talking about these same realities although they were gender neutral. […] The break between a gendered reality and gender-neutral thought is maintained, I believe through the impersonal, objectifying practices of organizing, managing, and controlling large organizations.« (Acker 1990: 255 f.)

Empirische Forschungsarbeiten in der Tradition der *gendered organizations* geben Einblick in die komplexen Mechanismen der Herstellung, Perpetuierung und ansatzweise auch Lockerung der Benachteiligungen von Frauen, die eben auch für Politik gelten. So ist es erforderlich, nicht nur *die AkteurInnen*, ihre Interessen und Strategien der Politikumsetzung empirisch zu identifizieren, sondern auch die Rahmenbedingungen des Handelns in den Blick zu nehmen, um dadurch Widersprüche zwischen politischen Programmen und ihrer Umsetzung erklären zu können.

So kann die oben angeführte Studie von Meuser (1989) zur Frauenförderung in der Verwaltungspraxis auch im Sinne von *gendered organizations* interpretiert werden (Meuser 2004a). Die geschlechtliche Substruktur von Organisationen kann an der homosozialen Kooption, an stereotypen Wahrnehmungen von Frauen, männerbündischer Arbeitskultur, männlicher Lebensführung als Normalfolie und geschlechtlicher Prägung kultureller Werte festgemacht werden. Die vermeintliche Geschlechterneutralität basiert auf der Annahme von abstrakten, körperlosen Arbeitskräften, die allerdings den männlichen Lebensmustern entsprechen und nicht mit Reproduktionsaufgaben vereinbar sind. Die geschlechtliche Substruktur verknüpft hingegen die Geschlechterarrangements mit Geschlechterbeziehungen in anderen gesellschaftlichen Bereichen. Um dies zu vermeiden, sollten kurzfristig diese Prozesse ins Bewusstsein geholt werden, indem zum Beispiel Job-Evaluierungen durchgeführt werden. Längerfristig gilt es hingegen die Vormachtstellung der Ökonomie über andere Lebensbereiche zu hinterfragen.

Auch Ostendorf sieht Benachteiligungen von Frauen in der Bildungspolitik als Ergebnis von *Doing Gender.* »Soweit eine Gesellschaft durch ›wesentliche‹ Unterschiede zwischen Frauen und Männern geteilt ist und die Platzierung in eine Geschlechterkategorie sowohl relevant als auch aufgezwungen ist, ist ›Doing Gender‹ unvermeidlich.« (Ostendorf 1996: 28). In ihrer Untersuchung zur Geschlechterpolitik in Bildungsinstitutionen identifiziert sie einige Elemente, die sich auch auf die Institutionen der Arbeitsmarktpolitik übertragen lassen (Ostendorf 1996; Kreimer/Leitner 2002b):

- Alle AkteurInnen der Implementierung und Umsetzung von Gleichstellungskonzeptionen agieren vor dem Hintergrund mehr oder weniger formierter Geschlechterleitbilder. Gleichstellungsfördernde Maßnahmen können daher unter Umständen schon deshalb auf Widerstand stoßen oder werden nur halbherzig umgesetzt, weil sie von den umsetzenden AkteurInnen (zum Beispiel BeraterInnen in den Regionalen Geschäftsstellen des AMS) nicht akzeptiert werden – weil diese Maßnahmen und die damit verbundenen Ziele nicht ihrer Denkwelt entsprechen.
- Politische Organisationen wie Parteien, Verbände, Verwaltungen oder Gerichte sind in Phasen der politischen Rechtlosigkeit der Frauen ent-

standen und waren, beziehungsweise sind heute noch immer, auf männliche Interessen und Lebenserfahrungen ausgerichtet. Damit wird es noch schwieriger, die Denkwelt und das Handeln der Institutionen zu verändern, zumal Frauen auch heute von Entscheidungspositionen weitgehend ausgeschlossen bleiben und männerbündisches Handeln ein konstitutives Element der Organisation bleibt. Selbst wenn Frauen in Gremien einbezogen werden, wird von ihnen ein mit bisherigen Denkwelten und Routinen konformes, weibliches Verhalten erwartet.

- Berufliche Gleichstellung läuft den allgegenwärtigen Prozessen des *Doing Gender* zuwider und stellt damit Prozesse und Mechanismen in Frage, die selbstverständlich – wenn nicht gar natürlich bedingt – und in vielfacher Weise funktional für die Organisation von Staat, Wirtschaft und Familie erscheinen. Eine Gleichstellung am Arbeitsmarkt hätte weit über den Arbeitsmarkt hinausreichende Konsequenzen und gefährdet sowohl individuelle Identitäten als auch die Sozialstruktur.
- Politische Maßnahmen verfolgen mehrere, unter Umständen widersprüchliche Ziele. Je weniger die Konkretisierung beziehungsweise Prioritätenfestlegung in den oberen Hierarchieebenen der Arbeitsmarktpolitik passiert, desto mehr sind die mit der unmittelbaren Umsetzung befassten AkteurInnen gezwungen, dies zu tun.

Ostendorf verweist auch darauf, dass politischen Institutionen bei der Konstruktion von Geschlecht besondere Relevanz zukommt, da sie Orientierungs- beziehungsweise Sozialisationsleistungen für die Bevölkerung erbringen. Um den Einfluss der persönlichen Einstellungen der AkteurInnen zu identifizieren, ist es notwendig, sich mit den in den Organisationen tätigen Personen, dem »Wer«, zu befassen. Doch die Eigenlogik politischer Institutionen wird auch durch die Organisationsstrukturen und das Beziehungsgeflecht, dem »Wie« der Arbeitsweise von Organisationen geprägt. Das Aufspüren und die Analyse dieser unterschiedlichen *Doing Gender*-Prozesse unter Berücksichtigung der dahinter liegenden Geschlechterleitbilder muss daher ein zentrales Element der empirischen Analyse sein.

## Resümee

Die empirischen Untersuchungen zur Frauenförderung in der Arbeitsmarktpolitik weisen darauf hin, dass Benachteiligungen von Frauen mit der

Koppelung der Förderbedingungen an eine kontinuierliche Erwerbstätigkeit zusammenhängen, diese aber nicht allein die Unterrepräsentanz von Frauen erklären können. Diskriminierung auf Grund des Geschlechts scheint in der Arbeitsmarktpolitik ähnliche Ursachen zu haben, wie sie auch in Betrieben und Organisationen zu beobachten sind. Die Erklärungen durch männliches Verhalten der Entscheidungsträger, die Frauen bewusst diskriminieren, um ihre Vormachtstellung zu sichern, greifen ebenfalls zu kurz und sind nur ein Teil dieser Ausschließungsmechanismen. Die Prozesse, die dazu führen, dass trotz gesetzlicher Bestimmungen der Gleichbehandlung Frauen benachteiligt werden, liegen teilweise im unbewussten Verhalten und in den Rahmenbedingungen der Organisation. Sowohl die Regelungen der internen Wirkungsweisen, das heißt der Personalentscheidungen in Unternehmen, als auch der externen Politik enthalten Mechanismen, die durch Geschlecht beeinflusst werden, aber auch die Folgen vom Geschlecht abhängig machen. Solche strukturellen Diskriminierungsmechanismen sind den AkteurInnen dieser Handlungen oft nicht bewusst und werden bei der Politikgestaltung kaum berücksichtigt.

Die Auseinandersetzungen mit dem Einfluss von Organisationen auf das Geschlecht, die als Mesoebene das individuelle Handeln beeinflusst, haben solche Diskriminierungsprozesse offengelegt. Dabei kommen ähnliche Mechanismen zur Wirkung, die auch individuelle Interaktionsprozesse prägen. Stereotype Rollenerwartungen an die Geschlechter bestimmen die Organisationskultur, bilden neben den formalen Bestimmungen eine Substruktur, die durch Alltagsideologien geprägt ist. Männer und Frauen wirken in diesen Prozessen gleichermaßen mit, indem die erwarteten Rollen gelebt und gleichzeitig diese Erwartungen erschaffen werden. Diese informellen Prozesse bestimmen die Umsetzung von Politik ganz entscheidend mit, da immer nur ein Teilbereich formal geregelt werden kann.

Was begünstigt nun aber diese *Doing Gender*-Prozesse in Organisationen? Auf Stereotypen wird vor allem dann zurückgegriffen, wenn eine Komplexitätsreduzierung wichtig ist, keine anderen Handlungsmuster vorgeschrieben sind und/oder es den individuellen Vorstellungen überlassen bleibt, was zu tun ist. Unterprogrammierung der Richtlinien durch unklare Handlungsanleitungen für die Umsetzung begünstigen also *Doing Gender*. Ein weiterer Einflussfaktor betrifft das Bewusstsein über solche Benachteiligungsmechanismen, wieweit die Probleme und auch die Ursachen dafür bekannt sind. Und schließlich trägt auch die Geschlechterverteilung bei den EntscheidungsträgerInnen und AkteurInnen dazu bei, wie

Organisationen wirken. Denn die persönliche Betroffenheit beeinflusst die geschlechtsspezifische Perspektive.

Barrieren einer gleichstellungsorientierten Arbeitsmarktpolitik sind wie andere die Politik bestimmenden Prozesse oft nicht sofort sichtbar, sondern wirken subtil und sind in den alltäglichen Handlungsroutinen integriert. Die vermeintliche Geschlechterneutralität der Arbeitsmarktpolitik muss daher immer wieder in Zweifel gezogen werden, selbst wenn sie Bekenntnisse zur Gleichbehandlung der Geschlechter und auch zur Frauenförderung enthält. Denn die spezifischen Frauenfördermaßnahmen können die subtilen Benachteiligungen, die im System der Arbeitsmarktpolitik angelegt sind, kaum ausgleichen. Arbeitsmarktpolitik weist damit ähnliche Diskriminierungsmechanismen gegenüber Frauen auf, wie sie auch am Arbeitsmarkt, in Betrieben bestehen.

Gender Mainstreaming setzt am *Doing Gender* von politischen Organisationen an: Die Perpetuierung der Geschlechterhierarchien durch Politik soll dadurch verhindert werden, dass etwaige Benachteiligungen eines Geschlechts systematisch kontrolliert und damit schon im Entstehungsprozess vermieden werden. Es gilt dabei nicht nur die direkten Benachteiligungen von Frauen oder Männer abzuwehren, sondern das Alltagsverständnis von Geschlecht zu hinterfragen. Denn es sind die alltäglichen Annahmen über Geschlecht, die die hierarchische Geschlechterordnung mit den damit verbundenen Benachteiligungen von Frauen unterstützen (Stiegler 2002). Ob dies aber in der Realität tatsächlich gelingen kann, gilt es anhand des Fallbeispieles des AMS zu untersuchen. *Doing Gender*-Prozesse in Organisationen sollen in den Steuerungsprozessen der Arbeitsmarktpolitik, das heißt in der Organisation des AMS, der Formulierung von Zielsetzungen und speziell in der Form der Implementierung von Gender Mainstreaming sichtbar gemacht werden. Dabei gilt es insbesondere auf die Vorgaben und Entscheidungsspielräume der individuellen AkteurInnen zu achten und auch, wieweit es gelingt, eine Geschlechterperspektive wie selbstverständlich in alle Umsetzungsschritte einzubauen. Genauso ist zu beobachten, wieweit es nach wie vor dem Engagement einzelner Frauen mit ihrer persönlichen Betroffenheit und ihrem Interesse zur Aufweichung von Geschlechterverhältnissen obliegt, Arbeitsmarktpolitik zu verändern.

# 7. Fragestellungen und methodische Überlegungen zur empirischen Untersuchung

Auf Basis der aktiven Arbeitsmarktpolitik des österreichischen Arbeitsmarktservice (AMS) wird im Folgenden untersucht, wie Gleichstellungspolitik umgesetzt wird und inwieweit es durch Gender Mainstreaming zu Veränderungen gekommen ist. Das politische Bekenntnis zur Strategie des Gender Mainstreaming hat dazu geführt, dass Gleichstellung nunmehr in vielen Dokumenten, Verträgen, Richtlinien und Zielsetzungen, angesprochen wird. Es bleibt aber offen, wieweit dies auch umgesetzt wird. Die Untersuchung zielt primär auf den Umsetzungsprozess der Politik und damit auf die Frage, inwieweit die proklamierten Ziele durch die Umsetzungspraxis erfüllt werden können.

## Befunde zur gleichstellungsorientierten Arbeitsmarktpolitik

Die Benachteiligungen von Frauen am Arbeitsmarkt konnten bislang durch eine auf Frauenförderung und Gleichbehandlung ausgerichtete aktive Arbeitsmarktpolitik nicht wesentlich verringert werden. Die Beschäftigung von Frauen ist zwar gestiegen, zugleich aber auch ihre Betroffenheit von Arbeitslosigkeit und die *Gender Gaps* bei Beschäftigung, Arbeitszeit, Einkommen, Berufskarrieren und Betreuungsarbeit (vgl. Kapitel 3). Dies ist zum einen darauf zurückzuführen, dass Frauen in den letzten Jahren durch Arbeitsmarktpolitik zwar verstärkt gefördert wurden, doch die eingesetzten Fördermaßnahmen haben die geschlechtsspezifische Segregation am Arbeitsmarkt eher noch verstärkt (vgl. Kapitel 3 und 6). Zudem steht Gleichstellung in Konkurrenz zu anderen arbeitsmarktpolitischen Zielsetzungen (Kapitel 2). Arbeitsmarktpolitik übt zwar nur einen relativ geringen Einfluss auf das Arbeitsmarktgeschehen aus, da sie kaum Beschäftigung schaffen und bestehende Arbeitsverhältnisse verändern kann, sondern primär auf den *Mismatch* am Arbeitsmarkt einwirkt. Ihr kommt aber dennoch eine wichtige Rolle für die Gleichstellungspolitik zu, da sie Defizite aus anderen Politikbereichen wie zum Beispiel Bildungs- oder Familienpolitik kompensieren soll.

Inwieweit Gender Mainstreaming hier eine Veränderung bewirken kann, indem sie Defizite anderer Politikereiche ausgleichen und damit Arbeitsmarktpolitik als Instrument für Gleichstellung wirksamer machen kann, ist zunächst offen. Gender Mainstreaming weist im Vergleich zur traditionellen Frauenförderung innovative Merkmale auf, die durchaus Hoffnungen wecken, dass Defizite vergangener Politik verringert werden können. Es ist jedoch zu erwarten, dass die praktische Umsetzung des Konzeptes hinter den theoretischen Versprechungen zurückbleibt (vgl. Kapitel 5). Für die Implementation von Gender Mainstreaming ist daher entscheidend, wieweit kritische Umsetzungsfaktoren, die die vergangene Gleichstellungspolitik behinderten, weiterhin bestehen oder aber vermieden werden können. Für die empirische Analyse ist es erforderlich, nicht in der Makroperspektive der Arbeitsmarktförderung zu bleiben, sondern sich ein Stück weit auf den Ort des Geschehens, auf das Handeln der AkteurInnen und die Rahmenbedingungen der Organisation, einzulassen. Welche Ansprüche eine gleichstellungsorientierte Arbeitsmarktpolitik hat und wie eine Veränderung der Gleichstellungspolitik durch Gender Mainstreaming empirisch untersucht werden kann, wird anschließend an die Zusammenschau der Zielsetzungen und Barrieren einer gleichstellungsorientierten Arbeitsmarktpolitik aus Kapitel 2 bis 6 aufgezeigt.

### Weichenstellungen in der Gleichstellungspolitik

Die Zielsetzungen von Gleichstellungspolitik werden durch gesellschaftspolitische Grundannahmen über Gleichheit und Gerechtigkeit bestimmt. Wieweit es als gerecht empfunden wird, alle gleich oder Verschiedenes ihrer Art entsprechend verschieden zu behandeln, ob Leistungs- oder Bedürfnisgerechtigkeit verfolgt wird, ist von gesellschaftspolitischen Einstellungen abhängig und wieweit ein gesellschaftliches Bewusstsein über die Ungleichheit von Frauen und Männern besteht. In einer auf Individualisierung und Leistung ausgerichteten Gesellschaft kommt es häufiger zu Widerständen gegen staatliche Interventionen als in Solidargesellschaften. Wenn jedermann und jedefrau für seines beziehungsweise ihres eigenen

Glückes SchmiedIn gehalten wird, besteht eine gewisse Skepsis gegenüber *Bevormundungsstrategien*, steht Gleichstellungspolitik oft in Konkurrenz zu *Wahlfreiheit*. Strategien die auf formale Gleichheit ausgerichtet sind, das heißt auf gleiche Zugangsmöglichkeiten, aber nicht auf gleiche Ergebnisse (substantielle Gleichheit), sind damit leichter durchsetzbar.

Um den unterschiedlichen Lebensbedingungen und -chancen von Frauen und Männern gerecht zu werden, ist eine Gleichstellungspolitik notwendig, die die ungleichen Ausgangsbedingungen von Frauen und Männern berücksichtigt und substantielle, das heißt ergebnisorientierte Chancengleichheit garantiert. Dafür ist eine Kombination von unterschiedlichen Gleichstellungsstrategien erforderlich, die jeweils Teilaspekte von Gleichstellung abdecken und sich gegenseitig ergänzen.

- *Gleichbehandlung*: Sie bildet die notwendige Voraussetzung für eine Gleichheit von Frauen und Männern, indem zum Beispiel durch gesetzliche Grundlagen eine Gleichbehandlung unabhängig vom Geschlecht vorgegeben wird.
- *Frauenförderung:* Sie zielt darauf ab, die unterschiedlichen Ausgangsbedingungen von Frauen und Männern auszugleichen, indem Frauen spezifisch gefördert werden.
- *Gender Mainstreaming:* Durch Berücksichtigung der unterschiedlichen Lebensbedingungen und Interessen von Frauen und Männern sollen weitere Benachteiligungen eines Geschlechts durch politische Maßnahmen vermieden werden. Gender Mainstreaming zielt damit auf die Veränderung der Strukturen.

Einseitige Strategien können die Benachteiligungen von Frauen ungewollt verstärken, indem Gleichbehandlung Ungleichheit reproduziert oder Frauenförderung eine defizitäre Wahrnehmung von Frauen assoziiert. Jede Strategie ist für sich genommen unzureichend, um Gleichstellung zu erfüllen, da Gleichbehandlung zwar in vielen Fällen eine Voraussetzung für Gleichstellung darstellt, aber keine Gleichheit der Ergebnisse garantieren kann oder Gender Mainstreaming nur proaktiv wirkt und durch reaktive Maßnahmen der Frauenförderung ergänzt werden soll.

Eine mit Gleichstellung befasste Studie, muss sich aber auch die Frage stellen, inwieweit die Kategorie Geschlecht überhaupt noch eine zentrale Ungleichheitsdimension bildet, durch die Gesellschafts- oder Erwerbsstrukturen geformt werden und deren Diskriminierungsmechanismen durch politische Interventionen verändert werden sollen und können.

Durch die Annahme der sozialen Konstruktion von Geschlecht, die heute als *common sense* der feministischen Debatte gilt,[54] wird das biologische Geschlecht als zentraler Faktor für Benachteiligungen angezweifelt. Wenn die Darstellung der Geschlechterrollen nur ein Theaterspiel auf der Bühne des Lebens ist und Geschlechterwechsel möglich werden, verschwimmt die Eindeutigkeit der Zuordnung von Menschen zu einem (und nur einem) Geschlecht (Hirschauer 1994). Damit verlieren auch politische Forderungen ihre Basis, ihr Subjekt, indem das biologische Geschlecht als zentrale Strukturierung der Gesellschaft hinterfragt wird.

Doch von einer Gleichheit zwischen Frauen und Männern am Arbeitsmarkt kann keineswegs gesprochen werden, auch wenn die Geschlechterunterschiede in empirischen Analysen durch andere Sozialkategorien wie Qualifikation, Alter, Nationalität etc. verdeckt werden (vgl. Kapitel 3).[55] Reale Veränderungen des Arbeitsmarktes und seiner Rahmenbedingungen, wie die zunehmende Arbeitslosigkeit und Erosion des Normalarbeitsverhältnisses (auch von Männern) oder der Aufholprozess von Frauen im Bildungssystem verstärken dies. Es bleibt ein Faktum, dass die Mehrheit der Frauen Lebens- und Erwerbsverläufe aufweisen, die sich von jenen der Mehrheit der Männer unterscheiden. Biologische Unterschiede bestimmen diese Ungleichheit mit, werden aber durch die daran geknüpften sozialen Konstruktionen verstärkt und durch andere Ungleichheitsdimensionen wie Bildung, Familienstand, Alter oder Nationalität überlagert.

---

54 Nach Myers u. a. (1998) kann die Entwicklung der Geschlechterforschung durch folgende Stufen beschrieben werden: (a) Anfangs stand die Beobachtung, dass Frauen in Theorie und Forschung nicht wahrgenommen werden, sondern der mainstream auf Männer ausgerichtet ist; (b) dem folgte die Darstellung und Analyse von Ungleichheit durch sozial konstruierte Geschlechterunterschiede; (c) erweitert durch die Erkenntnis, dass Geschlecht nicht nur mit Frauen zu tun hat, sondern Geschlechterforschung auch Männer einbeziehen soll; (d) es erfolgt eine Fokussierung von Geschlecht als Sozialstruktur und nicht einfach als Charakteristikum von Individuen; und schließlich (e) die Erkenntnis, dass Geschlecht systematisch und untrennbar mit anderen Faktoren von Ungleichheit verknüpft ist, wie Rasse, sexuelle Orientierung oder Klasse. Diese unterschiedlichen Stufen der Geschlechterforschung in der Soziologie wurden keineswegs als aufeinander folgende Phasen entwickelt, sondern haben sich teilweise parallel herausgebildet; neue Strömungen haben die vorhergehenden nicht abgelöst, sondern haben sich gegenseitig beeinflusst. Die Unterscheidung zwischen »sex« als biologisches und »gender« als soziales Geschlecht hat sich aber in den meisten Ansätzen durchgesetzt.

55 Auch empirische Analysen unterliegen selbst dem Paradigma sozialer Konstruktion, indem die Wahl der Indikatoren und Datenquellen das Ausmaß der geschlechtsspezifischen Ungleichheit bestimmen (Hedmann u. a. 1996; Wroblewski u. a. 2005b).

Die theoretische Debatte über die Kategorie Geschlecht hat aber auch Auswirkungen auf die Anforderungen und Wirkungsmöglichkeiten von Gleichstellungspolitik. Eine soziale Konstruktion von Geschlecht kann als Chance für Gleichstellungspolitik gesehen werden. Denn wenn die Unterschiede in den Lebenssituationen von Frauen und Männern nicht zwangsläufig Ergebnis ihres biologischen Geschlechts und ihres Wesens sind, so kann die Ausgangssituation hinterfragt und können Veränderungsforderungen gestellt werden. Eine soziale Konstruktion der Geschlechterunterschiede bedeutet aber nicht nur die Möglichkeit zu ihrer Auflösung, sondern auch, dass Frauen und Männer nicht selbstverständlich und gleichermaßen davon betroffen sind. Die soziale Konstruktion von Geschlecht stellt also die Gemeinsamkeiten zwischen Frauen (und auch zwischen Männern) in Frage. Dies führt zu neuen Anforderungen an eine Gleichstellungspolitik: Gleichstellungspolitik soll den Unterschieden zwischen Frauen und Männern gerecht werden, soll dabei aber die unterschiedliche Aufgabenteilung und Rollenzuweisung nicht weiter verstärken, sondern abbauen und sie soll zugleich den Differenzen zwischen Frauen und zwischen Männern Raum bieten, indem mehr als die im Alltagsverständnis verankerten zwei Geschlechter denkbar werden.

### Ansatzpunkte einer gleichstellungsorientierten Arbeitsmarktpolitik

Die Verknüpfung von arbeitsmarkt- und gleichstellungspolitischen Zielsetzungen wird zwar häufig vorausgesetzt, stellt aber entsprechend ihrer unterschiedlichen Zieldefinitionen eine Erweiterung der Funktion von aktiver Arbeitsmarktpolitik dar. Vereinfacht gesagt, zielt Arbeitsmarktpolitik auf den Abbau von Arbeitslosigkeit, Gleichstellung von Frauen und Männern in der Arbeitsmarktpolitik aber nicht nur auf den Abbau von Vermittlungshemmnissen, sondern auch auf eine gleichberechtigte Partizipation und auf den Abbau von Benachteiligungen im Erwerbsleben.[56]

56 Auf die Frage, inwieweit Gleichheit in der Erwerbsarbeit der zentrale Gleichstellungsfaktor ist, oder aber die Aufwertung der Reproduktionsarbeit auch als Geschlechtergleichheit bzw. -gerechtigkeit gewertet werden kann, wird hier nicht näher eingegangen, da es im Zusammenhang mit Arbeitsmarktpolitik primär um Gleichstellung am Arbeitsmarkt geht. Gleichstellung durch Aufwertung der Betreuungsarbeit ist sowohl in der Politik als auch in der Gender-Theorie ein Argument, das für eine spezialisierte Arbeitsteilung der Geschlechter zwischen Erwerbs- und Betreuungsarbeit verwendet wird (vgl. zum Beispiel Fraser 2001; Kreimer (2005); Wroblewski/Leitner 2004)

In den ökonomisch oder soziologisch orientierten Arbeitsmarkttheorien sollen arbeitsmarktpolitische Interventionen das Ungleichgewicht am Arbeitsmarkt, das sich durch Informationsdefizite, mangelnde Flexibilität des Angebotes beziehungsweise des »Preises« und/oder Machtasymmetrien ergibt, ausgleichen. Über die Möglichkeiten, wie aktive Arbeitsmarktpolitik die Arbeitsmarktchancen beeinflussen kann, bestehen unterschiedliche Auffassungen: Zumeist wird davon ausgegangen, dass die Auswirkungen aktiver Arbeitsmarktpolitik auf das Ungleichgewicht am Arbeitsmarkt sehr begrenzt sind, das heißt kaum Potential zur Beschäftigungserhöhung oder zum Abbau von Arbeitslosigkeit besteht. Im Bereich des Ausgleichs zwischen unterschiedlichen Teilarbeitsmärkten, dem *Mismatch* am Arbeitsmarkt und der Verbesserung der individuellen Arbeitsmarktchancen wird die Wirksamkeit von arbeitsmarktpolitischen Maßnahmen hingegen kaum in Frage gestellt. Arbeitsmarktpolitik kann damit – jedenfalls auch, wenn nicht primär – als eine Politik zur Verbesserung der Beschäftigungssituation benachteiligter Personengruppen, als Umreihung der Warteschlange der Arbeitslosen, also selbst als Chancengleichheitspolitik verstanden werden.

Aus der Perspektive der Gleichstellungspolitik ist Arbeitsmarktpolitik ein Instrument für Gleichstellung. Arbeitsmarktpolitik soll dazu beitragen, die Ungleichheit der Geschlechter unter Berücksichtigung anderer politischer Maßnahmen wie zum Beispiel Familienpolitik oder Bildungspolitik abzubauen. Die Interdependenzen zu anderen Lebens- und Politikbereichen rücken dabei in den Vordergrund, während ihre Ausgleichsfunktion für den Arbeitsmarkt im Hintergrund bleibt und sich Gleichstellung nicht unbedingt auf die Erwerbssituation beziehen muss, sondern auch beispielsweise die politische oder gesellschaftliche Partizipation betreffen kann.

Der Vorteil von Arbeitsmarktpolitik gegenüber anderen politischen Interventionen zur Gleichstellung von Frauen und Männern liegt in ihrer unmittelbaren Einsetzbarkeit, indem anders als zum Beispiel bei Struktur- oder Wirtschaftspolitik ein direkter Bezug zwischen den betroffenen Personen und ihren Arbeitsmarktrisiken und -chancen besteht (Knapp/Weg 1995). Doch diesem Vorteil steht der Nachteil der mittelbaren Wirkung auf dem Arbeitsmarkt entgegen. Beispielsweise können Qualifikationsmaßnahmen direkt auf den Bedarf von Unternehmen ausgerichtet werden, doch ob die qualifizierten Frauen ihre Qualifikation umsetzen können, hängt von den Rekrutierungsstrategien der Unternehmen, der Präsentation ihrer Kenntnisse zum Beispiel im Vorstellungsgespräch und vielen anderen Faktoren ab.

Der Fokus Gleichstellung in der Arbeitsmarktpolitik zielt dabei nicht nur auf Maßnahmen, die explizit Gleichstellung vorantreiben, sondern richtet sich mit der Frage, inwieweit Arbeitsmarktpolitik Gleichheit der Geschlechter fördert oder Ungleichheit verstärkt, an die Gesamtheit arbeitsmarktpolitischer Maßnahmen. Denn jegliche Form von Arbeitsmarktpolitik berührt zugleich die Frage der (Un-)Gleichheit zwischen Frauen und Männern. Auch eine in ihren Formulierungen geschlechtsneutrale Arbeitsmarktpolitik kann potentiell unterschiedliche Auswirkungen auf das Geschlechterverhältnis haben. Solange es essentielle Unterschiede in der Erwerbsteilnahme, in der Arbeitslosigkeit, beim Einkommen und den Karrierechancen, in der Verteilung über das Berufs- und Branchenspektrum, in der Arbeitszeit und in der Betroffenheit von atypischen Beschäftigungsverhältnissen gibt, ist evident, dass sich der Großteil der Maßnahmen aktiver Arbeitsmarktpolitik potentiell auf Frauen und Männer unterschiedlich auswirkt. Beispielsweise können Frauen bei Förderungen, die in Abhängigkeit von Versicherungsdauer und Versicherungshöhe stehen, aufgrund ihrer diskontinuierlichen Karrieren und geringeren Einkommen benachteiligt werden oder können arbeitgebernahe Förderungen ähnliche Ausschließungsmechanismen aufweisen wie der Arbeitsmarkt. Wer wie, wie lange und mit welchem Aufwand gefördert wird, hat nicht nur Einfluss auf die Arbeitslosigkeit selbst, sondern auch auf die zukünftigen Karrierechancen und das Einkommen der Geförderten.

Stellt man die Zielsetzungen von Arbeitsmarktpolitik und Gleichstellungspolitik gegenüber, so zeigt sich zunächst eine Gemeinsamkeit in den für Benachteiligungen verantwortlichen Ursachen: Frauen sind zwar entsprechend der registrierten Arbeitslosenzahlen nicht eindeutig beziehungsweise immer stärker von Arbeitslosigkeit betroffen, weisen aber größere Vermittlungsprobleme aufgrund der weiterhin primär Frauen betreffenden Vereinbarkeitsprobleme von Familie und Beruf, der Qualifikationsdefizite und der Diskriminierungsmechanismen bei Bewerbungsverfahren auf. Die gleichen Faktoren sind auch ausschlaggebend für die Benachteiligungen von Frauen im Erwerbsleben und die Teilhabechancen an gesellschaftlichen, wirtschaftlichen und politischen Prozessen. Selbst für eine auf ökonomischen Produktivität orientierte Politik, die eine Ausweitung des Arbeitskräftepotentials durch die verstärkte Integration von Frauen in das Erwerbsleben anpeilt, ist der Abbau der genannten

Erwerbshemmnisse essentiell. Das heißt der Bedarf an arbeitsmarktpolitischen Maßnahmen zur Förderung der Gleichstellung von Frauen und Männern wird in den Arbeitsmarkttheorien und Gleichstellungstheorien zwar unterschiedlich argumentiert, kommt aber zu ähnlichen Ursachen, wenn davon ausgegangen wird, dass gleiche Erwerbschancen der zentrale Faktor für Geschlechtergleichstellung sind.

Die Ansätze unterscheiden sich aber hinsichtlich der angestrebten Zielgruppen und Zielsetzungen. Während Arbeitsmarktpolitik entsprechend seiner Kernfunktion auf den Abbau von Arbeitslosigkeit und damit auf die KlientInnen des AMS konzentriert ist, soll mit einer auf Beschäftigungserweiterung ausgerichteten Beschäftigungspolitik das gesamte nicht genutzte, aber aktivierbare Erwerbspotential angesprochen werden, also insbesondere auch »versteckte Arbeitslose«, »Hausfrauen« und Teilzeitbeschäftigte. Die Gleichstellungspolitik geht noch weiter, indem sie grundsätzlich auch auf bestehende Arbeitsverhältnisse einwirken soll.

Diese Erweiterung der arbeitsmarktpolitischen Funktionen führt auch zu einer unterschiedlichen Maßnahmenbeurteilung: Während der Abbau von Vermittlungshemmnissen vor allem auf *employability* und Beschäftigungsvermittlung ausgerichtet ist, ist für eine Gleichstellungspolitik auch die Qualität der vermittelten Arbeitsplätze wichtig. Der Abbau von *Gender Gaps* zielt beispielsweise auf die horizontale oder vertikale Segregation, auf Diskontinuitäten von Berufskarrieren, eingeschränkte Arbeitszeit, atypische Beschäftigungsverhältnisse oder insgesamt auf die Arbeitsteilung der Geschlechter, die auch die unbezahlte Arbeit umfasst.

Die Zielsetzungen der Arbeitsmarktpolitik im engeren Sinne können dabei leichter erreicht werden als Gleichstellungsziele. Auf Vermittlungsziele kann eher eingewirkt werden, als auf die Aktivierung des Arbeitskräftepotentials und vor allem auf bestehende Arbeitsverhältnisse. Auch eine dezidierte Ausrichtung der aktiven Arbeitsmarktpolitik auf gleichstellungspolitische Ziele stößt an ihre Grenzen, aufgrund ihrer Abhängigkeit von gesellschaftlichen und politischen Rahmenbedingungen. Notwendig ist ihre Einbindung in und ihre Abstimmung mit der jeweiligen beschäftigungspolitischen Strategie und der jeweiligen Sozialpolitik. Schließlich ist auch eine Abstimmung mit der gesamtgesellschaftlichen Strategie zum Geschlechterverhältnis notwendig.[57] Die aktive Arbeitsmarktpolitik kann sich vom

57 Diese Abstimmung setzt voraus, dass es eine solche gesamtgesellschaftliche Strategie eindeutig gibt, was beispielsweise für Österreich eher bezweifelt werden muss. Die Implementierung einer gleichstellungsorientierten Arbeitsmarktpolitik wird dadurch

dominanten Geschlechterleitbild weder abkoppeln, noch kann sie es allein verändern.

Die regionalen oder nationalen Unterschiede in der Gleichstellungspolitik zeigen aber auch, dass das, was Arbeitsmarktpolitik sein kann oder sein soll, keineswegs ökonomisch determiniert ist und sich im Verlauf der Zeit immer wieder verändert hat. Was aktive Arbeitsmarktpolitik in bezug auf das Geschlechterverhältnis am Arbeitsmarkt leisten kann, ist im politischen Aushandlungsprozess gestaltbar und nicht von vornherein auf den Abbau von Vermittlungshemmnissen arbeitsloser Frauen beschränkt. Ob und wie dieser Gestaltungsspielraum genutzt wird, ist eine Frage des Geldes, der Definitionsmacht über aktive Arbeitsmarktpolitik (Einfluss der verschiedenen AkteurInnen), der Zielsetzungen und auch des Betrachtungszeitraumes (nicht alle Maßnahmen wirken sofort und direkt).

## Gender Mainstreaming als Transformationsprozess

Der Gleichstellungsansatz Gender Mainstreaming bringt grundsätzlich die Voraussetzungen mit, um den Anforderungen einer dem Forschungsstand der Geschlechtertheorie angepassten Gleichstellungspolitik als auch einer gleichstellungsorientierten Arbeitsmarktpolitik gerecht zu werden: Gender Mainstreaming bezieht sich auf ein konstruktives Gender-Konzept und zielt auf substantielle Gleichheit der Geschlechter. Für die politischen Entscheidungsprozesse im Rahmen der Arbeitsmarktpolitik soll Gender Mainstreaming als Qualitätssicherungsverfahren Gleichstellungsziele unterstützen und damit Gleichstellung zu einer Querschnittsmaterie der arbeitsmarktpolitischen Zielsetzungen machen.

Gender Mainstreaming ist allerdings so ambitioniert und gleichzeitig so flexibel definiert, dass nicht davon ausgegangen werden kann, dass dieser Ansatz entsprechend seiner theoretischen Definition durch die ExpertInnengruppe des Europarates umgesetzt wird. Was Gender Mainstreaming leisten soll, wird sehr unterschiedlich interpretiert. Es besteht keine Einigkeit darüber, inwieweit es primär ein Analyseinstrument, eine Prozessmethode oder eine inhaltliche Strategie ist. Die unterschiedlichen Interpretationen, die in der theoretischen Debatte und in der Praxis bestehen, können entlang folgender Fragestellungen unterschieden werden:

---

nicht gerade einfacher (zur Gleichstellungs- bzw. Frauenpolitik in Österreich vgl. Rosenberger 2001).

- Wird Gender Mainstreaming als Prozessinnovation und/oder inhaltliche Veränderung verstanden?
- Ist Gender Mainstreaming ein Analyseinstrument oder sollen damit essentielle Veränderungen der politischen Praxis bewirkt werden?
- Wie ist die inhaltliche Zielsetzung von Gender Mainstreaming definiert? Ist sie auf Gleichstellung oder Chancengleichheit ausgerichtet? Welches Gender-Konzept wird durch Gender Mainstreaming verfolgt?
- In welcher Beziehung steht Gender Mainstreaming zu Frauenförderung, Gleichbehandlung und *Managing Diversity*?
- Kann durch Gender Mainstreaming Gleichstellungspolitik zur Querschnittsmaterie, zum integralen Bestandteil des *Mainstream*, werden? Oder bleibt sie wie die traditionelle Frauenförderung in einer Art Ghettosituation verhaftet, die für spezifische Bereiche wirkt?
- Ist für Gender Mainstreaming eine Bewusstseinsänderung aller AkteurInnen notwendig, oder kann dies durch Regelungen ausgehend vom Top umgesetzt werden?

Die Unbestimmtheit und Flexibilität von Gender Mainstreaming erschwert die empirische Analyse seiner Implementation. Zudem erfordert Gender Mainstreaming einen längerfristigen Implementationsprozess, so dass sich erst allmählich herauskristallisieren wird, in welcher Form Gender Mainstreaming in der Praxis umgesetzt werden kann. Wann kann man von einer Umsetzung von Gender Mainstreaming sprechen, wenn nicht klar ist, was Gender Mainstreaming bedeuten kann oder soll?[58] Die Analyse bleibt seiner ursprünglichen Definition durch die ExpertInnengruppe des Europarates verpflichtet. Gender Mainstreaming wird demnach als ein Prozess der Qualitätsverbesserung gesehen, der auf Gleichstellung abzielt, indem alle AkteurInnen der unterschiedlichen Hierarchieebenen alle Inhalte auf ihre Geschlechtsspezifik überprüfen sollen. Gender Mainstreaming sieht vor, dass Gleichstellung der Geschlechter zu einem weiteren, gar zu einem zentralen Organisationsziel wird, durch das letztlich ein Wandel von Organisationen erreicht werden kann; es soll zu einem Strukturwandel des Systems, zu einer Veränderung des Gerüsts der Institution kommen.

---

58 Eine Festlegung der Definition im Sinne einer Eigendefinition von Gender Mainstreaming könnte dafür ein Ansatz sein. Aber mit der Festlegung der Definition würde zugleich die Antwort auf die Frage vorweggenommen.

*Übersicht 8: Dimensionen des Gender Mainstreaming Prozesses*

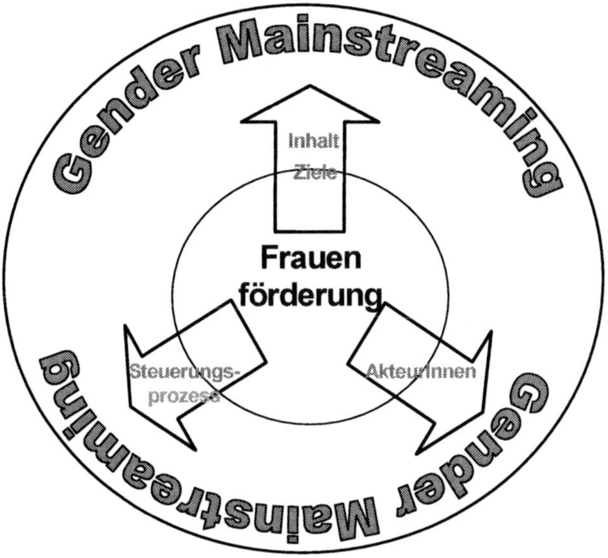


Die Implementation von Gender Mainstreaming wird demnach als ein Prozess aufgefasst, der in seiner maximalen Auslegung zu einer fundamentalen Transformation der Geschlechterverhältnisse durch eine veränderte Politik führt und damit wesentlich über traditionelle Frauenförderung[59] hinausgeht. Entlang der Dimensionen inhaltliche Zielsetzung, Prozesssteuerung und umsetzende AkteurInnen besteht für die Implementierung von Gender Mainstreaming eine Bandbreite, ein Kontinuum oder Korridor, die von der Beibehaltung traditioneller Frauenförderung bis hin zu einem transformativen Ansatz der Geschlechterpolitik reicht (vgl. Übersicht 8). Der Untersuchungsfokus richtet sich auf die kritischen Umsetzungsfaktoren, die aus der theoretischen und politischen Debatte zur Umsetzbarkeit von Gender Mainstreaming abgeleitet werden können.

59 Auf die Abgrenzungen von Gender Mainstreaming zu Gleichbehandlung wird hier nicht weiter eingegangen, da die Notwendigkeit von Gleichbehandlung weitgehend außer Streit steht und diese in den gesetzlichen Grundlagen der Arbeitsmarktpolitik fest verankert ist. Damit besteht weniger Gefahr, dass Gender Mainstreaming Gleichbehandlungsgrundlagen verdrängt. Die Schnittstellen zwischen Gender Mainstreaming und Gleichbehandlung würde aber eine eigene Untersuchung erfordern.

Ein Untersuchungsfokus zielt also auf die Frage, wieweit sich durch Gender Mainstreaming die Inhalte verändern. *Gender* Mainstreaming richtet sich gleichermaßen an beide Geschlechter und bezieht, soweit dies erforderlich ist, auch Männer in die Förderpolitik mit ein. Der Begriff Gender hat aber entsprechend des feministischen Diskurses noch eine weitergehende Bedeutung, denn damit ist das soziale Geschlecht, das durch Rollenzuschreibungen, Sozialisationsprozesse und kulturelle Stereotypen geschaffen wird. Durch Gender Mainstreaming soll gewährleistet werden, dass politische Prozesse nicht dazu beitragen, die sozial konstruierte Zweigeschlechtlichkeit mit den damit verknüpften Benachteiligungen zu reproduzieren. *Doing Gender* durch politische Institutionen soll vermieden werden, um eine geschlechtergerechte Politikumsetzung zu erreichen.

Hinsichtlich des Steuerungsprozesses geht es zum einen darum, dass Gender Mainstreaming *Top-Down* umgesetzt wird, das heißt Gender-Fragen zur Leitungsaufgabe werden und die Leitung dafür sorgt, dass die Geschlechterperspektive in der gesamten Organisation verwirklicht wird. Gender Mainstreaming soll also in die Steuerungs- und Kontrollinstrumente eingebaut werden. Gender Mainstreaming wird zu einer Querschnittsaufgabe, indem die Geschlechterperspektive in allen Phasen politischer Aktionen, von der Planung und Entwicklung bis hin zur Kontrolle oder Evaluierung, mitgedacht wird. Dies kann auf unterschiedliche Weise erfolgen, durch Schulungen zur Geschlechtersensibilisierung oder durch Anreize beziehungsweise Sanktionen zur Berücksichtigung der Geschlechterperspektive.

Ein weiterer Aspekt von Gender Mainstreaming besteht darin, dass dieser Prozess durch alle AkteurInnen, dass heißt sowohl auf unterschiedlichen Ebenen, als auch Funktionen und dabei von Frauen und Männern umgesetzt werden soll. Damit sollte Geschlechterpolitik auch hinsichtlich seiner AkteurInnen aus dem »Fraueneck« geholt werden. In der Praxis bedeutet dies nicht unbedingt, dass tatsächlich alle AkteurInnen für Gender Mainstreaming zuständig sind. Die Aufgabe kann auch weiterhin delegiert werden, indem eine oder mehrere Personen für die Umsetzung hauptverantwortlich sind und diese Praktiken und Instrumente entwickeln, damit die Geschlechterperspektive in allen Belangen berücksichtigt wird. Die Aufgaben und Entscheidungsbefugnisse dieser Gleichstellungsbeauftragten sollten sich aber von traditioneller Frauenförderung deutlich unterscheiden.

Die Implementation von Gender Mainstreaming kann in allen Dimensionen gleichzeitig oder mit einzelnen Aspekten starten und die Dimensionen müssen sich im Gender-Mainstreaming-Prozess keineswegs im Gleichschritt weiterentwickeln. So kann beispielsweise mit Qualifizierungsmaßnahmen der MitarbeiterInnen für Gender Mainstreaming begonnen werden. Es können aber auch zuerst organisatorische Weichenstellungen zur Berücksichtung der Geschlechterperspektive gesetzt werden oder die inhaltlichen Ziele entsprechend der Berücksichtigung von Gender verändert werden. Welcher Ansatzpunkt für die Implementierung erfolgreich ist, kann aus der theoretischen Perspektive nicht beantwortet werden. In allen Dimensionen bewegt sich Gender Mainstreaming zwischen den Extrempolen der Beibehaltung traditioneller Frauenförderung bis hin zur Transformation der Organisation und der Denkweise der AkteurInnen. Gender Mainstreaming sollte sich jedenfalls von traditioneller Frauenförderung wegbewegen, aber in welcher Dimension es angefangen wird und wie sich dies fortsetzt, dafür gibt es keine Vorgaben oder Rezepte.

## Forschungsfragen

Im Rahmen der empirischen Analyse wird auf Basis der arbeitsmarktpolitischen Tätigkeiten des AMS untersucht, wie Gender Mainstreaming gleichstellungsorientierte Arbeitsmarktpolitik beeinflusst. Dies erfolgt im Rückblick auf das letzte Jahrzehnt und zwar sowohl im Hinblick auf inhaltliche, als auch organisatorische und personelle Veränderungen.

Die Politik des Arbeitsmarktservice, der zentralen Umsetzungsinstitution österreicherischer Arbeitsmarktpolitik, bietet ein interessantes Untersuchungsfeld für die verfolgte Gleichstellungsstrategie, da hier Gleichstellungspolitik bereits lange Zeit verankert ist und unter dem Einfluss der europäischen Beschäftigungsstrategie Gender Mainstreaming implementiert wurde. Zudem gibt es für einen Großteil der eingesetzten Mittel einheitliche Gesetzesgrundlagen und Richtlinien, wodurch eine gewisse Transparenz sowie Ansatzpunkte für Maßnahmen gegeben sind.

Doch trotz dieser Vorteile bestehen auch Faktoren, die die Frage nach Veränderungstendenzen durch Gender Mainstreaming erschweren. Die Gleichstellungsstrategie ist aufgrund ihrer Abhängigkeit von externen und internen Veränderungen der Organisation einem ständigen Wandel ausgesetzt. Gleichstellungspolitik reagiert geplant oder auch ungeplant auf gesellschaftliche, wirtschaftliche oder politische Veränderungen. Beispielsweise können durch die zunehmende Flexibilisierung von Gesellschaft und Arbeitsmarkt, durch Struktureinbrüche in spezifischen Branchen oder durch einen Parteienwechsel in der Regierung neue Strategien entstehen. Aber auch organisationsinterne Veränderungen, wie zum Beispiel die Einführung eines Qualitätssicherungssystems, verändern die Zielsetzungen und Strategien. Insofern ist eine Veränderung allein durch Gender Mainstreaming schwer zu identifizieren. Die Fragestellung nach Veränderungen durch Gender Mainstreaming bezieht sich daher nicht auf einen Vorher-Nachher-Vergleich, sondern darauf, inwieweit im AMS nun eine Gleichstellungspolitik betrieben wird, die über eine primär auf Frauenförderung konzentrierte Politik hinausgeht und innovative Elemente von Gender Mainstreaming beinhaltet.

Die Untersuchung der Arbeitsmarktpolitik des AMS konzentriert sich auf folgende drei Beobachtungsebenen:

*1. Implementierung von Gender Mainstreaming in die Arbeitsmarktpolitik*

Diese Ebene befasst sich mit den Mechanismen, »*wie*« Gender Mainstreaming in die Arbeitsmarktpolitik implementiert wird, oder anders gesagt, wie die von der Leitung getroffenen Zielsetzungen *Top-Down* auf unterschiedliche Organisationsebenen weitervermittelt werden. Das AMS ist dezentral organisiert, nimmt auf Bundes-, Länder- und Bezirksebene unterschiedliche Aufgaben wahr und setzt entsprechend der regionalen Erfordernisse verschiedene arbeitsmarktpolitische Schwerpunkte. Wie Gleichstellungspolitik letztlich umgesetzt wird, ist davon abhängig, wie dies von den AkteurInnen auf den umsetzenden Ebenen (Landesgeschäftsstellen, Regionale Geschäftsstellen des AMS) durchgeführt wird. Gender Mainstreaming sollte sich daher auch auf die Steuerungs- und Kontrollprinzipien des AMS auswirken, indem Gleichstellungsziele darin zu einem integralen Bestandteil werden. Solche Zielsetzungen können Gleichstellung fördern, da sie Veränderungen weniger von Bewusstseinsänderungen abhängig machen, können aber Gleichstellung auch auf pragmatische und kontrollierbare Zielsetzungen reduzieren.

Für die Implementierung von Gender Mainstreaming interessieren vor allem folgende Fragestellungen:

- Wie wird die Umsetzung der Arbeitsmarktpolitik im AMS gesteuert?
- Wie werden Zielsetzungen der Arbeitsmarktpolitik operationalisiert?

- Wieweit sind Zielsetzungen verbindlich vorgegeben beziehungsweise welche Entscheidungsspielräume bestehen für AkteurInnen?
- Wie ist Gender Mainstreaming formal verankert?
- Wieweit erfolgt ein Aufbau von Gender-Kompetenz bei allen AkteurInnen und welche Ressourcen sind für Gender Mainstreaming verfügbar?

### *2. Zielsetzungen der gleichstellungsorientierten Arbeitsmarktpolitik*

Gleichstellung in der Arbeitsmarktpolitik kann mit unterschiedlichen Zielsetzungen und Inhalten (»*was*«) verbunden sein, die sowohl von den konkreten Vorstellungen über das Geschlechterverhältnis, von Einschätzungen über die Möglichkeiten der Arbeitsmarktpolitik oder auch von den Rahmenbedingungen der Arbeitsmarktpolitik beeinflusst wird. Durch den erweiterten Blickwinkel von Gender Mainstreaming gegenüber Frauenförderung erhält die Frage nach den Zielsetzungen der Gleichstellungspolitik verstärkt Bedeutung, da seine inhaltliche Ausrichtung unterschiedlich interpretiert werden kann. Eine Hypothese besteht darin, dass durch Gender Mainstreaming in der Praxis primär formale Chancengleichheit verfolgt wird und durch die Betonung der Ungleichheit von Frauen und Männern tradierte, zweigeschlechtlich strukturierte Denk- und Deutungsmuster von Gender verstärkt und damit auch die Defizite von Frauen betont werden.

Die Zielsetzungen werden durch folgende Fragestellungen erfasst:

- Wie sind Zielsetzungen der Gleichstellung in der Arbeitsmarktpolitik definiert?
- Besteht ein Konsens über Zielsetzungen zwischen unterschiedlichen Abteilungen und Ebenen des AMS?
- Wie sind Gleichstellungsziele im Zielsteuerungssystem eingebaut? Wie werden Gleichstellungsziele im Zielsteuerungssystem konkretisiert?
- Welchen Stellenwert haben Gleichstellungsziele, welche Zielkonflikte bestehen und wie wird damit umgegangen?
- Wieweit verändern sich Zielsetzungen durch Gender Mainstreaming?
- Stehen inhaltliche Zielsetzungen von Gender Mainstreaming im Widerspruch zum Alltagsverständnis der Geschlechterrollen der AkteurInnen?

*3. AkteurInnen der Gleichstellungspolitik*

Dabei geht es um die Frage, »*wer*« für Gleichstellungspolitik zuständig ist. Anders als in der traditionellen Frauenförderung, in der Geschlechterpolitik an spezifische Fachabteilungen und Personen delegiert wird, sind für Gender Mainstreaming alle AkteurInnen, die Entscheidungsprozesse vorbereiten, durchführen und kontrollieren, für Gender Mainstreaming zuständig. Die Verantwortung, dass Gender Mainstreaming umgesetzt wird, liegt bei der Leitung. Die Implementierung von Gender Mainstreaming sollte daher durch eine Ausweitung der Zuständigkeit für Gleichstellungspolitik sowohl bei den leitenden als auch den umsetzenden AkteurInnen sichtbar werden beziehungsweise zu einer engen Zusammenarbeit zwischen Leitung und GleichstellungsreferentInnen führen.

Für die Frage nach den AkteurInnen der Gleichstellungspolitik werden vor allem folgende Unterfragen berücksichtigt:

- Wie ist Gleichstellungspolitik in der Leitung verankert?
- Wieweit wird Gleichstellungspolitik durch alle AkteurInnen verwirklicht?
- Besteht die Zuständigkeit der Frauen für Gleichstellungspolitik weiter?
- Haben sich die Aufgaben der Frauenreferentinnen durch Gender Mainstreaming verändert?
- Welche soziale Stellung haben AkteurInnen der Gleichstellungspolitik in Organisationen inne?
- Wie funktioniert das Zusammenspiel von Frauenförderung und Gender Mainstreaming?
- Mit welchen Ressourcen sind AkteurInnen ausgestattet?

## Forschungsdesign

Das Forschungsdesign ist darauf ausgerichtet, die Praxis der Gleichstellungspolitik sowohl aus der Perspektive der schriftlichen Darstellung der Institution AMS als auch aus den Argumentationen der AkteurInnen zu analysieren. Dafür werden eine Dokumentenanalyse und ExpertInneninterviews mit AkteurInnen aus unterschiedlichen Ebenen und Funktionen in der Organisationsstruktur des AMS durchgeführt.

Die Dokumentenanalyse konzentriert sich auf die arbeitsmarktpolitischen Zielsetzungen und die Maßnahmenumsetzung durch das AMS. Den Ausgangspunkt für die Analyse stellen die Geschäftsberichte des AMS und die Selbstdarstellung des AMS auf seiner Homepage[60] dar. Diese werden durch Dokumente der EU (zum Beispiel Beschäftigungsleitlinien der EU), des BMWA (zum Beispiel Allgemeine Arbeitsmarktpolitische Zielvorgaben, Umsetzungsberichte des NAP) sowie Richtlinien, Selbstdarstellungen oder externe Analysen zu organisatorischen Aspekten ergänzt. Handlungsleitend dafür sind die im Verlauf der Dokumentenanalyse und der ExpertInneninterviews auftretenden Hinweise beziehungsweise offenen Fragen, um damit das Verständnis über die Arbeitsweise des AMS zu verbessern. Zudem wird auf Basis administrativer Daten des AMS die Umsetzung der Frauen- und Männerförderung in der Arbeitsmarktpolitik des vergangenen Jahrzehnts nach ihrem quantitativen Ausmaß und ihren inhaltlichen Schwerpunkten nachgezeichnet.

Den Kernpunkt der Erhebung bilden ExpertInneninterviews mit AkteurInnen der Arbeitsmarktpolitik.[61] Meuser und Nagel haben das Konzept der ExpertInneninterviews als spezielle Form des Leitfadeninterviews entwickelt, auf die sich die Untersuchung weitgehend bezieht (Meuser/Nagel 1994, 2005a). Die ExpertInnen interessieren dabei weniger als Personen, sondern als ExpertInnen für ein bestimmtes Handlungsfeld. Sie werden nicht als Einzelfall, sondern als RepräsentantInnen einer bestimmten Gruppe einbezogen.

ExpertInneninterviews ermöglichen nicht nur eine »konkurrenzlose dichte Datengewinnung« (Bogner u. a. 2005), sondern bieten auch weitere Vorteile in der politisch heiklen Analyse von nicht hundertprozentig akzeptierten Zielsetzungen: Interviews mit unterschiedlichen AkteurInnen erlauben die Berücksichtigung differierender Standpunkte, Perspektiven und das Aufdecken möglicher Konfliktfelder. Sie erleichtern aber auch den Zugang zu vorliegenden Dokumenten und die Akzeptanz von Ergebnissen. Und nicht zuletzt bieten sie gerade für den Bereich der Arbeitsmarktpolitik eine effiziente Methode, um das nicht dokumentierte Wissen von Personen einbeziehen zu können (Leitner/Wroblewski 2005b).

60 http://www.ams.or.at, Stand 2003 bzw. 2005.

61 Die empirische Erhebung erfolgte im Rahmen der Evaluierung des Europäischen Sozialfonds 2000-2006 Ziel 3, im Auftrag des Bundesministeriums für wirtschaftliche Angelegenheiten, kofinanziert mit Mitteln des Europäischen Sozialfonds.

Den Vorteilen dieser Methode stehen aber auch eine Reihe von Problemen in der Umsetzung gegenüber, was mitunter dazu führt, dass diese Form der Erhebung nicht als systematische und wissenschaftlich fundierte »Methodik« anerkannt wird. Dies resultiert aus der durchaus üblichen Praxis, jede Form eines Gesprächs mit Personen, die über bestimmte Fragestellungen Bescheid wissen, als ExpertInneninterview zu bezeichnen beziehungsweise das daraus gewonnene Wissen unhinterfragt zu verwenden. Die Vorstellung der ExpertInnen als objektive InformationslieferantInnen, auf der so manch vereinfachte Vorstellung der Interviewführung basiert, ist längst überholt. In allen Schritten der Durchführung und Nutzung von ExpertInneninterviews (Auswahl der InterviewpartnerInnen, Gesprächsführung und Interpretation) ist die spezifische Rolle der GesprächspartnerInnen zu beachten (Meuser/Nagel 2005b). Sie reagieren in den Gesprächen nicht nur auf die Fragestellungen, sondern verfolgen auch ihre eigenen Interessen, die genauso zu überschwänglichem Redefluss aus Gründen der Selbstpräsentation wie stockenden Antworten zur Kontrollvermeidung führen können. Solche und andere Probleme, die in der Methodendiskussion mit Begriffen wie Eisberg-, Paternalismus-, Rückkoppelungs- oder Kartharsiseffekt gehandelt werden, können zwar nicht gänzlich vermieden, durch eine gezielte Gesprächsführung aber doch weitgehend gemildert werden (Vogel 1995; Leitner/Wroblewski 2005b).

Für das Forschungsdesign ist die Auswahl der ExpertInnen zentral. So ist es vom jeweiligen Forschungsinteresse abhängig, wessen Expertise als relevant und welche als uninteressant gilt. Als ExpertInnen werden hier Personen definiert, die sowohl bei der Gestaltung der arbeitsmarktpolitischen Zielsetzung als auch ihrer Umsetzung mitwirken, die also über einen privilegierten Zugang zu Informationen über gleichstellungsorientierte Arbeitsmarktpolitik verfügen. In erster Linie interessieren uns die Sichtweisen von AkteurInnen des AMS: LeiterInnen von der Bundesgeschäftsstelle (BGS), den Landesgeschäftsstellen (LGS) und den Regionalen Geschäftsstellen (RGS), MitarbeiterInnen mit Frauen- beziehungsweise Gender-Mainstreaming-Agenden, MitarbeiterInnen der Controlling- und Förderabteilungen. Diese wurden durch Interviews mit ExpertInnen aus dem Gender-Mainstreaming-Kontext (Gender-Mainstreaming-BeraterInnen, MitarbeiterInnen des BMWA) ergänzt.

Um die unterschiedlichen Umsetzungsebenen des AMS berücksichtigen zu können, erfolgte eine regionale Schwerpunktsetzung. Die Auswahl der untersuchten Bundesländer und der den RGS zugeordneten Bezirke resultierte aus dem Ziel, unterschiedliche arbeitsmarktspezifische Strukturen und sozioökonomische Rahmenbedingungen sowie unterschiedliche Gleichstellungsstrategien in der Arbeitsmarktpolitik zu erfassen. Auf Basis von Vorerhebungen wurden die LGS Wien und die LGS Steiermark ausgewählt.

Die LGS Wien und Steiermark stellen unterschiedliche Pole in der Art der Umsetzung von Gender Mainstreaming im AMS dar. In der Steiermark wurde die Implementierung von Gender Mainstreaming von der Frauenreferentin sehr engagiert und mit starker Unterstützung der LGS-Leitung durchgeführt. In Wien erfolgte eine langsamere Implementierung der Strategie, wurde Gender Mainstreaming nicht wie in den anderen Bundesländern durch die Frauenreferentin sondern von einer eigenen Gender-Mainstreaming-Beauftragten übernommen, und erfolgte ein regelmäßiger Erfahrungsaustausch über Gender Mainstreaming mit unterschiedlichen öffentlichen und privaten Einrichtungen. Zudem wird die LGS – zum Untersuchungszeitpunkt als einzige LGS – von einer Frau geleitet.

Die beiden Bundesländer weisen aber auch unterschiedliche Kontextbedingungen hinsichtlich Gleichstellung am Arbeitsmarkt auf.[62] Wien kommt als Bundeshauptstadt eine im Vergleich zu Restösterreich spezielle Situation: Es zeichnet sich durch eine deutlich höhere Frauenerwerbsquote, eine hohe Arbeitslosenquote, einen hohen Beschäftigungsanteil im Dienstleistungssektor und ein breites Angebot an innovativen arbeitsmarktpolitischen Maßnahmen aus. Die Bundeshauptstadt weist aber durch seine Infrastrukturangebote an Kinderbetreuungseinrichtungen, öffentliche Verkehrsmittel etc. bessere Voraussetzungen für die Erwerbstätigkeit der Frauen auf als die anderen Bundesländer. Die Steiermark erweist sich demgegenüber bei der Frauenerwerbstätigkeit eher dem Bundesdurchschnitt entsprechend. Die ländliche Struktur der Steiermark, der höhere Beschäftigtenanteil im Produktionssektor und die insgesamt geringere Bedeutung der Frauenerwerbstätigkeit bieten eine andere Ausgangsposition für eine gleichstellungsorientierte Arbeitsmarktpolitik.

Die Umsetzungsebene in den RGS wurde durch jeweils zwei unterschiedliche RGS in Wien und der Steiermark untersucht. In der Steiermark wurde sowohl eine ländliche Region (Voitsberg), als auch eine urbane Region (Graz) ausgewählt; in Wien, wo die RGS bis 2001 nach Berufs-

62 Die Auswahl knüpft an die Typisierung der österreichischen Regionen nach Erwerbsindikatoren für Frauen an, die im Rahmen der Studie »Hemmnisse der Frauenerwerbstätigkeit« erfolgte (vgl. Kapeller u. a. 1999).

gruppen getrennt waren, das AMS am Esteplatz (1., 3. und 11. Bezirk, vormals RGS für Angestellte Ost, Bezirke 1 – 4, 10, 11, 20-22) und in der Schlosshoferstraße (21. Bezirk, vormals RGS für Bekleidung, Druck, Papier).

## Durchführung und Auswertung der ExpertInneninterviews

In der Untersuchung werden die ExpertInnen über ihre eigenen Aktivitäten, das heißt über die Bedingungen ihres eigenen Handelns, über Maximen, Regeln und Logiken bei der Implementation steuerungspolitischer Maßnahmen befragt.[63] Damit stehen die ExpertInnen selbst und ihr Handeln im Zentrum des Forschungsinteresses. Da ein Großteil des Handelns auf diffus vorhandenen Wissensbeständen beruht und den AkteurInnen die Relevanzen ihres Handelns nicht immer klar sind, kann ExpertInnenwissen nicht einfach abgefragt werden, sondern muss aus den Äußerungen rekonstruiert werden. Insbesondere wenn es darum geht, wie in der vorliegenden Arbeit, Betriebswissen[64] abzufragen. »Die ExpertInnen sind in diesem Fall Teil des Problems, über das sie Auskunft geben sollen, und zwar im Wortsinne der ›entscheidende‹ Teil.« (Meuser/Nagl 2005b: 268).

Für eine Untersuchung über Gleichstellungspolitik erhält das Geschlecht der GesprächspartnerInnen eine besondere Bedeutung. Denn schon bei der Auswahl der GesprächspartnerInnen werden über die Geschlechterbesetzung der FunktionsträgerInnen der unterschiedlichen Politikebenen strukturelle Geschlechterdifferenzen sichtbar. Selbst in einer Organisation mit deutlichem Frauenüberhang unter den Beschäftigten, wie dem AMS, sind Frauen in den Leitungspositionen seltener zu finden. Leitungsfunktionen werden daher überwiegend durch männliche Gesprächspartner repräsentiert. Hingegen sind Gleichstellungsagenden ausnahmslos

63 Die Betonung der ExpertInnenfunktion wurde bei der Durchführung der Interviews dadurch umgesetzt, als sich die Eingangsfrage direkt auf diesen ExpertInnenstatus bezieht und ihre Funktion eingangs geklärt wurde und im Verlauf des Interviews immer wieder ins Gespräch gebracht wurde.

64 Meuser/Nagl (2005b) unterscheiden zwischen Kontextwissen und Betriebswissen der ExpertInnen. Steht das Kontextwissen im Vordergrund werden die Interviews mit den ExpertInnen als ergänzende Datenquelle verwendet. Beim Betriebswissen sind die Aktivitäten der ExpertInnen selbst Gegenstand der Untersuchung, was eine intensivere Auseinandersetzung mit den Interviews erfordert.

in weiblicher Hand. Das *Sampling* spiegelt damit die strukturelle Geschlechtsspezifik und die Geschlechterhierarchie beruflicher Organisationsformen wider, kann aber auch geschlechtsspezifische Deutungs- und Handlungsmuster beinhalten. Eine Quotierung der GesprächspartnerInnen würde diese Realität bestreiten, zumal sich in einigen Bereichen kaum Expertinnen finden lassen (Littig 2005).[65] Die Geschlechterverteilung der InterviewpartnerInnen wird bei der Auswahl weitgehend vernachlässigt, aber in der Interpretation der Interviews berücksichtigt.

Die Interviews wurden leitfadengestützt und offen durchgeführt. Der Interviewleitfaden soll gewährleisten, dass das Gespräch auf eine bestimmte Problemstellung zentriert bleibt und alle wichtigen Themen im Verlauf des Gesprächs angesprochen werden, soll es aber dem/der Befragten ermöglichen, die Relevanzsetzung selbst zu bestimmen (vgl. Flick 1996). Das heißt trotz des vorhandenen Leitfadens besteht ein relativ großer Spielraum bei der konkreten Gestaltung des Interviews und können beziehungsweise sollen unerwartete Themenbereiche mitberücksichtigt werden – nach dem Motto »Störungen haben Vorrang« (Walter 1994: 275). Während der Durchführung müssen rasche ad-hoc-Entscheidungen getroffen werden, wann und in welcher Reihenfolge welche Themen angesprochen werden, ob bestimmte Bereiche weggelassen werden können, ob und wann detaillierter nachgefragt wird. Die InterviewerInnen müssen dabei selbst ExpertInnen für den Themenkomplex sein, das heißt über theoretisches Vorwissen in der Erhebungsphase verfügen, um mit den Fachausdrücken vertraut zu sein und auf kontroversielle Aussagen, Ungenauigkeiten etc. im Gespräch durch Rückfragen reagieren zu können.

Der Großteil der Interviews wurde von zwei Personen gemeinsam durchgeführt. Dies bringt den Vorteil, dass geteilte Rollen im Gespräch – während die eine Person die geplanten Fragen stellt, kann sich die zweite Person auf das Nachfragen beziehungsweise Protokollieren konzentrieren – Reaktionen auf Widersprüche, Ungenauigkeiten, Verschleierungen etc. erleichtern und damit einer offenen und flexiblen Interviewführung besser entsprochen werden kann (Leitner/Wroblewski 2005b). Dies ermöglicht

65 In der Interviewsituation können, wie in jeder anderen kommunikativen Situation auch, Doing Gender-Prozesse stattfinden. Die Reproduktion von Geschlechterstereotypen kann sich in den Gesprächsinhalten, also in den gewonnenen Daten, als geschlechtertypische Deutungs- und Handlungsmuster niederschlagen. Doch diese Muster sind schwer zu identifizieren, sind sie doch überlagert durch andere Differenzen wie Klasse, Alter etc. Um die Bedeutung der Kategorie Geschlecht für ExpertInneninterviews zu beurteilen, mangelt es derzeit noch an grundlegenden (Meta-)Untersuchungen (vgl. Littig 2005).

zudem eine diskursive Reflexion der Interviews unmittelbar nach den Gesprächen, was sich auch für weitere Interpretation der Interviews als wirksame und effiziente Vorgangsweise erweist. So wurden unmittelbar nach den Interviews Gedächtnisprotokolle erstellt, die persönliche Eindrücke, zentrale Aspekte aus den Gesprächen sowie offene Fragen beziehungsweise widersprüchliche Argumentationen beinhalten und die in den weiteren Interviews mitverwendet wurden. Diese Gedächtnisprotokolle ersetzen zwar nicht die genaue Transkription der Tonbandaufzeichnungen, aber ergänzen diese und bieten im Nachhinein wertvolle Hilfsmittel der Interpretation.

Zwischen Juni 2002 und März 2003 wurden 30 Personen befragt (siehe Liste der befragten ExpertInnen im Anhang). Die thematische Vorstrukturierung der Interviews erfolgte auf Basis von Literaturrecherchen und wurde entsprechend der unterschiedlichen Funktionen der GesprächspartnerInnen jeweils leicht modifiziert (siehe Interviewleitfaden im Anhang). Die Interpretation der Interviews folgte weitgehend dem von Meuser und Nagel entwickelten Verfahren der ExpertInneninterviews. Dies umfasst fünf Auswertungsschritte (Meuser/Nagel 2005a): Zunächst wurden die Interviews transkripiert. Danach erfolgte eine Paraphrasierung der Chronologie des Gesprächsverlaufs. Anschließend wurden für Themenkomplexe sinngemäße Überschriften zugeordnet. Im vierten Schritt erfolgten thematische Vergleiche von Passagen aus mehreren Interviews und eine Vereinheitlichung der Überschriften. Im fünften Schritt wurden die thematischen Überschriften in die Fachterminologie übersetzt, um eine Diskussion wissenschaftlich anschlussfähig zu machen. Die Interpretation erfolgte computerunterstützt mit »atlas-ti«. Im Text ausgewiesene Passagen wurden anonymisiert und soweit sprachlich korrigiert, als es die Verständlichkeit der Argumente erleichtert.[66]

66 Die Kennzeichnung der Interviews erfolgt durch die zugewiesene Interviewnummer und Angabe der Seitenzahl des Transkriptes (z. B. I 13: 3).

# 8. Organisation und Steuerungsprozesse der Arbeitsmarktpolitik

Durch Gender Mainstreaming soll Gleichstellungspolitik als Querschnittsmaterie in das reguläre Ablaufprogramm der Arbeitsmarktpolitik, in den *Mainstream*, integriert werden. Dies bedeutet nicht nur, dass damit alle AkteurInnen und Entscheidungsprozesse eine Geschlechterperspektive einnehmen, sondern auch, dass Gleichstellungspolitik in die gegebene Organisationsstruktur und Logik des regulären Organisations- beziehungsweise Steuerungsablaufs der Arbeitsmarktpolitik integriert werden soll. Die komplexe Struktur der Arbeitsmarktpolitik, in der das Arbeitsmarktservice (AMS) der zentrale Akteur ist, die aber durch die Mitsprache der SozialpartnerInnen und den Einfluss der EU geprägt ist, bildet den Rahmen dafür. Bevor auf die Implementierung von Gender Mainstreaming im AMS näher eingegangen wird, soll die Organisationsstruktur der Arbeitsmarktpolitik und die Arbeitslogik des AMS beleuchtet werden.

## Organisationsstruktur der Arbeitsmarktpolitik

### AkteurInnen der Arbeitsmarktpolitik – *Dezentralisierung und gelebte Sozialpartnerschaft*

Die Umsetzung der Arbeitsmarktpolitik ist durch ein enges Zusammenspiel von staatlichen und nicht-staatlichen Institutionen geprägt. Das AMS ist in der aktiven Arbeitsmarktpolitik der zentrale Player, doch darüber hinaus sind eine Vielzahl von Organisationen an der Konzeption und Umsetzung von Arbeitsmarktpolitik beteiligt, deren Aufgaben in Übersicht 9 schematisch dargestellt werden.

*Übersicht 9: Institutionen der Arbeitsmarktpolitik und ihre Aufgaben*

| *Institution* | *Aufgaben* | *Funktion* |
|---|---|---|
| *Arbeitsmarktservice (AMS)* | Der wichtigste Träger der Arbeitsmarktpolitik ist die jeweilige Arbeitsmarktverwaltung. Diese kann unterschiedlich organisiert sein: als öffentliche Einrichtung oder private Institution. In Österreich wird dies durch die öffentliche, aber unabhängige Einrichtung des AMS umgesetzt. | ausführende Institution |
| *Bundes- und Länderverwaltung* | Die Umsetzung der Arbeitsmarktpolitik wird durch gesetzliche Grundlagen (Arbeitsmarktservicegesetz, Arbeitsmarktförderungsgesetz etc.) geregelt. Die Bundes- und Länderverwaltung bildet damit den grundlegenden Rahmen und legt die Budgets fest. Sie ist auch das Bindeglied zur europäischen Beschäftigungsstrategie. | Gesetzgebung und Umsetzung von Beschäftigungspolitik |
| *Europäische Union* | Durch die Europäische Beschäftigungsstrategie und die für alle EU-Länder entwickelten Leitlinien und Zielsetzungen gewinnt die EU an Einfluss für die österreichische Arbeitsmarktpolitik. Dies erfolgt zum einen durch die Vorgabe und Bewertung der beschäftigungspolitischen Leitlinien, zum anderen durch finanzielle Förderung in Abhängigkeit von der Einhaltung dieser Zielsetzungen. | Richtlinien für Beschäftigungspolitik und Finanzierung diverser Programme (z.B. ESF, Equal) |
| *Sozialpartner* | Die Sozialpartner sind in einer Vielzahl von Gremien in die Entwicklung und Umsetzung von Gesetzen und politischen Maßnahmen eingebunden. Durch die Regionalisierung der Beschäftigungspolitik in Form der Territorialen Beschäftigungspakte (TEP) ist ihre Bedeutung bei der Umsetzung von Programmen gestiegen. | Mitgestaltung der AMS-Politik und Mitwirkung an diversen Programmen (z.B. TEP) |
| *Trägerorganisationen* | Bildungsinstitutionen etc., die arbeitsmarktpolitische Maßnahmen (Beratung, Training, Betreuung von arbeitsuchenden Menschen) umsetzen. | Umsetzung aktiver Arbeitsmarktpolitik |
| *Private Arbeitsvermittler* | Übernehmen Teilaufgaben der Arbeitsmarktpolitik, primär Vermittlungsaufgaben. Sie haben in Österreich eine relativ geringe Bedeutung. | Arbeitsvermittlung in Ergänzung zum AMS |

Vgl. Sprengseis 2000

Das AMS ist damit zwar der zentrale Akteur in der Arbeitsmarktpolitik, wird aber sowohl hinsichtlich der arbeitsmarktpolitischen Zielsetzungen als auch der verfügbaren Ressourcen von politischen Entwicklungen auf europäischer, nationaler und Länderebene beeinflusst. Durch die gelebte Sozialpartnerschaft fließen in die entscheidungsgebenden Gremien auch die Interessen der Arbeitgeber- und ArbeitnehmervertreterInnen mitein. Und schließlich wird die Umsetzung der Arbeitsmarktpolitik durch die Trägerorganisationen, die die Förderpolitik ausführen, und die privaten Arbeitsvermittler, die Vermittlungsaufgaben des AMS ergänzen, mitbestimmt.

Die Umsetzung der Arbeitsmarktpolitik wird durch gesetzliche Bestimmungen, die auch die arbeitsmarktpolitischen Grundprinzipien festlegen, an das Arbeitsmarktservice übertragen. Aufgabe des AMS ist es,

»... im Rahmen der Vollbeschäftigungspolitik der Bundesregierung zur Verhütung und Beseitigung von Arbeitslosigkeit unter Wahrung sozialer und ökonomischer Grundsätze im Sinne einer aktiven Arbeitsmarktpolitik auf ein möglichst vollständiges, wirtschaftlich sinnvolles und nachhaltiges Zusammenführen von Arbeitskräfteangebot und -nachfrage hinzuwirken, und dadurch die Versorgung der Wirtschaft mit Arbeitskräften und die Beschäftigung aller Personen, die dem österreichischen Arbeitsmarkt zur Verfügung stehen, bestmöglich zu sichern. Dies schließt die Sicherung der wirtschaftlichen Existenz während der Arbeitslosigkeit im Rahmen der gesetzlichen Bestimmungen ein«. (§ 29 (1) AMSG).

Den gesetzlichen Rahmen für die aktive Arbeitsmarktpolitik bilden das Arbeitsmarktförderungsgesetz von 1968 (AMFG) und das Arbeitsmarktservicegesetz von 1994 (AMSG). Als weitere Gesetzesrahmen für die Aktivitäten des AMS gelten das Arbeitslosenversicherungsgesetz (AlVG), Ausländerbeschäftigungsgesetz (AuslBG), Arbeitsmarktpolitikfinanzierungsgesetz (AMPFG), Sonderunterstützungsgesetz (SUG), Arbeitskräfteüberlassungsgesetz (AÜG), Behinderteneinstellungsgesetz (BEinG), Insolvenzentgeltsicherungsgesetz (IESG) und Bauarbeiter-Schlechtwetter-Entschädigungsgesetz (BSchEG). Das AMFG und das AMSG sind im Unterschied zu den anderen Rechtsgrundlagen keine hoheitlichen Gesetze, sondern haben einen privatwirtschaftlichen Charakter. Das heißt, dass auf Leistungen der aktiven Arbeitsmarktpolitik kein durchsetzbarer Rechtsanspruch besteht.

Das Bundesministerium für Wirtschaft und Arbeit (bis zum Regierungswechsel im Jahr 2000 das Bundesministerium für Arbeit, Gesundheit und Soziales) ist die oberste Instanz für das Arbeitsmarktservice (vgl.

Übersicht 10). Zu seinen Aufgaben zählen die Vorgabe Konzeption der »Allgemeinen Arbeitsmarktpolitischen Zielvorgaben«, die Genehmigung von Beschlüssen des Verwaltungsrates in finanziellen und personellen Angelegenheiten, Aufsichts- und Kontrollrechte, Effizienzprüfung und investive Förderung von Unternehmen.

*Übersicht 10: Organisationsmodell des Arbeitsmarktservice Österreich*

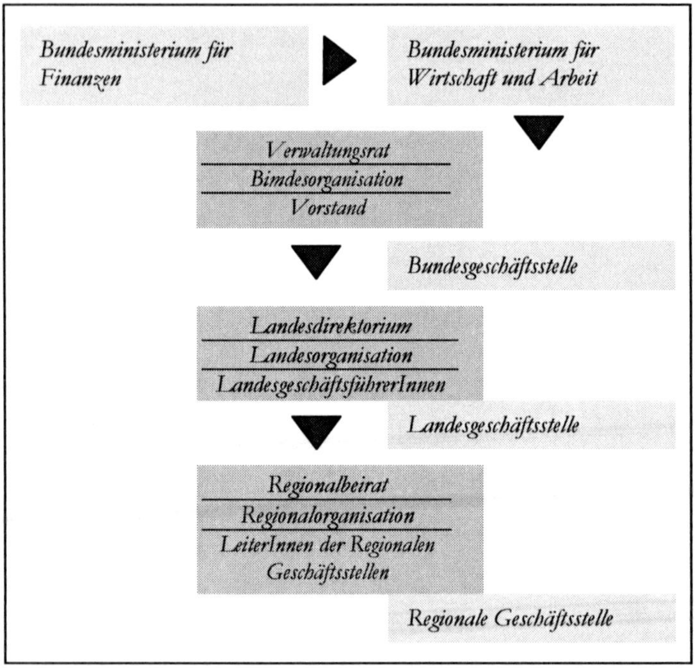


*(Quelle: AMS http://www.ams.or.at/amsallg/index.htm, August 2005)*

Das Arbeitsmarktservice ist in Bundes-, Landes- und Regionalorganisationen gegliedert und auf allen Ebenen zweistufig organisiert:

- Geschäftsführende Organe: auf Bundesebene der Vorstand, auf Landesebene der/die LandesgeschäftsführerIn und StellvertreterIn, auf Regionalebene LeiterIn der regionalen Geschäftsstelle;
- Paritätisch besetzte Gremien mit Entscheidungs- und Kontrollbefugnissen, die auf Vorschlag der Interessensvertretungen der Arbeitgeber- und ArbeitnehmerInnen bestellt werden. Sozialpartner werden in die

Geschäfte miteinbezogen und wirken auf jeder Organisationsebene maßgeblich an der Willensbildung mit.

Neben der Bundesgeschäftsstelle (BGS) gibt es 9 Landesgeschäftsstellen (LGS) und 98 Regionalgeschäftsstellen (RGS). Im AMS sind mehr als 4.000 Personen beschäftigt, der Personalplan 2003 sah 4.190,67 Planstellen vor. Die konkreten Aufgaben und die Zusammensetzung der einzelnen Ebenen wird in Übersicht 11 beschrieben:

*Übersicht 11 Aufgaben und Organisationsstruktur des AMS*

*Bundesebene*

Die Bundesorganisation des Arbeitsmarktservice setzt sich aus dem Verwaltungsrat und dem Vorstand zusammen. Dieser wird durch eine eigene Bundesgeschäftsstelle (BGS) unterstützt und hat in allen grundsätzlichen Angelegenheiten eine einheitliche gesamtösterreichische Vorgangsweise sicherzustellen.

Der Verwaltungsrat besteht aus maximal zwölf Mitgliedern, die für sechs Jahre bestellt werden. Der Verwaltungsrat wählt aus seiner Mitte für zwei Jahre den Vorsitzenden beziehungsweise die Vorsitzende und seine/ihre beiden StellvertreterInnen. Diese drei Funktionen sind unter den VertreterInnen der ArbeitnehmerInnen, der ArbeitgeberInnen sowie des BMWA aufgeteilt. Der Verwaltungsrat übt Entscheidungs- und Kontrollbefugnisse aus, der Vorstand ist für die Vorbereitung, Konzeption, die Führung der laufenden Geschäfte und die Vertretung der Organisation nach außen zuständig.

Zu den Aufgaben der Bundesorganisation zählen primär:

- Umsetzung der arbeitsmarktpolitischen Zielvorgaben des BMWA,
- Erarbeiten der arbeitsmarktpolitischen Schwerpunktprogramme für das AMS,
- Festlegung von einheitlichen Regelungen für die Organisation, das Personal, die Ausstattung, sowie Grundlagenarbeit und Statistik,
- Kontrolle der Geschäftsführung auf allen Ebenen.

*Landesebene*

Der Landesorganisation obliegt die Durchführung der Aufgaben des Arbeitsmarktservice im jeweiligen Bundesland. Einen ganz zentralen Aufgabenbereich bilden dabei Steuerungs- und Koordinationsaufgaben, die von den LandesgeschäftsführerInnen beziehungsweise den Landesgeschäftsstellen (LGS) wahrzunehmen sind. Daneben nimmt die Landesgeschäftsstelle im besonderen Maße eine Servicefunktion für die regionalen Geschäftsstellen im Sinne der Unterstützung und Anleitung als auch im Sinne der Übernahme zentraler Aufgaben wahr.

Die Landesorganisation setzt sich aus dem Landesdirektorium, dem/der LandesgeschäftsführerIn und dessen/deren StellvertreterIn zusammen. Das Landesdirektorium besteht aus dem/der LandesgeschäftsführerIn (diese/r hat auch den Vorsitz inne), dem/der StellvertreterIn und vier weiteren Mitgliedern, die von den Interessenvertretungen der Arbeitgeber- und der ArbeitnehmerInnen (je zwei) vorgeschlagen und vom zuständigen Bundesministerium für sechs Jahre bestellt werden.

Zu den Aufgaben der Landesorganisation zählen primär:

- Entwicklung der arbeitsmarktpolitischen Zielsetzungen für das jeweilige Bundesland,
- Koordinierung des AMS mit den Landeseinrichtungen,
- Setzen von Rahmenbedingungen,
- Anleitung und Unterstützung der regionalen Organisationen.

*Regionalebene*

Auf regionaler Ebene besteht das Arbeitsmarktservice aus dem paritätisch besetzten Regionalbeirat und dem/der LeiterIn der regionalen Geschäftsstelle. Die regionale Geschäftsstelle (RGS) ist für die konkrete Umsetzung und für die Durchführung der Arbeitsmarktpolitik in der Region zuständig. Sie ist die eigentliche Anbieterin der Dienstleistungen des Arbeitsmarktservice.

Der Regionalbeirat setzt sich aus dem/der LeiterIn der regionalen Geschäftsstelle als Vorsitzendem beziehungsweise Vorsitzende und vier weiteren Mitgliedern zusammen, die auf Vorschlag der Interessenvertretungen der Arbeitgeber- und ArbeitnehmerInnen vom Landesdirektorium für sechs Jahre bestellt werden. Der/die LeiterIn der regionalen Geschäftsstelle wird vom Landesdirektorium auf unbefristete Zeit bestellt und führt die Geschäfte auf Basis der vom Regionalbeirat beschlossenen Grundsätze und der Vorgaben der Bundes- beziehungsweise Landesorganisation.

Die regionalen Geschäftsstellen sind in der Regel in den Bezirkshauptstädten eingerichtet und für alle im Verwaltungsbezirk ansässigen Ratsuchenden und Betriebe zuständig. In Wien erfolgte die Organisation bis vor Kurzem nach berufsspezifischen Kriterien.

Zu den Aufgaben der Regionalorganisation zählen primär:

- Umsetzung der Richtlinien der Bundes- und Landesorganisationen,
- Festlegung der Grundsätze für die regionale Arbeitsmarktpolitik,
- Durchführung der arbeitsmarktpolitischen Zielsetzungen.

## Europäische Beschäftigungspolitik – *Impuls für Gleichstellungspolitik*

Einen relativ neuen, aber mittlerweile wichtigen Akteur in der Planung und Finanzierung der Arbeitsmarktpolitik stellt die Europäische Union dar. Wieweit der Einfluss der europäischen Beschäftigungsstrategie in die nationale Politik eingreift, ist Thema zahlreicher Diskussionen (De la Porte u. a. 2001; Keller 2001; Schmid/Kull 2004). Auch wenn die Zielsetzung einer gemeinsamen Beschäftigungspolitik dabei skeptisch betrachtet wird, da damit keine Sanktionsmöglichkeiten verbunden sind,[67] bleibt ihre Rolle als Impulsgeber für die nationale Arbeitsmarktpolitik, insbesondere für die hier behandelte Frage der Gleichstellung von Frauen und Männern nicht zu unterschätzen (Maier 2002; Magnusson u. a. 2003).

Die gemeinsame Wirtschaftspolitik der Europäischen Union war lange Zeit von ökonomischen Zielsetzungen geprägt, wobei die Europäische Währungsunion mit ihren Zielen der Geldwertstabilität und der Haushaltskonsolidierung im Zentrum stand. Demgegenüber wurden beschäftigungspolitische und soziale Fragen erst später in den Mittelpunkt gerückt. Ausgelöst wurde die Debatte um die Beschäftigungssituation in Europa durch das 1993 veröffentlichte Weißbuch »Wachstum, Wettbewerbsfähigkeit, Beschäftigung«. Bereits 1994 wurde auf dem Gipfel von Essen ein erster Aktionsplan zur Bekämpfung der Arbeitslosigkeit beschlossen und die Mitgliedstaaten aufgefordert, Mehrjahresprogramme zur Beschäftigung vorzulegen und der Kommission jährlich über ihre Durchführung zu berichten. Der geringe Erfolg dieser Strategie wurde unter anderem auf das Fehlen eines angemessenen Monitoring-Prozesses zurückgeführt (De la Porte u. a. 2001). 1997 wurde die europäische Beschäftigungsstrategie im Vertrag von Amsterdam verankert und die Mitgliedstaaten angehalten, ihre Beschäftigungspolitik im Rahmen von vier gemeinsamen Handlungsschwerpunkten mit klar definierten Zielvorgaben zu koordinieren. Sie stützt sich auf vier inhaltliche Pfeiler (*pillars*), nämlich Beschäftigungsfähigkeit, Unternehmergeist, Anpassungsfähigkeit und Chancengleichheit, für die jeweils Handlungsprioritäten definiert wurden.

67 Keller (2001) führt eine Reihe von Gründen an, warum eine integrierte, aktive EU-Arbeitsmarktpolitik in absehbarer Zukunft nicht zu erwarten ist (freiwillige Kooperation ohne Sanktionen, zu vage Vorgaben zu den NAPs, Finanzierungsprobleme auf EU-Ebene, nationale Finanzierungsprobleme vor dem Hintergrund der Finanzprobleme der öffentlichen Haushalte, kaum verbindliche Rahmenabkommen und schwacher sozialer Dialog). Seine Prognose lautet daher, »dass die Ansätze ›europäischer‹ Beschäftigungspolitik nur appellativen Charakter haben und über den Austausch von Informationen kaum hinausgehen« (Keller 2001, 350). Auch Auer (2002) kommt zum Schluss, dass die nationale Arbeitsmarktpolitik trotz steigender Bedeutung der europäischen Beschäftigungsstrategie einen großen Gestaltungsspielraum behält. Dies betrifft sowohl die Gewichtung von aktiven zu passiven Maßnahmen als auch die Ausgestaltung spezifischer Maßnahmen. Dies resultiert auch aus dem Faktum, dass die Arbeitsmärkte der EU-Länder verschieden organisiert und auch die Arbeitsverwaltungen unterschiedlich aufgebaut sind. Schmid/Kull (2004): sehen die Zukunft der gemeinsamen Beschäftigungspolitik trotz der zusätzlichen Herausforderungen durch den Beitritt der neuen EU-Länder eher positiv.

Beim Gipfel von Lissabon im März 2000 einigten sich die Mitgliedsstaaten erstmals auch auf verbindliche quantitative Zielsetzungen der gemeinsamen Beschäftigungspolitik. Angestrebt wird, die Gesamtbeschäftigungsquote in der EU bis 2010 auf 70 Prozent anzuheben, jene der Frauen auf 60 Prozent. Damit soll das strategische Ziel, »die Union zum wettbewerbsfähigsten und dynamischsten wissensbasierten Wirtschaftsraum der Welt zu machen« unterstützt werden.

Nachdem die Europäische Beschäftigungsstrategie auf fünf Jahre angelegt war und somit mit Ende 2002 ausgelaufen ist, hat der Europäische Rat von Brüssel im März 2003 eine neue, auf das Jahr 2010 ausgerichtete Europäische Beschäftigungsstrategie angenommen. Bereits im Januar 2003 gab die Kommission eine Mitteilung heraus, in der ein neues Konzept für die europäische Beschäftigungsstrategie vorgestellt wird. In Übereinstimmung mit den Lissabonner Zielen ist die Beschäftigungspolitik der Mitgliedsstaaten nunmehr auf die Verwirklichung dreier übergreifender und miteinander verbundener Zielsetzungen gerichtet: Vollbeschäftigung; Arbeitsplatzqualität und Arbeitsproduktivität; sozialer Zusammenhalt und soziale Integration.[68]

Übersicht 12 skizziert die unterschiedlichen Zielsetzungen und Programme des ESF, in der Gleichstellung eine wichtige Rolle einnimmt und die Ziele des AMS beeinflusst.

Im Kern basiert die Europäische Beschäftigungsstrategie auf der Methode der offenen Koordination. Die Mitgliedsländer erstellen auf Basis der gemeinsamen beschäftigungspolitischen Leitlinien jährlich »Nationale Aktionspläne«, in denen sie die Umsetzung auf nationaler Ebene konkretisieren. Diese werden von der EU-Kommission bewertet und Empfehlungen zur weiteren Vorgangsweise abgegeben. Zur Bewertung der Beschäfti-

68 Die beschäftigungspolitischen Leitlinien, das Kernelement der Europäischen Beschäftigungsstrategie, wurden neu formuliert, auf die Anzahl von 10 Leitlinien reduziert und jeweils mit einzelnen Zielvorgaben untermauert. Es ist geplant, die Leitlinien bis zur Zwischenbewertung der Lissabon-Strategie (2006) nicht zu verändern. Der Berichtsprozess im Rahmen der neuen Europäischen Beschäftigungsstrategie wurde an einem Drei-Jahres-Zyklus ausgerichtet: Im ersten Jahr (2003) wird ein »strategischer Nationaler Aktionsplan« seitens der Mitgliedstaaten erstellt, welcher zum einen die Situation der Mitgliedstaaten im Hinblick auf die in den Leitlinien formulierten Zielvorgaben beschreibt und zum anderen Maßnahmen zur Zielerreichung für die nächsten drei Jahre (bis 2006) darstellt. Im zweiten (2004) und dritten (2005) Jahr werden die Fortschritte zur Erreichung der Zielvorgaben festgestellt, wobei 2005 eine umfassende Evaluierung der Fortschritte vorgenommen werden soll (vgl. www.bmwa.gv.at/BMWA/Themen/Arbeitsmarkt/ArbeitsmarktEU/wetzl.htm, August 2005).

gungsentwicklung werden arbeitsmarktpolitische Indikatoren ländervergleichend im Gemeinsamen Beschäftigungsbericht kommentiert und bewertet. Unterstützt wird die Steuerung durch die Bereitstellung finanzieller Mittel, die von der Einhaltung der Richtlinien abhängig gemacht wird.[69] Die europäischen Zielsetzungen, die durch das Bundesministerium für Wirtschaft und Arbeit umgesetzt werden, bilden damit eine zusätzliche Zielebene, die die nationalen Zielsetzungen beeinflusst.

*Übersicht 12: Europäische Beschäftigungsstrategie und ihre Programme*

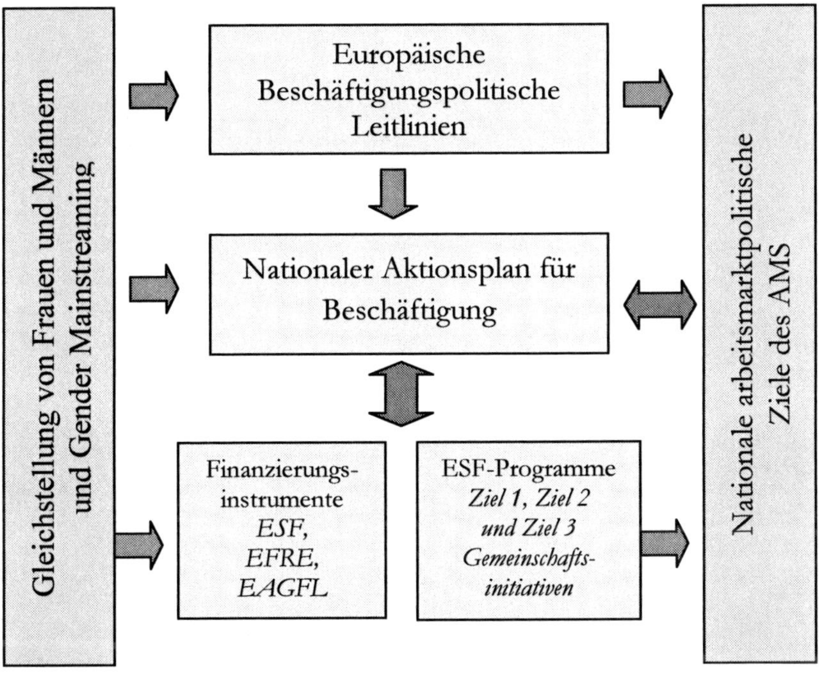


Mit der Methode der offenen Koordination wird *Benchmarking* zu einem wichtigen Instrument, um Politiken und deren Ergebnisse vergleichbar zu machen und *Good Practices* zu identifizieren, an denen sich dann andere Länder orientieren. Anders als bei den stabilitätspolitischen und haushaltsbezogenen Vereinbarungen gibt es bei der Beschäftigungspolitik keine

69 Die Finanzmittel der EU sind immer nur in Kombination mit nationalen Mitteln einsetzbar.

verbindlichen Werte oder Quoten, sondern ein prozessorientiertes Verfahren, mit dem erreicht werden soll, dass Mitgliedsländer in einer abgestimmten Strategie beschäftigungspolitische Initiativen ergreifen (Maier 2002).[70] So wurde zwar auf dem Gipfel von Lissabon (2000) vereinbart, dass die Erwerbsquote in der EU bis 2010 auf 70 Prozent angehoben werden solle und jene der Frauen auf 60 Prozent, doch der Prozess zur Erreichung dieses Zieles und das laufende Monitoring der zugrunde liegenden Entwicklung stehen im Vordergrund. Die Methode der offenen Koordination zielt also explizit darauf ab, sich an erfolgreichen Vorbildern zu orientieren und erfolgreiche Politiken auf ihre Übertragbarkeit in den jeweiligen nationalen Kontext hin zu prüfen (Wroblewski/Leitner 2005).

In der Europäischen Beschäftigungsstrategie wird der Gleichstellung von Frauen und Männern große Bedeutung beigemessen. Besonders deutlich wird dies durch den Chancengleichheitspfeiler der ersten fünf Jahre. Aber auch im neuen Konzept der europäischen Beschäftigungsstrategie ist eine der Leitlinien der Gleichstellung der Geschlechter gewidmet.[71] Zur Erreichung dieser Zielsetzungen wird zum einen der Ansatz des Gender Mainstreaming[72] verfolgt und zum anderen sollen spezifische frauenfördernde Maßnahmen durchgeführt werden. In den meisten Ländern konzentrieren sich die unter dieser Leitlinie subsumierten Maßnahmen auf die Erhöhung der Erwerbsbeteiligung von Frauen, wobei der Schwerpunkt auf

70 Vgl. auch Behning/Serrano Pascual 2001.

71 Die zehn beschäftigungspolitischen Leitlinien der NAPs 2003 sind: Aktive und präventive Maßnahmen für Arbeitslose und Nichterwerbspersonen (1); Schaffung von Arbeitsplätzen und Unternehmergeist (2), Bewältigung des Wandels und Förderung der Anpassungsfähigkeit und Mobilität in der Arbeitswelt (3), Förderung des Aufbaus von Humankapital und des lebenslangen Lernens (4), Erhöhung des Arbeitskräfteangebots und Förderung des Aktiven Alterns (5), Gleichstellung der Geschlechter (6), Förderung der Integration und Bekämpfung der Diskriminierung benachteiligter Menschen auf dem Arbeitsmarkt (7), Arbeit lohnend machen und entsprechende Anreize schaffen (8), Überführung von nicht angemeldeter Erwerbstätigkeit in reguläre Beschäftigung (9), Überwindung von regionalen Disparitäten in der Beschäftigung (10). Der Rat hält im Beschluss über die beschäftigungspolitischen Leitlinien in den Mitgliedsstaaten 2003 (Abs. 16) fest, dass „geschlechtsspezifische Unterschiede auf dem Arbeitsmarkt nach und nach beseitigt werden sollen, um Vollbeschäftigung, eine höhere Arbeitsplatzqualität, eine bessere soziale Integration und einen stärkeren sozialen Zusammenhalt zu erzielen.« (vgl. www.bmwa.gv.at/BMWA/Themen/Arbeitsmarkt/ArbeitsmarktEU, August 2005).

72 Vgl. Mitteilung der Kommission vom 21. Februar 1996 »Einbindung der Chancengleichheit in sämtliche politische Konzepte und Maßnahmen der Gemeinschaft«, KOM(96) 67 endg.

Maßnahmen zur Vereinbarkeit von Erwerbstätigkeit und Betreuungsarbeit (Kinderbetreuung und Pflege) liegt. Um die Erfolge der gemeinsamen Beschäftigungspolitiken einem laufenden Monitoring unterziehen zu können, wurden eine Reihe von Indikatoren entwickelt, die seit 1998 laufend erweitert wurden.

Die Verankerung von Chancengleichheit als einen der vier Pfeiler der europäischen Beschäftigungsstrategie hat zu einer Aufwertung von Gleichstellung in der Arbeitsmarktpolitik geführt. Frauenförderung und Gender Mainstreaming sollen als ergänzende Strategien die Gleichstellung von Frauen und Männern fördern. Die österreichische Regierung hat dieses Ziel trotz der ansonsten eher auf ein konservatives Geschlechterregime ausgerichteten Politik unterstützt und den Ansatz des Gender Mainstreaming gefördert. Wesentlich dazu beigetragen hat zum einen die österreichische EU-Ratspräsidentschaft in der zweiten Hälfte 1998, in der man um eine vorbildliche Implementierung von Gender Mainstreaming bemüht war. Zum anderen aber auch die neue Regierungskoalition von ÖVP und FPÖ im Jahr 2000, um die EU-Kompatibilität durch Erfüllung der Gender-Mainstreaming-Vorgabe angesichts der EU-Sanktionen gegen die Regierungsbeteiligung der FPÖ zu dokumentieren (Sauer 2004).[73]

Aus Sicht der arbeitsmarktpolitischen AkteurInnen ist der EU-Einfluss vor allem durch die Finanzmittel gestiegen. »EU-Vorgaben sind förderlich, wenn Fördergelder aus Brüssel fließen.« (I 10: 4) Diese Sichtweise betonen insbesondere die Leitungspersonen, die GeschäftsführerInnen und Vorstandsmitglieder. »Ich persönlich lese Dokumente, die da in Brüssel und Amsterdam gemacht werden. Das würde ich nicht lesen, wenn es nicht mit Geld verbunden wäre.« (I 21: 6) Aus der Perspektive der Umsetzenden, werden politische Zielsetzungen dann wirksam, wenn sie greifbare Effekte haben. »Das Thema wird so lange belächelt oder nicht ernst genommen, bis es dann wirklich in der Arbeitsprogrammplanung drinnen sein muss. Das andere ist natürlich das Geld. Das sind die zwei Zugänge.« (I 26: 3)

Verändert hat sich zum einen die Akzeptanz und Bedeutung von Gleichstellung und Frauenförderung. »Der Einfluss der EU ist ganz wichtig, so etwas wie Frauenkurse waren davor ein bizarres Hobby von der Frau X [anonymisiert, gemeint ist die Frauenreferentin der LGS, Anm. d. A.]. Den ersten Frauenkurs haben wir in Y [anonymisiert] gemacht, das war wirklich ein Abenteuer, das war Knochenarbeit. So etwas wie Frauen-

73 Die Zielsetzungen der Regierung kommen über die Zielvorgaben des Arbeitsministers in die Arbeitsmarktpolitik.

kurse sind heute auch dort Standard.« (I 25: 5) So kann sich heute niemand mehr zurücklehnen beim Thema Gleichstellung (I 13). Weiters hat sich auch die Form der umgesetzten Maßnahmen verändert. Für Gleichstellungsziele sind aufwendige Programme gefordert, die mit der Konzentration der Arbeitsmarktpolitik auf die Förderung der Vermittlung von Arbeitslosen nicht immer kompatibel sind. »Es ist wichtig, dass solche Impulse kommen, da traditionell Arbeitsmarktpolitik auf den Abgang in Arbeit konzentriert ist, was aufwendigen Ausbildungen nicht förderlich ist.« (I 14: 7) Ohne den Einfluss der EU wäre die Energie und die Wirksamkeit gleichstellungsorientierter Maßnahmen, vor allem aber auch das Tempo, mit dem Gleichstellung verfolgt wird, um ein vielfaches geringer (I 21).

Die Einschätzungen über den Einfluss der EU auf die Gleichstellungspolitik machen also deutlich, dass die Umsetzung von Zielsetzungen in der Arbeitsmarktpolitik ganz wesentlich von Finanzflüssen abhängig sind, beziehungsweise dem politischen Druck, den die Regierung ausübt.[74] Auch wenn mit der beschäftigungspolitischen Strategie der EU keine direkten Sanktionen oder sonstigen Durchsetzungskriterien verbunden sind, setzen die an die EU-Zielsetzungen geknüpften Finanzierungsprogramme Standards für die gesamte Arbeitsmarktpolitik und verändern damit die arbeitsmarktpolitischen Zielsetzungen.

### Frauenförderung im AMS – *Gleichstellung in einem frauendominierten Betrieb*

Hoffnungen für Wandlungsprozesse im Rahmen von Organisationen und der dort angesiedelten »asymmetrischen Organisationskultur« (Müller 1998) werden oft mit einem quantitativen Anstieg von Frauen in den Leitungspositionen, verknüpft (Kanter 1977; Riegraf 2000). »Wenn Frauen in ehemalige Männerdomänen integriert werden, seien dies Männerberufe oder männerdominierte Hierarchiestufen, dann unterläuft ihre Präsenz das männliche Image der Position und entzieht der Geschlechterdichotomisierung bei Personalbesetzungen einen Teil seiner Selbstverständlichkeit« (Hofbauer 2002, 19). Durch die Steigerung von Frauenquoten wird demnach nicht nur individuelle Frauenförderung betrieben, sondern sollen

74 Dies erklärt auch, dass der Einfluss der SozialpartnerInnen, die in den entscheidungspolitischen Gremien sitzen, für die Verfolgung von Gleichstellungszielen der Arbeitsmarktpolitik sehr viel geringer eingeschätzt wird.

auch Stereotype aufgelöst werden. Betriebliche Frauenförderung kann damit auch ein Mittel zur Erreichung einer gleichstellungsorientierten Außenpolitik sein, im Falle der Arbeitsmarktpolitik zur Erreichung einer gleichstellungsorientierten Maßnahmenförderung. »Zwar gibt es keine Garantie, dass Frauen ›an den Schalthebeln der Macht‹ das System zu Gunsten von nicht-weißen oder arbeitslosen Frauen verändern. Doch hat sich bisher auch gezeigt, dass das Interesse von Männern sich für Geschlechtergerechtigkeit einzusetzen, deutlich geringer ist.« (Callenius 2002, 78). Wenn eine gleichstellungsorientierte Personalpolitik die Gleichstellungspolitik nach außen beeinflussen kann, ist für die Umsetzung der Gleichstellungspolitik auch von Interesse, wieweit das AMS intern Frauen fördert.

Das AMS ist eine Organisation, in der der Frauenanteil unter den Beschäftigten traditionell höher ist als jener der Männer. Im Jahr 2003 waren 63 Prozent der Beschäftigten Frauen; 20 Prozent der Beschäftigten waren zu diesem Zeitpunkt teilzeitbeschäftigt. Betriebliche Frauenförderung zählt seit Jahren zu den Grundsätzen des AMS im Sinne der allgemeinen Förderung der Gleichstellung von Frauen und Männern am Arbeitsmarkt. Dazu heißt es auf der Homepage des AMS unter der Rubrik Förderung der Gleichstellung von Frauen und Männern:

»Das AMS fördert die Gleichstellung von Frauen und Männern in der Gesellschaft beziehungsweise auf dem Arbeitsmarkt. Daher sind uns auch gleiche Chancen für die MitarbeiterInnen ein Anliegen. Insbesondere soll eine Berufsunterbrechung aus familiären Gründen nicht zum dauerhaften Nachteil werden. [...] Individuelle und flexible Arbeitszeit-Regelungen sind ebenso selbstverständlich wie die Teilnahme am Weiterbildungs-Angebot, das wir zur Unterstützung der Väter und Mütter unter unseren Beschäftigten mit Kinderbetreuung anbieten. Frauen können sich in eigenen Laufbahnplanungsseminaren mit ihren beruflichen Karrierevorstellungen auseinandersetzen. Den Wiedereinstieg unserer MitarbeiterInnen fördern wir, indem wir Kontakt halten, die karenzierten MitarbeiterInnen zur Weiterbildung einladen beziehungsweise das Weiterarbeiten in geringfügigem Ausmaß ermöglichen.« (http://www.ams.or.at/amsallg/index.htm)

Zur Förderung der AMS-MitarbeiterInnen wurde ein Gleichstellungs- und Frauenförderungsplan geschaffen, der ständig weiterentwickelt wird. Darin werden verbindliche Zielsetzungen und Maßnahmen zur Förderung der Gleichstellung von Mitarbeiterinnen und Mitarbeitern im AMS definiert, um eine gleichstellungsorientierte Unternehmenskultur zu entwickeln, wie dies im Vorwort vom Vorstand des AMS definiert wird.[75] So wurden, um Familie und Beruf besser vereinbaren zu können, flexible Arbeitszeiten, individuelle Laufbahnplanungen, Teleworking oder spezifische Maßnahmen zur Weiterbildung von Frauen angeboten. Beispielsweise wurde 1999 ein Jahresarbeitszeitmodell zur Flexibilisierung der Arbeitszeit eingeführt. Durch eine Richtlinie im Jahr 2002 wird sukzessive und systematisch Telearbeit ermöglicht. 1999 startete auch das Frauenförderprojekt »*Networking und Mentoring*«. Ziel dieser Initiative ist es, eine bessere Vernetzung der Frauen sowohl in dem jeweiligen Bundesland als auch österreichweit herzustellen. »Aufbauend auf einem starken Frauennetzwerk geht es in weiterer Folge um die spezifische Förderung von Frauen durch Mentorinnen« (AMS Geschäftsbericht 2000: 50). Als weiterer Impuls für einen höheren Anteil von Frauen in Führungspositionen werden die Grundausbildung und Weiterbildung gesehen. So wurden 2001 zwei spezielle Ausbildungslehrgänge mit längerer Ausbildungsdauer und betreuten Selbststudienzeiten in Geschäftsstellen (Telelehrgänge) in das Ausbildungsangebot aufgenommen. Die Zeiten für Weiterbildungen wurden deutlich erhöht und in Seminaren für Nachwuchsführungskräfte zwei Drittel der Plätze für Mitarbeiterinnen reserviert.

Die Personalentwicklung des AMS zeigt (vgl. Tabelle 9), dass eine auf Frauenförderung ausgerichtete Personalpolitik den Anteil von Frauen in Führungspositionen kontinuierlich erhöhen kann, auch wenn eine Veränderung des Geschlechterverhältnisses nur langsam erfolgt. Mittlerweile ist ein Drittel der Führungspositionen mit Frauen besetzt und wird jede vierte RGS von einer Frau geleitet. Aber in den obersten Entscheidungsebenen ist der Anteil von Frauen noch immer deutlich geringer. So ist der Vorstand weiterhin männlich besetzt und sind bis dato nur drei Frauen im sozialpartnerschaftlich besetzten Verwaltungsrat zu finden. Wenn Frauen in Führungspositionen gekommen sind, so passierte dies vermehrt in Stellvertreterpositionen, während die ordentlichen Mitglieder fast ausschließlich männlich blieben. Der Anteil der Frauen bei den LandesgeschäftsführerInnen wurde durch die Bestellung einer Stellvertreterin in der Steiermark wiederum erhöht.

Selbst in einer von Frauen dominierten Organisation erfolgt die Durchdringung der Entscheidungspositionen mit Frauen sehr langsam und kann die »gläserne Decke«, die das Eindringen von Frauen in den obersten

75 Vgl. http://www.ams.or.at/neu/frauenfoerderplan.pdf (August 2005).

Positionen verhindert, nur punktuell durchbrochen werden. Verstärkt wird dies durch die sozialpartnerschaftliche Besetzung der Entscheidungsgremien, die von Frauen, wenn überhaupt, dann meist nur in Stellvertreterpositionen besetzt sind.

*Tabelle 9: Geschlechterverteilung in Führungsorganen des AMS*

| | *1995* | | *2000* | | *2003* | |
|---|---|---|---|---|---|---|
| | *Frauen* | *Ges.* | *Frauen* | *Ges.* | *Frauen* | *Ges.* |
| *Bundesorganisation* | | | | | | |
| *Verwaltungsrat: Präsidium* | 0 (0) | 1 (2) | 0 (0) | 1 (2) | 0 (0) | 1 (2) |
| *Regierungsvertretung* | 0 (0) | 3 (3) | 0 (1) | 3 (3) | 0 (2) | 3 (3) |
| *Arbeitnehmervertretung* | 0 (0) | 3 (3) | 0 (3) | 3 (3) | 0 (3) | 3 (3) |
| *Arbeitgebervertretung* | 0 (0) | 3 (3) | 0 (0) | 3 (3) | 1 (1) | 3 (3) |
| *Zentralbetriebsrat* | 1 (1) | 3 (3) | 1 (2) | 3 (3) | 2 (1) | 3 (3) |
| *Vorstand* | 0 | 2 | 0 | 2 | 0 | 2 |
| *9 Landesorganisationen* | | | | | | |
| *LandesgeschäftsführerIn.* | 0 (1) | 9 (9) | 1 (1) | 9 (9) | 2 (1) | 9 (9) |
| *Landesdirektorium* | | | | | | |
| *Industriellen-Vereinigung* | 0 (1) | 9 (9) | 3 (2) | 9 (9) | 4 (3) | 9 (9) |
| *Wirtschaftskammer* | 0 (1) | 9 (9) | 1 (2) | 9 (9) | 0 (2) | 9 (9) |
| *AK* | 0 (1) | 9 (9) | 0 (1) | 9 (9) | 1 (1) | 9 (9) |
| *ÖGB* | 0 (0) | 9 (9) | 0 (1) | 9 (9) | 1 (0) | 9 (9) |
| *Summen* | 1 (5) | 60 (59) | 6 (13) | 60 (59) | 11 (14) | 60 (59) |
| *Frauenanteil* | 1,7% (8,5%) | | 10% (22%) | | 18,3% (23,7%) | |

*(Quelle: AMS Geschäftsberichte 1995, 2000, 2003)*

In den Interviews wurde der Zusammenhang zwischen interner und externer Gleichstellungspolitik immer wieder angesprochen. Dabei wurde mitunter auch darauf hingewiesen, dass interne Gleichstellungspolitik ungleich schwieriger zu erreichen ist als Gleichstellung bei der Förderung:

»Wenn ich an meine eigene Personalpolitik denke, dann ist das natürlich ungleich schwieriger, als zu einer Maßnahme X zu sagen, die weit weg ist, mach das und das. In der Nähe wird einfach die Betroffenheit viel deutlicher. In der Organisation geht es natürlich um Positionen, wo es um Macht geht, wo es um Kampf geht. Im Zusammenhang mit dem Gender Konzept taucht diese Diskussion eigentlich nirgends auf. Das war so die alte Diskussion, dieser Machtaspekt war viel stärker im Vordergrund.« (I 13: 4)

So wie die betriebliche Frauenförderung hat auch die Frauenförderung in der Förderpoltik des AMS Tradition. Das Arbeitsmarktservicegesetz von 1994, das im Zuge der Ausgliederung der Arbeitsmarktverwaltung aus der Bundesverwaltung das »neue« Arbeitsmarktservice als ein Dienstleitungsunternehmen des öffentlichen Rechts regelt, sieht vor, dass

»... die Leistungen des Arbeitsmarktservice im Sinn des Abs. 2 so zu gestalten und erforderlichenfalls so verstärkt einzusetzen [sind], dass eine weitest mögliche Chancengleichheit mit anderen Arbeitskräften hergestellt wird. Insbesondere ist durch einen entsprechenden Einsatz der Leistungen der geschlechtsspezifischen Teilung des Arbeitsmarktes sowie der Diskriminierung der Frauen auf dem Arbeitsmarkt entgegenzuwirken.« (AMSG § 31 Abs.3)

Aber auch im Leitbild des AMS und im »Längerfristigen Plan« des BMWA, der die Zielrichtung der Arbeitsmarktpolitik für einige Jahre vorgibt, ist Chancengleichheit verankert: »Chancengleichheit ist uns ein wichtiges Anliegen. Wir fördern am Arbeitsmarkt benachteiligte Menschen und setzen uns besonders für die Gleichstellung von Frauen ein.« (Leitbild des Arbeitsmarktservice[76]: »weitest mögliche Herstellung von Chancengleichheit, Mitwirkung bei der Aufhebung der geschlechtsspezifischen Teilung des Arbeitsmarktes mit besonderem Blickpunkt auf die Vereinbarkeit von Familie und Beruf.« (BMWA 2001, 3)

Das Arbeitsmarktservice ist entsprechend der Bestimmungen des Gleichbehandlungsgesetzes auch dazu verpflichtet, alle Stellenausschreibungen geschlechtsneutral zu formulieren. Bei der Auswahl von BewerberInnen zur Besetzung von offenen Stellen darf es ohne sachliche Rechtfertigung nicht zur Bevorzugung einer Frau oder eines Mannes kommen. Das gilt für die Zusendung von Stelleninformationen an Arbeitsuchende, für eine Einladung zu einer Vorauswahl und bei der Entgegennahme von offenen Stellen. In den allgemeinen Geschäftsbedingungen findet sich unter dem Punkt »Was Sie (als Unternehmen, Anm.) von uns erwarten können«: »Entsprechend den Bestimmungen des Gleichbehandlungsgesetzes formulieren wir alle Stellenausschreibungen geschlechtsneutral und wählen geeignete Bewerber und Bewerberinnen unabhängig vom Geschlecht aus.«[77] Speziell für Unternehmen gibt es auf der Homepage des

76 Vgl. http://www.ams.or.at/amsallg/index.htm).

77 Vgl. Allgemeine Geschäftsbedingungen für Unternehmen: www.ams.or.at/neu/01_agbsfu. pdf (August 2005).

Arbeitsmarktservice ein einseitiges Dokument »Chancengleichheit = mehr Chancen für Unternehmen« zum downloaden.[78]

Gleichstellung von Frauen und Männern ist im AMS bereits seit den 1990 Jahren als Querschnittsthema verankert. Das Arbeitsmarktservicegesetz von 1994 und in der Folge das Leitbild des AMS enthalten Gleichstellung von Frauen und Männern als horizontales Ziel. Der Schwerpunkt der Umsetzung der Frauenförderung war eindeutig bei den FrauenreferentInnen angesiedelt. Durch die Frauenreferentinnen besteht eine österreichweite Vernetzung der Frauenförderung auf allen Ebenen, von der BGS bis zu den RGS, um Zielsetzungen und Erfahrungen zu bündeln. Mit der Arbeitsmarktpolitik für Frauen und der Beteiligung der Frauenreferentinnen auf allen Organisationsebenen wurde im AMS eine interne Struktur für Gleichstellungspolitik aufgebaut, die innerbetriebliche Gleichstellungspolitik des AMS fand im Frauenförderplan ihren Niederschlag.

## Steuerung der Arbeitsmarktpolitik

Mit den steigenden Anforderungen an das AMS, die durch die zunehmende Arbeitslosigkeit und die zunehmende Instabilität der Beschäftigungsverhältnisse, durch die Flexibilisierung des Arbeitsmarktes mit einer wachsenden Zahl von prekären Beschäftigungsverhältnissen oder durch die veränderten Qualifikationsanforderungen an die ArbeitnehmerInnen gegeben sind,[79] gingen organisatorische Veränderungen des AMS einher. Diese haben zu einer Professionalisierung und effizienteren Umsetzung der Arbeitsmarktpolitik beigetragen. Sie bestimmen die Rahmenbedingungen der Arbeitsmarktpolitik im Allgemeinen und haben auch die gleichstellungsorientierten Zielsetzungen wesentlich verändert.

### Ausgliederung – *Von der Verwaltungsbehörde zum Dienstleistungsbetrieb*

1994 wurde die Ausgliederung der Arbeitsmarktverwaltung aus der Bundesverwaltung durchgeführt und das neue Arbeitsmarktservice als ein

78 Vgl. www.ams.or.at/neu/chancengleichheit.pdf (August 2005).

79 Zu den veränderten Arbeitsmarktbedingungen vgl. Kapitel 3 sowie Hofer u. a. 2005; Mahringer 2005; Lutz u. a. 2005; Talos 1999.

Dienstleistungsunternehmen des öffentlichen Rechts eingerichtet. Mit dieser Umstrukturierung wurde eine Dezentralisierung der arbeitsmarktpolitischen Entscheidungen, die Einbindung der Sozialpartner in die Entscheidungs- und Kontrollgremien auf Bundes-, Landes- und Regionalebene und die Serviceorientierung der Arbeitsmarktverwaltung verankert.

Die Reform der Arbeitsmarktverwaltung wurde 1990 von der Koalitionsregierung vereinbart, um jene Rahmenbedingungen zu schaffen, die den Anforderungen des Arbeitsmarktes besser gerecht werden und die Leistungsfähigkeit der österreichischen Arbeitsmarktpolitik erhöhen. Folgende Ziele sollten damit erreicht werden (Beschäftigungsobservatorium 1996: 2f.):

- Ermöglichung von raschen und flexiblen Eingriffen in das Arbeitsmarktgeschehen durch Dezentralisierung von Entscheidungskompetenzen, Flexibilisierung des Ressourceneinsatzes und Erweiterung des Dispositionsspielraums auf regionaler Ebene;
- Entlastung des Arbeitsmarktservice von Angelegenheiten, die nicht den Kernaufgaben der Arbeitsmarktpolitik zurechenbar sind;
- Stärkere Einbindung der Interessensvertretungen der ArbeitgeberInnen und der ArbeitnehmerInnen in die Entscheidungsstrukturen und in die Umsetzung der Arbeitsmarktpolitik;
- Verbesserung der aktiven Arbeitsmarktpolitik, besonders für auf dem Arbeitsmarkt benachteiligte Personen (Frauen, Ältere, Langzeitarbeitslose, Behinderte);
- Zulassung von privaten ArbeitsvermittlerInnen;
- Kontrolle durch den Rechnungshof.

Nach Einschätzung der RepräsentantInnen des AMS und der damit befassten Institutionen[80] ist es über weite Strecken gelungen, die mit der Ausgliederung verfolgten Zielsetzungen umzusetzen, wie an den Statements anlässlich des Jubiläums »10 Jahre AMS« abgelesen werden kann. Hervorgestrichen werden insbesondere die Umsetzung der Arbeitsmarktpolitik durch »moderne Führungs- und Managementformen, dezentrale Entscheidungsstrukturen, *Management by Objectives* und Kontraktmanagement«, die eine »höhere Treffsicherheit der Arbeitsvermittlung und eine größere Effizienz« erlauben. Von Sozialpartnern wird auf die »erfolgreich gelebte Sozialpartnerschaft« verwiesen, die zu einer »Kundenorientierung

80 Statements anlässlich »10 Jahre AMS« www.ams.or.at/neu/4782.htm ,Juli 2005.

gegenüber ArbeitnehmerInnen und ArbeitgeberInnen« und zur »Kooperation des AMS mit gewerblichen ArbeitskräfteüberlasserInnen und -vermittlerInnen« beigetragen hat. Die eingebrachte Kritik bezieht sich hingegen auf die relativ geringen personellen und finanziellen Ressourcen, die angesichts der verschärften Arbeitsmarktsituation eine Aufrechterhaltung der Qualität der AMS-Dienstleistungen gefährden.

Weniger erfolgreich erscheint die zehnjährige Politik jedoch hinsichtlich der Gleichstellungsziele. Sie kommen in den Statements praktisch nicht vor, nur in einer Pressemeldung wird die Umsetzung von Gender Mainstreaming erwähnt. Zugleich vermittelt auch die geschlechtsspezifische Zusammensetzung der HonoratorInnen ein wenig erfolgreiches Bild der Gleichstellung. Von den 16 RepräsentantInnen des BMWA, der Sozialpartner, Bildungsträger, Sozialeinrichtungen und des AMS sind nur zwei Frauen, die beide zum AMS gehören. Dies bestärkt den Befund, dass es zwar im AMS gelungen ist, punktuell Frauen in leitende Funktionen zu bringen, während hingegen das arbeitsmarktpolitische Umfeld weiterhin deutlich von Männern dominiert bleibt (siehe oben).

Die Ausgliederung des AMS aus dem Bundesministerium für Arbeit und Soziales im Jahr 1994 stellt aus der Sicht der ExpertInnen einen wesentlichen Einschnitt in der Arbeitsmarktverwaltung dar, indem ein Wandel von der Verwaltungsbehörde zum Dienstleistungsunternehmen eingeleitet wurde.

»Davor war die Organisation ganz anders ausgelegt, es ist ja ganz stark hierarchisch gearbeitet worden. Dann ist diese riesige Veränderung mit der Ausgliederung gekommen und das *Managing by Objectives*. Dann hat es plötzlich für die Landesorganisationen wesentlich mehr Eigenständigkeit und viel mehr Autonomie zur Zielerreichung gegeben. Es hat mehr Spielraum gegeben. Die ganze Unternehmensphilosophie hat sich verändert. Vom Beamtenapparat zur Dienstleistungsgesellschaft.« (I 16: 3)

Ohne die Ausgliederung in den Interviews direkt anzusprechen, wurde sie in vielen Gesprächen eingebracht und damit die Logik der Arbeitsweise erklärt. Die Ausgliederung des AMS wird mit einem neuen Organisationsmodell assoziiert, indem Managementstrukturen und Zielsteuerungssysteme eingerichtet wurden und sich die Unternehmensphilosophie des AMS grundlegend gewandelt hat.

Doch eigentlich hat mit der Ausgliederung kein neuer Prozess begonnen, sondern ist die Ausgliederung selbst Teil der Veränderungen, die sich bereits in den achtziger Jahren angekündigt haben. Bereits damals war klar, dass das Controlling ausgebaut werden soll und Qualitätssicherungsprozesse notwendig sind. Durch die Ausgliederung und personelle Veränderungen in der Verantwortlichkeit wurde dieser Prozess beflügelt (I15). Während die Organisation zuvor stark hierarchisch ausgerichtet war, erhielten die Landesorganisationen danach mehr Eigenständigkeit und erfolgte eine zunehmende Orientierung an den Kundenwünschen. Verantwortungsstrukturen wurden transparenter gemacht und gebündelt, ein *Cooperate Identity*-Projekt wurde erarbeitet und das EFQM-Projekt zur Qualitätssicherung eingeführt. Vor allem aber erfolgte eine Steuerung der Arbeitsmarktpolitik über konkrete Zielsetzungen. »Mit der Ausgliederung der Arbeitsmarktverwaltung wurden erstmals Ziele für die Arbeitsmarktpolitik formuliert. Früher war ja das Ergebnis das Ziel.« (I 2: 4)

In Übersicht 13 werden einzelne Aspekte von organisatorischen Veränderungen, die mit der Ausgliederung einher gingen, näher erläutert:[81]

*Übersicht 13: Organisatorische Veränderungen des AMS*

*Qualitätsmanagement*

Im AMS wurde nach dem Modell der *European Foundation for Quality Management* (EFQM) im Jahr 1999 ein umfassendes und systematisches Qualitätsmanagementsystem eingeführt. Zentral ist, dass alle relevanten AkteurInnen (KundInnen, MitarbeiterInnen, PartnerInnen, EigentümerInnen, Gesellschaft) in die politische und strategische Gestaltung der Organisation eingebunden werden. In den ersten Jahren wurden anhand eines ausführlichen Fragebogens zwei Bewertungsrunden (Assessments) durchgeführt, die den Ist-Zustand feststellten und Verbesserungspotentiale auffinden sollten. Aus diesen Verbesserungspotentialen wurden Maßnahmen abgeleitet und umgesetzt.

Mit Hilfe dieses systematischen Qualitätsmanagements wurden wesentliche Prozesse identifiziert, benannt und beschrieben. Die 3 Kernprozesse sind:

- Arbeitskräfte bei der Suche nach geeigneten Beschäftigungsmöglichkeiten und bei der Anpassung an die Arbeitskräftenachfrage unterstützen.
- Unternehmen bei der Suche nach geeigneten Arbeitskräften und bei der Anpassung von Arbeitskräften unterstützen.
- Personen, Institutionen und die Öffentlichkeit über die Entwicklung des Arbeitsmarktes und die Berufswelt informieren.
- Diese Kernprozesse werden flankiert von Innovation und Kundendienst.

Das Qualitätsmanagement soll in den nächsten Jahren weiter ausgebaut werden, wobei Gender Mainstreaming in den laufenden Qualitätsmanagementprozess eingebunden werden soll. Im Herbst 2002 startete dafür ein sogenanntes »Pilot-

81 Die Beschreibung folgt den Darstellungen in den Geschäftsberichten 1995 bis 2003 des AMS Österreich.

assessment« im Burgenland (vgl. Europäisches Beschäftigungsobservatorium Frühjahr 2002).

*Reorganisation der Regionalen Geschäftsstellen*

1999 wurde ein neues Organisationsmodell in den Regionalen Geschäftsstellen eingeführt. Mit Hilfe einer Analyse der Aufgaben und Tätigkeiten im Beratungs- und Vermittlungsservice wurde das neue Drei-Zonen-Modell entwickelt. Dieses kundenfreundlichere Organisationsmodell baut auf der Segmentierung der Kunden nach Betreuungsbedarf, dem danach auszurichtenden Dienstleistungsangebot und der Zusammenführung von Jobvermittlung und Existenzsicherung auf.

Das 3-Zonen-Konzept sieht vor:

- Infozone: Angeboten werden Informationen und Selbstbedienungsmöglichkeiten.
- Servicezone: Jobvermittlung und Existenzsicherung.
- Beratungszone: Individuelle und intensive Beratung und spezielle Maßnahmen.

Mit diesem Modell wird für 60 bis 70 Prozent der KundInnen Existenzsicherung und Jobvermittlung im Sinne eines »*one-stop-shop*-Prinzips« angeboten. 2003 sollte die sukzessive Implementierung in allen Geschäftsstellen abgeschlossen sein.

*Neue Vertriebskanäle*

Die traditionellen Vertriebswege wie die RGS (lokaler Vertriebsweg), Service für Unternehmen (mobile Vertriebsschiene) oder Samsomat (siehe unten) wurden durch neue Vertriebskanäle wie Internet und Call Center ergänzt.

Bis 1998 gab es an Selbstbedienungseinrichtungen die sogenannten Samsomaten (ca. 270 Stück österreichweit); ab 1998 war eine Online-Jobsuche und Online-Personalsuche über das Internet möglich. 1999 wurde der »*e-Job-room*« eingeführt, das ist eine Internet-Plattform, bei der sowohl Arbeitsuchende als auch Unternehmen Inserate posten und abrufen können. Mit rund 25.000 offenen Stellen, rund 113.000 Jobsuchenden aus ganz Österreich und rund 6,1 Millionen Page-Views im Jahr 2001 ist www.jobroom.at die meistbesuchte österreichische Jobbörse im Netz.

*Verbessertes Monitoring-System*

Eine moderne Informationstechnologie ist ein wesentlicher Faktor für die Aufgaben des AMS. Schon 1995 wurden über 4000 Standard-Arbeitsplätze mit PC, Netzdrucker und Applikationen im *Client-Server*-System ausgestattet. Die interne Kommunikation wird seit 1997 durch ein E-Mail-System und Intranet unterstützt. Einen Höhepunkt der Applikationsentwicklung stellt der 1998 erfolgte flächendeckende Einsatz der Applikation ALV (Arbeitslosenversicherung) dar. Diese elektronische Administration ermöglicht die Abwicklung von etwa 900.000 Leistungsanträgen pro Jahr, die Verwaltung von ca. 1,7 Millionen Kundendaten mit 11 Millionen Bezugsverlauf-Zeilen sowie die jährliche Auszahlung von knapp 3 Milliarden Schilling an Leistungsaufwand. 1999 erfolgte eine

Umstellung auf das Betriebssystem Windows-NT auf etwa 5.000 Workstations. Mit der Errichtung eines *Data Warehouse* (seit 2002 DWH 4 und seit 2005 Öffnung eines Teils der Datenbanken für externe NutzerInnen) konnten wichtige Themen wie das arbeitsmarktpolitische Controlling, Förderbudget-Controlling sowie Unternehmensdaten abgebildet werden.

*Veränderungen in der internen Personalpolitik*

Die Ausgliederung des AMS aus der Bundesverwaltung brachte für die DienstnehmerInnen ab 1. Juli 1995 einen Kollektivvertrag, das heißt für die ehemaligen Vertragsbediensteten ist ein neues Dienst- und Besoldungsrecht wirksam. Die Besoldungsgrundlage wurde auf Basis eines eigenen Kollektivvertrags geregelt und erfolgsorientierte Prämien für MitarbeiterInnen eingeführt. Dieses Prämiensystem ist mit der Erfüllung der arbeitsmarktpolitischen Zielsetzungen eng verbunden und soll zur besseren Zielerreichung beitragen.

1999 kam es mit der Einführung eines Jahresarbeitszeitmodells zu einer Flexibilisierung der Arbeitszeit. Eine Richtlinie im Jahr 2002 ermöglicht die sukzessive und systematische Einführung von Telearbeit. Mit diesen Neuerungen soll eine verbesserte Vereinbarkeit von Beruf und Familie für die Beschäftigten des AMS möglicht werden

*Regionalisierung der Arbeitsmarktpolitik*

Sowohl die europäischen Zielsetzungen als auch die nationale Umstrukturierung haben in der Beschäftigungspolitik zu einer Dezentralisierung und Regionalisierung geführt. Durch die Ausgliederung des AMS aus der Bundesverwaltung liegt die Umsetzung der Arbeitsmarktpolitik in der Verantwortung der LGS; die BGS erstellt lediglich einheitliche Richtlinien. Zudem wurde durch die territorialen Beschäftigungspakte (TEP) eine engere Zusammenarbeit zwischen AMS, Ländern, Sozialpartnern und anderen regionalen AkteurInnen angestrebt, die auf ein stärker koordiniertes Vorgehen auf regionaler Ebene abzielen. Die Zusammenarbeit, die vorher meist auf informeller Ebene statt gefunden hat, wurde damit offiziell und durch die EU auch finanziell gefördert. Arbeitsmarktpolitische Maßnahmen bilden in den meisten TEPs das zentrale Anliegen, während strukturpolitische Maßnahmen, die auf die Veränderung des Arbeitsangebotes abstellen, eher im Hintergrund stehen (Campbell 2000; Huber 2001; Leitner u. a. 2003).

Angesichts der zunehmenden Komplexität arbeitsmarkt- und beschäftigungspolitischer Programme und Zielsetzungen bedarf es auf regionaler Ebene Koordinierungsstellen zur Beratung der verschiedenen AkteurInnen, der Erarbeitung arbeitsmarktpolitischer Konzepte und der Koordinierung von Programmen. Diese Koordinierungsstellen stehen häufig in Zusammenhang mit der europäischen Beschäftigungsstrategie, da sich bei der Umsetzung arbeitsmarktpolitischer Programme auf der Basis der europäischen Strukturfonds neue und umfangreiche Koordinierungserfordernisse auf regionaler Ebene ergeben (Schmid/Blancke 2001).

Diese organisatorischen Veränderungen können als eine »Professionalisierung der Arbeitsmarktpolitik« gewertet werden. Als Rahmenbedingungen fördern sie eine Gleichstellungspolitik, da dadurch Abläufe formalisiert, Entscheidungssituationen transparenter und informelle Einflüsse geringer werden. Damit tragen sie dazu bei, dass informelle Organisationsstrukturen, die nach den Ideen der *gendered organizations* wesentlich zur Benachteiligung von Frauen beitragen, vermindert und eine Geschlechterdemokratie gestärkt werden.

## Management by Objectives – *Politiksteuerung über Ziele*

Die komplexe Organisation des AMS mit dem Prinzip einer zentralen Steuerung der Ziele und einer Selbststeuerung der Umsetzung erfordert ein ambitioniertes Steuerungsinstrument. Dieses muss die arbeitsmarktpolitischen Zielvorgaben des BMWA von der Bundesebene des AMS bis hin zur Regionalebene transportieren, erforderliche Anpassungen an den regionalen Kontext zulassen und die unterschiedlichen Ziele der Arbeitsmarktpolitik in ein Gesamtsystem einbetten. Im Jahr 1995 wurde dafür ein Zielsystem, das sogenannte *Management by Objectives* (MBO), eingeführt, das durch operationelle Leistungsvorgaben und Indikatoren die Performance der Arbeitsmarktpolitik steuert.

Der Zielsteuerungsansatz folgt dem Prinzip einer ex-ante Formulierung operationeller Leistungsziele und der ex-post Messung der Ergebnisse und Wirkungen. Damit erfolgt im Sinne der Verwaltungsmodernisierung eine Verlagerung der Input- oder regelorientierten Konditionalsteuerung zur Outputsteuerung (Schütz 2001). Die zentralen Schritte eines MBO-Zyklus sind (1) die Definition der Ziele, (2) die dezentrale Operationalisierung mittels Indikatoren und Zielwerte, (3) ihre Umsetzung, (4) laufende und/oder finale Zielkontrolle und (5) Leistungsbewertung entsprechend der Zielerreichung, die wieder in die Definition der Ziele der nächsten Periode einfließt.

Das österreichische Zielsteuerungssystem weist ein hohes Maß an Komplexität auf, weil sowohl eine Konzertierung der verschiedenen Zielebenen erfolgt, als auch eine ständige Verfeinerung des Zielsystems und der Managementinstrumente (Einführung des Qualitätsmanagements EFQM, Kundenbefragung - *Client Monitoring System*, Beschwerdemanagement ams.help). Die Abstimmung hinsichtlich der Zielebenen bezieht sich auf die Jahresplanung mit den mittelfristigen Zielvorgaben des Bundesministeriums (Oberziele), dem mittelfristigen AMS-Plan, dem NAP und der ESF-Planung. Im Vergleich mit anderen europäischen Ländern kann nach Schütz das österreichische System »als strategischer Ansatz mit starker Systementwicklung charakterisiert werden. [...] Auffällig ist die Orientierung an eher mittelfristigen Wirkungszielen in der *policies*-Dimension; prozessual ist die koordinierte dichte Verbindung und Abstimmung von Expertenplanung mit Entscheidungsprozessen der Selbstverwaltung prägend« (Schütz 2001: 211).

Die arbeitsmarktpolitischen Ziele werden jährlich festgelegt, wobei die grundlegenden Richtlinien durch die BGS unter Berücksichtigung der Vorgaben des BMWA erstellt werden. Die Konkretisierung der Zielsetzungen erfolgt für 9 Ziele ebenfalls durch die BGS, ein Ziel wird jeweils länderspezifisch durch die LGS formuliert. Diese Zusammenstellung der Ziele durch unterschiedliche Ebenen, wird dabei aber nicht unbedingt als konsistentes Zielsystem gesehen, sondern von einzelnen InterviewpartnerInnen als ein Mix unterschiedlicher Interessen wahrgenommen. »Der Wirtschaftsminister gibt ein Ziel auf jeden Fall vor. Dann gibt die Bundesgeschäftsstelle Ziele vor und wir machen uns ein Landesziel und die Geschäftsstellen können sich noch ein regionales Ziel setzen. Und dieser Zielmix ist dann das Arbeitsprogramm, das wir dann umzusetzen haben.« (I 13: 3)

Konkretisiert werden die Zielsetzungen in den Arbeitsprogrammen auf Landesebene, indem eine ExpertInnengruppe, der MitarbeiterInnen aus unterschiedlichen Fachbereichen der LGS und RGS-VertreterInnen angehören, die erste Planungsrunde gestaltet, bei der für die entsprechenden Zielsetzungen landesweit Maßnahmenpotentiale und Kosten kalkuliert werden. Diese Konzepte gehen dann zu den RGS, die ihre Potentiale nach Zielen bewerten und ihre Vorschläge zurück an die ExpertInnenrunde zur Abstimmung geben (I 15). Wie groß der Spielraum zur Mitgestaltung der umsetzenden RGS tatsächlich ist, wird sehr unterschiedlich eingeschätzt. Während von der BGS und der LGS die Mitsprachemöglichkeit der RGS eher betont wird – »Die RGS bestellen und wir administrieren« (I 15: 2) – wird dieser Einfluss von einzelnen RGS-MitarbeiterInnen bestritten: »Eine direkte Einflussnahme von den RGS gibt es nicht. Es wird eine Quantifizierung gemacht für alle Bundesländer und dann aufgeteilt auf die Bundesländer. Und dann hat Wien eine Zahl zu jedem Ziel und das teilen sie dann auf die Geschäftsstellen auf. Und wir kriegen so die Vorgaben.« (I 17: 3)

Für die konkrete Umsetzung spielen sowohl aktuelle Problemlagen als auch Schwerpunktsetzungen in der Vergangenheit eine Rolle.[82] Welche Ziele konkret definiert werden, ist aber nicht nur von inhaltlichen, sondern auch von operationellen Kriterien abhängig. Denn die Ziele sollten klar und leicht kommunizierbar, sollen unmittelbar kontrollierbar (konzeptionelle und zeitnahe Kopplung der Indikatoren an die konkreten Aktivitäten der Arbeitsämter), eine konsistente, hierarchische Zielstruktur bieten und von der Höhe her herausfordernd, aber nicht unrealistisch sein (Schütz 2001). Die anspruchsvollen Voraussetzungen machen die Zieldefinitionen zum einen abhängig von der Datenverfügbarkeit[83], zum anderen aber auch zu einem System, deren Planung wesentlich auf den Vergangenheitsergebnissen beruht.

Zielsteuerungssysteme haben den Vorteil, dass vorab und zentral eine Klärung von Prioritäten erfolgt, eine einheitliche Ausrichtung der Ziele erreicht wird und alle MitarbeiterInnen klare Richtlinien für ihre Tätigkeiten haben. Dies scheint im AMS gewährleistet, als in den Interviews immer wieder betont wurde, dass die Zielvorgaben die Arbeitspraxis bestimmen.[84] »Also der oder die im AMS sitzt, die schauen als erstes darauf, was sind meine arbeitsmarktpolitischen Zielvorgaben für dieses Jahr. Und alles andere, was nachher kommt, ist eigentlich Luxus.« (I 28: 3)

Quantitative Zielvorgaben wirken aber nicht nur als praktische Richtschnur für eine einheitliche Arbeitsmarktpolitik. Sie werden auch zum Motivationsmotor für Verbesserungen der Umsetzung. »Das Wichtigste beim Zielsteuerungssystem ist ja auch gar nicht, ob man bundesweit die Ziele erreicht. Das Wichtigste ist, dass man Daten kriegt zum Benchmarken, wer ist besser und wer ist schlechter und wer kann von wem Lernen.« (I 19: 3) So erfolgt ein *Benchmarking* zwischen den LGS und RGS, indem die erreichten Werte offengelegt, miteinander verglichen und entsprechend der erreichten Indikatoren gereiht werden. Dies geht soweit, dass jeder Berater, jede Beraterin sich selbst kontrollieren kann und selbst

---

82 Zu den Zielsetzungen im Detail vgl. Kapitel 10.

83 So zeigt sich, dass die Unterschiede zwischen den Arbeitsmarktverwaltungen der europäischen Länder in den Zieldefinitionen entscheidend vom nationalen Monitoringsystem geprägt sind.

84 Diese Steuerungskraft der Zielsetzungen zeigt sich auch darin, dass die Zielsetzungen nahezu immer erreicht werden (vgl. Geschäftsberichte 1995 bis 2003, genauer dazu Kapitel 10).

einschätzen kann, wieweit er oder sie die Ziele erreicht hat beziehungsweise wo verstärkte Anstrengungen getroffen werden sollten. Diese Quantifizierung von Zielsetzungen führt organisationsintern auch zur kritischen Auseinandersetzung mit den Zielen und Vorgaben und kann in der Folge das Organisationslernen fördern (Schütz 2001).

Diesen Stärken des Zielsteuerungssystems stehen aber auch einige Schwächen gegenüber, wie sie auch in kritischen Einschätzungen des Zielsetzungssystems durch die ExpertInnen sichtbar wurden. Ein Kritikpunkt, der mehrmals genannt wurde, ist die mangelnde Flexibilität des Systems. Durch den komplexen und zeitaufwendigen Zielbestimmungsprozess kann nur mit Zeitverzögerung auf aktuelle Arbeitsmarktprobleme reagiert werden. So vergleicht ein Interviewpartner die Arbeitsmarktpolitik mit der Schifffahrt und sieht das AMS dabei in der Rolle eines großen Tankers, der eine enorm lange Bremsdauer hat, um zum Stillstand zu kommen oder die Richtung zu verändern. »Man kann Facetten in der Gesamtplanung verändern, aber man kann nicht sagen, jetzt mache ich nur Langzeitarbeitslose und nächstes Jahr nur Jugendliche und vergesse die Langzeitarbeitslosen.« (I 13: 2) Auch aus der Perspektive der Umsetzenden wird diese Inflexibilität kritisiert, da das längerfristig geplante Zielsystem oft nicht zu den konkreten Problemlagen der KlientInnen passt: »Es sollte mehr auf die tatsächlichen Probleme der Arbeitsuchenden geschaut werden, wir sollten da flexibler agieren können und nicht nur nach den vorgegebenen Schemen. Beispielsweise bräuchte jemand sofort etwas und ich muss warten, bis eine 3-monatige Frist abgelaufen ist, dass er das kriegen kann.« (I 2: 4)

Das Zielsteuerungssystem hat in gewisser Weise eine Eigendynamik entwickelt, die den Zielen einen größeren Stellenwert zuspricht, als das vielleicht ursprünglich geplant war. Denn die Zielvorgaben üben aufgrund der damit verbundenen Sanktionen und Prämien Druck auf die Umsetzenden aus, der ihnen scheinbar auch bei wenig Sinnhaftigkeit der Vorgaben kaum Spielraum belässt. »Wenn sie permanent Leute unter Druck setzen, um die Ziele zu erreichen, dann riskieren sie, dass sie nur das tun.« (I 11: 5)

Diese Eigendynamik des Zielsteuerungssystems besteht auch in der Wirkungskontrolle. So sieht ein Gesprächspartner das AMS »als Weltmeister im Analysieren, doch wirksame Konsequenzen daraus zu ziehen, das ist im ganzen Managementprozess noch eine Schwäche.« (I 19, 3) Diese Art der Wirkungskontrolle zielt allein auf die Zielerreichung und nicht auf die Wirkung der Maßnahmen ab, das heißt nur auf die Zielindikatorenerfüllung und nicht unbedingt auf die Problembeseitigung. Dies wird auch von der AMS-Leitung angesprochen, ohne aber konkrete Lösungsvorschläge für dieses Problem zu haben. Eine Begründung dafür liegt in den fehlenden Methoden der Wirkungsmessung. »Man kann natürlich abstrakt messen, ob man das Ziel erreicht hat. Aber ob das wirklich die Wirkung der Maßnahme oder ein Zufallsergebnis ist oder ob sich irgendwelche Arbeitsmarkteinflüsse geändert haben oder die allgemeine Entwicklung des Arbeitsmarktes – da stecken wir noch in den Kinderschuhen.« (I 19, 2)

Ein weiterer Kritikpunkt am Zielsteuerungssystem richtet sich auf die Informationsasymmetrien zwischen den Planenden und den Ausführenden, was zur »kreativen Buchführung« und zum »*Creaming*«[85] führen kann (Schütz 2001: 219). Schütz erklärt die Kontroll- und Informationsprobleme als ein *Prinzipal-Agent*-Problem, bei dem die Ausführenden durch ihren Informationsvorsprung sowohl die Zielwerte als auch ihre Erreichung manipulieren können.[86] Die Tendenz zu solchen Manipulationen ist umso stärker, je geringer die Akzeptanz eines Zieles oder Indikators ausfällt, was sowohl von qualitativen Faktoren (Plausibilität etc.), als auch vom Niveau der Zielhöhe (wenn unrealistisch, wird das Ziel nicht ernst genommen und Strategien zur »statistischen« Erreichung gesucht) abhängt. Wieweit diese

---

85 Als Creaming wird die Auswahl von TeilnehmerInnen an Maßnahmen bezeichnet, bei der jene Personen ausgewählt werden, die die besten Chancen für positive Wirkungen zeigen. Beispielsweise werden in vielen Maßnahmen schwer vermittelbare Problemgruppen wie zum Beispiel Personen mit nicht-deutscher Muttersprache, Behinderungen, Betreuungspflichten oder ältere ArbeitnehmerInnen selbst dann zugunsten von besser vermittelbaren Personen vernachlässigt, wenn die Maßnahmen auf diese Personen ausgerichtet sind (vgl. Leitner/Wroblewski 2000c; Lassnigg u. a. 2000; Grießler u. a. 2001)

86 Aus dem Prinzipal-Agent-Problem können zwei Informations- und Organisationsprobleme entstehen: (1) Adverse Selection: Die (Leistungs-)eigenschaften des Agenten sind dem Prinzipal vor Vertragsabschluss zunächst nicht bekannt; der Prinzipal kann daher ungeeignete Vertragspartner auswählen, wenn der Agent ex- ante eine täuschende Selbstdarstellung betreibt. Für die Zielsteuerung in der Arbeitsmarktpolitik betrifft dies die Festlegung von Zielgrößen, die aus den Vergangenheitserfahrungen abgeleitet werden. Es ist dabei nicht klar, inwieweit die erreichten Ziele schwierig erreichbar waren, oder aber noch ein Spielraum für eine Leistungssteigerung besteht. (2) Moral Hazard: Der Prinzipal kann die Handlungen des Agenten nicht oder nur unvollständig beobachten und beurteilen, daher kann letzterer Vertragsinhalte verletzen oder verfälschen bzw. falsche/unvollständige Informationen liefern. Auf die Praxis des AMS angewendet heißt das, dass es zu mehr oder minder schweren Manipulationen bei der datenmäßigen Erfassung der Zielindikatoren und Zielerreichung kommen kann.
Diese Informations- und Implementationsprobleme sind prinzipiell nicht endgültig lösbar, aber mit entsprechenden Vertrags- und Kontrollmodi bzw. mit Anreizstrukturen verringerbar.

Praxis tatsächlich besteht, bleibt in den Interviews offen, wird aber immer wieder durch Beispiele angeführt, wie zum Beispiel für die Zielsetzung »Abbau von Langzeitarbeitslosen«:

»Unsere Existenzbedingungen hängen halt auch an den Zahlen. Das war auch schon so als ich in den siebziger Jahren eingestiegen bin, da waren Wahlen und da mussten wir soviel Prozent erreichen. Da ist die Qualität im Hintergrund, wenn es um das eigene Überleben geht. Es braucht sehr viel Geschick um niemanden vor den Kopf zu stoßen. Die kurzfristige Strategie ist bevorzugt. Die Langzeitarbeitslosen sind ein schönes Beispiel, in Oberösterreich zum Beispiel gibt es keine mehr, 200 oder so. Das wird dann als erfolgreich gefeiert, der Bartenstein war da und das ist mit seiner Politik gelungen. Aber so einfach ist es ja nicht, die sind ja woanders.« (I 13: 4)

Auf der konzeptionellen Ebene gibt es neben den bereits angesprochenen Informations- und Implementierungsproblemen potentiell noch das Problem zu hoch gesteckter Erwartungen, insbesondere was die Lösung von Zielkonflikten über ein Zielsteuerungssystem betrifft. »Zielkonflikte zwischen Effizienz- und Gleichheitszielen sind etwa für die Arbeitsmarktpolitik konstitutiv und lassen sich zwar institutionell bearbeiten, aber nicht endgültig aus der Welt schaffen.« (Schütz 2001: 218). Zielsteuerungssysteme stellen zwar ein sehr nützliches Instrument sowohl zur Zieldefinition und -konkretisierung als auch zur Umsetzung beziehungsweise Kontrolle der Umsetzung dar. Aber eine automatische Prioritätenfestlegung erfolgt damit ebenso wenig wie eine Lösung aller möglichen Zielkonflikte. Hierzu sind nach wie vor politische beziehungsweise organisationsinterne Prozesse notwendig, um diesbezügliche Entscheidungen vorzubereiten beziehungsweise Probleme und Möglichkeiten sichtbar zu machen.

Den zentralen Kritikpunkt an der Gestaltung des Zielsteuerungssystems stellt aus der Sicht der ExpertInnen seine Konzentration auf quantitative Indikatoren dar. Wenn quantitative Zielgrößen dominieren, ist es schwierig, qualitative Aspekte zu berücksichtigen.

»Man kann jetzt darüber diskutieren, wie glücklich wir mit dieser Indikatorenentwicklung sind. Es hat zweifelsohne seine Vorteile, um das Unternehmen steuern zu können, das ist keine Frage. Die Frage ist, ob man den Spagat schafft, Indikatorenpolitik und Qualität im gleichen Ausmaß aufrecht erhalten zu können. Wir kommen mit den Indikatoren drauf, dass der Selbstzweck größer ist als der Hintergrund der Qualität. Zum Beispiel die Verhinderung von Arbeitslosigkeit: Da gibt es ein Produkt, wo wir versuchen mit Aktivierungsmaßnahmen die Leute zu unterstützen. Das passiert auch und passiert auch nicht unerfolgreich. Von meinem subjektiven Empfinden habe ich das Gefühl, dass der Selbstzweck das Ziel zu erreichen größer ist, als zu schauen, ob man qualitativ gut den Betroffenen bei diesem Anspruch geholfen hat.« (I 4: 4)

Zum Teil liegt dies sicherlich daran, dass die Indikatorenentwicklung noch nicht ausgereift genug ist, zum Teil aber doch auch auf der mit dem Zielsteuerungssystem verbundenen Tendenz zum »Zahlenfetischismus« (Schütz 2001). Dies betrifft Gleichstellungsziele im Besonderen, wo bislang die Vorgaben auf einfach messbare Zielgrößen beschränkt sind, aber die qualitative Dimension (zum Beispiel Abbau vertikaler Segregation) von zentraler Bedeutung ist (vgl. Kapitel 10). Es besteht die Gefahr, dass Qualitätsaspekte angesichts der Mengenorientierung der Ziele zu kurz kommen.

## Resümee

Die Entwicklung der österreichischen Arbeitsmarktpolitik ist durch die organisatorischen Veränderungen ihres Hauptakteurs, dem AMS, sowie den Beitritt zur EU geprägt. Dezentralisierung und Professionalisierung des AMS haben dazu beigetragen, dass die arbeitsmarktpolitische Umsetzung nunmehr primär zielorientiert betrieben wird. Als Erfolg gilt die Zielerreichung, was nicht immer mit einer problemadäquaten Arbeitsmarktpolitik einhergehen muss. Wird beispielsweise auf die Vermittlung von Arbeitslosen abgezielt, so gilt durch die Aufnahme eines Beschäftigungsverhältnisses das Ziel als erreicht, unabhängig davon, ob zugleich die Zahl der Arbeitslosen steigt.

Arbeitsmarktpolitische Ziele werden von oberster Ebene vorgegeben und in operationalisierbare, quantitative Regionalziele übersetzt. Dieses *Management by Objectives* ermöglicht eine dezentrale Umsetzung von strategischen Zielen und prägt zugleich die Vorgehensweise der AkteurInnen auf allen Ebenen. Arbeitsmarktpolitische Ziele können nur dann umgesetzt werden, wenn sie in eindeutige Handlungsanweisungen übersetzt werden können. Für die umsetzenden Personen sind diese Anweisungen handlungsleitend, ihre Tätigkeit wird danach bewertet. Damit entsteht eine Logik, die die komplexen Anforderungen der aktiven Arbeitsmarktpolitik auf kontrollierbare, das heißt quantifizierbare und messbare Vorgaben reduziert. Diese Logik wird auch durch die europäische Beschäftigungspolitik gefördert. Durch die Methode der offenen Koordination, in der die europäische Kommission nur insofern eingreifen kann, als sie nationale Politiken beobachtet und miteinander vergleicht (Politik des *Benchmarking* und *Best Practices*) werden ebenfalls quantifizierbare Zielsetzungen gefördert.

Die Umsetzung von Gleichstellungszielen stößt damit in der Arbeitsmarktpolitik auf ungleich bessere Voraussetzungen als in vielen anderen Bereichen, wie zum Beispiel der betrieblichen Frauenförderung oder der Steuerpolitik. Denn die Formalisierung von Betriebsabläufen und Organisationsstruktur ist eine der Voraussetzungen, die Gleichstellungspolitik fördert. Sie erhöht die Transparenz von Entscheidungen und vermindert den Einfluss von informellen, männlich ausgerichteten Förderstrukturen, die sogenannte Substruktur von Organisationen (vgl. Kapitel 5). Zudem ist Frauenförderung beim AMS als Zielsetzung bereits längere Zeit verankert. Dies gilt sowohl für die Förderung von arbeitslosen Frauen, vor allem aber auch für die interne Personalförderung. Weichenstellungen in Richtung Frauenförderung sind also vorhanden, doch die obersten Leitungspositionen sind nach wie vor männlich besetzt und auch im Bereich der Fördermaßnahmen sind Frauen nur partiell gleichgestellt.

# 9. Implementierung von Gender Mainstreaming im AMS

Im Mai 2000 haben der Vorstand und die Landesorganisationen des AMS Gender Mainstreaming zu einer verbindlichen Strategie erklärt. Dem sind unterschiedliche Aktionen vorangegangen, um ein Konzept für seine Implementierung zu entwickeln. So wurden Studien für die Einführung von Gender Mainstreaming in Auftrag gegeben, um den Wissensstand sowie Möglichkeiten und Barrieren von Gender Mainstreaming aufzuarbeiten. Für spezifische Programme wurden bereits zuvor konkrete Maßnahmen für Gender Mainstreaming entwickelt. Unter der österreichischen EU-Präsidentschaft 1998 wurde Gender Mainstreaming für die Europäische Beschäftigungsstrategie besonders gepuscht und ging Österreich als Vorbild bei der Verankerung von Gender Mainstreaming im Nationalen Aktionsplan voraus (Pastner 1998; Sauer 2004). Auch das ESF-Ziel3-Programm 2000 bis 2006 hat die Einführung von Gender Mainstreaming im AMS unterstützt.

Angesichts dieser unterschiedlichen Aktivitäten ist es schwierig, von einem konkreten Startpunkt von Gender Mainstreaming zu sprechen. Das offizielle Bekenntnis von Gender Mainstreaming im Jahr 2000 kann jedenfalls als eine verbindliche Zustimmung zu Gender Mainstreaming verstanden werden. Von der Frauenabteilung wird die Planungsphase für den ESF 2000–2006 als ein zentraler Schritt für die Einführung von Gender Mainstreaming gesehen:

»Damit ist das Rad ins Rollen gekommen. Damit war klar, der erste Schwerpunkt wird beim ESF beziehungsweise dem dazugehörigen Supplement [Ergänzung zur Programmplanung von Ziel3 Österreich 2000-2006, Anm. d. A.] liegen, wo wir bei der Erarbeitung drinnen waren. Das war wirklich ein Quantensprung, wo wir wirklich mitgeplant haben. Davor ist von uns oft nur ein Satz dazugekommen, damit es halt drinnen steht.« (I 20: 3)

Die Implementierung von Gender Mainstreaming ist aber auch ein Prozess, der nicht von heute auf morgen umgesetzt werden kann. Vom AMS wurde eine schrittweise Umsetzung beschlossen, wobei das Tempo der Implementierung zu keiner Überforderung der Organisation führen und Spielraum für das Sammeln entsprechender Erfahrungen bieten sollte. Als Zieldatum für die Implementierung wird im Geschäftsbericht 2002 das Jahr 2004 genannt:

»Das AMS hat sich zum Ziel gesetzt, bis 2004 die europaweit geforderte Strategie des ›Gender Mainstreaming‹ zur Erreichung der Gleichstellung von Frauen und Männern auf dem Arbeitsmarkt in alle Planungs- und Entscheidungsprozesse zu implementieren. Als Voraussetzung dafür werden Daten geschlechtsspezifisch abgefragt, analysiert und aufbereitet. In den Qualitätssicherungsverfahren ist die Formulierung von Gleichstellungszielen vorgesehen. Durch die konsequente Förderung der Gleichstellung von Frauen und Männern will das AMS auch die Dienstleistungen für seine Kundinnen und Kunden verbessern und damit deren Zufriedenheit erhöhen.« (AMS-Geschäftsbericht 2002: 9)

Gender Mainstreaming wird im AMS entsprechend der Definition des Europarates (1998) interpretiert (vgl. Kapitel 4). Aber wieweit verändert Gender Mainstreaming im AMS tatsächlich die Gleichstellungspolitik? Als innovative Aspekte von Gender Mainstreaming gelten der *Top-Down*-Ansatz und die Verankerung als Querschnittsmaterie, durch die alle AkteurInnen bei allen politischen Entscheidungen in allen Phasen der Politik die Geschlechterperspektive berücksichtigen sollen. Dies erfordert zum einen, dass Gender Mainstreaming in den Steuerungsprozessen verankert wird, um die Zielsetzungen für Gleichstellungspolitik von der Leitungsebene zu den umsetzenden AkteurInnen zu bringen; zum anderen, dass die damit erforderliche Gender-Kompetenz bei den AkteurInnen besteht beziehungsweise aufgebaut wird. Die Implementierung von Gender Mainstreaming im AMS kann damit entlang von drei Schienen verfolgt werden: Erstens, die normative Verankerung von Gender Mainstreaming; zweitens, die Verantwortung und Prozessbegleitung durch spezifische AkteurInnen und drittens, der Aufbau von Gender-Kompetenz.

## Normative Verankerung

Die normative Verankerung von Gender Mainstreaming im AMS folgt weitgehend einem Ansatz, bei dem die Geschlechterperspektive systematisch in bestehende Steuerungs- und Kontrollprozesse integriert werden soll. Entsprechend der vorliegenden Dokumente und Interviews lassen sich dabei folgende Schritte unterscheiden:

- Gender-Mainstreaming-Kriterien in Bundesrichtlinien
- Gender-Mainstreaming-Kriterien in der Qualitätssicherung
- *Gendern* der arbeitsmarktpolitischen Zielsetzungen

Analog zur allgemeinen Arbeitsmarktpolitik wirkt die BGS auch bei Gender Mainstreaming richtungsweisend durch Zielvorgaben und Richtlinienerstellung. Die Landesorganisationen leiten aus den bundesweit vorgegebenen Zielsetzungen ihre Arbeitsprogramme ab, indem sie für die Ziele Maßnahmen und Zielgruppen planen. Die BGS hat aber nur begrenzt Einfluss auf die konkrete Umsetzung, die den RGS obliegt. Während es direkte Mittel und Möglichkeiten gibt, auf die LGS-Politik einzuwirken, erfolgt die Vermittlung auf die RGS-Praxis indirekt über die LGS. Nur über Richtlinien können bundesweit Förderungsinstrumente normiert werden, indem bestimmt wird, für welche Zwecke und unter welchen Bedingungen für wen Geld ausgegeben werden kann.

### Gender Mainstreaming in Bundesrichtlinien – *Bundesweit lenkende Normen*

Ziel ist es, bis zum Jahr 2004 Gender Mainstreaming in allen Richtlinien zu verankern. (AMS-Geschäftsbericht 2002) Zwei umgesetzte Beispiele dafür sind:

- »Bundesrichtlinie zur Erstellung von Richtlinien im AMS« (Neuregelung gültig ab 1. November 2001): Jede Bundesrichtlinie ist nach dem Prinzip des Gender Mainstreaming zu gestalten, das heißt es ist ein 6-Schritte-Programm zur Definition des Gleichstellungsziels, der Analyse der Zielgruppe hinsichtlich geschlechtsspezifisch relevanter Unterschiede, der Entwicklung von gleichstellungsorientierten Optionen, der Analyse und Auswahl der Optionen, ihrer Umsetzung und Erfolgskontrolle durchzuführen (vgl. Kapitel 5).
- »Richtlinie zur Förderung von Bildungsmaßnahmen, Übertragungsverfahren (FBM1)« (gültig ab 1. Februar 2001): Bei den Auswahlverfahren zur Beauftragung von Bildungsträgern wird Gender Mainstreaming als Zusatzkriterium mit Punkten bewertet. In diese Bewertung fließen sowohl Gender-Aspekte in Bezug auf die Maßnahmen selbst und deren

Rahmenbedingungen, als auch die Haltung der Trägerorganisation zur Gleichstellung im eigenen Unternehmen ein.

Die Möglichkeit der Einflussnahme auf die umsetzenden Ebenen des AMS war wohl mit ein Grund, dass bei der Gender-Mainstreaming-Implementation zunächst alle Bundesrichtlinien des AMS sukzessive nach den Kriterien des Gender Mainstreaming überprüft und wenn notwendig adaptiert wurden, wie dies von einer Interviewpartnerin angesprochen wurde:

»Wir sind eine richtliniengesteuerte Organisation. Das was Norm ist, muss in eine Richtlinie gegossen sein. Wenn es das ist, dann gilt es; dann ist es ein Normenverstoß, wenn man nicht danach handelt. Wenn es wirklich darum geht, Gesetze zu schreiben, müssen wir Richtlinien schreiben. Unterstellt ist mir überhaupt niemand. [...] Aber wenn es wirklich darum geht, jemanden etwas anzuschaffen, dann hat das durch eine Norm zu geschehen.« (I 29: 2)

Der Ansatz, dass alle Bundesrichtlinien Gender-Mainstreaming-Kriterien erfüllen sollen, scheint angesichts ihrer Lenkungsfunktion für die Umsetzung wichtig und notwendig. Das zweite Beispiel der Richtlinie zur Förderung von Bildungsmaßnahmen zeigt aber auch, wie schwierig die Umsetzung dieses Vorhabens ist. In der Richtlinie zur Förderrichtlinie für Bildungsmaßnahmen hat man Kriterien definiert, die überprüfbar machen sollen, ob ein Projekt einem qualitativen Verständnis von Gender Mainstreaming gerecht wird. Dies betrifft sowohl das Unternehmensprofil (trägerbezogene Kriterien) als auch das Leistungsprofil (maßnahmebezogene Kriterien).[87] Dies hat entsprechend der Erfahrungen der InterviewpartnerInnen ein Umdenken ausgelöst: »Wir haben sehr stark die Impulswirkung wahrgenommen, sprich wir kriegen damit Anfragen von Projektträgern, wie sie das machen sollen.« (I 28: 5)

Die Richtlinie hat aber auch eine Diskussion über *hard-facts* und *soft-facts* von Gender Mainstreaming ausgelöst und wie diese überprüft werden

87 Die trägerbezogenen Kriterien, die die Gleichstellung zwischen Männern und Frauen als Organisationsziel des Bildungsträgers bewerten, beziehen sich auf den Frauenanteil bei Führungskräften, bei den angestellten TrainerInnen, auf die Existenz eines Gleichstellungsziels im Unternehmensleitbild, eines Frauenförderplans und von Gleichstellungsbeauftragen sowie den Nachweis von Gender Trainings der TrainerInnen. Die maßnahmenbezogenen Kriterien betreffen die Maßnahmenumsetzung, indem gleichstellungsfördernde Aspekte wie Kinderbetreuungsmöglichkeiten, Schulungszeiten etc., der Frauenanteil bei den eingesetzten TrainerInnen, geschlechtergerechte Unterrichtsmaterialien und geschlechtssensible Didaktik als TrainerInnenqualifikation bewertet werden (vgl. Richtlinie zur Förderung von Bildungsmaßnahmen, Übertragunsverfahren (FBM1): 7ff.).

können. Denn entsprechend der Erfahrungen der AkteurInnen sind die Kriterien teils unzureichend definiert, teils unwichtig. »Wir kriegen alles, was wir verlangen bei einer Ausschreibung. [...] Aber die Sinnhaftigkeit hinterfrage ich massiv. Wir fragen Sachen ab, die nicht das Ziel bringen, das wir uns vorstellen.« (I 15: 3f.). So sind beispielsweise Führungskräfte nicht näher definiert, sodass mitunter Sekretärinnen zu Führungskräften gezählt werden. »Da habe ich dann so Beispiele gehört wo dann jede Sekretärin zur Bereichsleiterin mutiert ist, damit mehr Punkte herausschauen.« (I 1: 4) Oder aber der Frauenanteil bei den TrainerInnen der Trägereinrichtung liegt zwar insgesamt bei 80 Prozent, aber für die spezifische Maßnahme werden nur Männer eingesetzt (I 15: 4). Zum anderen wird aber auch kritisiert, dass Gender Mainstreaming zwar ein Kriterium bei der Fördervergabe geworden ist, aber dass es kein »*Knock-out*-Kriterium« geworden ist, das heißt Träger, die keine der gefragten Maßnahmen umsetzen, nicht rausfallen, sondern diesen Mangel durch ein ansonsten besseres Preis-Leistungsverhältnis wettmachen können.

Die Verankerung von Gender Mainstreaming als Vergabekriterien hat jedenfalls bei vielen AkteurInnen einen Nachdenkprozess ausgelöst und trägt damit zur Sensibilisierung von Gender-Fragen bei. Es zeigt aber auch, dass das *Gendern* eines Instruments, bei dem es um die Verteilung von Finanzressourcen geht, nämlich um die Verteilung eines beträchtlichen Teils der Ressourcen für Aktive Arbeitsmarktpolitik auf die unterschiedlichen Bildungsträger, zu massiven Angriffs- oder Verteidigungsargumentationen führt. Eine Bevorzugung von Frauen wird dabei mit altbekannten Argumentationsmustern kritisiert, indem der direkte Bezug von Geschlecht und Qualität in Frage gestellt wird (hier übrigens von einem Mann): »Wozu frage ich, wie viele Männer und Frauen sind da beschäftigt. Geht es um die Qualität der Maßnahme oder um etwas anderes? Was will das AMS? Will man da ein Signal setzen und zeigen, wir als AMS arbeiten nur mit denen, die viele Frauen haben. Vielleicht glaubt man da, die Trägerlandschaft zu verändern, ich weiß es nicht.« (I 11: 4) Es zeigt aber auch die Schwierigkeit, griffige Kriterien zu formulieren. Hier besteht jedenfalls Weiterentwicklungsbedarf.

### Gender Mainstreaming in der Qualitätssicherung – *Feedbackprozesse zur Prozessverbesserung*

Die Überprüfung der Ergebnisse von Gender Mainstreaming erfolgt über den laufenden Qualitätsmanagementprozess nach dem Modell der *European Foundation for Quality Management* (EFQM) (vgl. Kapitel 8). Damit sollen der Ist-Zustand von Gender Mainstreaming überprüft und Verbesserungspotentiale identifiziert werden. Diese Vorgangsweise scheint durchaus erfolgsversprechend, da EFQM bereits ein eingeführtes System zur Optimierung von Prozessen ist, das *Benchmarking-* und *Best-Practise-*Methoden ermöglicht. Zugleich erhofft man sich damit »eine systematische Verbreitung und eine Verbesserung der Akzeptanz von Gender Mainstreaming sowohl innerhalb des AMS als auch bei Partnerorganisationen« (Europäisches Beschäftigungsobservatorium 2002: 41).

Für die Integration von Gender Mainstreaming in das EFQM wurde im Burgenland im Herbst 2003 ein Pilotprojekt gestartet, wobei eine Assessmentrunde zu Gender Mainstreaming durchgeführt wurde. Für dieses Assessment wurde ein Fragebogen ausgearbeitet, mit dem Stärken und Schwächen der bisherigen Umsetzung aufgezeigt und Verbesserungspotentiale entwickelt werden sollten. Mit Unterstützung einer Assessorin beziehungsweise eines Assessors wurden in einer breitgefächerten Runde von MitarbeiterInnen der Regionalen Geschäftsstellen, der Landesgeschäftsstelle, der verschiedenen Abteilungen und Ebenen von der Führung über SachbearbeiterInnen bis hin zu BeraterInnen Verbesserungspotentiale diskutiert und in Arbeitsgruppen konkrete Themen weiterbearbeitet (I 22). Diese Form der Berücksichtigung von Gender Mainstreaming stellt nicht nur ein Novum für Österreich dar, sondern wurde europaweit erst einmal durchgeführt. Wie wirksam dies allerdings ist oder welche Umsetzungsprobleme dabei auftreten, konnte zum Untersuchungszeitpunkt[88] noch nicht geklärt werden.

### Gender Mainstreaming im Zielsteuerungssystem – *Frauenquoten als Ziel*

Für die normative Verankerung von Gender Mainstreaming erweist sich aus der Sicht der AkteurInnen seine Eingliederung in das Zielsteuerungs-

88 Die Gespräche mit MitarbeiterInnen der jeweiligen Landesgeschäftsstelle fanden im Winter 2002/2003 statt.

system (MBO) als zentral. Dafür sollen die arbeitsmarktpolitischen Zielsetzungen *gegendered* werden, das heißt die allgemeinen Zielsetzungen im Hinblick auf die jeweiligen Bedingungen und Interessen von Frauen und Männern analysiert und verändert oder ergänzt werden. Dabei geht es nicht nur um die Frage, inwieweit Frauen an Maßnahmen teilnehmen, sondern auch darum, wieweit die Maßnahmen zu einer Gleichstellung von Frauen und Männern beitragen. Frauenspezifische Zielsetzungen sollen auch weiterhin die allgemeinen Zielsetzungen ergänzen.

Zum Untersuchungszeitpunkt befand sich das AMS noch im Aufbau dieser Umsetzungsschritte und hat diesen Prozess auch bewusst langsam vorangetrieben, um dies »professionell« machen zu können und »nicht etwas zu versprechen, was dann an den MitarbeiterInnen hängen bleibt« (I 17: 2) Für das Jahr 2002 wurde von der BGS eines der zehn arbeitsmarktpolitischen Ziele, nämlich die Vermittlung von in Langzeitarbeitslosigkeit übertrittsgefährdete Personen, in dieser Weise vorgegeben. Jedes Bundesland sollte darüber hinaus zwei weitere Ziele *gendern.* (I 21: 2) Dies ist insofern eine Weiterentwicklung gegenüber der Vergangenheit, als damit konkrete und messbare Zielsetzungen definiert werden. Denn Chancengleichheit als Querschnittsaufgabe war auch früher vorgesehen. »Früher ist immer beim Zielkatalog daneben Chancengleichheit als Querbalken gestanden. Aber der hat gar nichts bewirkt – behaupte ich mal. Ist einfach links gestanden – war rechts nicht wieder zu finden.« (I 14: 4) Beispielsweise soll in der Steiermark für die IT-Qualifizierung von Arbeitslosen der Frauenanteil gemessen werden und vor allem bei den besten Ausbildungen, dem sogenannten IT-4-Bereich, der Frauenanteil auf 30 Prozent erhöht werden.

Durch die Verankerung von Gender Mainstreaming im Zielsteuerungssystem wird Gleichstellungspolitik zu einem Teil der Managementstrategie und zu einem *Top-Down*-Ansatz. Anders als die bisherige Frauenförderung wird diese Strategie in die Managementfunktionen einbezogen und damit umfassend für die Organisation bestimmend. Dies unterstützt die grundlegende Idee von Gender Mainstreaming, dass das Thema Gleichstellung von den SpezialistInnen weggenommen und in die Organisation integriert wird. Gleichstellung soll nicht mehr das Anliegen spezifischer Interessensgruppen sein, sondern Teil des standardmäßigen Regelwerks einer Organisation, das von allen AkteurInnen umgesetzt wird. Das Zielsteuerungssystem wird zum Vehikel, um auch Gleichstellungsziele zu transportieren (I 13: 1).

Dieser technokratische Ansatz von Gender Mainstreaming wird insbesondere vom Management betont. »Mein persönlicher Zugang ist, weil ich auch ein Manager bin, dass das Gender Mainstreaming eine Qualitätsmanagementmethode ist; ein Qualitätsmanagementsystem zum Erzielen von ständigen Fortschritten und ständigen Verbesserungen im Ziel wirklicher Gleichstellung von Frauen am Arbeitsmarkt.« (I 21: 1) Die Implementierung über das Zielsteuerungssystem hat nicht nur den Vorteil, dass Gleichstellungspolitik durch den »Druck« von oben besser akzeptiert und planbar und koordinierbar wird, es erfolgt auch eine Art »Neutralisierung« von Gleichstellungspolitik. Die Herausforderung von Gender Mainstreaming scheint von der Überzeugung der MitarbeiterInnen auf die Koordination der unterschiedlichen Zielsetzungen verlagert zu werden (I 21). Damit wird seine Umsetzung losgelöst von individuellen Interessen zu einem Koordinationsproblem.

Auch wenn aus Managementsicht die Integration von Gender Mainstreaming mit ihrer Zerlegung in kleine, handhabbare Teilziele ähnlich wie andere Ziele erfüllbar wird, erweist sich dies aus der Sicht der umsetzenden AkteurInnen dennoch schwierig. Ein Grund dafür liegt in dem zum Erhebungszeitpunkt mehrfach geäußerten Unwissen über die Bedeutung des *Genderns* der Ziele. Gerade von Seiten der LeiterInnen der RGS wird die Unklarheit über die konkrete Umsetzung betont: »Ja dann sagen die, Gender Mainstreaming muss bei drei der zehn arbeitsmarktpolitischen Ziele drinnen sein. Dann muss ich das auch in unser Arbeitsprogramm reinschreiben, das muss da irgendwo zum Ausdruck kommen, was wir da tun. Aber fragen sie mich nicht, wie wir das machen. Das wird alles erst besprochen.« (I 7: 1) Die LeiterInnen der RGS zeigen sich bei der Konkretisierung der *gegenderten* Ziele distanziert und sehen dies nicht als ihre Aufgabe, sondern als Aufgabe der LGS, die sie aber letztlich zu erfüllen haben.

Diese Distanzierung gegenüber der Konzeption scheint nur bedingt durch die jeweilige Phase bestimmt zu sein, in der sich die RGS im Gender Mainstreaming Prozess befindet. In Wien hat sich das *Gendern* der Zielsetzungen durch die Einführung des Drei-Phasen-Modells verzögert und war Gender Mainstreaming zum Untersuchungszeitpunkt auf den umsetzenden Ebenen noch weniger weit durchgesickert als in der Steiermark. Die Schulungen für diese Umstrukturierung hatte Vorrang. Aber in beiden Untersuchungsregionen fühlten sich die LeiterInnen der RGS nicht für das Gender Mainstreaming verantwortlich. In Wien wird dies als Aufgabe der übergeordneten LGS gesehen, in der Steiermark wird die Verantwortung an die Frauenreferentinnen delegiert.

Andere genannte Schwächen der Implementierung von Gender Mainstreaming über das Zielsteuerungssystem überschneiden sich mit allgemeinen Kritikpunkten an der Steuerung der Arbeitsmarktpolitik durch das *Management by Objectives.* Dies betrifft zum einen die Durchsetzbarkeit der Ziele in den RGS, zum anderen den damit verbundenen Zahlenfetischismus und die Manipulierbarkeit der Ergebnisse. So bedeutet die Tatsache, dass 2003 nicht alle Bundesländer drei der zehn arbeitsmarktpolitischen Zielsetzungen *gegendert* haben, zwar einen Verstoß der Vereinbarungen zwischen BGS und LGS, aber hat wenig Konsequenzen: »Es ist ein Vereinbarungsbruch. Da kann man nur sagen, ich bin enttäuscht. Das ist nicht unwirksam, die schämen sich dafür und da wird eine neue Vereinbarung getroffen, wie man es zumindest in der nächsten Periode schaffen kann.« (I 21: 3) Die Befolgung der Richtlinien beruht grundsätzlich darauf, dass sich die LeiterInnen für Zielabweichungen rechtfertigen müssen, beziehungsweise in einer zweiten Stufe Empfehlungen für bessere Lösungen kriegen. Letztendlich wird auch für die Wiederbestellung von LandesgeschäftsführerInnen, die sich alle sechs Jahre wieder bewerben müssen, die Gesamtperformance vom Verwaltungsrat bewertet. Aber inwieweit Gender Mainstreaming als hartes Kriterium eingesetzt wird, wird von den InterviewpartnerInnen eher bezweifelt: »Im Ernstfall ist es zur Zeit noch unmöglich, dass Landesgeschäftsführer nur deshalb nicht wiederbestellt werden, weil sie bei der Umsetzung von Gender Mainstreaming oder der Erreichung geschlechtssensitiver Zielen versagt haben. So weit sind wir noch nicht.« (I 21: 3)

Auch bei der *gegenderten* Zielformulierung ist auf die operationellen Kriterien der Ziele für das MBO zu achten, nämlich auf ihre Messbarkeit und Kontrollierbarkeit. Dies ist es auch, was die Zielformulierungen so schwierig macht. Denn beispielsweise kann eine Zielsetzung wie die ausbildungsadäquate Vermittlung für Frauen nach einer Qualifizierungsförderung schwer kontrolliert werden. »Ein mögliches Kriterium wäre die Qualität dieser Arbeit. Leider – das haben wir heute auch wieder diskutiert, das ist die ganz große Crux vom AMS – ist der Abgang in Arbeit nicht dokumentiert. Da macht jemand einen Computerkurs und ist dann wieder Putzfrau.« (I 14: 3)

Aufgrund dieser Messbarkeits- und Kontrollierbarkeitskriterien werden Gender-Mainstreaming-Kriterien im Zielsteuerungssystem wie auch die anderen Ziele auf quantitative Aspekte reduziert. Diese Reduktion der Zielsetzungen ist aufgrund der damit verbundenen Vernachlässigung anderer Ziele, als auch des Definitionsspielraums für die umgesetzten Maßnahmen problematisch, wie schon in Kapitel 8 aufgezeigt wurde. Für Gleichstellungsziele wird dies eher noch schwieriger eingeschätzt. Die Berücksichtigung von Frauen- und Männerquoten erscheint zwar durchaus als ein Fortschritt gegenüber der bisherigen Praxis und ist oft auch nicht so leicht zu eroieren. Doch damit kann niemals die ganze Realität abgebildet werden. »Natürlich ist man einen Schritt weiter, wenn man Frauen und Männerquoten anschaut, aber man sollte noch einen Schritt weiter gehen. Was ich so bei den ganzen Rückmeldungen der Arbeitsgruppen und Steuergruppen sehe, ist, dass die sagen, wenn wir endlich die Qualität messen würden, dann würde es sich zeigen.« (I 13: 7) Doch hier fehlt es an Indikatoren, die den geforderten Kriterien entsprechen. Bislang sind die Vorgaben auf einfach messbare Zielgrößen beschränkt und wird Gender Mainstreaming auf Frauenquoten und hier auf den Zugang zu Maßnahmen konzentriert.

Durch die Verankerung von Gender Mainstreaming im Zielsteuerungssystem bleibt man auf Gleichstellungsziele beschränkt, die primär auf formale Chancengleichheit, das heißt gleiche Zugangschancen abzielen. Sie bleiben auf quantitative Ziele reduziert, nämlich auf die Frage, wieviele Frauen (oder Männer) an Maßnahmen teilnehmen und nicht auf Fragen, die gegen strukturelle Benachteiligung ausgerichtet sind, wo es darum geht, wieweit Maßnahmen zur Beseitigung der Geschlechterunterschiede beitragen können (Callenius 2002). Damit ist die Vermutung, die eine Interviewpartnerin angesprochen hat, nämlich dass durch das Zielsteuerungssystem die falschen Fragen gestellt werden, wohl der zentrale Kritikpunkt an dieser Form der Gender-Mainstreaming-Steuerung: »Die große Enttäuschung ist vielleicht, dass die Qualität an solchen *hard facts* gemessen wird. Vielleicht sind aber auch die Fragen anders, der Sprung liegt vielleicht in der Fragestellung, dass ich eine andere Frage stelle, vielleicht bringt das die Veränderung.« (I 13: 9)

## AkteurInnen von Gender Mainstreaming

Mit der Strategie des Gender Mainstreaming sollen die Geschlechterverhältnisse von *allen* AkteurInnen in allen politischen Prozessen berücksichtigt werden und durch das *Top-Down*-Prinzip liegt die Verantwortung dafür in der Leitungsebene, beim Management. Männer sind damit nicht nur aufgerufen, in der Gleichstellungspolitik aktiv mitzuwirken, sondern tragen, nachdem das Top mehrheitlich männlich besetzt ist, auch die Hauptverantwortung für die Umsetzung. Dies sollte zur Veränderung der Gleichstellungspolitik beitragen. Denn bislang schienen die Geschlechter in der Gleichstellungspolitik weitgehend getrennte Wege zu gehen. Es waren primär Frauen, die sich für Gleichstellungspolitik engagierten, die die rechtliche Gleichbehandlung von Frauen und spezifische Maßnahmen für Frauen zum Abbau ihrer Benachteiligungen gefordert und in den Institutionen auch geplant und umgesetzt haben. Männer waren sowohl in der Geschlechterforschung als auch in der Umsetzung von Chancengleichheitspolitik nur in Ausnahmefällen vertreten.

Dies ist für die Situation des AMS nicht anders: Auch hier werden Führungskräfte und damit überwiegend Männer aufgerufen, sich aktiv für Gleichstellungspolitik einzusetzen. Trotz der Frauenförderung im AMS ist es nur bedingt gelungen, Frauen in Führungspositionen zu bringen (vgl. Kapitel 8). Demgegenüber waren und sind die Gleichstellungsfunktionen, das heißt die Frauenreferentinnen und Gleichstellungsbeauftragten, üblicherweise durch Frauen besetzt.[89]

Mit der Institutionalisierung von Gleichstellungspolitik erfolgt eine Integration von Männern in gleichstellungspolitische Prozesse, die durchaus Strategie hat, nach dem Motto: »Wenn Männer ein Teil des Problems sind, müssen sie auch ein Teil der Lösung werden.« (Neusüß 2002, zitiert nach Bereswill 2004: 64). Doch es ist davon auszugehen, dass Männer und Frauen aufgrund ihrer Funktionen, Erfahrungen und Zugänge unterschiedliche Herangehensweisen an das Problem haben. Die Frage nach den Veränderungen durch Gender Mainstreaming befasst sich daher auch mit den AkteurInnen, mit den Rollen des Top, den Frauenreferentinnen und den sonstigen AkteurInnen der Arbeitsmarktpolitik. Wieweit nehmen die AkteurInnen ihre durch Gender Mainstreaming definierte Aufgabe wahr,

89 Da die Funktion der FrauenreferentInnen nach meinem Informationsstand immer von Frauen ausgeführt wird, wird in der Schreibweise bewusst ein kleines i verwendet.

haben sich ihre Rollen verändert und wieweit können Männer für die Sache gewonnen werden?

### Verantwortung des *Top* und Mitarbeit aller AkteurInnen – *Delegation an Expertinnen*

Gender Mainstreaming ist als *Top-Down* Strategie eine Führungsaufgabe. Das bedeutet:

»Die Entscheidungs- und Führungsebene einer Institution trägt die Verantwortung für die Gender-Mainstreaming-Umsetzung, das heißt sie hat Gleichstellungsziele vorzugeben, Verbindlichkeit herzustellen sowie die notwendigen Rahmenbedingungen für die Umsetzung zu schaffen und außerdem Fortschritte und Ergebnisse regelmäßig zu überprüfen.« (Bergmann/Pimminger 2004: 35).

Es erfolgten Maßnahmen, um Gender-Mainstreaming Ziele auf unterschiedlichen Ebenen der institutionellen Normen zu definieren und in das reguläre Prozesssteuerungssystem zu integrieren und wurden Unterstützungsstrukturen zur Umsetzung geschaffen. Die Anleitung, Begleitung und Kontrolle des Gender-Mainstreaming-Prozesses wurde weitgehend an die Frauenreferentinnen übertragen. So wird die Rolle einer Leitungsperson folgendermaßen beschrieben:

»Die Hauptaufgabe ist die volle Verantwortung für die Implementierung und Umsetzung gleichstellungspolitischer Inhalte zu tragen und ganz klar in die Organisation zu transportieren. Das sehe ich als meinen Hauptjob. Das ist auch die Voraussetzung dafür, dass das überhaupt funktionieren kann. Das man nicht mehr sagt, das ist irgendwas, das Frauenreferentinnen oder Gender-Mainstreaming-Beauftragte zu ihrem Hobby erkoren haben, sondern das ist schlicht und einfach Chefsache.« (I 3: 1)

Die Führungsebene agiert für Gleichstellungspolitik damit in einer Logik, mit der sie auch andere Zielsetzungen, wie zum Beispiel einen effizienten Mitteleinsatz, *managet.* Unter Einbeziehung der fachlichen ExpertInnen werden Zielsetzungen in operationale und erfüllbare Teilziele zerlegt, als solche in die Steuerungsprozesse integriert und personelle Verantwortlichkeiten für die Umsetzung und Kontrolle definiert. Dementsprechend ist ein persönliches Engagement des *Top* keine Voraussetzung für eine erfolgreiche Umsetzung: »Bei der Arbeitsmarktpolitik ist das eher ein sehr professionelles Vorgehen. Wenn andere Vorgaben kommen, dann setzen wir halt andere Vorgaben um. Das ist der Grund warum ich sage, so ein tiefsitzendes persönliches Interesse der männlichen Manager ist das nicht, braucht man ja auch nicht.« (I 21: 8) Die Leitungsebene muss den MitarbeiterInnen zwar glaubwürdig kommunizieren, dass sie hinter der Implementierung von Gender Mainstreaming steht, aber dies bedarf demnach weder einer Überzeugung für Gleichstellungspolitik noch der Gender-Kompetenz. Sie muss die MitarbeiterInnen anregen, die normativen Vorgaben einzuhalten und für einen Legitimationsdruck der Gleichstellungspolitik sorgen.

Gleichstellungsziele werden entsprechend diesem Konzept in operationale Zielsetzungen übersetzt und in die Organisationslogik eingebaut und so zu Handlungsanleitungen für alle MitarbeiterInnen. Die Unterstützung aller AkteurInnen wird dadurch erreicht, dass Gender-Mainstreaming-Ziele in den Steuerungsprozessen integriert und damit handlungsleitend werden. Als Kriterien für die Integration von Gender Mainstreaming in den Arbeitssteuerungsprozess zählen Aspekte wie Standardisierung, Entspezifizierung, generalisierende Bearbeitungsroutinen. Gender Mainstreaming und Gleichstellungspolitik werden damit zu einem von Personen und Wertvorstellungen losgelösten Prozess, zu einem technokratischen Verfahren.

Dieses Konzept lebt aber auch davon, dass inhaltliche Konkretisierung und Gender-Kompetenz an die Frauenreferentinnen delegiert werden. Sie sind dafür zuständig, die Zielsetzungen zu *gendern* und Maßnahmen zu gestalten, die MitarbeiterInnen über Gender Mainstreaming zu informieren, Gender Mainstreaming in spezifischen Programmen zu verwirklichen etc.. Sie unterstützen als Fachfrauen die Gleichstellungspolitik, entlasten die Leitungsebene, ohne aber die Verantwortung für den Prozess zu tragen.

Doch die Delegation der Operationalisierung von Gender Mainstreaming an die Frauenreferentinnen kann, wie dies von den Frauenreferentinnen angeführt wird, auch dazu führen, dass Gender-Agenden weiterhin an die Person der Frauenreferentinnen geknüpft werden und auch die anderen MitarbeiterInnen entlasten: »Also ich sehe es als total gute Chance, das was in der Richtlinie gemeint war, wirklich zu machen. Dass nämlich alle Gleichstellungspolitik machen und wir ihnen helfen. Diese Grundidee war da. Funktioniert hat es aber immer nur so, dass wir das Thema delegiert bekommen haben.« (I 12: 2) So besteht die Gefahr, dass Gender Mainstreaming eine Angelegenheit einzelner Personen bleibt und es für die Frauenreferentinnen immer wieder eine Herausforderung ist, diese Zuständigkeit an alle weiterzugeben.

Veränderte Rolle der Frauenreferentinnen – *Frauenförderung und Gender Mainstreaming als Doppelbelastung*

Entsprechend seiner Definition sollte Gender Mainstreaming weitreichende Konsequenzen für die Rolle der Frauenreferentinnen[90] haben. Dies wird auch von einzelnen AkteurInnen in dieser Weise argumentiert: »Von der Idee her ist es so das Thema wegzunehmen von den Spezialistinnen und in der Organisation zu implementieren.« (I 13: 1). Gender Mainstreaming könnte Frauenreferentinnen im Extremfall wegrationalisieren. Doch wie die Praxis zeigt, entwickelt sich dies anders, kommt es doch durch die Aufwertung der Gleichstellungspolitik auch zu einer Aufwertung der Tätigkeiten der Frauenreferentinnen.

Frauenreferentinnen sind im AMS schon verhältnismäßig lange verankert. Allerdings erlebten die Frauenreferentinnen ihre Tätigkeit als im geringen Ausmaß definierte »Nebentätigkeit« neben ihren Beratungs- oder sonstigen Tätigkeiten im AMS: »Frauenreferentin war eine Position am Papier viele Jahre lang und war immer unbeliebt, auch von den Frauen, die es gemacht haben. Weil auch wirklich keine Akzeptanz da war.« (I 3: 1) Frauenförderung und Frauenreferentin war unmittelbar miteinander verknüpft und damit eine Art Nischenpolitik. Was bewegt werden konnte, hing entscheidend von der Persönlichkeit der jeweiligen Referentin und von der Bewilligung durch die Leitung ab. Die Institutionalisierung und die Akzeptanz der Position der Frauenreferentinnen selbst wurden als eher gering wahrgenommen. Dies trifft sich mit anderen Erfahrungen und Erkenntnissen zur Frauenförderung beziehungsweise zu den »Institutionenfrauen« (Wiechmann/Kißler 1997: 19), wonach Frauenförderung in der Praxis häufig in einer Ghettosituation in der Organisation verharrt und kaum Handlungsspielraum für die zentralen AkteurInnen besteht. Henninger (2000) stellt fest, dass es zu Problemen kommt, wenn die Frauenförderung nicht in die normale Organisationsstruktur integriert wird, sondern spezielle Funktionen geschaffen werden, zumeist mit unklaren Aufgabenstellungen und wenig bis gar keinen Ressourcen. »Die Umsetzung der Frauenförderung wurde damit an Spezialistinnen delegiert, die innerhalb ihrer Organisation isoliert blieben.« (Henninger 2000: 170)

Durch die Doppelstrategie von Gender Mainstreaming und spezifischer Frauenförderung bleibt die ursprüngliche Funktion der Frauenreferentin

90 Unter den Begriff Frauenreferentinnen werden Mitarbeiter der Frauenabteilung der BGS sowie die Frauenreferentinnen der LGS und RGS zusammengefasst.

bestehen, indem sie konkrete Fördermaßnahmen für Frauen planen und Frauenanliegen vertreten. Inwieweit Frauenreferentinnen auch für die konkrete Umsetzung von Gender Mainstreaming zuständig sein sollen, war aber zunächst in Diskussion. Auf BGS-Ebene hat die Frauenabteilung Gender Mainstreaming mitübernommen, da der strukturelle Ansatz von Gender Mainstreaming gut zu den dort bereits verankerten Aufgaben passt (I 20). Durch die Dezentralisierung wurde die spezifische Frauenförderung stärker auf die Landesebene verlegt, während hingegen Richtlinienplanung, Programmplanung und Projektvergabe von geschlechterspezifischen Themen im Bereich der BGS blieb. Die Übernahme von Gender Mainstreaming hat der Frauenabteilung neue Kompetenzen und mehr Prestige gebracht.

Auf Länder- und Regionalebene wurde dieses Modell der Personaleinheit von Frauenreferentin und Gender-Mainstreaming-Beauftragten weitgehend übernommen. Allein in Wien hat man eine Doppelstrategie verfolgt, indem die Funktionen auf zwei Personen aufgeteilt wurden. Zwischenzeitlich wurden die zwei Rollen durch Karenzierung der Gender-Mainstreaming-Beauftragten von einer Frau wahrgenommen, sind aber nunmehr wieder getrennt.[91] In den anderen LGS und in allen regionalen Geschäftsstellen hat sich die Praxis durchgesetzt, dass Frauenreferentinnen auch die Ansprechpartnerinnen für Gender Mainstreaming sind. Mit Gender Mainstreaming ist es damit keineswegs zur einer Abwertung der Frauenreferentinnen gekommen; im Gegenteil, sie haben an Bedeutung gewonnen.

Konzeptionell haben sich die Aufgaben der Frauenreferentinnen verändert. Zusätzlich zu den Frauenförderaufgaben, haben sie nun auch strategische Planungen und Entscheidungen zu begleiten und für die Berücksichtigung einer systematischen Gender-Perspektive und etwaiger Konsequenzen zu sorgen. Frauenreferentinnen sind in dieser Funktion institutionell verankert, indem durch die Bundesrichtlichtlinie für Frauenreferentinnen ihre Aufgaben einheitlich definiert sind und in einzelnen Landesgeschäftsstellen auch zeitlich aufgewertet wurden. So werden in der Richtlinie eine Fülle von Aufgaben genannt, für die sie nun zuständig sind: Sie sollen Arbeitsmarktanalysen erstellen, an der Planung des Arbeitsprogramms mitwirken, Qualitätsstandards formulieren, für eine frauengerechte Gestaltung des Förderangebotes sorgen, Stellungnahmen zu den Förder-

91 Zum Untersuchungszeitpunkt hat die Frauenreferentin die Gender-Mainstreaming-Beauftragte mitvertreten.

maßnahmen schreiben, die Auswirkungen der geltenden Regelungen beobachten und beschreiben, KollegInnen zu Gender-Fragen beraten etc. (vgl. Bundesrichtlinie für die Aufgaben der Frauenreferentinnen in LGS und RGS: 3f.). Durch Gender Mainstreaming ist vor allem die Koordinations- und Vernetzungsarbeit gestiegen, verlangt aber auch strategische und analytische Perspektiven auf die gesamte Arbeitsmarktpolitik. Das Tätigkeitsprofil hat sich damit vom operativen Bereich (Hauptverantwortliche für die Förderpolitik für Frauen) zum strategischen Bereich (Prozessgestalterin und Controllerin) verlagert.

Für die Frauenreferentinnen stellt sich die Anleitung, Begleitung und Kontrolle des in den regulären Arbeitsablauf integrierten Gender-Mainstreaming-Prozesses als neue Herausforderung dar, denn bisher war ihre Tätigkeit primär auf die Entwicklung und Bewertung spezifischer Frauenfördermaßnahmen konzentriert. Die Landesfrauenreferentin des Arbeitsmarktservice Steiermark beschreibt die Veränderung der Tätigkeit in einem Interview (esf-news Nr. 13, 2002: 7): »Es ist ein Wandel meiner Rolle von der Hauptverantwortlichen für die Arbeitsmarktpolitik für Frauen zu einer Prozessgestalterin und Controllerin. Meine neue Aufgabe besteht verstärkt darin, als Expertin bei der Auseinandersetzung mit dem Gleichstellungsthema zu unterstützen und die Resultate zu begutachten.«

Diese Verlagerung der Aufgaben erfordert neue Kompetenzen und Wissen. Das Anforderungsprofil der Frauenreferentin verlangt deutlich mehr als Fachwissen im Gender-Bereich, es verlangt auch Kompetenz für Steuerungsprozesse, arbeitsmarktpolitische Strategien, Entscheidungsprozesse etc. Neben diesem Fachwissen ist aber auch Sozialkompetenz, Durchhaltevermögen und Optimismus gefragt, um koordinierend in die Planungsprozesse eingreifen zu können. Dieser Wissensbedarf wird von außen wie folgend gesehen:

»Ich sehe bei den Frauenreferentinnen eher das Gender-Wissen und weniger das Gender Mainstreaming Know-how. Natürlich ist das auch unterschiedlich, es gibt welche, die sind schon sehr weit vorne und machen sehr viel, und andere haben noch nicht so diese Trennung zwischen Frauenförderung und dem, was Gender Mainstreaming ist. ... Leute aus dem Controlling haben damit einen ganz anderen Umgang.« (I 28: 5)

Der Aufbau dieser Gender-Kompetenz erfolgt zum einen über spezifische Weiterbildungsangebote, zum anderen aber auch durch den Erfahrungsaustausch zwischen den Frauenreferentinnen in gut eingespielten Netzwerken, die von der BGS sowie den LGS organisiert werden.

Wie mit diesen Anforderungen in der Praxis umgegangen wird, ist von Person zu Person verschieden. »Das Ganze hängt sehr von der einzelnen handelnden Person ab, wie viel Zeit sie sich zu nehmen getraut und dann auch wie die Arbeitsstellen in den Geschäftsstellen definiert sind.« (I 22: 4) Eine Handlungsvariante ist die Verlagerung vom Detailwissen auf den Blick für Strukturen:

»Als Frauenreferentin muss man von überall ein bisschen etwas wissen, vom Detail muss man loslassen. Es gibt halt wirklich jetzt Bereiche, wie das *Total Quality Management* oder die Arbeitsprogrammplanung, da bin ich als Expertin für Gender-Fragen dabei. Die Abläufe wären sonst zu kompliziert, man kann nicht mehr alles Wissen. Ich bin da Expertin. Für meinen Job muss ich Durchhaltevermögen mitbringen und Optimismus.« (I 24: 4)

Damit wird der veränderte Anspruch von Gender Mainstreaming in der Praxis gelebt. Doch für die meisten Frauenreferentinnen, insbesondere für jene in den RGS, teilweise auch in den LGS, ändert sich die praktische Tätigkeit kaum. »Viele betreuen im Tagesgeschäft die Kurse für Frauen und ihre Frauenmaßnahmen.« (I 22: 4) Auf der BGS-Ebene entsprechen die Aufgaben eher dem Konzept von Gender Mainstreaming, da es hier um strategische Planung und Schwerpunktsetzungen geht. Der Fokus liegt aber auch hier eher bei Frauenförderung als bei Gender Mainstreaming (I 20).

Theoretisch wissen die Frauenreferentinnen um die Potentiale des Gender-Mainstreaming-Konzepts, um die neue Rolle, die sie als Gender Expertinnen eigentlich innehätten, um die neuen Aufgaben, die sie – wie auch alle anderen AkteurInnen – zu erfüllen hätten. Sie würden gerne in diese Richtung gehen, fordern daher klare inhaltliche Vorgaben und Funktionen sowie die Zuständigkeit *aller* für Gender Mainstreaming. Einige wenige gehen so weit, dass sie als Fernziel von Gender Mainstreaming die Abschaffung ihrer Position als Frauenreferentinnen angeben – entsprechend einer vollständigen Transformation von Frauenförderung in eine neue Form der Gleichstellungspolitik. Aber nicht nur dieses Fernziel ist außer Sichtweite, auch bei weniger ambitionierten Interpretationen des innovativen Potentials von Gender Mainstreaming fehlt nach den Erfahrungen der Frauenreferentinnen »viel zu viel«, um die dafür erforderlichen Kompetenzen und Zeitressourcen aufbringen zu können. Sie sehen daher praktisch-pragmatisch Gender Mainstreaming primär als Strategie, um Frauenförderung im AMS besser als bisher umsetzen zu können.

Inwieweit es für die Frauenreferentinnen und die Sache zielführend ist, die Rolle der Gender-Mainstreaming-Beauftragten zu übernehmen, die Aufgaben der »Frauenförderin« und die der »Gender-Expertin« an eine Person zu knüpfen, erweist sich als zweischneidig. Auf der einen Seite wird dies als eine Aufwertung ihrer Funktion erlebt, die zu einer höheren Akzeptanz beiträgt. Andererseits sind damit aber erhebliche Zusatzaufgaben verbunden, ohne spürbar mehr Ressourcen zur Verfügung zu haben. Wie dieses Zeitproblem gelöst werden kann, wie die knappe Zeit für die unterschiedlichen Aufgaben verwendet wird oder die Arbeit auch zum (unbezahlten) Hobby wird, bleibt den Frauen selbst überlassen. In vielen Fällen ist der paradoxe Effekt zu sehen, dass die Arbeit an der Ungleichheit zwischen Frauen und Männern, die ja erheblich mit der ungleichen Verteilung von bezahlter und unbezahlter Arbeit zu tun hat, dies noch verstärkt, als auch die Arbeit für Frauenfragen wie selbstverständlich unbezahlt gemacht wird. Die Institutionalisierung der Geschlechterfragen scheint dies kaum zu verändern und scheint bei der Ressourcenverteilung das persönliche Engagement der Frauen bereits zu berücksichtigen.

Aber auch auf der konzeptionellen Ebene stehen dem Vorteil, direkt an dem Wissen über geschlechtsspezifische Benachteiligungsstrukturen und Probleme anschließen zu können, potentielle Nachteile gegenüber:

- Gender Mainstreaming folgt anderen Zielsetzungen als Frauenförderung, da sie beide Geschlechter in den Blick nimmt und daher auch Maßnahmen hervorbringen kann, die mit der Frauenförderung in Konflikt stehen.
- Die Gender-Expertin vertritt nicht nur die Anliegen der Frauen, sondern ist für die Sensibilisierung aller AkteurInnen für Gleichstellungspolitik mitverantwortlich: Diese sollen lernen, eine gender-differente Folgenabschätzung des eigenen Handelns zu unternehmen und ihr Handeln gegebenenfalls auch zu revidieren (Bereswill 2004). Angesichts der Verknüpfung von Frauenförderung mit Gender Mainstreaming über die Person stellt sich die Frage, ob diese Reflexion über Wissen und Handeln in paralleler Weise für Frauenförderangelegenheiten und Gender-Problemstellungen überhaupt möglich ist.
- Gender-Trainings und Gender-Kompetenzstellen sollen, so der Tenor in den wachsenden Ratgebern zur Implementierung von Gender Mainstreaming, gemischt geschlechtlich durchgeführt werden. Dies würde das bestehende und der Erfahrung nach gut funktionierende Netzwerk der Frauenreferentinnen im AMS jedenfalls verändern.

- Die Mitwirkung bei strategischen Aufgaben macht Frauenreferentinnen zu AkteurInnen des Systems und damit wird für sie die Kritik an der Organisation schwieriger, kritisieren sie sich doch damit ein Stück weit selbst.

## Kompetenzen und Ressourcen für Gender Mainstreaming

Auch wenn die Verantwortung für Gender Mainstreaming inhaltlich weitgehend an die Frauenreferentinnen delegiert wird, erfordert Gender Mainstreaming neue Kompetenzen und Ressourcen auf unterschiedlichen Ebenen: Der komplexe Prozess des Zusammenspiels der einzelnen Ebenen des AMS zeigt, dass Gender Mainstreaming keinesfalls als selbsterklärende Strategie gesehen werden kann, die einfach *Top-Down* vom Management umgesetzt wird. Es verlangt eine Kompetenzerweiterung aller beteiligten AkteurInnen, die an den Entscheidungs- und Umsetzungsprozessen der Arbeitsmarktpolitik beteiligt sind. Die erforderliche Gender-Kompetenz stellt eine Kombination aus Gender-Wissen, Fachkompetenz sowie Sozial- und Selbstkompetenz (Bereswill 2004) dar und erfordert Ressourcen und Strukturen, die seine Umsetzung unterstützen. Der Aufbau der Gender-Kompetenz in einer Organisation kann in folgende Teilaspekte untergliedert werden:

- Aufbau von ExpertInnen-Wissen
- Sensibilisierung für Geschlechterstrukturen
- Ressourcen und Unterstützungsstrukturen zur Umsetzung des Gender-Mainstreaming-Prozesses

### Aufbau von ExpertInnen-Wissen – *Gender-Wissen und Gender-Mainstreaming-Know-how*

Um Gender Mainstreaming umzusetzen, ist einerseits Gender-Wissen, andererseits Gender-Mainstreaming-Wissen erforderlich. Bei Gender-Wissen geht es darum, Gender in seiner Komplexität zu verstehen und Geschlechterstrukturen zu erkennen. Gender-Mainstreaming-Wissen umfasst hingegen das Know-how, wie Gender Mainstreaming methodisch umsetzbar ist, und schließt damit sowohl Kenntnisse über die Organisation und seine Steuerungsmechanismen wie auch die Möglichkeiten, Geschlechterstruktur für das jeweilige Arbeitsgebiet auf Basis empirischer Daten zu erfassen, mit ein. Die Verknüpfung von Gender-Wissen mit Alltagspraxis beziehungsweise organisationsinternen Wissen stellt eine neue Herausforderung bei der Umsetzung von Gender Mainstreaming dar. Dies erfordert Gender-Kompetenz in der Leitungsebene, verändert aber auch die Anforderungen an Gender-ExpertInnen, die bisher nur am Rande beziehungsweise informell in Managementstrategien und alle Arbeitsschritte eingebunden waren.

In der Praxis des AMS wurde und wird organisationsintern auf das Expertinnenwissen der Frauenreferentinnen, die auf allen Organisationsebenen angesiedelt sind, zurückgegriffen. Sie sind für die Bereitstellung von Gender-Wissen zuständig und sind in »alle Abläufe eingebunden, um dort ihre Gender-Kompetenz einzubringen.« (I 25: 3).

Darüber hinaus wird durch Beratungen und Forschungsarbeiten *Know-how* hinzugekauft. Wesentlich daran beteiligt ist die Koordinationsstelle Gender Mainstreaming des ESF (GeM-Koordinationsstelle). Sie wurde im Jahr 2000 als bundesweite Informationsdrehscheibe und Plattform eingerichtet, um die Implementierung von Gender Mainstreaming bei den Endbegünstigten des Europäischen Sozialfonds[92] und den dafür notwendigen strukturellen Veränderungen zu unterstützen. Die GeM-Koordinationsstelle hat durch seine Informations- und Öffentlichkeitsarbeit (zum Beispiel Erstellung von Informationsmaterialien und Leitfäden, Einrichtung einer Website[93], Gender-Mainstreaming-Workshops und Seminare) wesentlich zu einer verstärkten Aufmerksamkeit für dieses Konzept und zur Definitionsfindung von Gender Mainstreaming beigetragen. Die von ihr entwickelte »Gender-Mainstreaming-*Toolbox*« (vgl. Kapitel 5) bietet eine Anregung zur Umsetzung von Gender Mainstreaming in den einzelnen Institutionen. Ein Schwerpunkt ihrer Tätigkeit liegt in der Vernetzung von Personen, die mit diesem Thema beschäftigt sind beziehungsweise die diese Strategie umzusetzen haben. *Round-Tables* für die Bundesstellen und die Landesorganisationen der Endbegünstigten haben den regen Austausch

92 Die Endbegünstigten des ESF sind das AMS, das Bundesministerium für Wirtschaft und Arbeit, das Bundesministerium für Bildung, Wissenschaft und Kultur, das Bundesministerium für Soziales und Generationen und die damit verbundenen Bundessozialämter.

93 Vgl. www.gem.or.at

zum Thema gefördert und damit ist es gelungen, das Thema in den Institutionen stärker präsent zu machen. Die Tätigkeit der GeM-Koordinationsstelle wird insbesondere auch von den MitarbeiterInnen des AMS als positiv und hilfreich empfunden; vor allem der von ihr initiierte Informationsaustausch und die Vernetzung. »Den Austausch, den finde ich schon sehr wichtig. Die Leute kommen aus unterschiedlichen Bereichen und da sind nicht alle am gleichen Stand, und da kann man sich schon ganz nützliche Tipps und Anregungen holen, beziehungsweise auch austauschen, wie es so untereinander funktioniert, das finde ich schon spannend.« (I 11: 4) Diese Vernetzungstätigkeit der GeM führt auch zur Zusammenarbeit mit anderen Gender Mainstreaming Institutionen wie zum Beispiel mit der Interministeriellen Arbeitsgruppe für Gender Mainstreaming (IMAG GM), die im BMSG angesiedelt ist.[94]

Es zeigt sich in den Interviews aber auch, dass es für die GeM-Koordinationsstelle als »externe« Beratungsinstitution sehr schwierig ist, konkrete Anregungen für die Umsetzungspraxis zu geben, zumal die Bedürfnisse je nach Tätigkeitsbereich unterschiedlich sind.

»Für mich ist das so, dass ich die GeM am Anfang so erlebt habe, dass sie mir – das sage ich klar raus – zu fern der Praxis war. Weil ich zähle zu den Leuten, die umsetzen müssen. Die theoretischen Konstrukte, die gekommen sind, wo ich selber zum Teil das Gefühl gehabt habe, wenn ich mich mit dem Thema überhaupt nicht beschäftigte, dann ist mir das nicht greifbar. Sind schöne Worte, aber was tue ich mit denen.« (I 8: 2)

Mitunter wird hier die Rolle der GeM überschätzt, indem sehr konkrete Anregungen für die Umsetzung erwartet werden. Individuelle Beratungen, die einen Arbeitsbereich der GeM bilden, gehen in diese Richtung. Doch eine umfassende Umsetzungsanleitung benötigt profundes Detailwissen aus der jeweiligen Institution und dem jeweiligen Fachbereich, was eine externe, bundesweite Koordinationsstelle schwerlich bieten kann. Es zeigt sich in den Interviews aber auch, dass die Bedeutung von Gender Mainstreaming bei den Befragten nicht immer so angekommen ist, wie sie eigentlich in den schriftlichen Konzepten formuliert ist. »Und dann habe ich es auch ein bisschen als Mangel empfunden, dass oft Gender Main-

94 Die IMAG GM wurde durch den Ministerratsbeschluss vom 11.7.2000 gegründet, um eine Grundlage für die Implementierung der Gender-Mainstreaming-Strategie auf Bundesebene zu schaffen und damit den politischen und rechtlichen Verpflichtungen Österreichs, Gender Mainstreaming in den nationalen Politiken umzusetzen, nachzukommen (http://www.imag-gendermainstreaming.at).

streaming mit Frauenförderung gleichgesetzt wird. Das ist mir so ergangen, bei den *Round-Tables*, wo zum Beispiel internationale *Best-Practice*-Beispiele gezeigt worden sind, das waren alles Frauenförderprojekte.« (I 3: 3)

Die Beobachtung der Tätigkeit der GeM und die Rückmeldungen bei den Interviews bieten aber auch Informationen über grundlegende Schwierigkeiten zur praktischen Anleitung für die Umsetzung von Gender Mainstreaming. Selbst für eine Beratungsinstitution, die speziell für Gender Mainstreaming eingerichtet wurde und deren Arbeit im nationalen und internationalen Kontext Anerkennung findet, bleibt es eine große Herausforderung, praktisch und konkret bei Erklärungen und Anregungen von Gender Mainstreaming zu bleiben und das Konzept dabei nicht auf die altbekannte Frauenförderung zu reduzieren. Der unterschiedliche Informationsstand der Beteiligten erschwert dies insofern, als das grundlegende Verständnis von Gender Mainstreaming nicht vorausgesetzt werden kann, sondern immer wieder erklärt werden muss. Damit bleibt die Arbeit für die einen zu abgehoben und abstrakt: »Was ich mir wünsche, ist den Praxisbezug immer wieder herzustellen. Immer wieder zu schauen, auch – so blöd gesagt – die Sprache zu vereinfachen, ganz simpel. [...] Eigentlich sollte es ja wirklich an die untersten Ebenen gehen, und auch die sollten mit dem, was da eigentlich passiert, was anfangen können.« (I 8: 2) Von anderen wird die Simplifizierung, insbesondere bei den praktischen Beispielen kritisiert, da Gender Mainstreaming damit zu sehr an der traditionellen Frauenförderung orientiert bleibt und zu wenig auf einen transformativen Ansatz der Gleichstellungspolitik ausgerichtet ist. Eine Balance zwischen alltagsverständlichen Erklärungen der Politik und der Verfolgung des gendertheoretischen Konzepts bleibt wohl eine Herausforderung, mit der nicht nur externe Beratungsstellen zu kämpfen haben, sondern gilt wohl generell für Gender-Mainstreaming-ExpertInnen.

### Sensibilisierung für Geschlechterfragen – *Bewusstseinsänderung der AkteurInnen*

Gender Mainstreaming verlangt eine geschlechtssensible Perspektive von allen AkteurInnen einer Organisation. Es kann nicht vorausgesetzt werden, das alle AkteurInnen – Führungskräfte und MitarbeiterInnen – motiviert sind, Gleichstellungsziele zu fördern und sie die dafür notwendige Gender-Kompetenz und Sensibilität, Gender-Strukturen zu erkennen, aufweisen.

Daher spielen in Implementierungsprozessen Gender Trainings zur Sensibilisierung für Gender-Fragen eine zentrale Rolle.

Die Sensibilisierung der AkteurInnen im AMS wird zum einen durch interne Kommunikationsmittel und Umsetzungsunterstützung gefördert. So wurde von der Frauenabteilung ein Symbol entwickelt, dass auf Geschlechterunterschiede bei der Arbeitsmarktpolitikumsetzung aufmerksam macht. »Wir sind hergegangen und haben bei einzelnen Prozessschritten, wo wir denken, dass es Unterschiede zwischen Frauen und Männern gibt, ein Symbol entwickelt, ein Gleichstellungs- oder Gender-Symbol, das so in der Form immer blinkt, dass sie dann anklicken können, dann kommen sie auf eine andere Ebene, werden verlinkt.« (I 17, 2) Beispielsweise wird darauf aufmerksam gemacht, dass bei Wiedereinsteigerinnen Berufsumstiegswünsche aufgenommen beziehungsweise offensiv angesprochen werden sollen. Aber auch das AMS-interne Netz wird zur Sensibilisierung genutzt. »Meine Erfahrung ist, dass auch immer wieder Leute durch das Intranet interessiert werden. [...] Es kommen immer wieder Meldungen dazu, von mir so im Abstand von zwei Monaten. Und so entsteht ein Prozess, es wird belebt. Man merkt zwar noch nichts an der Sprache, aber es wird schon kommen.« (I 18: 8)

Zum anderen wird Gender Mainstreaming für die Sensibilisierung für Gender-Fragen auch in der Personalentwicklung des AMS verankert. »Da haben wir als ersten Schritt Gender Mainstreaming in der Führungskräfteausbildung verankert. Alle neubestellten Führungskräfte müssen innerhalb von zwei Jahren eine bestimmte Ausbildung durchlaufen und dort ist auch ein Ausbildungsinhalt Gender Mainstreaming.« (I 21: 3) Diese Sensibilisierung erfolgt *Top-Down*. Es wurde mit der Schulung der Leitung und den Fachabteilungen von BGS und LGS begonnen. Zum Untersuchungszeitpunkt waren die RGS noch kaum erfasst. Doch so wie im allgemeinen Gender-Markt eine Vielfalt an unterschiedlichen Qualifizierungsprogrammen zur Sensibilisierung und Kompetenzvermittlung für Gender-Fragen entstanden ist, scheinen auch die Erfahrungen der Befragten hinsichtlich ihrer Gender-Kompetenz-Vermittlung stark zu variieren. Die einen sehen die Vermittlungsangebote zu Gender Mainstreaming als Bereicherung und versuchen dieses Wissen in die Praxis zu integrieren. »Für mich haben diese Seminare viel gebracht, obwohl ich mir zuerst gedacht habe, was wollen die, das brauch ich doch nicht. Aber jetzt merke ich, da gibt es immer wieder Situationen, wo ich auf die gemachten Beispiele zurückgreifen kann.« (I 5: 3) Doch für andere sind die Bildungserfahrungen äußerst negativ besetzt, indem bereits vorhandene Widerstände gegen Gleichstellungspolitik noch verstärkt werden. »Aber wenn man das so übertreibt, mit einem Workshop nach dem anderen, eine geführte Sitzung nach der anderen, immer zum Thema, dann wird das lähmend und bekommt die falsche Richtung.« (I 11: 2)

Auch für die Vermittlung von Gender- und Gender-Mainstreaming-Wissen spielt die Koordinationsstelle GeM eine zentrale Rolle. Bei den angebotenen *Round-Tables*, die mehrheitlich von AMS-MitarbeiterInnen genutzt wurden, wurden zunächst grundsätzliche Fragen über die Zielsetzungen und Implementationsmöglichkeiten von Gender Mainstreaming vorgestellt beziehungsweise diskutiert. Später wurden spezifische Fragestellungen zu Geschlechterdisparitäten beziehungsweise Methoden für Gender Mainstreaming aufgenommen. Dabei machten die KoordinatorInnen die Erfahrung, dass diese Treffen zunächst durchaus auch von Männern und/oder Leitungspersonen genutzt wurden. Doch dieses anfänglich hohe Interesse hat im Verlauf der Zeit nachgelassen, das heißt die Leiter haben die Teilnahme verstärkt an StellvertreterInnen delegiert und so ist auch der Männeranteil im Verlauf der Zeit gesunken.[95]

Grundsätzlich könnte aus den Interviews daher der Schluss gezogen werden, dass die Bildungs- und Informationsveranstaltungen zu Geschlechterfragen und Gender Mainstreaming primär Zuspruch bei jenen Personen hatten, die schon vorher für Geschlechterstrukturen sensibilisiert waren, während sie nur bedingt neue Personenkreise motivieren konnten. Diese Interpretation ergibt sich aus den Argumentationsmustern über die Vermittlung von Gender-Inhalten sowie die dahinterliegenden Einstellungen zu Geschlechterfragen. So werden beispielsweise von Frauenreferentinnen viele Detailinhalte solcher Gender-Verantstaltungen genannt, während von Controlling- oder FörderabteilungsmitarbeiterInnen eher skeptische Äußerungen über die praktische Verwendbarkeit der Inhalte abgegeben werden. »Man bekommt immer schöne Fotoprotokolle und so. Aber es fehlt die Essenz dahinter. Dann schaue ich mir die Stichworte der Fotoprotokolle an und weiß nicht, was ich damit tun soll. Für die operative Ebene ist nichts drinnen.« (I 11: 3)

---

95 So waren von den TeilnehmerInnen an den GeM-Round Tables in den Bundesländern im Jahr 2000 noch 35 Prozent Männer, im Jahr darauf nur noch 25 Prozent. Auch an den GeM-Bundesroundtabels ging der Männeranteil von 24 Prozent auf 11 Prozent zurück (vgl. Lutz u. a. 2003).

Auf ein mögliches Ungleichgewicht bei der Sensibilisierung der MitarbeiterInnen für Gender-Fragen angesprochen, wird von einer Leitungsperson dies durchaus als etwas Gegebenes und schwer veränderbares Faktum gesehen. »Das ist ja natürlich. Wer sollte geschlechtssensitiver sein, als die, die von Diskriminierung betroffen sind. Die Betroffenen sind immer die, die am raschesten und deutlichsten sensibilisiert sind.« (I 21: 2) Eine Aufgabe der Leitung ist es, diese Tatsache zu sehen und dies in der Arbeitsteilung zu beachten, indem die Betroffenen und Sensibilisierten für Geschlechterfragen eingesetzt werden. Aber sie muss nicht unbedingt alle MitarbeiterInnen sensibilisieren (I 13: 4).

### Ressourcen und Unterstützungsstrukturen zur Prozessumsetzung – *Über den Irrtum, dass Gender Mainstreaming nichts kostet*

Gender Mainstreaming erfordert neben diesen Fähigkeiten beziehungsweise dem *Know-how* noch weitere Ressourcen, um Gleichstellung systematisch und wirksam implementieren zu können: Dies betrifft sowohl Ressourcen zur Unterstützung der Problemanalyse, Konzeptentwicklung und Überprüfung, es betrifft aber auch Ressourcen zur inhaltlichen Einbindung der Gleichstellungsziele in die sonstigen Ziele. Angesprochen sind damit Informationsressourcen, um durch Wirkungszusammenhänge und Daten die Unterschiede in der Ausgangsposition und Veränderungen durch Maßnahmen sichtbar zu machen, Zeitressourcen, um die mit Gender Mainstreaming erforderlichen Aktivitäten umzusetzen und Finanzressourcen, um Unterstützungsmaßnahmen zur Umsetzung von Gender Mainstreaming durchführen zu können.

Die Analyse der geschlechtsspezifischen Unterschiede in der Ausgangsposition wie auch der Veränderung durch Maßnahmen stellt einen zentralen Schritt von Gender Mainstreaming dar und dafür braucht es, wie auch für jede andere Analyse, Daten und Indikatoren sowie Kenntnisse über Wirkungszusammenhänge. Der für den Einsatz von Arbeitsmarktpolitik relevante Bereich ist relativ gut durch Daten abgedeckt, teilweise durch Daten, die im Zuge der Administration des AMS gewonnen werden. Durch die Einführung von Gender Mainstreaming wurden Daten verstärkt geschlechtsspezifisch ausgewiesen. Damit können strukturelle Benachteiligungen von Frauen oder Männern sichtbar und Handlungsansätze abgeleitet werden. Die Trennung der Daten nach Frauen und Männern ist ein wichtiger Schritt dafür, doch dieses »*Sex-Counting*« reicht nicht aus, um eine Gender-Analyse durchzuführen (Stiegler 2000). Denn viele der üblicherweise verwendeten Indikatoren haben einen Gender-*bias*, das heißt bilden die Lebenssituation von Frauen und Männern in unterschiedlicher Weise ab. Beispielsweise wird durch die Erwerbsquote die Beschäftigung der Frauen durch ihren größeren Anteil an Teilzeitbeschäftigung oder in Karenz überschätzt oder wird durch die Arbeitslosenquote die Betroffenheit von Arbeitslosigkeit durch ihren größeren Anteil an der stillen Reserve unterschätzt. Für eine geschlechtersensible Statistik ist es zum einen notwendig, die jeweils verwendeten Indikatoren richtig zu interpretieren, zum anderen aber auch Einflüsse auf die Erwerbsarbeit durch andere Bereiche wie vor allem der Familie sichtbar zu machen, indem beispielsweise unterschiedliche Lebensphasen berücksichtigt werden (Wroblewski u. a. 2005b).[96]

Besonderes Augenmerk wurde im AMS auf die geschlechtsspezifische Ausweisung der Förderdaten gelegt. So werden mittlerweile für den Großteil der Förderaktivitäten Geschlechteranteile ausgewiesen und die Daten sind durch den Ausbau des *Data Warehouse* (DWH4) differenziert verfügbar. Dies wird insbesondere von den Frauenreferentinnen als wichtige Ressource eingeschätzt:

> »Es ist grundsätzlich so, dass allein die Tatsache, dass man so differenziert auswerten kann, unterstützend ist. Schon seit den Anfangszeiten des DWH kann man schauen, wie das mit dem Frauenanteil bei den einzelnen Maßnahmen ist. Jetzt ist es so, dass ich praktisch flächendeckend Gender-Mainstreaming-Anteile rechnen kann. Da gibt es teilweise schon sehr interessante Erkenntnisse, wenn zum Beispiel der Teilnehmeranteil und der Budgetanteil auseinander klaffen. Dann muss ich mich fragen, woran liegt das, was könnte man tun.« (I 14: 3)

Diesen Hoffnungen stehen aber auch Risiken gegenüber, da der komplexe Aufbau des DWH die Datenrecherche fehleranfällig macht und die Datenverwendung genaue Kenntnisse über die Daten und die dahinterliegenden Informationen über ihre Beschaffenheit und Validität erfordert.

Eine wesentliche Ressource zur Informationsbeschaffung stellt für die Gender-Analyse auch weiterhin die Zusammenarbeit mit anderen Fachabteilungen dar, insbesondere mit den statistischen Abteilungen. Die Zielsetzung der geschlechtsspezifischen Auswertung weist nach wie vor viele

96 Von Wroblewski u. a. (2005b) werden Konzepte für eine geschlechtersensible Analyse für unterschiedliche Themenbereiche wie bezahlte und unbezahlte Arbeit, Bildung, Verkehr, Behinderung und Freizeit für Wien dargestellt.

Lücken auf, bewirkt aber, dass dies als Arbeitsauftrag akzeptiert ist. »Wenn ich zum Beispiel sage, bei dieser Auswertung fehlt schon wieder die geschlechtssensible Aufteilung, da brauche ich eine Sonderauswertung, also da gibt es eine positivste Mitarbeit. Und wenn es nicht klappen sollte... Oder oft ist es so, dass diese Aufträge dann direkt von der Landesgeschäftsführung an die jeweilige Fachabteilung übermittelt werden.« (I 1: 1) Auch hier zeigt sich, wie dies die Interviewpassage ausdrückt, dass die Unterstützung durch das *Top* hier eine wesentliche Rolle spielt.

Zeitressourcen sind ein zentrales Thema für die Frauenreferentinnen, die die Hauptarbeit für die Implementierung von Gender Mainstreaming tragen, sei dies durch die Entwicklung von Konzepten, die Beratung oder die Vernetzung von AkteurInnen. Auf Landesebene wurden die Zeitressourcen teilweise ausgebaut, sodass nun jede Frauenreferentin »ein Mindestmaß an Freiraum« (I 21: 1) hat, das heißt zumindest eine Halbtagsstelle für diese Funktion vorgesehen ist. Auf BGS-Ebene und RGS-Ebene hat sich hingegen nichts verändert. Grundsätzlich würde Gender Mainstreaming an sich eine enorme Ressourcenaufstockung für Gleichstellungspolitik bedeuten, wie dies auch in einem Interview angesprochen wurde: »Wenn ich sage, dass wirklich alle aktiv Gleichstellungspolitik betreiben, dann ist es eine enorme Aufstockung.« (I 14: 2) Doch in der gelebten Arbeitsrealität wird dies nicht so empfunden.

Wieweit eine Aufstockung notwendig wäre, wird unterschiedlich beurteilt:

> »Unser Ansatz ist, dass es keine neue Aufgabe ist, die da auf uns zukommt, das ist nur ein neues System, eine neue Methode, mit der wir das machen, was wir bisher schon gemacht haben, effektiver machen können. Und daher keine zusätzlichen Ressourcen. Es hätte sogar sein können..., – bitte Effektivitätsgewinne schöpft man ab, wenn man die Ressourcen reduziert. Wir haben das von vorneherein eher als Methode der Effektivität gesehen, das Gender Mainstreaming, und nicht als zusätzliche Aufgabe.« (I 21: 3)

Diese Sichtweise von Gender Mainstreaming als Effektivitätssteigerungsinstrument impliziert, dass Gender Mainstreaming mit keinem Mehraufwand verbunden ist. Dies mag für eine Organisation gelten, in der Gender Mainstreaming bereits implementiert ist und systematisch umgesetzt wird. Aber in der Implementationsphase, in der der Umgang mit strukturellen Änderungen erst aufgebaut und gelernt werden muss, wird dies von vielen als Defizit erlebt.

So wird von den Frauenreferentinnen immer wieder das Problem der Arbeitsüberlastung thematisiert und dass die Zeit für Gleichstellungspolitik in anderen Bereichen fehlt. Beispielsweise hat eine Interviewpartnerin thematisiert, dass durch die Aufstockung der Arbeitszeit der Frauenreferentin ein Defizit an Beratungszeit entstanden ist, da diese von der Abteilung abgezogen aber nicht ersetzt wurde (I 24). In anderen Fällen entsteht ein Defizit, das auf individueller Ebene durch Mehrarbeit oder Vernachlässigung eines Bereichs gelöst wird. Besonders prekär wird dies von den Frauenreferentinnen auf RGS-Ebene argumentiert:

»In dem Moment, wo du mit 5 Prozent Arbeitszeit dann irgendwie Argumente bringen sollst, die ohnehin schwer zu finden sind, warum Frauen gefördert werden müssen und warum Gender Mainstreaming wichtig ist, ist das wahnsinnig schwierig möglich, dass man sich da entsprechende Kenntnisse aneignet. Vor allem vor dem Hintergrund, wo sie den Wind direkter von allen Seiten um die Ohren haben.« (I 1: 5)

Gender Mainstreaming hat hier auch einen anderen Stellenwert als zum Beispiel die auf die internen MitarbeiterInnen ausgerichtete Gleichbehandlungsbeauftragte. »Die Funktion der Gleichbehandlungsbeauftragten ist ja so definiert, dass diese Zeit, wenn erforderlich, auf jeden Fall zu Verfügung sein muss. Da hat man grundsätzlich mehr Spielraum was die Zeit betrifft. Bei der Frauenreferentin ist es eher so definiert, ja wenn es halt von der Organisation her möglich ist.« (I 10: 1) Gleichstellungspolitik nach außen ist damit stärker von der jeweiligen Arbeitsmarktlage, von der Anzahl der zu betreuenden KundInnen und vom Organisationstalent der einzelnen Person abhängig.

Die Frage der Zeitressourcen ist demnach eng verknüpft mit dem Verständnis von Gender Mainstreaming. Seine Interpretation als Methode der Qualitätsverbesserung und als *Top-Down*-Strategie vermittelt den Eindruck, dass Gender Mainstreaming auf der Umsetzungsebene nichts kostet, sondern im Gegenteil Freiräume schafft. Doch die Umsetzungserfahrungen zeigen, dass Gender Mainstreaming nicht ohne *Bottom-Up* funktionieren kann. »Gender Mainstreaming hat den Vorteil, dass das *Top-Down* zu machen ist. Nur damit das vom *Top-Down* kommt und die ‚*Tops*' das machen, was sie tun sollen, muss man halt auch von unten anschieben, das ist logisch.« (I 25: 1)

Schließlich sind für die Implementierung von Gender Mainstreaming aber auch Finanzressourcen[97] notwendig, um Unterstützungsstrukturen aufzubauen. Indirekt werden vom AMS natürlich Finanzmittel für Gender Mainstreaming zur Verfügung gestellt, indem beispielsweise Gender-Mainstreaming-Beauftragte bezahlt, Veranstaltungen und Vernetzungen, Informationsmaterialien finanziert werden. Doch abgesehen von einzelnen Projekten sind für Gender Mainstreaming keine direkten Gelder vorgesehen. Geldmittel werden aber von der EU durch den Europäischen Sozialfonds oder die Gemeinschaftsinitiative EQUAL kreiert. Beispielsweise wurden in der ersten EQUAL-Runde drei Entwicklungspartnerschaften gefördert, die zur Umsetzung von Gender Mainstreaming beigetragen haben.[98] In der aktuellen Programmperiode von ESF-Ziel3 sind 0,3 Prozent der dafür vorgesehenen Mittel für Gender Mainstreaming vorgesehen. Damit wird auch die ESF-Koordinationsstelle für Gender Mainstreaming finanziert, was gut ein Drittel dieser Mittel beansprucht (Lutz u. a. 2005).

Der Mangel an Ressourcen, nicht nur Finanzressourcen, war in vielen Interviews mit dem Frauenreferentinnen Thema und wird mit einer bemerkenswerten Mischung aus Resignation und Engagement kommentiert, wenn zum Beispiel ein Gesprächspartnerin argumentiert: »Es gab keine zusätzlichen Ressourcen. Es ist noch nie etwas, das für Frauen interessant wäre, von vornherein mit Ressourcen ausgestattet gewesen. Das ist ja auch unser Geschäft, genau dafür Raum zu schaffen. Wenn es das von vornherein gäbe, dann könnten wir uns das sowieso sparen.« (I 25: 2) Auch hier also wieder die Definition ihrer Rolle über die Funktion, Überzeugungsarbeit für Frauenförderung zu leisten, um Aktivitäten zur Frauenförderung ins Rollen zu bringen und davon abzulassen, wenn sie auf eigenen Füßen stehen können.

97 Die genannten Argumente über die Ressourcen für Gender Mainstreaming betreffen die Implementierung von Gender Mainstreaming und nicht die gegenderte Umsetzung von Fördermaßnahmen. Denn wie in Kapitel 10 noch gezeigt wird, wird die Zielsetzung, die Fördergelder geschlechtergerecht zu verteilen, durchaus ernst genommen.

98 Folgende Entwicklungspartnerschaften haben sich mit Gender Mainstreaming befasst: Just GEM (www.justgem.at/), »Frauenförderung + Gender Mainstreaming im Burgenland« (www.chancengleichheit-burgenland.at/index3.asp?Try=Yes) »Gendersensible Regionalentwicklung« (www.bab.at/gesir/). Auch in der aktuellen EQUAL-Runde werden für diesen Bereich Projekte finanziert, unter anderem eine Entwicklungspartnerschaft zur Entwicklungs von Qualitätskriterien für Gender Mainstreaming »Qualitätsentwicklung Gender Mainstreaming« (www.qe-gm.at/).

## Resümee

Die Implementierung von Gender Mainstreaming im AMS erfolgt sowohl durch seine formale Verankerung in den Richtlinien und Zielsetzungen des AMS, die die Arbeitsmarktpolitik steuern, als auch durch Aktivitäten zur Förderung der Gender-Kompetenz und der dafür erforderlichen Ressourcen. So werden auf Ebene der formalen Verankerung Richtlinien *gegendert*, bei der Fördervergabe Gender-Mainstreaming-Kriterien berücksichtigt, ist Gender Mainstreaming Teil des Qualitätssicherungsprozesses und sollen vor allem auch die handlungsleitenden Zielsetzungen *gegendert* werden. Die Umsetzung von Gender Mainstreaming wird durch Gender-Trainings (vor allem der Leitungsebenen), Unterstützung der AMS-internen Gender-ExpertInnen und eine nach Frauen und Männern getrennte Statistik forciert.

Diese Schritte sind zunächst als positive Implementierungsstrategie zu werten, da Gleichstellungspolitik damit tatsächlich in das Steuerungssystem des AMS integriert wird, die arbeitsmarktpolischen Zielsetzungen eine Geschlechterperspektive berücksichtigen und Gleichstellungspolitik für alle AkteurInnen zum Thema wird. Das AMS gilt damit sicherlich als Vorreiter für Gender Mainstreaming im österreichischen Raum, versucht es doch eine integrative Umsetzung dieser Politik.

Doch die Gespräche mit den AkteurInnen machen Widerstände und Barrieren sichtbar, die diesem Vorhaben klare Grenzen vorgeben. So sind die Vorgaben in den Richtlinien schwer kontrollierbar, ist das *gegenderte* Qualitätsmanagement in der Praxis noch nicht erprobt und werden die Gender-Mainstreaming-Ziele auf quantitative Zielvorgaben reduziert. Deutlicher sind die Schwächen aber noch in dem weniger formalisierten Aufbau von Gender-Kompetenz und Gender-Sensibilität. Denn hier wird der Schwerpunkt auch weiterhin auf die Gender-ExpertInnen, die Frauenabteilung und Frauenreferentinnen gelegt, während die Mehrzahl der AkteurInnen von Qualifizierungsmaßnahmen bisher unberührt geblieben ist. Und schließlich besteht ein vermeintlicher Irrtum darin, dass die Implementierung von Gender Mainstreaming keine Zusatzkosten verursacht, sondern im Gegenteil, durch Effizienzsteigerung Einsparungen entstehen könnten.

# 10. Zielsetzungen der Gleichstellungspolitik im AMS

Gender Mainstreaming strebt entsprechend seiner theoretischen Konzeption nicht nur eine Veränderung des Prozesses von Gleichstellungspolitik an, sondern auch eine Veränderung der politischen Inhalte und Zielsetzungen. Durch Gender Mainstreaming sollen geschlechtsspezifische Diskriminierungsprozesse, die durch Politik oder politische Maßnahmen verursacht sind, vermieden werden. Diese Zielsetzung richtet sich an beide Geschlechter, sowohl an Frauen als auch an Männer, je nachdem bei wem Benachteiligungen identifiziert werden. Der Begriff Gender beinhaltet aber auch bereits ein Geschlechterkonzept, nämlich eine Differenz zwischen Frauen und Männern, die nicht auf biologische, sondern soziale Unterschiede, das heißt auf unterschiedliche Erfahrungen und Interessen beziehungsweise auf unterschiedliche Lebensverhältnisse von Frauen und Männern zurückzuführen ist. Durch dieses Gender-Konzept, das sowohl die Entwicklungsgeschichte von Gender Mainstreaming durch die Frauenbewegung in der Entwicklungspolitik prägt, als auch in der Definition des Europarates (Europarat 1998) vorkommt, sind auch die inhaltlichen Zielsetzungen von Gender Mainstreaming bestimmt: Angestrebt wird eine Gleichstellung zwischen Frauen und Männern und zwar unter Berücksichtigung der unterschiedlichen Lebensverhältnisse (vgl. Kapitel 5). Was aber Gleichstellung im jeweiligen Fachbereich bedeutet, ist eine politische Vorgabe, die jeweils definiert werden muss und sich entsprechend der dahinterliegenden Vorstellungen über die Geschlechterrollen unterschiedlich darstellt.

In der theoretischen Debatte über Gender Mainstreaming wurde der inhaltliche Aspekt erst relativ spät eingebracht. Zunächst stand Gender Mainstreaming als neue Prozesssmethode im Vordergrund (vgl. Schunter-Kleemann 2001; Naylon/Weber 2000; Verloo 2001; Woodward 2001). Erst Anfang 2000 ist die Aufmerksamkeit auf die Bedeutung des Begriffs »Gender« im Gender Mainstreaming gestiegen (vgl. Frey 2003; Wetterer

2003 oder Gildemeister, Robert 2003). Missverständnisse beziehungsweise Unklarheiten über Inhalt und Zielsetzungen von Gender Mainstreaming können aber zu zentralen Barrieren einer erfolgreichen Umsetzung werden (Huschke 2002; Frey 2003). Wenn keine konkreten inhaltlichen Zielsetzungen mit Gender Mainstreaming verbunden sind, läuft es Gefahr, dass es zu einem Lippenbekenntnis bar jeder substantiellen Veränderung wird beziehungsweise damit unterschiedliche Assoziationen in der Umsetzung verbunden werden. Diese Diskussionen über die inhaltlichen Zielsetzungen von Gender Mainstreaming können aber auch als eine Neuauflage der Debatte über die Zielsetzungen von Gleichstellungspolitik im Allgemeinen interpretiert werden. Denn die rege Diskussion über Gender Mainstreaming ist letztlich eine Diskussion über die Grundlagen und Voraussetzungen jeder Gleichstellungspolitik, unabhängig von der dabei angewandten Strategie.

Die Frage nach den inhaltlichen Zielsetzungen von Gender Mainstreaming führt auch zur Frage, wie Gleichstellung in der Arbeitsmarktpolitik grundsätzlich definiert wird. Gleichstellung in der Arbeitsmarktpolitik ist zwar mittlerweile in vielen Dokumenten des AMS und des BMWA verankert. Was unter Gleichstellung verstanden wird, scheint hingegen sehr unterschiedlich zu sein. Im Folgenden wird daher der Frage nachgegangen, inwieweit einheitliche Zielsetzungen von Gleichstellung bestehen und wie sich diese durch Gender Mainstreaming verändert haben. Dies erfolgt auf Basis der grundlegenden Orientierungen des AMS, wie auch der konkreten Zielvorgaben und umgesetzten Maßnahmen.

## Grundlegende inhaltliche Orientierungen

Grundlegende Weichenstellungen für die Zielsetzungen der Gleichstellungspolitik werden kaum explizit in offiziellen Dokumenten formuliert, sondern finden sich analog zur allgemeinen Verankerung von Geschlecht beziehungsweise geschlechtsdiskriminierenden Prozessen in der Substruktur von Organisationen, zum Beispiel im »Subtext« von Zieldarstellungen (vgl. Kapitel 6). Zunächst also ein Blick auf unterschiedliche Aspekte solcher Subtexte:

Umgang mit Begrifflichkeiten in der Gleichstellungspolitik – *Begriffsvielfalt und Begriffsunklarheit*

Wie bereits in Kapitel 4 angesprochen, werden für die Zielsetzungen der Chancengleichheit unterschiedliche Begrifflichkeiten verwendet, ohne dabei konsequent auf ihre originäre Bedeutung zu achten. Diese immanente Begriffsunsicherheit beziehungsweise Begriffsvielfalt zeigt sich auch in der österreichischen Arbeitsmarktpolitik. Gleichstellung von Frauen und Männern wird in den übergeordneten Zielsetzungen und Gesetzen berücksichtigt, doch die dabei verwendeten Formulierungen bleiben vage (vgl. Kapitel 8):

So ist Chancengleichheit im Leitbild des AMS wie folgt formuliert: »Chancengleichheit ist uns ein wichtiges Anliegen. Wir fördern am Arbeitsmarkt benachteiligte Menschen und setzen uns besonders für die Gleichstellung von Frauen ein.« (Leitbild des Arbeitsmarktservice)

Das Arbeitsmarktservicegesetz von 1994, das im Zuge der Ausgliederung der Arbeitsmarktverwaltung aus der Bundesverwaltung das »neue« Arbeitsmartservice als ein Dienstleitungsunternehmen des öffentlichen Rechts regelt, sieht vor,

»...die Leistungen des Arbeitsmarktservice im Sinn des Abs. 2 so zu gestalten und erforderlichenfalls so verstärkt einzusetzen, dass eine weitest mögliche Chancengleichheit mit anderen Arbeitskräften hergestellt wird. Insbesondere ist durch einen entsprechenden Einsatz der Leistungen der geschlechtsspezifischen Teilung des Arbeitsmarktes sowie der Diskriminierung der Frauen auf dem Arbeitsmarkt entgegenzuwirken.« (AMSG § 31 Abs.3)

Ähnlich lautet die Vorgabe des Bundesministeriums für Wirtschaft und Arbeit an das Arbeitsmarktservice: Globale Ziele der Arbeitsmarktpolitik sind, unter anderem, die »weitest mögliche Herstellung von Chancengleichheit, Mitwirkung bei der Aufhebung der geschlechtsspezifischen Teilung des Arbeitsmarktes mit besonderem Blickpunkt auf die Vereinbarkeit von Familie und Beruf.« (Bundesministerium für Wirtschaft und Arbeit 2001: 3)[99]

99 An diesem »Längerfristigen Plan«, der als ein politischer Auftrag des Bundesministeriums an das Arbeitsmarktservice ergeht, orientiert sich die strategische Schwerpunktsetzung und Zielplanung der Bundesgeschäftsstelle des AMS, die diese mittels quantitativer Messkriterien operationalisieren. Die Landesorganisationen erarbeiten davon ausgehend ihr länderspezifisches Arbeitsprogramm und die Zielgrößen der Indikatoren für die RGS.

Diese Zielsetzungen klingen zum einen zwar äußerst ambitioniert, da nicht nur arbeitsmarktpolitische Tatbestände im engeren Sinn wie der Abbau der Frauenarbeitslosigkeit oder gleicher Zugang zum Arbeitsmarkt, sondern auch Diskriminierung und Segregation am Arbeitsmarkt angesprochen werden. Gleichzeitig bleibt die Zieldefinition »Weitest mögliche Herstellung von Chancengleichheit« unklar: Geht es um formale oder materiell-substantielle Gleichheit, um Gleichheit im Prozess oder im Ergebnis oder in beiden? (vgl. Kapitel 4) Was heißt *weitest möglich*?

Aus den Zitaten zur Gleichstellungspolitik des AMS geht auch hervor, dass unterschiedliche Begriffe zur Gleichstellung oder Chancengleichheit verwendet werden. Gleichstellung und Chancengleichheit werden teilweise synonym und in gleichen Dokumenten abwechselnd verwendet (vgl. Leitbild des AMS). Es zeichnet sich auch ab, das Gleichstellungspolitik eng mit Frauenförderung verknüpft wird. Interessant ist hierbei, dass je konkreter die Zielsetzungen beschrieben werden, desto stärker wird auf Frauenförderung fokussiert, wie zum Beispiel in den Broschüren an die KlientInnen, an Arbeitslose und Unternehmen. Frauenförderung wird insbesondere auch für die AMS-interne Personalpolitik verwendet. Gender Mainstreaming bleibt hingegen abstrakt, indem zum Beispiel im AMS-Geschäftsbericht 2003, dies durch folgende Schritte umschrieben wird: »Integration einer geschlechtssensiblen Perspektive – Berücksichtigung unterschiedlicher Situationen und Bedürfnisse von Frauen und Männern – Überprüfung auf geschlechtsspezifische Wirkungen.« (AMS-Geschäftsbericht 2003: 36).

Sucht man auf der Homepage des AMS nach unterschiedlichen Begriffen, so erzielt Chancengleichheit die meisten Treffer (317 Treffer), gefolgt von Gleichstellung (285) und Gender Mainstreaming (243). Frauenförderung (99), Diskriminierung (88), Gleichbehandlung (70),. Hingegen weisen Gleichheit (26) und Gleichberechtigung (19) deutlich weniger Treffer auf. Dieses Abzählen von Begrifflichkeiten[100] in der allgemein zugänglichen Selbstdarstellung des AMS weist darauf hin, dass Chancengleichheit wohl weiterhin der zentrale Begriff der Geschlechterpolitik in der Arbeitsmarktpolitik ist, auch wenn Gleichstellung mittlerweile häufig verwendet wird.

100 Der Begriff wurde in unterschiedlichsten Dokumenten des AMS wie zum Beispiel den Geschäftsberichten, Darstellungen seiner Leistungen für Unternehmen oder Informationen über Publikationen oder Veranstaltungen gesucht. Auf einige Dokumente wie zum Beispiel die Geschäftsberichte der BGS wird mehrfach verwiesen, da diese auch auf den Homepages der einzelnen Landesgeschäftsstellen zu finden sind. Die maximale Anzahl von Treffern für Begriffe wie Arbeit, Beschäftigung oder Arbeitslose liegt bei 333. Der Zugriff auf die Homepage erfolgte für diese Zählung zuletzt im September 2005.

Gender Mainstreaming wird ebenfalls häufig genannt. Begriffe wie Frauenförderung oder Gleichbehandlung kommen hingegen deutlich seltener vor. Insgesamt kommt es zu einer Vielfalt an unterschiedlichen Begriffen, die häufig verwendet, aber weder genau definiert noch konsequent unterschieden werden.

Sucht man nach einer Logik in der Begriffsverwendung, so zeichnet sich ab, dass Chancengleichheit lange Zeit der zentrale Begriff der Gleichstellungspolitik in der Arbeitsmarktpolitik war. Beispielsweise sollten in der europäischen Beschäftigungsstrategie durch Säule IV »*Chancengleichheit* von Frauen und Männern« die Benachteiligungen von Frauen abgebaut werden. Auch in den Zielvorgaben des Bundesministeriums für Wirtschaft und Arbeit an das AMS wird auf »eine weitest mögliche Herstellung von *Chancengleichheit*« abgestellt. Chancengleichheit soll die Diskriminierung am Arbeitsmarkt beseitigen beziehungsweise die sozialen Folgen, die durch die Benachteiligungen am Arbeitsmarkt entstehen. Chancengleichheit wird demnach als Gleichstellung von Frauen und Männern verstanden, so wie der von der linken Frauenbewegung geschaffene Begriff auch gemeint war. Doch durch die Gefahr, den Begriff auf formale Chancengleichheit zu reduzieren, wird Chancengleichheit zunehmend durch den Begriff Gleichstellung ersetzt (vgl. Kapitel 4). Beispielsweise ist in den neuen Leitlinien der europäischen Beschäftigungspolitik Geschlechterpolitik nun in der Leitlinie 6 als »Gleichstellung der Geschlechter« verankert und hat sich die Abteilung innerhalb der EU von »*Equal Opportunities for women and men*« zu »*Equality for women and men*« gewandelt.

Wie sich in vielfältigen Untersuchungen zeigt, ist mit der sprachlichen Darstellungsweise mehr als nur die Wahl beliebiger Bezeichnungen zu verstehen. So weist Pastner (1998) nach, dass in der betrieblichen Frauenförderung die Benennungen eine große Rolle spielen. Welche Begriffe verwendet werden, kann sowohl Unwissenheit beziehungsweise Unsicherheit signalisieren oder auch eine Strategie zur Vermeidung von Reizwörtern sein. Die verschiedenen Begriffe und Bezeichnungen wirken lenkend, indem mit ihnen unterschiedliche Assoziationen und verschiedene Reaktionen ausgelöst werden. Die Gefahr, den Begriff Chancengleichheit auf formale Gleichheit zu reduzieren, besteht damit auch im AMS.

In den Interviews hat sich gezeigt, dass der Begriff Chancengleichheit von den Umsetzenden vielfach anders verstanden wird, als er von den Frauenreferentinnen definiert wird. Für die Frauenreferentinnen besteht Chancengleichheit dann, »wenn die Benachteiligung, die man faktisch messen kann, nicht mehr gegeben ist.« (I 16: 4) Chancengleichheit wird also von diesem Kreis in der Bedeutung von Gleichstellung, das heißt ergebnisorientierter und substantieller Gleichheit verstanden. Diese Definition geht über formale Chancengleichheit hinaus, indem Gleichstellung eingefordert wird. Dieser weitreichende Ansatz von Chancengleichheit wird von den FrauenreferentInnen auf BGS- und LGS-Ebene weitgehend mitgetragen, wenn auch seine Umsetzbarkeitsmöglichkeiten unterschiedlich eingeschätzt werden.

Eine weniger konkrete Vorstellung von Chancengleichheit ist bei den sonstigen AkteurInnen des AMS anzutreffen. In allen Interviews wurde nach der Definition beziehungsweise dem Verständnis von Chancengleichheit gefragt, aber in vielen Interviews wurde nicht explizit darauf eingegangen beziehungsweise wurde die Unklarheit des Begriffes bestätigt. Einigkeit besteht zwar über die Mindestanforderungen von Chancengleichheit, nämlich darin, dass Chancengleichheit vor Ungleichbehandlung schützen soll. So wird eine substantielle Gleichstellung, aber auch die Gleichbehandlung von Frauen und Männern von einzelnen GesprächspartnerInnen in Frage gestellt, wenn zum Beispiel argumentiert wird: »Gleichbehandlung sehe ich sehr differenziert. Wenn gleiche Voraussetzungen und Rahmenbedingungen da sind und dann wird nicht gleich behandelt, dann muss ich sagen, das ist abzustellen. Da bin ich dabei.« (I 6: 3)

Allgemein wird also der Begriff von Chancengleichheit in der Institution des AMS zwar vielfach aber zugleich viel*fältig* verwendet. Durch die fehlende Auseinandersetzung mit dem Begriff besteht die Gefahr, dass damit Assoziationen festgeschrieben werden, die Chancengleichheit auf formale Gleichheit reduzieren, durch die Begriffsverwendung also inhaltliche Weichenstellungen gesetzt werden. Die Verwendung des Begriffs Chancengleichheit weist hier durchaus Parallelen auf, wie sie auch für Gender Mainstreaming diskutiert werden (vgl. Kapitel 5). Denn auch bei Gender Mainstreaming findet sich der Vorwurf, dass damit ein Begriff in Umlauf kommt, der zwar vielfach verwendet, aber jeweils unterschiedlich verstanden wird.

Gleichstellungsziel in den allgemeinen Zielsetzungen des AMS – *Erwerbsorientierung als Ziel*

Ungeachtet dessen, ob substantielle oder formelle Gleichheit, Gleichheit im Zugang oder Gleichheit des Ergebnisses erreicht werden soll, stellt sich auch die Frage, welche Ziele mit Gleichstellung in der Arbeitsmarktpolitik verbunden werden. Zunächst einmal scheint die Zielrichtung der Gleichstellung in der Umsetzung von Arbeitsmarktpolitik und als Zielsetzung des AMS eindeutiger definiert zu sein, als dies in anderen politischen Bereichen der Fall ist. Im Programm zur Förderung der Gleichstellung von Frauen und Männern auf dem Arbeitsmarkt sind die wesentlichen Ziele und Maßnahmen festgelegt, die auch als Grundlage für Gender Mainstreaming dienen: »Frauen und Männer sind gleichermaßen auf existenzsichernden, ökonomische Unabhängigkeit gewährleistenden Arbeitsplätzen in das Erwerbsleben integriert. Sie haben den gleichen Zugang zu allen Berufen und verteilen sich gleichermaßen auf alle hierarchischen Ebenen der Arbeitswelt« (Stockhammer 2003: 26). Diese Zielsetzung, die von der Abteilung für Arbeitsmarktpolitik für Frauen in der BGS und den Frauenreferentinnen entwickelt wurde, beinhaltet die Integration von Männern *und* Frauen in den Arbeitsmarkt sowie auch eine Gleichstellung am Arbeitsmarkt; sie entspricht einem substantiellen Gleichheitsansatz mit Fokus auf den Erwerbsarbeitsmarkt.[101]

Unterstützt wird diese Sichtweise durch die Funktion der Arbeitsmarktpolitik, bei der es primär um die Integration von Personen in den Arbeitsmarkt geht (vgl. Kapitel 2). Aber auch die Koppelung des Leistungsbezugs der Arbeitslosen an Arbeitsfähigkeit, Arbeitswilligkeit und Verfügbarkeit ist dafür richtungsweisend: »Bei uns gibt es eine Leistung nur, wenn man arbeitsfähig, arbeitswillig und verfügbar ist. [...] Dies gilt auch für Frauen mit Betreuungspflichten.« (I 21: 4). Sind diese Voraussetzungen nicht gegeben, so gehört dies nicht in den Aufgabenbereich des AMS, sondern wird die finanzielle Zuständigkeit in den Aufgabenbereich der Sozialhilfe abgeschoben.

Die Zielsetzung verfolgt also Gleichstellung und Integration von Frauen im Erwerbsleben und zwar wie es eine der ExpertInnen auf eine Kurzformel bringt: »Es geht einfach darum, dass Frauen in Jobs gleich viel verdienen wie Männer.« (I 25: 2). Als Ansatzpunkte für Gleichstellung in

101 Die gleichstellungspolitische Perspektive des AMS kann als *Universal Breadwinner*-Modell im Sinne von Fraser (1994) umschrieben werden.

der Arbeitsmarktpolitik werden von der BGS vier Bereiche definiert, nämlich:

- Zugang zu Förderungen,
- Qualifizierung bei mangelnder beziehungsweise falscher Qualifikation,
- Berufswahl und
- interne Personalpolitik.

Doch außerhalb des Kreises der gleichstellungspolitischen AkteurInnen wird diese Zielsetzung nicht einheitlich geteilt. Alltagsideologien über die unterschiedlichen Interessen der Frauen werden zum Argument gegen die Gleichstellung von Frauen und Männern im Erwerbsleben (vgl. Kapitel 9). Wenn Frauenreferentinnen von den BeraterInnen mit Argumenten konfrontiert werden, wie: »Um Gottes Willen, lasst's doch die armen Frauen in Ruh.« (I 18: 4), dann wird dies unter Berufung auf die Wünsche der Frauen gemacht, die sich an selbst Erlebtem oder übernommenen Einzelfällen orientieren: »Was soll denn die Frau, die will ja gar keinen Kurs und die kann ja gar nicht irgendwo vom Land nach Graz fahren. Lasst sie doch in Ruh. Die will ja gar keinen Kurs.«. (I 18: 6) Durch die unterschiedlichen Einstellungen zur Erwerbsintegration von Frauen erleben sich Frauenreferentinnen in der Rolle der »Zwangsbeglückerin«, der Manipulantin: »Das ist eine heftige Diskussion, nicht nur mit Männern, auch mit Frauen. Warum wollt ihr sie alle bevormunden, warum traut ihr ihnen nicht zu, dass sie wissen, was sie wollen. Da kommt man dann in diese Rolle, als täten wir sie alle manipulieren und zwangsbeglücken.« (I 2: 4)

Frauenreferentinnen kommen damit leicht in eine Rolle, die scheinbar niemand will. Denn berufliche Benachteiligungen sind kein einfaches Diskriminierungsproblem, sondern sind Ergebnis vielfältiger Verflechtungen von Faktoren, die im Erwerbssystem (wie zum Beispiel Organisation und Qualitätskriterien der Erwerbsarbeit), im Infrastrukturangebot (wie zum Beispiel Betreuungsangebote, öffentliche Verkehrsmittel etc.) und in der Privatheit (Arbeitsteilung bei Betreuung von Kindern, pflegebedürftigen Älteren oder Haushalt) beheimatet sind. Gleichstellungspolitik bekommt damit leicht den Anschein, sich gegen die betroffenen Frauen zu richten – wie die Erfahrungen der Frauenreferentinnen zeigen. Zweifellos kann das Ziel der Erwerbsintegration von Frauen zu einer Schlechterstellung der betroffenen Frauen führen, doch dies resultiert vor allem aus den Rahmenbedingungen, den Verflechtungen von Einflussfaktoren unterschiedlichster Bereiche, die aber den Frauenreferentinnen beziehungsweise den arbeitsmarktpolitischen Institutionen kaum zugänglich sind (vgl. Kapitel 3). Doch mit den Vorwürfen der Manipulation, mit den Forderungen, Frauen selbst entscheiden zu lassen, werden längerfristige Wandlungsprozesse der Rahmenbedingungen abgewehrt und zugleich auch die Mittäterschaft an den komplexen Diskriminierungsprozessen der beruflichen Benachteiligung von Frauen verschleiert (Gildemeister/Robert 2003).

Diese Argumentation, dass Gleichstellungsziele gegen die Interessen von Frauen gerichtet sind, wird für die institutionalisierte Geschlechterpolitik durch die Delegation der Frauenfrage an Berufsbeauftragte, sogenannte »Berufsfeministinnen« thematisiert (vgl. z.B. Gildemeister/Robert 2003; Holland-Cunz 2001; Woodward 2001; Stromberger 1991). »Institutionalisierte und verberuflichte Geschlechterpolitik [wie sie auch von den Frauenreferentinnen ausgeübt wird, Anm. d. A.] läuft damit Gefahr, an vielen ihrer AdressatInnen vorbei zu gehen. Sie bezieht sich vielfach auf Geschlechterkonstrukte, Gesellschaftsbilder und Sozialmodelle, die nicht länger und vor allem nicht durchgängig von diesen als stimmig erlebt werden und von denen die sogenannten ›erfolgreichen‹ Frauen sich längst entfernt haben« (Gildemeister/Robert 2003: 231). Durch die Ungleichzeitigkeit des Wandels in der Rolle der Frauen, durch die eine Gruppe in männliche Lebens- und Erwerbsmuster führt, während andere in ihren traditionellen Lebensmustern verharren, wird Gleichstellungspolitik schwieriger. So besteht gerade bei den jüngeren Frauen durch die Stigmatisierung von geförderten Personen als solche, »die es nötig haben«, hinsichtlich Frauenförderung und Quotierungen eine deutliche Distanzierung von Frauenbewegung und Feminismus (Gerhard 2000). Gleichzeitig werden kaum Maßnahmen für diejenigen Frauen entwickelt, die von Benachteiligungen und Ausschlussmechanismen besonders betroffen sind, sodass sich diese eher wenig bis gar nicht durch die Politik angesprochen fühlen.

Wenn die AkteurInnen von der »Basis« die Zielsetzung der Gleichstellung von Frauen und Männern im Erwerbsleben mit der Frage konfrontieren, ob die Frauen überhaupt so integriert sein wollen »in die harte Arbeitswelt, in diese Ellbogenkämpfe, in diesen Stress, wie es die Männer haben. Wollen die überhaupt diese Karriere machen und sich das antun« (I 21: 8), treffen sich diese praktischen Zweifel mit der theoretischen Kritik des Festhaltens am »Kollektivsubjekt Frau«. Eine gleichstellungsorientierte Arbeitsmarktpolitik ist diesem Problem ebenfalls ausgesetzt, auch wenn Arbeitsmarktpolitik zunächst den Anschein vermittelt, damit eine ähnliche

Frauengruppe zu bedienen, primär Problemgruppen anzusprechen und damit jene, die stärker von Diskriminierung und Ausgrenzung betroffen sind.

## Zielsetzungen von Gender Mainstreaming – *Frauenförderung oder mehr?*

Die Unklarheit von Begriffen und Zielsetzungen beziehungsweise ihre unterschiedliche Interpretation verstärkt sich noch bei der neuen Gleichstellungsstrategie Gender Mainstreaming. Auf der abstrakten Ebene scheint es mittlerweile zwar klar, was Gender Mainstreaming bedeuten soll. Bei allen Interviews haben die Befragten klare Definitionen bei der Hand, um zu verdeutlichen, was es sein soll. Oft wird bei der Definition auf jene des Europarates verwiesen oder stellt dies eine Orientierung dar, mit der versucht wird, Gender Mainstreaming für den eigenen Bereich zu formulieren. Teils waren dies anschauliche Beschreibungen, die die Strategie in bemerkenswert einfacher Art und Weise umschreiben, wie folgendes Beispiel zeigt: »Gender Mainstreaming heißt für mich, dass das Geschlechterdenken wegfallen soll, das hätte ich zumindest gerne. Frauen und Männer sollten wirklich gleich sein. Ich sollte soweit sein, dass ich etwas neutral den Leuten anbieten kann. Ich mache dann keine Wertung mehr. Und auch die anderen sollten so damit umgehen, dass es egal ist, ob ich einer Frau oder einem Mann eine Maßnahme verkaufe.« (I 3: 2) Doch auf der praktischen Ebene der Umsetzung werden die Vorstellungen unklarer, wenn die Expertin auf die Frage hin, was dies den für die konkrete Umsetzung im Arbeitsalltag bedeutet, fortsetzt: »Ich glaube, bis heute sind wir uns nicht ganz einig im Arbeitsmarktservice, was wirklich darunter zu verstehen ist. Auf einer abstrakten Ebene natürlich schon, aber auf der operativen?« (I 3: 2)

So hat sich in den Gesprächen mitunter Verdrossenheit gegenüber diesem ständigen Gerede über Gender Mainstreaming ohne konkrete Handlungsanweisungen gezeigt. »Aber wenn man das so übertreibt, mit einem Workshop nach dem anderen, eine geführte Sitzung nach der anderen, immer zum selben Thema, dann wird das lähmend und bekommt die falsche Richtung.« (I 11: 2) Oder aber die Unklarheit wird individuell gelöst, indem Gender Mainstreaming vereinfacht und in reduzierter Weise umgesetzt wird. Ein weitverbreiteter Umgang mit Gender Mainstreaming ist seine Reduzierung auf Frauenförderung. So wurde in mehreren Interviews argumentiert, dass Gender Mainstreaming keineswegs als ein neuer Ansatz interpretiert wird, sondern eine Fortsetzung der Frauenförderung darstellt. »Also wenn sie so die Berater fragen, setzen die das weitgehend gleich, also Frauenförderung mit Gender Mainstreaming. Ist es ja auch zu einem gewissen Grad. Was jetzt ganz genau die Unterscheidung ist, wird Ihnen sicherlich niemand sagen können. Also das ist nicht so präsent.« (I 7: 2)

Andere definieren Gender Mainstreaming, indem sie es gegenüber Frauenförderung abgrenzen. Diese Abgrenzung zeigt sich vor allem darin, dass mit Gender Mainstreaming Frauen und Männer angesprochen werden sollen. Denn die Berücksichtigung der Männer im Konzept kann gerade jenes Mittel sein, dass die Akzeptanz von Gleichstellungspolitik erhöht. So wurde mitunter recht süffisant von den Männern ihr Vorteil durch Gender Mainstreaming formuliert. »Ich bin ohne weiters für Gender Mainstreaming, weil jetzt auch die Männer Chancen haben, Kurse zu machen.« (I 6: 1) Oder: »Manche Kollegen sagen jetzt, jetzt ist ja Gender Mainstreaming da, jetzt sind wir Männer die Armen und da brauchst du ja jetzt nicht mehr nur auf die Frauen zu schauen.« (I 3: 3) Doch dieser Anspruch, Männer in Gleichstellungspolitik verstärkt einzubeziehen, wird in der Praxis kaum eingehalten. Die einseitige Ausrichtung auf Frauenziele wird von dieser Gruppe als Defizit gesehen. Aber die Frage, wie Männer einbezogen werden können, erzeugt überwiegend Ratlosigkeit. »Unsere Gender-Mainstreaming-Ziele sind Frauenziele. Mir fehlen halt die Gender Mainstreaming Ziele, wie man da auch Männer einbeziehen kann. Wobei ich selber da jetzt auch keine Lösung habe.« (I 10: 3)

So vermittelt das AMS im Jahr 2002/2003, also gut zwei Jahre nach dem offiziellen Bekenntnis zu Gender Mainstreaming, den Eindruck, dass Gender Mainstreaming die Diskussion um Gleichstellungspolitik deutlich angeregt hat, aber weiterhin ein deutliches Defizit über die Bedeutung dieser Strategie besteht. Was getan werden soll, wird von den Frauenreferentinnen definiert und diese zeigen eine überraschend hohe Übereinstimmung der Zielsetzungen; was wohl nicht zuletzt auf ihre intensive Vernetzungsarbeit zurückzuführen ist. Diese Unklarheit über die inhaltliche Zielsetzung kommt zwar mit der Strategie von Gender Mainstreaming ans Licht, hat aber weniger damit zu tun, dass Gender-Mainstreaming-Kompetenz fehlt, sondern es sind wohl eher die mangelnden Zielsetzungen zur Gleichstellung, die nun offensichtlich werden. Gender Mainstreaming bringt damit Lücken und Probleme der Gleichstellungspolitik zum Vorschein, die es schon lange gegeben hat und dies ist durchaus als Fortschritt zu sehen, da dadurch ein Diskussionsprozess und damit vielleicht auch eine Lösung initiiert wird.

## Zielsetzungen und Maßnahmenumsetzung des AMS

Entsprechend der Steuerungslogik des AMS werden jährliche Arbeitsprogramme festgelegt, für die die BGS grundlegende Richtlinien und Zielsetzungen unter Berücksichtigung der unterschiedlichen AkteurInnen der Arbeitsmarktpolitik, die sich aus der gelebten Sozialpartnerschaft oder den Zielsetzungen der EU ergeben, vorgibt. Die konkreten Zielsetzungen, von denen neun die BGS formuliert und eine die LGS, werden durch quantitative Zielvorgaben operationalisiert und durch die Festlegung des jeweiligen Beitrages der LGS sowie aller RGS zu konkreten Zielvorgaben bis hin zur Regionalebene. Für die konkrete Ausgestaltung spielen sowohl die aktuellen (regionalen) Problemlagen als auch die Politik der Vergangenheit eine Rolle (vgl. Kapitel 8)

Für dieses Steuerungssystem der Arbeitsmarktpolitik über das *Management by Objectives* (MBO) braucht es klar definierte Ziele, um die jeweils verfolgten Maßnahmen daran zu orientierten, Erfolge messen und die Politik anpassen zu können (vgl. Kapitel 8). Aus der Gleichstellungsperspektive ergeben sich zwei Vorteile durch die Anwendung solcher Steuerungssysteme:

- *Organisationsaspekt*: Die mit dem MBO verbundene Formalisierung und strategische Planung begünstigen Gleichstellungsziele im Allgemeinen (Heintz u. a. 1997)[102] und durch das damit gelegte *Top-Down*-Prinzip auch Gender Mainstreaming im Speziellen.
- *Inhaltlicher Aspekt*: Gleichstellung wird damit fix und sichtbar im Steuerungssystem verankert. Gleichstellung wird als ein Ziel neben anderen integriert und verlangt eine entsprechende Befassung der Organisation mit dem Ziel (Zieldefinition, Zielindikatoren, Zeitraum der Zielerreichung, Ist- und Sollwerte, Rückkoppelung und Zielanpassung).

102 In der betrieblichen Frauenförderung hat sich gezeigt, dass Gleichstellungsstrategien insbesondere in klar strukturierten und formalisierten Organisationen umgesetzt werden können, denn damit kommt die subtilen Gendering-Prozesse, die als Substruktur der Organisationen wirken, weniger Bedeutung zu (vgl. Riegraf 2002; Heintz u. a. 1997)

Doch diesen Vorteile stehen Nachteile, die dieses Zielsteuerungssystem beinhaltet gegenüber: Sie beschränken sich auf quantifizierbare Ziele, ihre Einhaltung kann nur zum Teil kontrolliert werden, sie enthalten eine manipulative Komponente durch *Moral Hazard* und *Adverse Selection*[103] und entwickeln für die Umsetzung der Politik eine Eigenlogik (vgl. Kapitel 8). Wieweit dabei Gleichstellungsziele reduziert beziehungsweise durch andere Zielsetzungen verdrängt werden, soll durch einen Überblick über die konkreten Zielsetzungen und die umgesetzten Maßnahmen beleuchtet werden. Zentrales Kriterium für eine gleichstellungsorientierte Politik ist, wieweit dadurch tatsächlich Veränderungen erreicht werden. Im Folgenden wird daher auf die Umsetzung der Arbeitsmarktpolitik auf Basis der verfolgten Zielsetzungen und vorliegenden Evaluationen und Wirkungsanalysen eingegangen.

## Arbeitsmarktpolitische Zielsetzungen – *Qualifizierung für Frauen*

Auf der Grundlage der voraussichtlichen Entwicklung des Arbeitsmarktes werden vom AMS jeweils Schwerpunkte für die Arbeitsmarktpolitik gesetzt. Im Jahr 2003 wurden folgende Zielsetzungen formuliert (AMS-Geschäftsbericht 2003: 15 f.):

- Erhöhung der Stellenbesetzungen: Durch ein möglichst großes Angebot an offenen Stellen möchte das AMS zum führenden Dienstleistungsunternehmen am Arbeitsmarkt werden.
- Verhinderung der dauerhaften Ausgrenzung aus dem Beschäftigungssystem: Langzeitarbeitslosigkeit soll durch frühe Interventionen verhindert werden, wobei hier als Zielgruppe explizit Ältere, Jugendliche und Frauen genannt werden. Auch Langzeitarbeitslose sollen verstärkt gefördert werden.
- Entwicklung der Humanressourcen: Dafür soll die steigende Arbeitskräftenachfrage im Bereich Gesundheit und Pflege, Informations- und Kommunikationstechnologie sowie in landesspezifischen Nachfragebereichen durch das AMS unterstützt werden.

Während der Schwerpunkt 2 auf die problemgruppenorientierte Förderpolitik zielt, sind die Schwerpunkte 1 und 3 eher auf die Nachfrageseite des

103 Siehe Fußnote 99.

Arbeitsmarktes ausgerichtet. Vergleicht man diese Schwerpunktsetzungen über die Zeit, zeigen sich einzelne Brüche, die zum einen auf eine verstärkte Orientierung auf die Nachfrageseite und zum anderen auf Veränderungen bei den angepeilten Zielgruppen hinweisen. So findet sich 2003 eine große Übereinstimmung mit dem Jahr 2002 (2003 wurde lediglich der steigende Arbeitskräftebedarf im Gesundheits- und Pflegebereich mit aufgenommen). Gegenüber dem Zeitraum 1998 bis 2001, der ebenfalls als eine Periode mit ähnlichen Zielsetzungen gesehen werden kann, haben sich die Zielgruppen für die Verhinderung einer dauerhaften Ausgrenzung verändert. Ältere werden als »neue« Zielgruppe gefördert und insgesamt ist eine Veränderung der Strategie in Richtung Prävention von Langzeitarbeitslosigkeit zu registrieren. In den Jahren 1995 bis 1997 ist ein Schwerpunkt auf die Unterstützung des Strukturwandels gerichtet, wobei vor 1997 kaum explizite Zielgruppen genannt werden. Ein weiteres Ziel, das ab 1997 nicht mehr angesprochen wurde, ist die Sicherung der finanziellen Existenz der Anspruchsberechtigten.

Diese Entwicklung der arbeitsmarktpolitischen Schwerpunktsetzungen finden sich in den konkreten Zielsetzungen des AMS, die auch genaue quantitative Vorgaben enthalten, wieder (vgl. Tabelle 10). Die Zielvorgaben verdeutlichen aber nicht nur die Schwerpunktsetzungen der nationalen und europäischen Arbeitsmarktpolitik, sondern ergeben sich auch aus den Erfahrungen mit dem *Management by Objectives.* Insofern ist die deutliche Konsistenz der Zielsetzungen seit 1998 wohl als Lerneffekt beziehungsweise Routinisierung des Zielsystems zu sehen, aber auch auf die Richtlinien der EU zurückzuführen. Insbesondere der Abbau von Lang-zeit-, Alters- und Jugendarbeitslosigkeit (Säule 1 des NAP) und die Chancengleichheit der Geschlechter (Säule 4 des NAP) hat durch die EU-Richtlinien in der nationalen Arbeitsmarktpolitik an Bedeutung gewonnen.[104]

Der zu beobachtende permanente Wandel des Zielsystems ist aber auch als Reflex auf Schwächen von Zielen und Indikatoren zu werten. Beispielweise bewirkte das Ziel der »Erhöhung der Arbeitsmarktchancen von Frauen mit Mobilitätseinschränkungen«, dass die Arbeitsaufnahmequote von Frauen mit Mobilitätseinschränkungen (trotz ihrer damit geringeren Arbeitschancen) höher war als jene von Frauen ohne Einschränkung. Dies war nicht auf eine intensivere Förderpolitik dieser Zielgruppe

104 Die Säulen 2 und 3 richten sich hingegen stärker auf beschäftigungspolitische Maßnahmen im weiteren Sinne.

*Tabelle 10: Zielsetzungen der Arbeitsmarktpolitik (1997–2003)*

| | *1997* | *1998* | *1999* | *2000* | *2001* | *2002* | *2003* |
|---|---|---|---|---|---|---|---|
| Verhinderung von Langzeitarbeitslosigkeit (>1 J.) | max. 37.060 | max. 42.390 | max.[4] 34.180 | max. 26.531 | max. 3,0 % | max. 2,5% | max. 12,9% |
| Langzeitarbeitslose in Arbeit bringen | min. 11.280 | min. 13.009 | min. 11.929 | min. 10.461 | | min. 38,2% | min. 28.699 |
| Integration NotstandshilfebezieherInnen | max. 7.533 | | | | | | |
| Integration der Lehrstellensuchenden | max. 514 | max. 500 | | | | | |
| Verhinderung von Langzeitarbeitslosigkeit bei Jugendlichen (> 6 Mo.) | max. 13.160 | max.[2] 4.895 | max. 13.998 | max. 9.123 | max. 3,6% | max. 3,0% | |
| Qualifizierung von Jugendliche unter 25 J. | | | | | | | min. 28.256 |
| Erhöhung der Arbeitsmarktchancen von Älteren (ab 45 Jahren) | | | | 72.679 | 85.299 | F. min. 53,6% M. min. 53,4% | F. min. 59,7% M. min. 59,7% |
| Stabilisierung berufl. Rehabilitation arbeitsloser Behinderter | | | min. 1.427 | min. 1.625 | min. 1.841 | | |
| Erhöhung der Arbeitsmarktchancen von Frauen durch Qualifizierung | | | min. 15.742 | min. 22.140 | min. 7.400 | min. 12.557 | min. 12.596 |
| Darunter aus längeren Schulungen (> 3 Mo.) | | | min. 4.100 | min. 5.179 | | | |
| Arbeitsaufnahmen von Frauen mit Betreuungpflichten erhöhen[1] | min. 30.070 | min. 28120 | | | | | |
| darunter nach vorangegangener Qualifizierung | - | min. 1.535 | | | | | |
| Beschäftigung durch Qualifizierung sichern | min. 31.450 | | | | | min. 4.585[6] | min. 8.121[7] |
| Bundesländer überschreitende Vermittlung im Fremdenverkehr | - | min. 2.838 | min. 2.838 | min. 5.614 | | | |
| Erschließung des Arbeitskräftepotentials | | | | | | min. 14.740 | min. 19.527 |
| Besetzung offener Stellen beschleunigen (< 1 Mo.) | 74,4 % | | | | | | |
| Erhöhung des Zugangs abdeckbarer off. Stellen[3] | min. 222.100 | min. 219.058 | min. 256.201 | min. 232.303 | | min. 248.277 | min. 259.422 |
| Stellenbesetzung neuer/wiedergewonn. Betriebe | | | | | min. 4.970 | | |
| Verringerung Rückstände existenzsichernder Leistungen (Monats-Schnitt) | max. 570 | max. 338 | max. 45 | | | | |
| Anteil der Vorgemerkten mit Internetinseraten | | | | | min. 90% | | |

1) dieses Ziel heißt ab 1997: Integration von Berufsrückkehrerinnen in den Arbeitsmarkt
2) Im Geschäftsbericht 1998 steht für das Jahr 1997 ein Istwert von 5.123
3) Heißt ab dem Geschäftsbericht 1997 Zugang offener Stellen
4) Im Geschäftsbericht 1999 steht für das Jahr 1998 ein Istwert von 34.857
5)2001 als Ziel Erhöhung der Arbeitsmarktchancen von Frauen durch Weiterbildung
6) Die Qualifizierungen sollen im IKT-Bereich erfolgen.
7) Die Qualifizierungen beziehen sich auf den gehobenen Pflegebereich.

*(Quelle: AMS-Geschäftsberichte 1995–2003)*

zurückzuführen, sondern auf den Kodierspielraum des Indikators »Mobilitätseinschränkung«, der deshalb abgesetzt wurde. (Schütz 2001: 212) Frauen werden in den Zielsetzungen über die gesamte analysierte Zeit zwischen 1996 und 2003 angesprochen, bis 1998 bezieht sich dies aber primär auf Frauen mit Betreuungspflichten, später dann allgemein auf Frauen als Gruppe. Aus der Perspektive der Gleichstellungspolitik zeichnen sich zwei konkrete Veränderungen ab: Zum einen wird mit der Erweiterung der Zielgruppe bei Frauen von jenen mit Betreuungspflichten auf alle auch eine Veränderung der Förderstrategie sichtbar. Frauen sollen seit 1999 primär über Qualifizierungsmaßnahmen gefördert werden. Zum anderen erweist sich die seit 2002 gegebene Zielsetzung der Erschließung des Arbeitskräftepotentials als wichtig, was eine Erweiterung der Zielgruppe Frauen bedeutet, da im Haushalt tätige Frauen die größte arbeitsmarktferne Gruppe darstellen, die das Arbeitskräftepotential erhöhen kann.

Gender Mainstreaming wird als Strategie in den formulierten arbeitsmarktpolitischen Zielsetzungen nicht explizit sichtbar, etwa als zusätzliches Ziel, sondern Gleichstellung wird zum integralen Bestandteil der gesamten Politik. »Für das AMS bedeutet das, mit der gesamten Arbeitsmarktpolitik zur Gleichstellung beizutragen, und nicht nur mit einzelnen Maßnahmen und Projekten für Frauen. Ein Indikator dafür ist, dass 50 Prozent des Förderungsbudgets im AMS und 50 Prozent der Teilnahmen an arbeitsmarktpolitischen Maßnahmen für Frauen reserviert sind.« (vgl. Stockhammer 2003: 46). Gender Mainstreaming ergänzt damit die spezifischen Frauenförderziele.

Chancengleichheit von Frauen und Männern ist bereits in den neunziger Jahren als Querschnittsthema im AMS verankert. Doch mit Gender Mainstreaming erhält dieses Vorhaben eine stärkere Verbindlichkeit. Dies wird gerade auch durch die Richtlinien der Europäischen Beschäftigungsstrategie forciert.[105] So wurde im Nationalen Aktionsplan für Beschäftigung 1998 bereits explizit Gender Mainstreaming in die Zielsetzungen aufgenommen (vgl. Pastner 2000). Noch stärker wurde dies durch das ESF-Ziel3-Programm 2000 bis 2006 forciert, wobei der ESF vor allem auch deshalb von Interesse ist, weil erstmals konkrete und verbindliche

105 In Säule IV »Chancengleichheit von Frauen und Männern« wurde die Einbeziehung von Chancengleichheit in alle Bereiche nach 1998 als Leitlinie (2000 auch im Wortlaut) formuliert. In den seit 2003 geltenden 10 beschäftigungspolitischen Leitlinien ist Gender Mainstreaming in Leitlinie 6 »Gleichstellung der Geschlechter« verankert.

Zielsetzungen für Gender Mainstreaming formuliert wurden und diese auch kontrolliert werden.[106]

Zielsetzung von Gender Mainstreaming in ESF-Ziel3 ist es, Gleichstellung von Frauen und Männern in allen Schwerpunkten zu fördern und damit strukturelle Benachteiligungen von Frauen abzubauen, aber auch die Wirksamkeit der Strukturfonds zu fördern: »Wachstum, Wettbewerbsfähigkeit und Beschäftigung sind durch die größtmögliche Mobilisierung aller Bürgerinnen und Bürger zu erreichen« (Europäische Gemeinschaft 2000). Gender Mainstreaming wird also durch ökonomische Argumente unterstützt, es wird aber auch auf die demokratischen Grundprinzipien dieser Zielsetzung verwiesen: »Die Gleichstellung von Männern und Frauen ist ein Grundprinzip der Demokratie, das im Vertrag von Amsterdam bekräftigt wurde und dessen Einbeziehung in sämtliche Politikbereiche inzwischen nicht nur eine Möglichkeit, sondern eine Pflicht ist« (Europäische Gemeinschaft 1999). Dafür sollen, so die europäischen Richtlinien, nicht nur Sondermaßnahmen für Frauen gesetzt, sondern sämtliche politische Bereiche einbezogen und etwaige Auswirkungen auf die Situation der Frauen und der Männer bereits in der Konzeptionsphase aktiv und erkennbar eingeplant werden. Dementsprechend gilt es, Hindernisse für gleichen Zugang und gleiche Beteiligung der Programme und Maßnahmen zu vermeiden und gleichzeitig auf eine ausgewogene Beteiligung von Männern und Frauen an den Entscheidungsstrukturen zu achten.

Bei der nationalen Umsetzung von ESF-Ziel3 wird dies aufgenommen, indem die »systematische Berücksichtung unterschiedlicher Bedingungen, Situationen und Bedürfnisse von Frauen und Männern bei der Organisation, Konzeption, Umsetzung und Evaluierung aller Maßnahmen« geplant wird. Das Ziel der Reduktion der geschlechtspezifischen Benachteiligungen am Arbeitsmarkt wird durch dreierlei Zielsetzungen konkretisiert (BMWA 2001):

– *Frauenquoten:* Frauen sollen an den Förderungen jedes Schwerpunktes mit mindestens 50 Prozent beteiligt sein (Teilnahmen und Fördergelder).

---

106 Die Ausführungen zu den Zielsetzungen und der Umsetzung von Gender Mainstemaing in ESF-Ziel3 basieren auf den Berichten der »Evaluierung Europäischer Sozialfonds 2000-2006 Ziel 3 Österreich« entnommen. Diese Evaluierung wurde in Kooperation von WIFO, IHS und L&R Sozialforschung durchgeführt. Die Bearbeitung von Schwerpunkt 5 »Chancengleichheit von Frauen und Männern« erfolgte durch Andrea Leitner und Angela Wroblewski (vgl. Leitner/Wroblewski 2005c).

- *Qualitätsmerkmale zur Umsetzung von Maßnahmen:* Die Maßnahmen sollen derart gestaltet sein, dass sie Frauen gleichermaßen wie Männer ansprechen.
- *Unterstützungsmaßnahmen:* Als unterstützende Maßnahmen für die Implementation von Gender Mainstreaming werden Beratungs-, Informations- und Qualifizierungsmaßnahmen, Pilotprojekte, Studien und Öffentlichkeitsarbeit, die Erstellung eines Aktionsplans für Gender Mainstreaming sowie eine »österreichweite Koordinationsstelle für die Umsetzung der Gender Mainstreaming Strategie bei allen ESF-geförderten Maßnahmen« gefördert.

Inwieweit die geplanten Frauenquoten von mindestens 50 Prozent erreicht werden können, ist von der konkreten Gestaltung der Fördermaßnahmen und Unterstützungsmaßnahmen sowie der Zielarchitektur der einzelnen Schwerpunkte geprägt. Frauen und Männer sind von den Benachteiligungen, die durch die Schwerpunkte angesprochen werden, in unterschiedlicher Weise betroffen. Damit sind die für alle Schwerpunkte gleich hohen Zielgrößen unterschiedlich schwer erreichbar.

Die Zielsetzungen des ESF-Ziel3-Programms haben die Umsetzung von Gender Mainstreaming insofern stark geprägt, als die EU-Gelder auch mit der Verpflichtung einer Evaluierung der Mittelverwendung gekoppelt sind. Damit wurden nicht nur konkrete Zielsetzungen für Gender Mainstreaming formuliert, sondern diese auch im Umsetzungsprozess laufend bewertet und diskutiert. Gleichstellungsförderung wird dadurch für die Gesamtheit der umgesetzten Maßnahmen beobachtet und nicht auf spezifische Frauenfördermaßnahmen beschränkt, also tatsächlich eine Geschlechterperspektive für die Gesamtheit der arbeitsmarktpolitischen Maßnahmen eingenommen.

### Umsetzung der arbeitsmarktpolitischen Ziele – *Reduktion auf Frauenquoten*

Betrachtet man die umgesetzten Zielsetzungen, so stellt sich die Gleichstellungspolitik des AMS eindeutig positiv dar: Zwischen 1997 und 2003 konnten zwar nicht immer alle formulierten Ziele eingehalten werden, doch die frauenspezifischen Ziele wurden in allen Jahren erreicht. Auch das Gender-Mainstreaming-Ziel, mindestens 50 Prozent der Fördermittel und Teilnahmen für Frauen zu reservieren, wurde weitgehend erfüllt.[107] 2003 nehmen Frauen 50,2 Prozent der Fördermittel und 55,0 Prozent der Förderfälle der aktiven Arbeitsmarktpolitik in Anspruch (AMS-Geschäftsberichte 1997 bis 2003).

Dieses Ergebnis ist ein Zeichen für die Anstrengungen des AMS, Gleichstellung von Frauen und Männern ernst zu nehmen, doch seine Bedeutung für eine gleichstellungsorientierte Arbeitsmarktpolitik ist vor dem Hintergrund der Funktionsweise des *Management by Objectives* zu sehen. Durch das MBO sind die Zielsetzungen handlungsleitend für alle AkteurInnen im AMS und zielt die Umsetzungskontrolle auf die Zielerreichung und nicht auf die Wirkung der Maßnahmen (vgl. Kapitel 8). Das Zielsteuerungssystem des AMS ist mit einem Prämiensystem für die MitarbeiterInnen verknüpft, was die starke Ausrichtung auf die Zielsetzungen noch verstärkt. Dies prägt die gesamte Umsetzung der Arbeitsmarktpolitik, beeinflusst aber auch die formulierten Ziele. Betrachtet man die tatsächlich erreichten Ziele über die Jahre, so wird ein »Lerneffekt« in der Entwicklung ersichtlich. 2001 wurden erstmals alle Ziele erfüllt. Hingegen konnten im Jahr 1997 kaum die Hälfte der Zielsetzungen erreicht werden. In den anderen Jahren kam es bei ein oder zwei Zielen zu Abweichungen.[108]

Vor allem aber führt das MBO zu einer Reduktion gleichstellungspolitischer Ziele auf Frauenquoten. Dahinterliegende Bewegungen und Prozesse sowie qualitative Aspekte der Gleichstellung beeinflussen natürlich die Erreichbarkeit der Zielsetzungen, werden aber im Kontrollsystem vernachlässigt, genauso wie die Wirkungen der Politik. Mit den Frauenquoten wird zwar ein Fortschritt bei den Zugangsmöglichkeiten zur Arbeitsmarktpolitik ausgedrückt, aber sie vermitteln nur ein sehr eingeschränktes Bild über ihre Umsetzung.

---

107 Die Geschlechterquoten sind in den Förderfällen und eingesetzten Finanzmitteln für aktive Arbeitsmarktpolitik seit 1998 nachvollziebar, da die Zahlen seitdem nach Frauen und Männern getrennt ausgewiesen werden. Der Anteil der Förderungen, die keinem Geschlecht eindeutig zugewiesen werden kann, hat sich sukzessive verringert. So können 2003 über 95 Prozent der verwendeten Fördermittel klar einem Geschlecht zugeordnet werden.

108 1996 wurden 2 Ziele nicht erreicht, 1997 waren dies 6, 1998 1, 1999 2, 2000 1, 2001 0, 2002 2, 2003 2 Ziele. 1996 betrafen die Abweichungen zu hohe Rückstände bei den Leistungen und die mangelnde Erhöhung der zu besetzenden Stellen. 1997 kamen zusätzlich Probleme bei den Zielsetzungen zum Abbau von Langzeitarbeitslosen hinzu. Das Problem der Verringerung von Langzeitarbeitslosigkeit hat auch in den Folgejahren 1998 bis 2000 sowie 2002 bis 2003 zu Zielverfehlungen geführt (AMS-Geschäftsberichte 1997 bis 2003).

Das Monitoring des AMS dokumentiert die arbeitsmarktpolitische Umsetzung zwar relativ gut im Vergleich zu anderen Bereichen, dennoch erweist es sich als schwierig, ein konsistentes Bild über die Erfüllung der gleichstellungsorientierten Zielsetzungen zu geben.[109] Vorliegende Evaluierungen und Untersuchungen der aktiven Arbeitsmarktpolitik weisen einerseits Aspekte auf, die eine Verbesserung der Gleichstellung von Frauen und Männern durch Arbeitsmarktpolitik unterstützen, andererseits aber auch Indizien, dass spezifische Benachteiligungen von Frauen nicht vermindert werden können.[110]

Für eine Verbesserung der Gleichstellung sprechen folgende Fakten:

– *Zunehmende Förderung von Frauen*: Verschiedene Untersuchungen stützen das Ergebnis, dass Frauen von der Ausweitung der aktiven Arbeitsmarktpolitik stärker profitiert haben als Männer (vgl. Wroblewski 2004). Die Förderquote[111] beträgt im Jahr 2003 14 Prozent bei Frauen und 10 Prozent bei Männern. Diese Förderquote ist gegenüber den Vorjahren gestiegen und ist bei Frauen kontinuierlich höher als bei Männern (Lutz u. a. 2005).

---

109 Der Kenntnisstand über die umgesetzten arbeitsmarktpolitischen Maßnahmen kann damit umschrieben werden, dass einerseits eine Menge an Detailinformationen über einzelne Maßnahmen gesammelt und analysiert wird, wie zum Beispiel über die geförderten TeilnehmerInnen, über Umsetzungsprobleme, Zufriedenheit und Arbeitsmarktplatzierung. Andererseits erfolgt das Monitoring auf einem sehr abstrakten Niveau, durch das es unmöglich ist, zum Beispiel Maßnahmeninhalte zu identifizieren. Aufgrund der Menge und der Inhomogenität der in der aktiven Arbeitsmarktpolitik umgesetzten Maßnahmen sind detaillierte Informationen über die Inhalte nur partiell verfügbar und hier oft in groben Zusammenfassungen. Die unterschiedlichen und oft recht phantasievollen Bezeichnungen von Fördermaßnahmen erschweren dies.
Die Fülle an Daten zur Maßnahmenumsetzung, wie sie zum Beispiel durch das DWH geboten wird, oder auch die unterschiedlichen Evaluierungen zu Maßnahmen und Programmen übertreffen Bereiche wie Weiterbildung oder sonstige soziale Interventionen bei weitem und erleichtern die Erforschung der Arbeitsmarktpolitik. Mitunter führt aber gerade die Vielzahl von unterschiedlichen Evaluations- und Untersuchungsansätzen zu einer Verwirrung über die tatsächliche Performance.

110 Für die folgenden Analysen wird vor allem auf die »Evaluierung der österreichischen Arbeitsmarktförderung 2000-2003« vom österreichischen Wirtschaftsforschungsinstitut (Lutz u. a. 2005), die als mikroökonometrische Wirkungsanalyse rund 40 Prozent aller Förderfälle der aktiven Arbeitsmarktpolitik der Jahre 2000 bis 2003 einbezieht und auf die ESF-Ziel3-Evaluierung von Schwerpunkt 5 »Chancengleichheit von Frauen und Männern« für ESF- zurückgegriffen (Leitner/Worblewski 2005a)7.

111 Anteil der geförderten Personen an allen Arbeitslosen.

- *Mehr Qualifizierung für Frauen:* Insgesamt ist es zu einer Verstärkung der Qualifikationsförderung von Frauen gekommen, was in den neunziger Jahren noch als ein deutliches Defizit in der Frauenförderung identifiziert wurde (vgl. Leitner/Wroblewski 2000b). 40 Prozent aller Förderfälle von Frauen betreffen fachliche Qualifizierungen (bei Männern 37 Prozent, vgl. Tabelle 11 im Anhang). Zählt man weitere Qualifizierungsmaßnahmen wie zum Beispiel Aktive Arbeitsuche, Berufsorientierungen oder Lehrstellenförderung hinzu, umfasst der Anteil an Schulungen bei Frauen rund drei Viertel aller Maßnahmen.[112]
- *Verankerung von Gender Mainstreaming bei Maßnahmenträgern:* Die Befragung der Institutionen, die die Fördermaßnahmen für das AMS durchführen,[113] hat gezeigt, dass durch die Berücksichtigung von Gender-Mainstreaming-Kriterien in den Förderrichtlinien (FBM1) der Träger Veränderungen der Kurse und Organisationen stattgefunden habe (Unger, Wroblewski 2005). So werden die Maßnahmen verstärkt geschlechtsneutral umgesetzt (hinsichtlich Sprache, Didaktik), weist immerhin knapp die Hälfte der TrainerInnen ein Gender-Training auf, wurden in den Institutionen Gender-Mainstreaming-Beauftragte, Frauenbeauftragte und in einzelnen Fällen auch Frauenförderpläne eingeführt. Allerdings muss hier hinzugefügt werden, dass diese Auskünfte durch die Projektverantwortlichen selbst erfolgten und ihre praktische Relevanz schwer kontrollierbar ist (vgl. Kapitel 9).
- *Bessere Wirkung der Maßnahmen bei Frauen:* Die bessere Wirksamkeit arbeitsmarktpolitischer Maßnahmen bei Frauen, wie sie aus internationalen Studien bekannt ist (vgl. Kapitel 2), wird auch durch die Ergebnisse der Wirkungsanalyse der österreichischen Arbeitsmarkförderung bestätigt. Frauen profitieren von den Fördermaßnahmen stärker als Männer. In vielen der untersuchten Maßnahmetypen weisen Frauen im Haupterwerbsalter (zwischen 25 und 45 Jahren) die größten Wirkungseffekte auf (vgl. Lutz u. a. 2005).

112 Durch die stärkere Förderung von Männern durch Aktive Arbeitsuche übersteigt der Schulungsanteil der Männer mit 81 Prozent jenen der Frauen (vgl. Tabelle 11 im Anhang).

113 Im Rahmen der ESF-Ziel3 Evaluierung wurden im Sommer 2003 jene Institutionen befragt, die im Auftrag des AMS Maßnahmen für arbeitslose und arbeitsuchende Personen umsetzen. Erfasst wurden mittels einer online-Befragung 1.123 Maßnahmen, also rund ein Fünftel aller 2002 umgesetzten Maßnahmen der aktiven Arbeitsmarktpolitik (vgl. Unger/Wroblewski 2005).

Gegen eine Verbesserung der Gleichstellung sprechen hingegen folgende Fakten:

- *Frauenfördermaßnahmen weniger kostenintensiv.* Frauen weisen im Schnitt eine etwas längere Förderdauer auf als Männer,[114] aber werden mit weniger kostenintensiven Maßnahmen gefördert als Männer. Im Schnitt werden pro Förderfall 1.800€ aufgewendet zuzüglich Leistungen zur Existenzsicherung von rund 1.200€; der Unterschied zwischen Frauen und Männern beträgt 360€. Diese Geschlechterdifferenz war im Jahr 2000 noch doppelt hoch, doch die Kostenreduktionen bei Männern haben zu einer Angleichung der Mittel geführt (Lutz u. a. 2005).
- *Geringere Frauenförderung bei arbeitsmarktnahen Förderungen:* Der Frauenanteil liegt bei Förderungen durch Beschäftigung in Gemeinnützigen Beschäftigungsprojekten oder in Sozialökonomischen Betrieben sowie durch Unterstützungsmaßnahmen zur Unternehmensgründung deutlich unter 50 Prozent (vgl. Tabelle 11 im Anhang). Dies ist angesichts der Einschätzung, dass Maßnahmen der direkten Arbeitsbeschaffung und Unternehmensgründung zwar hohe Kosten (sowohl die direkten Maßnahmenkosten, als auch die Mitnahmeeffekte betreffend) verursachen, aber auch hohe Wirkungen versprechen, als Defizit zu werten (vgl. Kapitel 2).
- *Familienförderung ist Frauenförderung:* Obwohl die Unterstützung zu Kinderbetreuungsbeihilfen in den neunziger Jahren deutlich eingeschränkt wurde (vgl. Wroblewski 2004), betreffen rund ein Achtel aller Frauenförderfälle finanzielle Beiträge zur Kinderbetreuung (vgl. Tabelle 11). Die Kinderbetreuungsbeihilfe soll Betreuungspersonen eine Teilnahme am Erwerbsleben erleichtern und ist nach Schätzungen von Lutz u. a. (2005) in 19 Prozent bis 26 Prozent der Förderungen für die Aufnahme oder Weiterführung einer Beschäftigung ausschlaggebend. Insofern stellt sie eine wichtige Förderung der Frauenerwerbstätigkeit dar. Aber die Kinderbetreuungsbeihilfe, die eigentlich eine Familien-

114 2002 betrug die mittlere Förderdauer bei Frauen 118 Tage, bei Männern 113 Tage. Das Jahr 2002 wird herangezogen, da für 2003 nur Episoden bis zum Herbst 2003 berücksichtigt wurden. Aktive Arbeitsmarktpolitik kann zwar einen erheblichen Teil der Arbeitslosen einbeziehen, doch die geförderten Maßnahmen sind insgesamt relativ kurz und auch wenig kostenintensiv. Die Hälfte der Förderungen dauert maximal 63 Tage. Zwar nehmen zwei Drittel der Geförderten mehr als eine Maßnahme in Anspruch, doch die Förderzeit bleibt relativ kurz in Anbetracht der Erwartungen. Diese geringe Intensität der Fördermaßnahmen wird auch durch die eingesetzten Finanzmittel unterstrichen.

förderung ist, wird zu 99 Prozent an Frauen ausbezahlt und damit auch in den Statistiken als Frauenförderung gerechnet.

- *Erwerbseinkommen von Frauen oft unter Niveau der Existenzsicherung:* Nach Schätzungen von Lutz u. a. (2005) bieten die nach Fördermaßnahmen eingegangenen Beschäftigungsverhältnisse von Frauen in einem deutlich geringeren Ausmaß ein existenzsicherndes Einkommen als bei Männern. Bei Männern liegt das Arbeitsentgelt je nach Definition für 8 Prozent bis 24 Prozent unter dem Existenzsicherungsniveau, bei Frauen für 26 Prozent bis 57 Prozent. Dies ist sowohl durch atypische Beschäftigung und Teilzeit bedingt, als auch durch die Zunahme von Arbeitsplätzen in niedrig entlohnten Wirtschaftsbereichen.
- *Kaum Veränderung der Segregation:* Die Qualifikation von Frauen, die seit 1999 in den arbeitsmarktpolitischen Zielsetzungen verankert ist, und durch die das Ziel der Beschäftigungssicherung durch Qualifizierung forciert wird, unterstützt den Abbau der vertikalen und horizontalen Segregation. Für ESF-Ziel3 2000 bis 2006, Schwerpunkt 5.1. »Frauenförderung« wurde als Ziel explizit der Abbau der Segregation am Arbeitsmarkt angestrebt. Doch die Evaluierung der umgesetzten Maßnahmen zeigt, dass die Maßnahmen von deutlich geringerer Intensität sind als geplant. Angesichts der Tatsache, dass mehr als die Hälfte der Qualifizierungsmaßnahmen nicht länger als zwei Monate dauert, sind diesbezügliche Erfolgswahrscheinlichkeiten bescheiden beziehungsweise müssten dafür spezifische Maßnahmen kreiert werden. Vielfach handelt es sich dabei um eher kurze Maßnahmen im Büro- und EDV-Anwendungsbereich, womit schwerlich ein Beitrag zum Abbau der Segregation zu leisten ist. Die ursprüngliche Zielsetzung des Chancengleichheitsschwerpunktes, nämlich die Segregation am Arbeitsmarkt durch intensive Qualifizierungsprogramme abzubauen, scheint durch Ressourcenknappheit an Bedeutung verloren zu haben (Lutz u. a. 2005).

Die Ergebnisse zeigen, dass die Förderung der Frauen gesteigert werden konnte und sie die Arbeitslosigkeit der Geförderten vermindert und ihre Beschäftigung erhöht. Arbeitsmarktförderung wirkt einem Entmutigungseffekt durch erfolglose Arbeitsuche massiv entgegen, der insbesondere bei arbeitslosen Frauen häufig zum Rückzug aus dem Arbeitsmarkt führt. Doch Frauen und Männer werden weiterhin unterschiedlich gefördert und arbeitsmarktpolitische Maßnahmen tragen wenig zum Abbau der Unterschiede am Arbeitsmarkt bei, wodurch die ambitionierten Gleichstellungsziele der Arbeitsmarktpolitik, die eine Veränderung der Unterschiede am Arbeitsmarkt einschließen, nur bedingt erreicht werden können. Die Vorwürfe, dass Arbeitsmarktpolitik aufgrund ihrer zentralen Zielsetzung der Vermittlung von Arbeitslosen die Ungleichheit am Arbeitsmarkt zwischen Frauen und Männern zementiert beziehungsweise gar verstärkt, können damit nicht verworfen werden.[115]

## Gleichstellungsziele im Konflikt

Die Zielformulierungen in der Arbeitsmarktpolitik belassen den einzelnen AkteurInnen einen nicht unerheblichen Spielraum für individuelle Interpretationen und Reihungen der AMS-Ziele. Wieweit Gleichstellungsziele forciert werden, bleibt zumindest teilweise im Ermessensspielraum der AkteurInnen und soll daher sowohl hinsichtlich strittiger Themenbereiche und der Konkurrenz zwischen unterschiedlichen Zielsetzungen noch weiter beleuchtet werden.

### Gleichstellungsziele aus der Perspektive der AkteurInnen – *Widersprüche bei AMS-Zielen*

Die grundlegenden Orientierungen des AMS geben Zielsetzungen für ihre Gleichstellungspolitik vor, die sowohl von den Kernaufgaben der Arbeitsmarktpolitik als auch von einem traditionellen gesellschaftlichen Rollenverständnis der Frauen abweichen. Die Orientierung auf Gleichstellung durch Erwerbsintegration steht der traditionellen Arbeitsteilung zwischen den Geschlechtern entgegen, in der Männer die Hauptverdiener sind und Frauen maximal Zuverdienerinnen.[116] Die Gleichstellungsziele gehen über eine Integration von Frauen hinaus, indem auch die Qualität der vermittelten beziehungsweise geförderten Arbeitsplätze angesteuert wird. Mit

115 Die Klärung dieser Frage, würde eine intensivere Auseinandersetzung mit den Wirkungen der Maßnahmen erfordern, doch dies übersteigt den Rahmen der vorliegenden Arbeit.

116 Dieses *male breadwinner–female caretaker*-Modell findet sich sowohl in den sozialpolitischen Regelungen und Maßnahmen Österreichs, als auch in den gesellschaftlichen Einstellungen wieder (Wroblewski/Leitner 2005a).

dem Anspruch des Abbaus der Segregation ist man zumindest ein Stück in diese Richtung vorgedrungen. Doch in den Gesprächen mit den AkteurInnen des AMS wird auch klar, dass diese ambitionierten Zielsetzungen keineswegs von allen widerspruchslos mitgetragen werden. Widersprüchliche Auffassungen zeigen sich vor allem bei Themen wie »Einbeziehung von Wiedersteigerinnen in die Arbeitsmarktpolitik«, »Teilzeitförderung« und »Aufbrechen der geschlechtstypischen Arbeitsteilung«.

Wiedereinsteigerinnen wurden in den letzten Jahren verstärkt als Zielgruppe angesprochen und spezifische Förderprogramme für sie installiert. Dies wird auch in den Interviews betont, wenn zum Beispiel argumentiert wird: »Wir versuchen, dass wir Wiedereinsteigerinnen verstärkt betreuen. Da versuchen wir schon alle Schienen und alle Wege im Rahmen unserer Möglichkeiten aufzumachen.« (I 4: 3) Aber gerade bei der Zielsetzung der Einbeziehung von WiedereinsteigerInnen zeigen sich unterschiedliche Zugänge über die Lebenssituationen und Interessen der Betroffenen und die Rangordnung des Zieles. Oft werden als Wiedereinsteigerinnen lediglich versicherte Frauen mit Leistungsansprüchen und aktuellen Betreuungspflichten verstanden, während »arbeitsmarktferne« Frauen ohne Leistungsanspruch (durch mehrjährige Unterbrechungen), die im Sinne einer umfassenden Gleichstellungspolitik einbezogen werden sollten, ausgegrenzt bleiben.[117] In der offiziellen Definition des AMS stehen weniger die längere Abwesenheit vom Arbeitsmarkt als die eingeschränkte zeitliche Verfügbarkeit aufgrund von Betreuungsaufgaben im Vordergrund.

Diese unterschiedliche Definition von Wiedereinsteigerinnen spiegelt sich aber auch in den Erfahrungen bei den arbeitsmarktpolitischen Maßnahmen wider. So sind bei der WiedereinsteigerInnen-Initiative, die im Jahr 1995 bundesweit umgesetzt wurde, nur wenige Frauen einbezogen worden, die keinen Leistungsanspruch und damit länger dauernde Erwerbsunterbrechungen aufwiesen (Lassnigg u. a. 1999) und auch bei jüngeren Maßnahmen, wie zum Beispiel das Wieder-In-Programm in Wien, zeigt sich, dass Frauen ohne Leistungsbezug eher die Ausnahme bleiben (Leitner/Wroblewski 2001). »LeistungsbezieherInnen stehen schon sehr im

117 Als WiedereinsteigerInnen gelten im AMS gemäß der Bundesrichtlinie Frauen und Männer, die nach einer vorübergehenden Unterbrechung ihrer Erwerbstätigkeit von zumindest einem halben Jahr aufgrund von Kinderbetreuungspflichten wieder sowie Personen mit Kinderbetreuungspflichten (Kinder bis zum 15. Geburtstag), die erstmalig ins Erwerbsleben einsteigen möchten (AMS Bundesrichtlinie EDV – Codierungsvoraussetzungen anlässlich der arbeitsmarktpolitischen Ziele 2002 (WiedereinsteigerInnen und IT-Codes vom 15.9. 2001).

Mittelpunkt« (I 12: 6), fasst eine der GesprächspartnerInnen diese Frage zusammen, als sie die Zielsetzung der Erhöhung des Arbeitskräftepotentials von Frauen des AMS anspricht. So ist man sich im AMS zwar der Rolle als Potentialerschließer bewusst, es wird aber aus Sicht der interviewten Expertin zu wenig dafür getan.

Die Zielsetzung der Arbeitskräfteerschließung wird wesentlich durch die aktuelle Arbeitsmarktlage bestimmt. WiedereinsteigerInnen, die aufgrund fehlenden Leistungsanspruchs nicht zum aktuellen KundInnenstand des AMS zählen, werden als stille Reserve verwendet und dann einbezogen, wenn der Arbeitskräftebedarf steigt, oder ausgegrenzt, wenn der Arbeitskräftebedarf sinkt. »Da haben wir die Erfahrung gemacht, dass wir in den letzten Jahren, nur deshalb relativ viel für Wiedereinsteigerinnen durchgebracht haben, weil die Arbeitsmarktlage relativ gut war. Jetzt ist halt wieder mal so die Talsohle, oder der Abschwung zu bemerken.« (I 17: 2) Arbeitskräftemangel in spezifischen Bereichen, wie zum Beispiel der Automobilindustrie in der Steiermark, werden hingegen zum Argument für die Mobilmachung der Frauen.

Es zeigen sich in den Interviews aber auch AkteurInnen, die Wiedereinsteigerinnen grundsätzlich puschen, weil sie mehr Engagement für den Beruf zeigen. »Die Erfahrung gibt es halt, wenn Frauen, die wieder in der Berufswelt Fuß fassen wollen, einen ganz anderen Biss haben als die Männer.« (I 4: 4)

Eine zweites ungeklärtes Diskussionsthema betrifft die Frage, wieweit das AMS Teilzeit fördern soll. »Teilzeit oder Vollzeit, das ist strategisch nicht ausdiskutiert in der Organisation. Das ist immer Thema.« (I 12: 5) Die Frage, wieweit das AMS Teilzeit fördern soll, wird auch innerhalb der sonst eher einheitlich argumentierenden Frauenreferentinnen der LGS kontroversiell diskutiert. Wenn die Erwerbsorientierung der Arbeitsmarktpolitik ernst genommen wird, sollte eigentlich auch die Teilzeitfrage geklärt sein; doch für die AkteurInnen, die die Beratungsgespräche mit den Wiedereinsteigerinnen führen, ist dies wohl weniger eindeutig. Pro-Argumente für Teilzeit beziehen sich auf die Möglichkeit der Vereinbarkeit von Familie und Beruf von Frauen, die durch Vollzeitjobs und -ausbildungen erst gar nicht erreicht werden könnten. Die Gegenargumente erwägen die negativen Auswirkungen von Teilzeitjobs wie zum Beispiel De-Qualifizierung aufgrund des eingeschränkten Teilzeitberufssegments oder die geringeren Aufstiegs- und Einkommenschancen. Integration wird damit mit der Frage der Qualität der Arbeit in Zusammenhang gebracht.

In enger Verbindung mit der Frage nach der Qualität der Arbeit steht auch das Ziel, die horizontale und vertikale Segregation am Arbeitsmarkt durch arbeitsmarktpolitische Maßnahmen zu mindern. Doch auch hier wird die Diskussion durch die Arbeitsmarktlage beeinflusst. »Es gibt darüber [gemeint ist die vertikale Segregation, Anm. d. A.] schon manchmal Diskussionen. Es ist schon immer ein haariges Thema, was die Haupttätigkeit des AMS ist, ist halt woanders als bei Segregation – aber wir haben es schon andiskutiert, nur die Verschlechterung der Arbeitsmarktlage ist uns dazwischen gekommen.« (I 18: 3)

In Ansätzen finden sich auch Maßnahmen zum Abbau der horizontalen Segregation, wie zum Beispiel durch Schulungsmaßnahmen, die Frauen in nicht traditionelle Berufe bringen sollen oder auch der Unterstützung von Mädchen zur Berufswahl von technischen Berufen. So werden in der Steiermark verstärkt Initiativen für die Qualifikation und Vermittlung von Frauen in nicht-traditionellen Berufen gesetzt und dies wird auch von den Umsetzenden in den RGS positiv bewertet: »Ich glaube, wir sind da auf keinem schlechten Weg bei der nichttraditionellen Zuweisung.« (I 4: 5)

Doch insgesamt scheinen die Erfolge bescheiden. Angesichts der Tatsache, dass mehr als die Hälfte aller Qualifizierungsmaßnahmen nicht länger als zwei Monate dauert, sind diesbezügliche Erfolgswahrscheinlichkeiten unwahrscheinlich beziehungsweise müssten dafür spezifische Maßnahmen kreiert werden. Es zeigen sich aber auch hier bei vielen BeraterInnen Widerstände, die Frauen in neue Bereiche zu drängen.

Mit einem neuen Instrumentarium, der Laufbahnberatung, die eine Intensivberatung für Frauen für die längerfristige Berufskarriere darstellt, versucht man die horizontale Segregation aufzubrechen oder aber auch Teilzeit explizit als Übergangslösung zu definieren.

»Wenn es Frauen gibt, die sich gerne neu qualifizieren möchten, dann akzeptiert das das AMS. Wir haben ja immer das Problem, dass zum Beispiel Kellnerinnen nie eine Qualifizierung bekommen. Es gibt Diskussionen in diese Richtung, aber dann waren halt wieder Geldmittel knapp. Es gibt einen Beschluss dazu, es ist ein genehmigtes Projekt, genau diese Frauen zu beraten. Man setzt sich einmal auseinander mit den Frauen und nicht nur was ist mein Jobangebot. Geht in Richtung Qualifizierung, aber nicht nur Qualifizierung, auch Arbeitszeitwünsche. Kurzfristig ist Teilzeit okay. Aber was kann sie weiter tun, um aus dieser Falle wieder heraus zu kommen. Wir haben eine Beschreibung, wie eine solche Beratung ausschauen soll.« (I 18: 3)

Dies soll dazu beitragen, dass Gleichstellung trotz dieser strittigen inhaltlichen Diskussionspunkte umgesetzt werden kann.

Grundsätzlich gehen die drei genannten Schwerpunkte der Chancengleichheitspolitik des AMS in die Richtung einer umfassenden Chancengleichheitsdefinition:

- Mit dem Fokus auf die Wiedereinsteigerinnen wird der Blickwinkel auf die Frauenerwerbstätigkeit um ihren Familienzusammenhang erweitert und die traditionelle Zielgruppe ausgeweitet. Zudem kommt hier auch die generelle Arbeitskräftepotentialfrage ins Spiel (ökonomische beziehungsweise effizienzbezogene Begründung der Förderung der Arbeitsmarktintegration von Frauen).
- Die Teilzeitfrage knüpft an die Quantitäts- und Qualitätsdiskussion der Erwerbsarbeit an, sowie an die Frage der langfristigen Existenzsicherung. Da es hinsichtlich der Frage, ob und wie Teilzeit für Frauen gefördert werden soll, keine »objektiv richtige« Lösung gibt, bleibt es den AkteurInnen überlassen, welche Position sie einnehmen.
- Ähnliches trifft auf den dritten Schwerpunkt, den Segregationsabbau zu. Eine Höherqualifizierung steigert nicht nur die Vermittlungschancen arbeitsuchender Frauen, sondern auch ihre Chancen auf bessere Arbeitsbedingungen und Einkommen. Die Vermittlung und Qualifizierung von Frauen für untypische Berufe dient nicht nur dem langfristigen Gleichstellungsziel,[118] sondern hat kurzfristig teilweise durchaus hohe Kosten für alle Beteiligten.

Allerdings bleiben gerade in der Frage der Zielgruppe und der Qualität der Beschäftigungsverhältnisse die Vorgaben uneindeutig beziehungsweise unverbindlich, sodass weiterhin damit zu rechnen ist, dass sich hier die persönlichen Sichtweisen und Vorstellungen der AkteurInnen durchsetzen.

---

118 Dies ist vor dem Hintergrund zu sehen, dass horizontale Segregation für sich genommen zwar nicht problematisch sein muss, aber da horizontale Segregation fast immer mit vertikalen Differenzierungen verbunden ist, doch ein Hindernis auf dem Weg zur Gleichstellung darstellt.

### Konkurrenz zu anderen Zielsetzungen – *Gleichstellung versus dienstleistungsorientierte Arbeitsmarktpolitik*

Gleichstellung von Frauen und Männern ist nur eines von mehreren Zielen der aktiven Arbeitsmarktpolitik, die in die Zielsetzungen anderer Politikbereiche eingebunden ist.[119] Die Positionierung im Zielsystem ist schwierig, weil Gleichstellung Aspekte eines übergeordneten Ziels (gesellschaftspolitischen Ziels) aufweist, das zudem nicht in einem Bereich allein erreicht werden kann. Daher ist Gleichstellung immer in Gefahr, vernachlässigt zu werden, wenn es nicht als übergeordnetes Ziel definiert wird. Gleichstellung hat zwar durch die europäische Beschäftigungspolitik an Bedeutung gewonnen, steht aber verstärkten Effizienz- und Vermittlungsansprüchen durch die steigende Arbeitslosigkeit und die Einsparungswünsche beziehungsweise -vorgaben der öffentlichen Hand gegenüber. Zielkonflikte sind die Folge. Die Verankerung von Gleichstellung als ein gesellschaftspolitisches Ziel in der Arbeitsmarktpolitik hängt insbesondere vom gesellschaftlichen und politischen Druck ab, mit dem den AkteurInnen der Arbeitsmarktpolitik signalisiert wird, dass es nicht durch andere Ziele verdrängt werden darf.

In der Praxis des AMS wird von der Leitung zunächst offen gelassen, wie das Ziel der Gleichstellung im Vergleich zu anderen arbeitsmarktpolitischen Zielsetzungen einzuordnen ist, welche Wertigkeit es hat – es gibt grundsätzlich keine Reihung von Zielen.

»Das ist eine Schwäche von unserem Managementsystem, dass mit diesen Zielkonflikten, ob eingebildet, vermutet oder wirklich real, dass die Organisationseinheiten vor Ort relativ allein gelassen werden. Wichtig ist, wenn es zu Zielkonflikten kommt, was ist prioritär. Von der Bundesorganisation gibt es da relativ wenig Unterstützung. Eine Zielkonkurrenz besteht zumindest auf der Ebene des Ressourceneinsatzes.« (I 21: 3)

Einzelne Landesorganisationen haben zwar versucht, die unterschiedlichen Ziele auszubalancieren durch eine *balanced score card*, doch nach Meinung der BGS-Leitung stecken diese Versuche noch am Anfang und haben zum Befragungszeitpunkt noch keine befriedigenden Ergebnisse gebracht.

---

119 Das sind wirtschaftspolitische Ziele (wie Steigerung der Wettbewerbsfähigkeit, Standortpolitik), arbeitsmarktpolitische Ziele im engeren Sinn (wie Vermittlung von Problemgruppen, Abbau der Arbeitslosigkeit); oder Effizienzziele in Bezug auf die Kernaufgaben der Arbeitsmarktpolitik (wie hohe Vermittlungsquoten, geringe Bestandszahlen) (vgl. Kapitel 2 sowie Kreimer/Leitner 2002).

Angesichts der Vielzahl potentieller Zielkonflikte macht dies die Umsetzung der Gleichstellungspolitik nicht gerade einfacher. Ein Hinweis über die Reihung der Ziele ergibt sich aus der Quantifizierung: »Je ehrgeiziger ein Ziel angesetzt ist, desto wichtiger ist es.« (I 21: 3). Damit wird den ControllerInnen in den LGS eine besondere Rolle in der Zielsteuerung übertragen, da sie klare Vorgaben an die RGS weiterleiten und die Erfüllung der Ziele kontrollieren. Doch selbst für sie ist der Stellenwert der Gleichstellung ungeklärt und damit auch offen, wie sehr sie Druck auf die Umsetzenden ausüben sollen oder können. »Es geht darum, welche Wertigkeit das Ziel hat. Das ist sicherlich die spannende Frage, ist das gleichwertig. Zum Beispiel ich erreiche das Gender-Mainstreaming-Ziel nicht und das arbeitsmarktpolische Ziel schon, was heißt das jetzt?« (I 12: 3f.)

Im Gesamtzusammenhang wird deutlich, und hier wiederum nicht nur auf oberster Ebene, sondern von AkteurInnen in unterschiedlichen Positionen, dass Gleichstellung anderen arbeitsmarktpolitischen Zielen nachgeordnet ist. Und selbst von Frauenreferentinnen, die die Implementierung von Gender Mainstreaming ansonsten eher positiv beurteilen, wird der Stellenwert von Gleichstellung in der Organisation eher nachrangig eingeschätzt: »Es ist einfach so, dass in dem Moment, wo bei Männern die Arbeitslosigkeit mehr steigt, die Gefahr droht, dass man jetzt Frauen wieder in die zweite Reihe stellt. Aber das ist halt so, richtet sich nicht gegen Gender Mainstreaming und Chancengleichheit prinzipiell, sondern wenn es eine Verstärkung dieser Probleme gibt, ist anzunehmen, dass dem mehr Beachtung zukommt.« (I 20: 5) Auch wenn gleichzeitig betont wird, dass die Wirkungsweise damit nicht völlig außer Acht gelassen wird.

Damit wird der Konjunktureinfluss auf die Erfolgschancen von Gender Mainstreaming deutlich, wie dies von Frauenreferentinnen indirekt mehrfach angesprochen wurde. Dies wird besonders offensichtlich, wenn sich außerordentliche Krisen in spezifischen Branchen oder Regionen ergeben. Generell werden Gender Mainstreaming und Frauenförderung offenbar hauptsächlich dann beachtet, wenn die Arbeitsmarktlage vergleichsweise gut ist.

Ein möglicher und in den Interviews mehrfach angesprochener Zielkonflikt beruht auf einem organisationsbezogenen Faktor, nämlich der KundInnenorientierung des AMS. Durch den Umbau der Verwaltungsinstitution in ein Dienstleistungsunternehmen sind die Wünsche der KundInnen wichtiger geworden. Und diese, so wird argumentiert (sowohl von der Basis in den RGS als auch von jenen Personen, die Fördermaßnahmen mitbestimmen oder die Programme konkretisieren), widersprechen eben teils der Zielsetzung Gleichstellung:

»Wir sind das perfekte Dienstleistungsunternehmen, wenn sie [gemeint ist eine Kundin, Anm. d. A. ] als Putzfrau zufrieden ist. Zehn Jahre später ist sie geschieden, in der Armut gelandet, hat kein existenzsicherndes Einkommen, kriegt keinen anderen Job. Was tun wir da, positionieren wir uns irgendwie und erklären die Folgen, oder sollen wir KundInnenwünschen nachkommen. Das sind schon Diskussionen, das ist ganz massiv. Immer wieder führe ich dieselben Diskussionen.« (I 12: 4)

Da KundInnenorientierung Teil des Leitbildes ist, muss sich das AMS an den Wünschen der KundInnen – hier der Frauen – orientieren und können diese nicht ignoriert werden. Zugleich soll ein engagiertes und auf längerfristige Arbeitsmarktintegration ausgerichtetes Gleichstellungsziel umgesetzt werden. Dass sich hier Konflikte auftun können und auch auftun werden, überrascht keineswegs: Die Förderung und Qualifizierung von Frauen abseits traditioneller Frauenbereiche stehen einer pragmatischen Kundinnenbetreuung (Vermittlung in traditionelle Berufsbereiche bis hin zum »in Ruh lassen«) entgegen. De-Qualifizierungstendenzen und Teilzeitwünsche werden zwar hinterfragt, letztlich wird doch häufig auf den Wunsch der KundInnen eingegangen beziehungsweise dem nicht widersprochen, oder es werden traditionelle Ausbildungswege angeboten.

Doch trotz dieser implizit vorhandenen Rangordnung von Zielen, bei der Gleichstellungsziele hinter sonstigen arbeitsmarktpolitischen rangieren, gibt es zuversichtliche Stimmen, dass Gleichstellung dennoch eine Rolle spielt: »Wenn es gelingt, das [gemeint ist Gleichstellung, Anm. d. A.] auf die Zielebene zu bringen, glaube ich, dass es trotz der Zielkonflikte gute Chancen hat.« (I 12: 6). Zielkonflikte gehören zum Alltag der Arbeitsmarktpolitik. Wenn Gleichstellung im Steuerungssystem des AMS, den Zielsetzungen, fix verankert ist, kann sie nicht mehr ohne weiteres verdrängt werden.

## Resümee

Die Gleichstellungsziele des AMS sind, geht man auf die grundlegenden Orientierungen für die Arbeitsmarktpolitik zum Beispiel auf die Zielsetzungen des Bundesministeriums für Wirtschaft und Arbeit (2001) zurück, sehr ambitioniert, versuchen sie doch eine weitest gehende Gleichstellung von Frauen und Männern am Arbeitsmarkt zu erreichen. Aber die Umsetzung der Arbeitsmarktpolitik bleibt deutlich hinter diesen Zielen zurück, muss sie vielleicht auch, da sich bestehende Beschäftigungsverhältnisse ihrem Wirkungskreis weitgehend entziehen und selbst bei den Arbeitslosen nur kurze und wenig kostenintensive Interventionen gemacht werden (können). Dieser Widerspruch wird klarer, wenn die formulierten Zielsetzungen nach verschiedenen Kategorien entsprechend ihrer Relevanz für die Umsetzungspraxis der Arbeitsmarktpolitik unterschieden werden:

– *Arbeitsmarktpolitische Ziele in Jahresprogrammen*: Die in den jährlichen Arbeitsprogrammen für die unterschiedlichen Ebenen operationalisierten Zielsetzungen des AMS stellen das Kerngerüst für die Umsetzung der Arbeitsmarktpolitik dar. Sie werden beobachtet, diskutiert und sanktioniert.
– *Zugangschancen von Frauen und Männern in Fördermaßnahmen*: Gender-Mainstreaming-Ziele als Geschlechterquoten für Förderfälle und Fördermittel sind de facto in die Arbeitsprogramme und das Monitoring integriert, wobei ihr Stellenwert unter den anderen 10 Zielsetzungen liegt. Der 50 Prozent-Anteil für Frauen ist bei den Fördermitteln deutlich schwieriger erreichbar als bei den Förderfällen (die seit langem einen hohen Frauenanteil aufweisen). Die Zielsetzung wird aber schwieriger für bestimmte Maßnahmetypen beziehungsweise Schwerpunktprogramme[120], wobei dies nach dem derzeitigen Kenntnisstand kaum zu Konsequenzen führt. Daraus kann der Schluss gezogen werden, dass es für die Zugangschancen von Frauen zu Maßnahmen zwar klare Kriterien gibt, aber ohne strenge Verbindlichkeit.
– *Gleichstellungsziele in den allgemeinen Zielsetzung des AMS:* Aus den allgemeinen Funktionen der Arbeitsmarktpolitik beziehungsweise des AMS können auch für die Gleichstellung Ziele abgeleitet werden. Diese beziehen sich zum einen auf die Arbeitsmarktorientierung der Arbeitsmarktpolitik: Ziel ist es das Arbeitsmarktgeschehen zu unterstützen und Arbeitslose beziehungsweise Arbeitsuchende vermittelbar zu machen,

120 So bleiben die Frauenquoten sowohl bei der Beschäftigung im zweiten Arbeitsmarkt als auch bei der Unterstützung von Unternehmensgründungen deutlich unter 50 Prozent. Es zeigt sich aber auch in ESF-Ziel3, dass im Schwerpunkt 1 »Verhinderung und Bekämpfung der Langzeitarbeitslosigkeit bei Jugendlichen und Erwachsenen« der Frauenanteil in der Zeit zwischen 2000 und 2004 nur bei 45 Prozent liegt und über die Jahre gesunken ist (Lutz u. a. 2005).

das heißt ihre *employability* zu sicher zu stellen, ohne Berücksichtigung von Geschlecht. Die Abhängigkeit der Leistungen des AMS von Arbeitsfähigkeit, Arbeitswilligkeit gilt auch für Frauen, was dahingehend ausgelegt werden kann, dass das Problem der mangelnden Verfügbarkeit der Frauen für den Arbeitsmarkt zwar in den Maßnahmen zu berücksichtigen ist, aber auch für sie eine Vollzeiterwerbstätigkeit angestrebt wird. Zum anderen ist auf dieser Ebene auch die Dienstleistungsfunktion des AMS bestimmend. Die Berücksichtigung der KundInneninteressen ist ebenfalls ein Ziel des AMS. Innerhalb dieser Zielebene kann es damit zu Zielkonflikten kommen, deren Reihung aber nicht definiert ist und damit im individuellen Entscheidungsbereich bleibt. Doch nicht nur den Beziehungen zwischen den Zielsetzungen fehlt die Definition, auch die konkrete Auslegung dieser allgemeinen Zielsetzungen auf Gleichstellung fehlt.

- *Gestaltung der Fördermaßnahmen:* Diese werden zum einen durch die Bundesrichtlinie FBM1 formuliert, zum anderen ergeben sie sich aus dem Ziel gleicher Zugangschancen, die eine Adaptierung der Maßnahmen erfordern. Dafür gibt es zwar Kriterien, doch diese sind teils uneindeutig formuliert, teils schwer kontrollierbar. Auf der Oberflächenebene sind sie relevant und werden sie eingehalten. Doch mangels konkreter Vorgaben und Kontrollen sind sie von eingeschränkter Relevanz.
- *Übergeordnete Ziele des AMS:* Übergeordnete Ziele, wie sie im Leitbild des AMS, im Arbeitslosenversicherungsgesetz oder in den Zielvorgaben des BMWA formuliert sind, sollten eigentlich rahmenbildend für die Arbeitsprogramme und Maßnahmen sein. Doch de facto dienen sie der Selbstdarstellung der Organisation und kommt ihnen ein Stellenwert zu, wie sie sogenannten *Missions* oder Visionen von Firmen oder Verbänden entsprechen. In den Interviews hat sich keineR der AMS-ExpertInnen für die Gleichstellungspolitik explizit darauf bezogen, aber das von den Frauenreferentinnen formulierte Gleichstellungsziel weist Parallelen dazu auf.
- *Individuelle Vorstellungen über Geschlechterrollen und -interessen:* Sie kommen überall dort zum Einsatz, wo Unklarheiten über Ziele oder über die Rangordnungen der Ziele bestehen. Für Gleichstellungsziele sind sie von besonderer Relevanz, da jedefrau und jedermann tagtäglich mit Geschlecht konfrontiert ist, Erfahrungen damit hat und sich aufgrund dieser persönlichen Erfahrungen ganz konkrete Vorstellungen über Geschlechterrollen und -wünsche bildet und selbst eine Geschlechter-

identität aufweist. Widersprüche zwischen individuellen Vorstellungen und vorgegebenen Zielsetzungen werden im AMS außerhalb von Gender-Trainings kaum diskutiert.

Obwohl die Reihung der unterschiedlichen Zielsetzungen auf ihre Relevanz in der Handlungspraxis verweisen soll, werden sie von unterschiedlichen AkteurInnenkreise verschieden eingesetzt. Durch die kontinuierliche Auseinandersetzung mit Gleichstellungszielen in den Netzwerken der Frauenreferentinnen sind für sie, jedenfalls auf LGS-Ebene, die Zielsetzungen klarer und weitergehender als für alle anderen Beteiligten. Auf dem Weg zur Umsetzungsebene der RGS scheinen diese weitreichenden Gleichstellungsvorstellung gleichsam zu versickern und bleiben primär die quantitativ vorgegebenen und kontrollierten Zielsetzungen der Arbeitsprogramme relevant. Sie lassen aber aufgrund ihres reduzierten Charakters, verstärkt noch durch die Unklarheit der Zielsetzungen von Gender Mainstreaming, viel Spielraum für persönliche Vorstellungen und Entscheidungen auf der Umsetzungsebene.

Diese »Unterprogrammiertheit« der Gleichstellungsziele hat Meuser (1989) auch für die Frauenförderung in der Verwaltungspraxis diagnostiziert (vgl. Kapitel 6). Die unklaren oder nur partiellen Vorgaben für Gleichstellungsfragen lassen Spielraum für individuelle Entscheidungen. So bleibt nur ein Teil der Zielsetzungen im Einfluss der Organisation, ein anderer Teil, und dieser ist nicht unwesentlich, ist von den persönlichen Einstellungen und Zielsetzungen der umsetzenden AkteurInnen abhängig. Bleiben Geschlechterprozesse und die damit einhergehenden Benachteiligungen unreflektiert, dann ist davon auszugehen, dass hier Wege des geringsten Aufwandes oder Widerstandes eingeschlagen werden, oder das gemacht wird, was im Alltagsverständnis als Norm gilt. Es laufen damit also *Doing-Gender*-Prozesse ab, durch die Frauenrollen verstärkt werden. Die Ursachen dafür liegen sowohl in der Unbestimmtheit der Zielsetzungen, als auch in den Zielkonflikten von Gleichstellung mit anderen arbeitsmarktpolitischen Zielen.

Demnach werden zwar die formulierten Zielsetzungen in den Dokumenten mitgetragen, aber ohne dass dies auch den persönlichen Vorstellungen entspricht. Öfters wurde dies klar ausgesprochen, vielfach wurde dies aber indirekt in den Gesprächen angeschnitten. Dies zieht sich über alle Ebenen, von den BGS-Entscheidungsträgern über LGS- oder BGS-LeiterInnen bis hin zu BeraterInnen. Personen, die mit Frauenangelegenheiten betraut sind, stellen diese Zielsetzung weniger oft in Frage.

# 11. Veränderungen durch Gender Mainstreaming

Die Ausführungen in Kapitel 9 zu den Implementierungsschritten von Gender Mainstreaming und in Kapitel 10 zu den Zielsetzungen der Gleichstellungspolitik zeigen unterschiedliche, wenn nicht gar widersprüchliche Bilder über das Engagement des AMS in der Gleichstellungspolitik. Während die vielfältigen Maßnahmen zur Verankerung von Gender Mainstreaming, trotz der dabei auftretenden Widerstände und Barrieren, auf eine Veränderung der Gleichstellungspolitik hoffen lassen, vermitteln die umgesetzten Zielsetzungen und Maßnahmen wenig Hoffnung auf eine veränderte Arbeitsmarktpolitik durch Gender Mainstreaming in ihren Inhalten und Zielsetzungen. Um die Veränderungen durch Gender Mainstreaming konkreter zu fassen, werden zunächst das Veränderungspotential und die Barrieren von Gender Mainstreaming aus der Sicht der AkteurInnen interpretiert. Für die Frage nach der Transformation der Gleichstellungspolitik wird anschließend auf die Koordination von Management und Frauenreferentinnen näher eingegangen, da sie unterschiedliche Zugänge zur Gleichstellungspolitik vermitteln und dabei die Konfrontation der neuen Strategie Gender Mainstreaming mit dem traditionellen Ansatz der Frauenförderung besonders deutlich wird.

## Aufwertung der Frauenförderung

Auf die Frage, wieweit sich durch Gender Mainstreaming konkret etwas verändert hat, haben die InterviewpartnerInnen sehr unterschiedlich geantwortet. Während für den Großteil der Befragten damit das Thema Gleichstellung beziehungsweise Frauenförderung massiv an Bedeutung gewonnen hat, sind für einzelne kaum Veränderungen zu sehen. Aussagen über positive Wirkungen von Gender Mainstreaming kommen verstärkt von den Frauenreferentinnen, werden aber auch von GeschäftsstellenleiterInnen und ControllerInnen bestätigt. Je nach Funktion differiert der Inhalt der beobachteten Veränderungen.

Unterscheidet man die Einschätzungen über die Veränderungen durch Gender Mainstreaming, so lassen sich zwei Pole identifizieren, innerhalb derer eine Bandbreite unterschiedlicher Bewertungen vorkommt. Die »OptimistInnen« argumentieren, dass durch Gender Mainstreaming Gleichstellungspolitik und Frauenthemen nun wirklich systematisch angegangen werden, indem eine Geschlechterperspektive in allen Entscheidungen berücksichtigt wird und Gleichstellungspolitik mehr Verbindlichkeit bekommt: »Es wird auf die Geschlechter viel mehr Augenmerk gelegt. Man merkt schon eine positive Tendenz. Sonst ist es schon so gewesen, ja für die Frauen sollten wir auch etwas machen, und damit ist es erledigt gewesen. Das geht jetzt nicht mehr. [...] Es kommt jetzt bei jeder Besprechung auf den Tisch, die Frauen sind ein Thema und es wird wirklich etwas gemacht.« (I 3: 5) Diese Sichtweise konzentriert sich allerdings auf eine Geschäftsstelle, während hingegen in allen anderen Geschäftsstellen nur punktuelle Maßnahmen als Veränderungen genannt wurden. Den Gegenpol zu diesen »OptimistInnen« stellen jene AkteurInnen dar, die durch Gender Mainstreaming kaum Veränderungen sehen. »Es kann sein, dass ich ungerecht bin, aber ich sehe da nicht sehr viel an Veränderung.« (I 22: 1) Die »PessimistInnen« beziehen sich darauf, dass der Umgang mit Gleichstellungsthemen und auch die inhaltlichen Zielsetzungen gleichgeblieben sind. Organisatorische Veränderungen, die zugleich die Gleichstellungspolitik betreffen, werden zwar auch von ihnen genannt, aber nicht auf Gender Mainstreaming zurückgeführt, sondern eher auf Veränderungen im Zuge der Ausgliederung des AMS.

Von allen GesprächspartnerInnen wird aber wahrgenommen, dass Gleichstellungspolitik beziehungsweise Frauenförderung an Bedeutung gewonnen hat. »Aus dem Bauch heraus hat sich sicher etwas verändert. Weil einfach das Thema Frauen in den letzten Jahren immens forciert worden ist.« (I 4: 1) Es gibt Studien dazu, es wird Datenmaterial erhoben und es erfolgt eine Vernetzung zum Thema innerhalb des AMS, aber auch mit anderen Regionaleinrichtungen: »Die Frauen sind Thema und es wird wirklich etwas gemacht.« (I 3: 2)

Ganz wesentlich daran beteiligt ist die Berücksichtigung von Geschlecht in den arbeitsmarktpolitischen Zielen. Es werden Frauenquoten für Maßnahmen und in Führungspositionen vorgegeben, Rahmenbedingungen der Maßnahmen diskutiert sowie Frauen und Männer in den Controllingdaten getrennt ausgewiesen.

»Die Controllingdaten sind ja nach Männern und Frauen aufgeschlüsselt. Das war früher auch schon, aber da hat man nicht so drauf geschaut. Auch waren die Controllinggespräche nicht so regelmäßig. Einmal im Monat gibt es jetzt eine Besprechung für alle MitarbeiterInnen, wo die Controlling-Daten, eben nach Geschlecht getrennt, mitgeteilt werden. Und dann weiß halt jeder Bescheid.« (I 3: 3)

Entscheidend ist, dass diese getrennte Ausweisung der Daten für die MitarbeiterInnen auch eine Bedeutung erhält, indem Veränderungen beobachtet und diskutiert werden und damit das Verständnis für ungleiche Behandlungen von Frauen und Männern geschärft wird.

Bei Fördermaßnahmen, die durch den ESF ko-finanziert werden, sollen Frauen zumindest mit einem 50 Prozent-Anteil gefördert werden. Dass dies den Druck für Gleichstellungspolitik erhöht hat, wird in den Interviews immer wieder eingebracht. »Eine Veränderung sehe ich insofern, dass da ja irgendwie auch Geld daran hängt und das ist ein wichtiger Aspekt. Meine Interpretation ist, immer wenn Geld damit verbunden ist, wird es ein Stück ernster genommen.« (I 8: 4) Die Ausweisung und Kontrolle von Geschlechterquoten sind demnach eine der zentralen Veränderungen, die von den AkteurInnen mit Gender Mainstreaming verbunden werden.

Der Frauenanteil in Maßnahmen wird häufig als zentrales Lenkungsinstrument für Gender Mainstreaming genannt, zugleich aber auch heftig kritisiert, da das Ziel zum einen schwierig zu erfüllen ist, zum anderen auch aus der Sicht der AkteurInnen für wirkliche Gleichstellung unzureichend bleibt. Probleme bei der Erfüllung einer 50 Prozent-Quote ergeben sich aus unterschiedlichen Gründen: So werden Frauen als weniger ausbildungsfreudig oder aber auf frauentypische Ausbildung konzentriert gesehen. Die Schwierigkeiten werden aber auch auf den Einfluss des Arbeitsmarktes zurückgeführt, da Frauen in den Männerdomänen schwer vermittelt werden können, auch wenn sie die dafür notwendigen Qualifikationen mitbringen. Insbesondere ist es schwierig, einen ausgeglichenen Geschlechteranteil der finanziellen Fördermittel zu erreichen, da Männer aufgrund ihres im Schnitt höheren Einkommens einen höheren Anspruch auf Deckung des Lebensunterhalts während der Fördermaßnahmen haben und vor allem auch bei Beschäftigungsförderungen kostenintensivere Förderfälle darstellen. Hinzu kommt noch, dass seit dem Jahr 2000 bei Männern die Arbeitslosenquote stärker gestiegen ist als bei Frauen und insbesondere in Wien deutlich mehr Männer zur Fördergruppe zählen.

Es wird aber auch die Sinnhaftigkeit solcher Quoten an sich hinterfragt, wenn zum Beispiel argumentiert wird: »Ich denke es ist arbeitsmarktpolitisch sinnlos, einer Frau jetzt aus strukturellen und organisatorischen Gründen etwas einzureden, was sie in Wirklichkeit gar nicht machen will. Warum soll ich eine Schweißerin produzieren, die nirgends eine Arbeit findet.« (I 6: 5) Es bestehen zwar einzelne Schritte, um über diese quantitativen Größen hinauszugehen, indem Qualifizierungsinhalte verändert werden (zum Beispiel werden in der Steiermark verstärkt Frauen in technischen Berufen ausgebildet) und die Frauenreferentinnen angehalten sind, alle Maßnahmen im Hinblick auf Gender-Kriterien zu prüfen. Letzteres wird durch die Förderrichtlinie FBM1 (vgl. Kapitel 9) und die Berücksichtigung von Gender-Kriterien bei den Rahmenbedingungen der Maßnahmen forciert. Doch dieser Aspekt ist, wie schon vorne gezeigt wurde, schwer umzusetzen.

Aus vielen der genannten Veränderungen geht aber auch hervor, dass Gender Mainstreaming mit Frauenförderung gleichgesetzt wird: Die Bedeutung des Frauenthemas ist gestiegen, die Maßnahmen für Frauen haben zugenommen, Frauenquoten werden berücksichtigt. Männer werden in den Interviews hingegen kaum zum Thema.

Mit dem Thema Frauenförderung ist durch Gender Mainstreaming auch die Akzeptanz der Frauenreferentinnen gestiegen. Ihr Legitimationsdruck für ihre Arbeit sinkt und abwertende Bemerkungen sind weniger geworden. Doch »... das heißt noch nicht, dass es nirgends Probleme gibt. Die Anzahl der Organisationseinheiten, bei denen sie auf geringe Akzeptanz stoßen, hat sich reduziert und die Ablehnung und Schwierigkeiten, die ihnen gemacht werden von Führungskräften und von Managern, nehmen ab.« (I 21: 6) Die mit den Veränderungen angesprochenen Aspekte vermitteln aber auch, dass die Förderung von Frauen selbst im AMS – wo es eine Tradition der Frauenförderung gibt – äußerst schwierig war. Frauenreferentinnen wurden nicht wirklich ernst genommen oder akzeptiert und es war ein enormes persönliches Engagement notwendig, um etwas zu erreichen. Frauenförderung war auch im AMS in einer Ghettosituation, indem das Thema von anderen Agenden ausgegrenzt blieb und Frauenreferentinnen immer in einer Bittstellersituation waren. Auch wenn Gender Mainstreaming damit eher Frauenförderung verstärkt als zu einer systematischen Berücksichtigung der Geschlechterperspektive führt, hat es eine wesentliche Verbesserung für die Gleichstellung der Geschlechter gebracht.

## Barrieren

In den Interviews wurde aber auch eine Fülle unterschiedliche Widerstände und Barrieren genannt, die großteils auf Gender Mainstreaming bezogen sind, teilweise aber auch Gleichstellungspolitik im allgemeinen betreffen.

### Akzeptanz von Gender Mainstreaming – *Lippenbekenntnis statt Überzeugung*

Ein erster Aspekt betrifft die Akzeptanz von Gender Mainstreaming. Ist Gender Mainstreaming nur ein Lippenbekenntnis oder stehen die AkteurInnen wirklich mit ihrer Überzeugung dahinter? Obwohl alle interviewten AkteurInnen von sich behaupten, grundsätzlich Gender Mainstreaming zu unterstützen, finden sich doch auch zahlreiche Hinweise darauf, dass das Konzept nicht wirklich akzeptiert wird. So gilt das Argument, das ein Gesprächspartner für die »anderen», die KollegInnen, Leitenden oder Umsetzenden eingebracht hat, natürlich auch für die Interviewten, ihn selbst möglicherweise miteingeschlossen: »Man ist zwar rein verbal dafür, aber im Hintergrund ist das nicht so. Das ist häufig. Das ist heute kaum mehr so, da gibt es nur wenige Ausnahmen, dass sich jemand offiziell gegen das Ziel ausspricht.« (I 13, 2)

Es gilt zwar nicht als legitim oder politisch korrekt, sich explizit gegen Gender Mainstreaming und Gleichstellungspolitik auszusprechen, aber das heißt noch lange nicht, dass Gender Mainstreaming von allen akzeptiert und unterstützt wird. Seine Akzeptanz wird sehr unterschiedlich eingeschätzt, ist nicht funktions- oder geschlechtsabhängig, sondern von Person zu Person unterschiedlich. »Dies ist wie bei allen anderen sehr von den Personen abhängig. Das ist ein Thema, was bei manchen sehr willkommen angenommen wird, das ist aber meistens die Minderheit. Dann gibt es viele, die sehr neutral sind und dann gibt es halt einige *hard-liner*, die damit gar nichts zu tun haben wollen.« (I 21: 2) Welche Sicht dabei eingenommen wird, hängt nicht zuletzt damit zusammen, wie beziehungsweise wieweit Gender Mainstreaming verstanden wird. Dabei bilden sich zwei Gruppen, die ihre Akzeptanz aufgrund der Inhalte einschränken. Die einen, für die die konkreten Zielsetzungen von Gender Mainstreaming fehlen und die »ewigen Diskussionen« über die theoretische Bedeutung den Begriff kritisieren (vgl. Kapitel 10). Eine andere Gruppe lehnt Gender Mainstreaming ab, weil es keineswegs ein werturteilsfreies Ziel ist, sondern Umverteilungen verlangt, die eben auch gegen die bisherige Gleichstellungspolitik und damit durchaus gegen die eigenen Interessen gerichtet sein kann. Doch diese Einwände werden selten gegen Gender Mainstreaming im allgemeinen eingebracht, sondern gegen einzelne gleichstellungspolitische Zielsetzungen (vgl. Kapitel 10). So muss auch die geäußerte Akzeptanz mit Einschränkungen gesehen werden, wie dies von einer Interviewpartnerin explizit angesprochen wurde: »Ich glaube es ist eine neue Form des Lippenbekenntnisses.« (I 13: 11)

Bezüglich der jeweiligen Positionen der InterviewpartnerInnen lässt sich die jeweilige Akzeptanz auch dahingehend differenzieren, dass es auf der nationalen und Landesebene sowie in den leitenden Positionen deutlich mehr Argumente gibt, warum Gender Mainstreaming durchgeführt werden soll. Argumente für Gender Mainstreaming, um EU-Gelder zu erhalten oder das Prestige der Arbeitsmarktpolitik zu heben, die Produktivität der Wirtschaft anzukurbeln, den Facharbeitermangel zu beheben etc. überzeugen auf den umsetzenden Positionen in den RGS kaum mehr. Die geringere Akzeptanz bei den Umsetzenden hat also nicht nur damit zu tun, dass Gender Mainstreaming bisher noch nicht auf alle Ebenen durchgesickert ist, weil zum Beispiel noch nicht alle an Gender-Trainings teilgenommen haben, sondern auch mit dem Aufeinandertreffen unterschiedlicher Interessen.

### Gender Mainstreaming als Arbeitsbelastung – *Mehraufwand bei gleichen Ressourcen*

Auf der Umsetzungsebene in den RGS wird Gender Mainstreaming eher als Arbeitsbelastung wahrgenommen, das die handlungsleitenden Zielsetzungen erweitert und die Beratungsgespräche erschwert:»Für die Leute unten heißt das, jetzt haben wir nicht 10 Ziele, sondern 20 Ziele« (I 21: 2) »Momentan haben wir im Schnitt 10 Minuten pro Beratungsgespräch. Und in diesem Kontext, wo ich Informationen und Vereinbarungen erbringen muss, noch zu *gendern*, das ist für meine Leute schwierig, sie schaffen nicht einmal die wichtigsten Informationen für den Kunden.« (I 17: 3f) Gender Mainstreaming als Belastung der alltäglichen Arbeit äußert sich auf der umsetzenden Ebene als Erschwernis der Beratungsgespräche, trifft aber auch andere Ebenen, wie weiter vorne gezeigt wurde: Die Frauenreferentinnen durch zusätzliche strategische Aufgaben und das Management durch komplexere Koordinationsprozesse. Insofern ist der Widerstand gegen Gender Mainstreaming aufgrund erhöhter Arbeitsbelastung ein problematischer, der in den Organisation auch eingestanden werden muss und nicht durch Argumente der Effizienzsteigerung vom Tisch gewischt werden kann. Die ExpertInnen zeigen sich hier aber eher optimistisch, dass dieser Widerstand ausgeräumt werden kann, indem Gender Mainstreaming langsam eingeführt und zunächst nicht zu den harten Kriterien zählt. Die Kombination von Sensibilisierungsarbeit für Gleichstellungsfragen und konkreten Handlungsanweisungen soll längerfristig die Assoziation von Gender Mainstreaming mit zusätzlicher Arbeitsbelastung aufheben.

### Geschlechterstereotypen – *Gefangen im Klischeedenken*

Ein weiteres Hindernis für die Implementierung von Gender *Mainstreaming* liegt aus Sicht der ExpertInnen in den »traditionellen Bildern in den Köpfen der Menschen.« (I1, 3) Diese finden sich sowohl bei den MitarbeiterInnen als auch bei den KundInnen und in den Betrieben. »Es ist nicht einfach. Ich denke mir, es gibt bei uns im Haus schon noch Leute, und auch von den KundInnen her, die ein Problem haben damit [gemeint ist Gleichstellungspolitik im allgemeinen und Gender Mainstreaming im besonderen, Anm. d. A.]. Es ist halt eher auch ein ländliches Gebiet da, wo schon noch die Tendenz ›Frauen an den Herd‹ da ist.« (I 3: 4) Doch wie sich in anderen Interviews zeigt, ist dies keineswegs so, dass diese Sichtweise regional begrenzt ist, sondern in den Gesprächen mit MitarbeiterInnen unterschiedlicher RGS, LGS und BGS zu finden. Dies wird kaum direkt argumentiert, sondern indirekt, wenn beispielsweise die Interessen der eigenen Frau eingebracht werden oder die Erwerbsorientierung von Frauen an sich in Frage gestellt wird.

»Wollen die Frauen überhaupt so integriert sein in die harte Arbeitswelt, in diese Ellbogenkämpfe, in diesen Stress, wie es die Männer haben? Wollen die überhaupt diese Karriere machen und sich das antun? Das hat zwar eine schöne Gage, aber... – ich sehe schon, da ist viel Diskriminierendes drinnen – aber ist es nicht doch viel bequemer zumindest in verschiedenen Lebensabschnitten sich einen Partner zu suchen, der halt das Geld nach Hause bringt?« (I 21: 8)

Das Denken und Handeln nach traditionellen Geschlechterleitbildern, ihre Verstärkung von Geschlechterstereotypen wird von den GesprächspartnerInnen durchaus wahrgenommen, aber prinzipiell stärker bei den anderen, bei den KollegInnen oder den KundInnen. Sie erleben sich vielfach in diesem »Klischeedenken« von Männer- und Frauenrollen, von Männerberufen und Frauenberufen gefangen, indem sie das ausführen, was von anderen erwünscht wird. Besonders stark wird dies mit dem Druck der Wirtschaft argumentiert. »Es ist halt leider so, dass die Wirtschaft da einen Strich durch die Rechnung macht. Es gibt immer noch Dienstgeber, die lieber einen Mann als eine Frau haben wollen, auch wenn die Frau die Qualifikation hätte. Und wenn sich der auf stur stellt, dann nützt uns das überhaupt nichts, wenn wir sagen, wir hätten da eine Frau, die die Qualifikation hat.« (I 6: 5) Aber auch die Frauen, die gefördert werden sollen, machen sich aufgrund ihrer vermeintlichen Interessen zu »effektiven Verhinderinnen« (I 11: 4) »Beispielsweise hatten wir eine Veranstaltung für Wiedereinsteigerinnen, wo wir einen ganzen Tag über die verschiedensten Berufe und Möglichkeiten geredet haben und am Schluss haben wir nach dem Traumberuf gefragt. Und eine 23-Jährige schreibt Reinigungskraft drauf. Ich war echt total schockiert. Es ist einfach bei so vielen Leuten noch so im Kopf drinnen.« (I 3: 2) Oder: »Wir haben es gesehen, wir haben mit Maturantinnen eine Cartier-Geschichte gemacht, das ist CAD-Zeichnen, da haben wir fast 200 Frauen anreden müssen, dass wir dann 18 gefunden haben.« (I 4: 3) Erlebte Einzelfälle werden zur Bestätigung von Geschlechterstereotypen und als unüberwindbare Grenzen ihres Handlungsspielraums angeführt.

Gesprächspassagen, in denen Rollenklischees oder Geschlechterstereotypen als Grenzen gleichstellungsorientierter Zielsetzungen und Strategien angeführt werden, gibt es viele, obwohl in den Interviews nicht explizit danach gefragt wurde. Sondern es scheint eher Ausdruck davon, dass die AkteurInnen in ihrer täglichen Arbeit immer wieder damit konfrontiert werden, sowohl in der Selbstreflexion ihrer Arbeit als auch in der Diskussion mit anderen. Gleichstellungsziele und die, die diese vertreten, treten damit vermeintlich in Konflikt mit den Interessen der KundInnen und damit mit den Zielsetzungen eines Dienstleistungsunternehmens (vgl. Kapitel 10). »Von den Kundinnen in ihrem jetzigen Zustand zu verlangen, dass sie Gleichstellung einfordern, dass sie wissen, was sie brauchen, das ist für die meisten eine heftige Diskussion, nicht nur mit Männern, sondern auch mit Frauen.« (I 14: 7) Als Dienstleistungsbetrieb sind den MitarbeiterInnen des AMS diese Interessen näher, als die abstrakten Zielsetzungen von Gleichstellung. Dies bewirkt, dass Frauen und Männer weiterhin unterschiedlich behandelt werden, dass Frauen als »Zuverdienerinnen« andere Stellenangebote erhalten als Männer, andere Qualifizierungs- und Fördermaßnahmen, dass Vermittlung und Förderung durch Arbeitsmarktpolitik bei Frauen und Männern trotz gleicher Quotenziele und der Verpflichtung zur Gleichbehandlung anders behandelt werden und Arbeitsmarktpolitik dazu beiträgt, Geschlechterstereotypen zu verstärken.

### Arbeitsmarktsituation – *Gleichstellungspolitik in Konkurrenz mit Arbeitslosenabbau*

Gleichstellungspolitik und damit auch Gender Mainstreaming hat aber immer auch den Charakter, dass sie dann gefördert wird, wenn die Arbeitsmarktlage dies begünstigt oder nicht verhindert (vgl. Kapitel 10). Ein Bedarf für weibliche Arbeitskräfte beziehungsweise eine entspannte Arbeitsmarktlage, durch die Beschäftigungsförderung von Frauen nicht zu Verdrängungsprozessen von Männern aus dem Arbeitsmarkt führt oder befürchtet wird, begünstigt Gleichstellungspolitik. Hingegen hat die angespannte Arbeitsmarktlage der letzten Jahre und die höhere Betroffenheit der Männer von Arbeitslosigkeit (vgl. Kapitel 3) auch die Widerstände gegen Gender Mainstreaming verstärkt. Bei steigender Arbeitslosigkeit werden andere Ziele wie die Vermittlung der Arbeitslosen und der Abgang in Arbeit wichtig. Traditionelle Rollenmuster werden verstärkt, um zu verhindern, dass Männer mit den zunehmenden weiblichen Beschäftigten konkurrieren müssen. »Also gerade in wirtschaftlich brisanten, kritischeren Zeiten ist die Gefahr vorhanden, zu traditionellen Rollenbildern zurückzukehren, es ist sofort ein Rückschritt in traditionelle Rollen zu befürchten. Und das ist genau die Zeit jetzt.« (I 20: 4) So wird für einzelne ExpertInnen derzeit die Zielsetzung, verstärkt Frauen in Beschäftigung zu holen, vernachlässigt, »sondern man schickt die Frauen ja wieder zurück in Österreich, mit Kindergeld oder was auch immer.« (I 17: 2) Maßnahmen zur

Gleichstellungsförderung waren viel leichter durchzubringen in Zeiten eines entspannten Arbeitsmarktes. Dabei wird auch eingebracht, dass Gender Mainstreaming ja eigentlich nicht frauenpolitisch gemeint ist, sondern wirtschaftspolitisch angelegt ist. Und dann erweist sich die Frauenförderung in Zeiten, in denen das Arbeitsvolumen gleich bleibt, als schwierig. Damit wird auch offensichtlich, dass die Verfolgung von Gender Mainstreaming bedeutet, dass Frauen Männer verdrängen, eine Konkurrenz zwischen Frauen und Männern entsteht, dass Gender Mainstreaming an den Machtfragen der feministischen Forderungen ansetzt.

## *Crash of Cultures*

Trotz Gender Mainstreaming bleibt Gleichstellungspolitik stärker auf Frauenförderung und Frauenquoten beim Zugang zu Fördermaßnahmen beschränkt. Dies wird durch die spezifische Steuerungslogik des AMS begünstigt, wird aber auch durch die personellen Weichenstellungen im Gender-Mainstreaming-Prozess gefördert. Die Frage, wie Frauenförderung und Gender Mainstreaming nebeneinander bestehen und sich gegenseitig unterstützen können und damit zu einer wirksameren Gleichstellungspolitik werden, betrifft daher auch die Zusammenarbeit der AkteurInnen.

Mit der Strategie des Gender Mainstreaming sollte die Geschlechterperspektive von allen AkteurInnen in allen politischen Prozessen berücksichtigt werden und die Verantwortung dafür beim *Top* liegen. Dies erfordert aufgrund der neuen Rollen und Aufgaben der ManagerInnen und der Frauenreferentinnen neue Kooperationslinien, bringt aber auch eine neue Geschlechterzusammensetzung bei den AkteurInnen der Gleichstellungspolitik mit sich. Denn bislang schienen Geschlechter in der Gleichstellungspolitik weitgehend getrennte Wege zu gehen. Es waren primär Frauen, die sich für Gleichstellungspolitik engagierten, die die rechtliche Gleichbehandlung von Frauen und spezifische Maßnahmen für Frauen zum Abbau ihrer Behnachteiligungen gefordert und in den Institutionen geplant und umgesetzt haben. So auch im AMS. Doch mit Gender Mainstreaming sind Männer nicht nur aufgerufen, in der Gleichstellungspolitik aktiv mitzuwirken, sondern tragen, nachdem das Top mehrheitlich männlich besetzt ist auch die Hauptverantwortung für die Umsetzung. Diese Veränderung beinhaltet überdies einen anderen Zugang zur Gleichstellungspolitik. Daher wird im Folgenden ein genauerer Blick darauf gerichtet, wie die neuen »Hauptzuständigen« mit den alten »Frauenförderspezialistinnen« kooperieren.

Der in den Interviews recht deutlich zum Vorschein gekommene Gegensatz zwischen dem mehrheitlich männlich dominierten *Management* und den ausschließlich weiblich besetzten *Frauenreferentinnen* zeigt sich auf unterschiedlichen Ebenen (vgl. Übersicht 14). Die Unterschiede sind zwar immer nur idealtypischer Natur und können im Einzelfall unterbrochen werden, zeigen aber doch unterschiedliche Gleichstellungskulturen, die auf verschiedenen Ebenen identifiziert werden können:

*Übersicht 14: »ManagerInnen« versus »Frauenreferentinnen«*

| | *ManagerInnen* | *Frauenreferentinnen* |
|---|---|---|
| *Verständnis von Gender Mainstreaming* | Gender Mainstreaming als systematische Berücksichtigung der Geschlechter, analytische Aufarbeitung | Gender Mainstreaming als Methode zur Beseitigung von Benachteiligung, pragmatisch-praktischer Ansatz |
| *Anspruch* | Wertneutralität: BearbeiterInnen »müssen nur tun«, zentral und wichtig sind Vorgaben, die *Top-Down* umgesetzt werden | Bewusstseinsänderung: »Köpfe verändern« |
| *Engagement* | Nachrangig | Zentral erforderlich |
| *Umsetzung* | Bereitstellung und Auswertung geschlechtsspez. Daten; Nutzung externer Ressourcen (GeM-Koordinationsstelle, Studien), Organisationsentwicklung | Erarbeitung und Umsetzung von spezifischen Frauenförder-Maßnahmen |
| *Verhältnis zur Frauenförderung* | Kooperation, Nutzung von *Know-how* der Fachreferentinnen | Frauenförderung als zentrales Fundament |
| *Geschlechterorientierung* | Geschlechterverhältnisse berücksichtigen, wobei unterschiedliche Gleichstellungszielsetzungen (Gleichbehandlung, Gleichstellung etc.) möglich sind | Frauenförderziel als Defizitansatz vorrangig |
| *AkteurInnen* | ManagerInnen, ControllerInnen etc. | Frauenreferentinnen, MitarbeiterInnen in Frauenabteilung |

Die »ManagerInnen« stehen für die Position, wonach Gender Mainstreaming ein Organisationsprinzip wie viele andere ist, das durch einen entsprechenden Einbau in die Organisationsstruktur *Top-Down* ohne die Befassung mit Werten und Normen umsetzbar ist. Ein moralischer Anspruch scheint als hinderlich, um die Akzeptanz aller AkteurInnen zu gewinnen. Die »Frauenförderinnen« gehen davon aus, dass es als Voraussetzung einer erfolgreichen Implementierung von Gender Mainstreaming in einer Organisation einer »Veränderung der Köpfe« bedarf, also sehr wohl einer Befassung mit Normen und Rollenbildern etc.. Nur durch ein Bewusstseinsänderung können die Benachteiligungen von Frauen verringert werden.

Auch hinsichtlich des erforderlichen Ausmaßes an Engagement zeigen sich Unterschiede. Obwohl Gender Mainstreaming programmatisch in die Organisation und die Struktur des AMS eingebunden ist und stärker als bei den anderen arbeitsmarktpolitischen AkteurInnen vom *Top* mitgetragen wird, hängt der Erfolg von Gender Mainstreaming wesentlich vom persönlichen Engagement der Frauenreferentinnen ab. Selbst nach erfolgreicher Implementierung von Gender Mainstreaming ist eine engagierte Kontrolle des Prozesses, ein ständiges Einmahnen der Gender-Perspektive oder auch die Weiterentwicklung der Gender-Mainstreaming-Strategie etc notwendig. Gleichstellungspolitik wird auch unter der Strategie des Gender Mainstreaming nicht als Automatismus funktionieren. Frauenreferentinnen setzen sich dafür ein, dass Gender Mainstreaming stärkere Akzeptanz findet und die Beliebigkeit verliert. Gleichzeitig verbinden sie dies mit ihrem konkreten Engagement auf Maßnahmenebene. Auf der Seite der ManagerInnen spielt Engagement in den Interviews keine Rolle, was anknüpfend an die obigen Überlegungen zu Gender Mainstreaming als Organisationsprinzip auch erwartet werden kann.

Die Umsetzung von Gender Mainstreaming verlangt die Berücksichtigung einer Gender Perspektive in *allen* Prozessen bei *allen* Maßnahmen. *Gender* ist also immer und überall zu beachten, *mitzudenken*. Um Gender-Aspekte mitzudenken, brauchen die AkteurInnen entsprechende Daten. Sie müssen unterschiedlichste Maßnahmenalternativen mit ihrem Gender-Wissen beurteilen und dann Entscheidungen treffen, welche gleichstellungspolitisch zielführend sind oder welche dem Gleichstellungsziel widersprechen. Frauenreferentinnen gehen dagegen eher von den Problemen ihrer Zielgruppe aus und versuchen, Maßnahmen zu erarbeiten und umzusetzen, die diese Probleme lösen könnten. Das Ziel der »»Veränderung« im Sinne der betroffenen Frauen ist zentrale Antriebskraft ihrer Arbeit. Diese Vorgehensweise entspricht ihrem Verständnis als Frauenförderinnen. Das Engagement der Frauenreferentinnen für Frauenförderung ist zwar nachvollziehbar aus der Erkenntnis, dass primär Frauen das benachteiligte Geschlecht darstellen und Frauenförderung daher die logische Konsequenz der Anwendung von Gender Mainstreaming ist. Aber dieses Engagement verstellt ein Stück weit die Gender-Perspektive, indem weder die Einbeziehung von männlichen Perspektiven noch ein Infragestellen der unterschiedlichen Geschlechterrollen erfolgt.

»ManagerInnen« können demnach als VertreterInnen eines technokratischer Ansatz gesehen werden: Gleichstellung wird auf operationalisierbare Unterziele zerlegt und in Bearbeitungsroutinen übersetzt. Wenn Gender Mainstreaming als Organisationsprinzip von allen AkteurInnen selbstverständlich umgesetzt wird, ist das *Commitment* des/der Einzelnen letztlich irrelevant.[121] Gleichstellungspolitik wird wie andere Zielsetzungen behandelt und als wertfreie Politik interpretiert. Es kommt zu einer »Neutralisierung« von Gleichstellungspolitik, die ihre Akzeptanz erheblich erhöht. Dem steht ein anderes Verständnis von Gleichstellungspolitik durch die »Frauenreferentinnen« gegenüber. Gleichstellungspolitik wird hier stärker als Interessenspolitik verstanden, bei dem das persönliche Engagement für frauenpolitische Forderung wichtig ist: Gleichstellungspolitik erfordert eine Veränderung des Bewusstsein, ein »Köpfe ändern». Die persönliche Überzeugung der AkteurInnen ist zentral. Formale Regelungen und deren Einhaltung können durch das individuelle Handeln der AkteurInnen unterlaufen werden.

Aber wie sieht nun die aktuelle Verbindung der beiden Ansätze aus?

In der Erhebung kam sehr klar heraus, dass die Frauenreferentinnen sowie die Frauenabteilung zentrale Ansprechpersonen für die Umsetzung von Gender Mainstreaming sind, dass sie die Zuständigkeit für Gender Mainstreaming vom Management zugeordnet bekommen haben, dass das *Know-how* der Frauenreferentinnen in diesem Sinne genutzt werden soll. Dadurch sind sie jedoch mit einer Doppelfunktion konfrontiert, die eine enorme Herausforderung darstellt, sind doch die Perspektiven von Frauenförderung einerseits und Gender Mainstreaming andererseits deutlich unterschiedlich. Die in den Interviews häufig anzutreffende Gleichsetzung von Gender Mainstreaming mit Frauenförderung in neuem Kleid ist vor diesem Hintergrund ebenso wenig verwunderlich wie die teilweise vorhandene Ablehnung dieser Doppelrolle.

Das Management andererseits steht zwar zum *Top-Down*-Ansatz und bezieht das *Know-how* der Frauenreferentinnen ein, ist aber letztlich in der Umsetzung dieses Organisationsprinzips nicht konsequent genug: Die

121 »Die müssen nicht wollen, die müssen nur tun« – so drückte es ein AMS-Akteur im Rahmen einer Veranstaltung zu Gender Mainstreaming aus.

Frauenreferentinnen wünschen sich sehr viel mehr verpflichtende und präzise Vorgaben, Ziele und Maßnahmen für die Gesamtorganisation.

Kooperationen sind also vorhanden und ansatzweise – in unterschiedlicher Intensität und mehr oder weniger informell – institutionalisiert. Wie der gerade für die Anfangsphase des Implementierungsprozesses so wichtige *Know-how*-Transfer konkret vor sich geht, bleibt vielfach unklar. Dies betrifft sowohl die organisatorische Ebene – innerhalb welcher Strukturen, mit welchen Ressourcen und Kompetenzen kooperieren Frauenreferentinnen mit ManagerInnen – als auch die inhaltliche Ebene (wertneutraler Ansatz versus Frauenförderung).

Als zentrale Frage erscheint, wie der skizzierte »Managementansatz« (Gender Mainstreaming als reines Organisationsprinzip) und der »Frauenförderansatz« praktisch und theoretisch verbunden werden können. Dazu gibt es auf theoretischer Ebene jedenfalls noch deutlichen Forschungsbedarf, befasst sich doch der überwiegende Teil der bisherigen Literatur zu Gender Mainstreaming mit diesem selbst, aber weniger mit der Verbindung, mit der Kooperation zur bestehenden Frauenförderung.

Auf der praktischen Ebene der Implementierung von Gender Mainstreaming im österreichischen AMS ist vieles auf dem richtigen Weg. So wird in der LGS-Steiermark durch die enge Kooperation der Frauenreferentin mit der LGS-Leitung eine gute Basis für Gender Mainstreaming gelegt. Doch auch hier zeigen sich vielfältige Barrieren einer umfassenden Implementierung von Gender Mainstreaming. Mitunter ist diese Bilanz zur praktischen Umsetzung von Gender Mainstreaming im AMS auf die überzogenen Erwartungen an diese Strategie zurückzuführen. Die mittlerweile schon fast selbstverständliche Erwähnung von Gender Mainstreaming in programmatischen Dokumenten und Zielsetzungen nährt die Illusion, dass es durch dieses Bekenntnis tatsächlich zur systematischen Berücksichtigung von Gender-Wirkungen und der Vermeidung von Benachteiligungen kommt. Doch das für die Umsetzung vorausgesetzte Umdenken aller AkteurInnen kann wohl nicht von heute auf morgen erfolgen, sondern bedarf wohl etwas mehr Geduld.

## Resümee

Das AMS nimmt hinsichtlich der Implementierung von Gender Mainstreaming sicherlich eine Vorreiterrolle für andere Institutionen ein. Im AMS wurden zahlreiche Schritte gesetzt, um Gleichstellungspolitik in das Steuerungssystem zu integrieren und damit Routinen einzurichten, die dafür sorgen, dass Geschlecht systematisch bei Entscheidungen mitgedacht wird. Dies wird dadurch begünstigt, dass Gender Mainstreaming vom *Top* mitgetragen wird und Gleichstellungspolitik im AMS bereits lange Zeit Tradition hat. Dennoch ist die Einschätzung der AkteurInnen hinsichtlich seiner Wirkungen eher bescheiden. Gender Mainstreaming hat zwar zu einer Aufwertung von Gleichstellungspolitik geführt, aber sie bleibt weiterhin in der traditionellen Frauenförderung verhaftet und damit auf punktuelle Maßnahmen für Frauen beziehungsweise auf die Kontrolle der Frauenquoten beim Maßnahmenzugang beschränkt.

Angesprochen auf die wahrgenommenen Widerstände gegen Gender Mainstreaming werden von den AkteurInnen fehlende Überzeugung, Mehraufwand in der Alltagsarbeit oder auch die schlechte Arbeitsmarktsituation genannt. Besondere Bedeutung kommt dabei aber auch dem Denken in Geschlechterklischees zu. Freilich wird hier stärker auf die anderen verwiesen, das heißt auf die Arbeitsuchenden und die ArbeitgeberInnen, denen man als Dienstleistungsunternehmen verpflichtet ist. Aber auch bei den KollegInnen werden solche Geschlechterstereotypen wahrgenommen, durch die Frauen in die typischen Frauenberufe gelenkt oder weibliche Berufskarrieren und Bildungsinteressen weniger ernst genommen werden als die der Männer. Diese Aussagen der AkteurInnen deuten darauf hin, dass ein Bewusstsein über Diskriminierungsprozesse besteht. Doch scheint die eigene Sensibilität deutlich höher, als die der »anderen«.

Sucht man nach unterschiedlichen Typen in der Gleichstellungspolitik, so scheinen Frauen, die als Frauenreferentinnen direkt mit Gleichstellungsfragen konfrontiert sind, deutlich sensibler hinsichtlich der Widerstände als andere. Es zeigt sich aber auch, dass BeraterInnen, die mit KundInnen zu tun haben, stärkere Widerstände wahrnehmen als ManagerInnen, und auch MitarbeiterInnen in den RGS stärker Widerstände angeben als jene der LGS und der BGS.

Demnach sind die zentralen Widerstände von Gender Mainstreaming im Umsetzungsprozess darin zu finden, wie die Zielsetzungen von der Leitung zur Umsetzung, von der BGS zur den RGS, vom *Top* zum *Bottom* gelangen. Als Barrieren gelten Aspekte, die auch den allgemeinen Prozess einer dezentralen Arbeitsmarktpolitik gefährden:

- Durch die dezentrale Politik können die Eigeninteressen der LGS und RGS den Bundeszielen entgegenstehen.
- Die Mitsprachemöglichkeiten der RGS sind teils nur formal gegeben und werden von den AkteurInnen der RGS kritisiert.
- Die Steuerung über die Ziele als *Benchmarking*-Konzept wird aus unterschiedlichen Gründen als ungerecht empfunden und indirekt boykottiert. Die Zielsetzungen werden so zum Selbstzweck, die eine effiziente Arbeitsweise durchaus konterkarieren können.
- Durch die Ausrichtung auf die Zielerreichung bleiben problemspezifische Ansätze sowie qualitative Aspekte im Hintergrund.

Gerade letzteres ist für Gender Mainstreaming problematisch. Denn obwohl Gleichstellung in der Arbeitsmarktpolitik durch Gender Mainstreaming stärker zum Thema wird, sind viele Zusammenhänge, insbesondere jene, die ein differenzierteres Geschlechterleitbild als die Differenzierung nach dem biologischen Geschlecht erfordern, nicht ausreichend erforscht. Insbesondere sind Zielindikatoren von Gender Mainstreaming zu wenig ausgereift, als dass sie als einheitliche Handlungsvorgaben dienen könnten. Die Ausrichtung der Umsetzungspolitik auf quantitative Zielsetzungen wird aber nicht nur durch das *Management by Objectives* des AMS gefördert, sondern auch durch die europäische Beschäftigungspolitik. Diese ist stark quantitativ orientiert und setzt durch *Ranking* und *Benchmarking* Vorgaben für die Umsetzung und Kontrolle der nationalen Arbeitsmarktpolitik. Somit besteht die Gefahr, dass hier all zu schnell vorgegangen wird und die Umsetzung von Gender Mainstreaming auf quantitative Zielgrößen beschränkt bleibt, die allerdings zu kurz greifen. Gerade von den ControllerInnen, die in diesem Prozess eine wichtige Funktion einnehmen, wird dies auch erkannt.

Der integrative Ansatz von Gender Mainstreaming bezieht sich nicht nur auf seine Integration in das Regelsystem der jeweiligen Organisation, sondern auch auf die Einbeziehung der Männer als AkteurInnen der Politik. Gleichstellung soll losgelöst von seiner bisherigen Getthostellung in alle Arbeitsbereiche Eingang finden und von allen AkteurInnen unterstützt werden. Diese Integration in das Regesystem des AMS findet auch tatsächlich statt (vgl. Kapitel 9). Auch wenn das AMS damit im Prozess des Gender Mainstreaming deutlich weiter ist als viel andere Institutionen und für

Gender Mainstreaming so etwas wie eine Vorreiterrolle einnimmt, wird das Konzept suboptimal umgesetzt. Die beiden zentralen AkteurInnen im Gender-Mainstreaming-Prozess, das Mangement und die Frauenreferentinnen ergänzen einander, indem Erstere die organisatorischen Weichenstellungen setzen und Zweitere durch ihre Gender-Kompetenz unterstützend mitarbeiten. Doch das Ergebnis ist insofern suboptimal als es zu einer reduzierten Form von Gender Mainstreaming führt: Die vorgegebenen Handlungsanweisungen an alle MitarbeiterInnen des AMS beschränken sich auf Frauenquoten (vgl. Kapitel 10). Darüber hinausgehende Zielsetzungen werden nicht definiert, sind zwar in den Ausführungen einzelner AkteurInnen präsent, aber haben keinerlei verbindlichen Charakter und werden noch am ehesten von den Frauenreferentinnen wahrgenommen. Doch selbst bei den Frauenreferentinnen und Gender-Mainstreaming-Beauftragten bleibt Frauenförderung gegenüber Gender Mainstreaming dominant.

Die unterschiedlichen Ansätze oder Vorgangsweisen, die das Management und die Frauenreferentinnen vertreten, begünstigen dieses Ergebnis:

- Die ManagerInnen agieren aus ihrer Sicht »politisch korrekt«, die Implementierung von Gender Mainstreaming ist ein politischer Auftrag, den sie »soweit es einfach geht und wenig kostet« (I 12: 4) umsetzen. Von der Bereitschaft, Gender-Wissen zu erwerben, war beim Management wenig zu bemerken, wobei dies weniger auf eine grundsätzliche Ablehnung solcher Sensibilisierungsmaßnahmen zurückzuführen ist, sondern durch die lange Tradition der Frauenförderung im AMS und die gute Arbeit der Frauenreferentin als »nicht notwendig« erachtet wird.
- Die Frauenreferentinnen agieren als klassische Frauenförderinnen, sie nutzen Gender Mainstreaming im AMS, um Frauenförderung voranzutreiben. Obwohl sie potentiell um die weitaus umfassendere Idee hinter Gender Mainstreaming wissen und dies als Fernziel für die Organisation auch umsetzen wollen, sehen sie primär Handlungsbedarf für Frauenförderung. Zudem können sie die Betonung der Frauenförderung im Sinne der »Doppelstrategie« rechtfertigen, schließlich gilt es jene Befürchtungen zu zerstreuen, dass Frauenförderung in Zeiten von Gender Mainstreaming keine Berechtigung mehr hätte. In dieser starken Betonung klassischer Frauenförderung nehmen sie sich allerdings ein Stück weit selbst gefangen, als sie zum einen die Implementierung von Gender Mainstreaming nicht wirklich kritisieren können – sie

tragen sie ja schließlich entscheidend mit. Zum anderen müssen sie befürchten, durch zuviel Kritik an Gender Mainstreaming auch die Basis für die intensivierte Frauenförderpolitik wieder zu verlieren.

Vorläufig, und solange keine stärkeren Vorgaben zur Umsetzung von Gender Mainstreaming von außen kommen, passen die Strategien der beiden Gruppen zusammen, stärken sie die Frauenförderpolitik im AMS, lassen aber die Potentiale von Gender Mainstreaming im Sinne einer Transformation der Gleichstellungspolitik ungenutzt. Bei einigen Interviews mit Frauenreferentinnen war diesbezüglich zwar Ungeduld und Unbehagen zu spüren, aber ohne dass konkrete Veränderungswünsche und -optionen genannt wurden. Diese Vorgangsweise wird durch den Umstand, dass Frauenreferentinnen zusätzlich zur traditionellen Frauenpolitik nun auch als Gender-Mainstreaming-Beauftragte agieren, verstärkt, erklärt aber nicht die ganze Logik des Prozesses. Hier kommen noch weitere Aspekte hinzu, die nicht die Umsetzbarkeit des Gender-Mainstreaming-Konzeptes an sich in Frage stellen, sondern auch als Barrieren von bisherigen Gleichstellungsstrategien gelten.

Zum einen spielt das Geschlecht der AkteurInnen wohl weiterhin eine zentrale Rolle bei den Umsetzungsmöglichkeiten der Gleichstellungspolitik: Die persönliche Betroffenheit, die Erfahrungen, die Erwartungen der anderen, prägen den Umgang mit Geschlecht ganz wesentlich. Die unterschiedliche Geschlechterzusammensetzung im Management und bei den Frauenreferentinnen bündelt unterschiedliche Erfahrungszugänge. Letztlich ist es aber auch hier nicht der biologische Ausgangspunkt, der bestimmt, wie Geschlechterrollen wahrgenommen und bewertet werden, sondern es sind die sozialen Prägungen und Konstruktionen. Mit der Integration von Männern in die Gleichstellungspolitik soll Geschlechterdemokratie gelebt werden. Doch das Problem einer solchen Geschlechterdemokratie ist, wieweit Männer dazu motiviert werden können, sich am Abbau von Ungleichheiten zu beteiligen (Bereswill 2004). Kann man davon ausgehen, dass Frauen und Männer die gleichen Ziele für Gleichstellung verfolgen und kooperiert das Management mit den Feministinnen?

Zum anderen stellt sich aber auch die Frage, wieweit durch die Institutionalisierung der Gleichstellungspolitik die Möglichkeiten zur Veränderung eingeschränkt werden. Wenn Frauen zum Teil des Systems werden, wird es grundsätzlich schwieriger das System zu kritisieren (Callenius 2002). Damit ist zu befürchten, dass die Einmahnerinnen und Kritikerinnen des Systems verloren gehen.

# 12. Fazit

Das österreichische Arbeitsmarktservice erweist sich als ein durchaus spannendes und erfolgversprechendes Beispiel für die Implementierung von Gender Mainstreaming. Das AMS bietet mit seiner Tradition der Gleichstellungspolitik und dem dezentralen Steuerungssystem gute Voraussetzungen für die Umsetzung dieses Konzepts. Ähnlich wie andere Zielsetzungen können Gender-Mainstreaming-Ziele durch das stark formalisierte Steuerungssystem, das *Management by Objectives* von der Leitung der Bundesgeschäftsstelle über die Landesgeschäftsstellen bis hin zu den BeraterInnen in den Regionalen Geschäftsstellen weitergegeben werden. Die Leitung muss von der Umsetzung von Gleichstellungszielen nicht erst überzeugt werden, sondern betreibt dies bereits und wird darin durch die Vorgaben der Europäischen Beschäftigungsstrategie und dem damit verbundenen Monitoring unterstützt. Das AMS hat damit vergleichsweise früh Aktivitäten zur Implementierung von Gender Mainstreaming gesetzt und diese in das bestehende Steuerungs- und Organisationssystem integriert. Gender Mainstreaming hat damit die Gleichstellungspolitik des AMS wesentlich verbessert, allerdings anders als dies ein transformatives Verständnis von Gender Mainstreaming vorsehen würde.

Gleichstellungsziele werden im AMS von der Leitungsebene, dem Top, in Zusammenarbeit mit den Frauenreferentinnen festgelegt und als handlungsleitende Zielsetzungen in das Steuerungssystem eingebaut, um diese an die umsetzenden Ebenen weiterzuleiten. Gleichstellungsziele werden in das bestehende Steuerungssystem, das *Management by Objectives*, in Richtlinien für die Nutzung der Fördergelder und in das Qualitätssicherungssystem integriert. Dies wird durch den weitgehenden Konsens der Leitungsebene getragen, dass Gleichstellung wichtig, vorteilhaft oder notwendig ist. Diese Implementierung von Gender Mainstreaming folgt einem »Managementansatz«, durch den Gender Mainstreaming in operationalisierbare und kontrollierbare Gleichstellungsziele übersetzt und so handlungsleitend für alle AkteurInnen wird. Durch dieses Managementansatz erfolgt eine Art »Neutralisierung« der Gleichstellungspolitik, durch die die Herausforderung nicht bei der Sensibilisierung und Überzeugung aller AkteurInnen liegt, sondern bei der Operationalisierung der Zielsetzungen sowie ihrer Koordination und Kontrolle. Gender-Kompetenz bleibt bei den »Fachreferentinnen« konzentriert.

Dieser Implementationsansatz von Gender Mainstreaming scheint zunächst die Umsetzung vom Denken und Handeln der einzelnen AkteurInnen, dem *Doing Gender* auf der Umsetzungsebene, unabhängig zu machen. Bewusstseinsänderungen aller AkteurInnen sind aufgrund der verpflichtenden Anweisungen nicht notwendig. Bei genauerer Betrachtung zeigen sich aber viele Ansatzpunkte, wie Gleichstellungspolitik auf dem Weg zwischen Planung und Umsetzung verändert wird, von der Leitung vorgegebene Gleichstellungsziele gleichsam wie beim Spiel der »Stillen Post« anders ankommen und umgesetzt werden, als sie ursprünglich von den Gender-Expertinnen, den Frauenreferentinnen, geplant wurden.

Eine Ursache für die suboptimale Umsetzung der Gleichstellungspolitik liegt im Zielsteuerungssystem selbst. Das MBO ist auf quantitative Indikatoren ausgerichtet und entwickelt eine Eigendynamik, in der die Einhaltung der Ziele und nicht das Erreichen von Wirkungen entscheidend ist. Dadurch entsteht ein nicht unwesentlicher Spielraum für individuelle Entscheidungen, wie Arbeitsmarktpolitik umgesetzt wird, ohne dass damit Ziele verletzt werden. Dies trägt dazu bei, dass die Gleichstellungsziele und vor allem die Bedeutung von Gender Mainstreaming von den AkteurInnen unterhalb der Leitungsebene als vage und schwammig erlebt werden. Der Konsens darüber, dass Gleichstellung ein gleichwertiges Ziel darstellt, nimmt ebenfalls *Top-Down* ab.

Vage bleiben die Gleichstellungsziele nicht nur im Zielsteuerungssystem, sondern auch die Konkretisierung des Gender-Mainstreaming-Ziels selbst. Gender Mainstreaming wird kaum mit beiden Geschlechtern, mit Frauen und Männern, in Verbindung gebracht und man setzt sich auch kaum mit der sozialen Konstruktion von Geschlecht, die eben auch durch das AMS passiert, auseinander. Für das Gleichstellungsziel selbst wird im AMS eine sehr ambitionierte Definition vertreten, die weit über den Wirkungskreis der Arbeitsmarktpolitik hinausgeht. Doch auch dieses Ziel wird nicht von allen Mitgliedern auf allen Ebenen verstanden und mitgetragen.

Da Gleichstellung nicht zu den »klassischen« Funktionen der Arbeitsmarktpolitik zählt, in viele Bereiche hineinwirkt und Aspekte eines übergeordneten, gesellschaftspolitischen Ziels aufweist, ist es besonders anfällig für Zielkonflikte. Solche Konfliktlinien betreffen die Funktionen der Arbeitsmarktpolitik: Wieweit sollen Frauen gegenüber anderen Problemgruppen bevorzugt werden? Oder wieweit soll eine gleichstellungsorientierte Arbeitsmarktpolitik über die Zielsetzung des Abbaus von Arbeitslosigkeit hinausgehen? Dies betrifft aber auch die Institution des AMS als Dienstleistungsbetrieb: Wieweit soll eine Förderung gegen die Interessen der KundInnen durchgesetzt werden?

Die Konflikte beziehen sich also sowohl auf die Verteilung der knappen Ressourcen zwischen unterschiedlichen Zielgruppen und Zielsetzungen als auch auf die schwierige Frage, »was Frauen wollen«. Eine gleichstellungsorientierte Arbeitsmarktpolitik kann nicht das aktuell artikulierte »Wollen« der betroffenen Frauen als zentrale Zielsetzung sehen, sondern es bedarf einer fundierten Zielanalyse, die in der Organisation klar verankert und transparent ist. Doch die Frage, was Gleichstellung in der Arbeitsmarktpolitik sein kann, muss vor dem Hintergrund der begrenzten Ressourcen definiert werden. Aus einem emanzipatorischen Politikverständnis heraus ist die Vorgabe eines substantiellen Ansatzes von Gleichheit und Gerechtigkeit selbstverständlich, doch bei spezifischen Themen wie der Frage der Teilzeit- oder Vollzeitbeschäftigung von Frauen, der Auflösung der Segregation oder der Einbeziehung von Frauen ohne Leistungsbezug bleiben die Zielsetzungen umstritten. Eine Unterscheidung von pragmatischen und strategischen Gleichstellungszielen, wie sie von Lutz und Pimminger (1999) vorgeschlagen wird, kann weiterhelfen, aber die Problematik nicht völlig lösen. Hier kommt das AMS nicht umhin, selbst politische Definitionsarbeit zu leisten.

Als ein wesentlicher Faktor für eine erfolgreiche Umsetzung der Gleichstellungsstrategie erweist sich auch die Zusammenarbeit zwischen Management und Frauenreferentinnen. Die Zusammenführung eines »wertneutralen« Managementansatzes der Geschlechterpolitik und eines durch persönliches Engagement und Gender-Kompetenz getragenen Frauenförderansatzes erzeugt Reibungsflächen, die nicht ohne weiteres gelöst werden können. Die Unterschiede in den unterschiedlichen Vorgangsweisen zwischen Management und Frauenreferentinnen scheinen sich zunächst auf die Organisationsebene zu konzentrieren. Während sich bei einer normativ konstruierten Frauenförderung der moralische Anspruch als hinderlich für die Umsetzung erweist, erscheint Gender Mainstreaming als funktionales Konstrukt beziehungsweise wird als funktionales Konzept vermarktet und kann ja auch gerade deswegen beim Management punkten. Die Gefahr dieser Herangehensweise besteht darin, dass ob dieser Funktionalität der Inhalt völlig abhanden kommt und Gender Mainstreaming sich auf angeordnetes Verwaltungshandeln ohne emanzipatorischen Anspruch reduziert (vgl. Wetterer 2002; Frey 2003). Die damit verbundene Gefahr ist die der Neutralisierung von Hierarchien, von Machtfragen und Machtkonflikten (Bereswill 2004).

Doch letztlich sind Inhalt und Organisationsprinzip schwer zu trennen (vgl. Stiegler 2002; Callenius 2002). Denn mit dem Organisationsprinzip werden feste Strukturen vorgegeben – aber Flexibilität, ein ständiges Hinterfragen des Gegebenen, eine lernende Organisation ist gefragt. Gender Mainstreaming setzt bei allen AkteurInnen die grundsätzliche Fähigkeit und Bereitschaft voraus, diskriminierende Strukturen als solche zu erkennen. Das »Köpfe-Ändern« beim Management ist somit Teil des Konzepts, die Reduktion auf das technokratische Umsetzen eine unzulässige Vereinfachung. Die Frage nach der Verknüpfung mit Inhalten wird auch zur Frage, wie ernst die Managementebene die Implementierung von Gender Mainstreaming nimmt, wie sehr sie bereit ist, sich das erforderliche Wissen anzueignen, Gender-Kompetenz zu erwerben und anzuwenden, und diesbezüglich mit den Frauenreferentinnen zu kooperieren.

Eine kontinuierliche Reflexion und dynamische Anpassung durch Lerneffekte, die Gender Mainstreaming durch wiederholte Situationsbeschreibungen, Problemdefinitionen etc. vorsieht, kann durch die Logiken der Institutionalisierungsprozesse konterkariert werden. Denn diese sind auf Standardisierung und generalisierende Routineabläufe angelegt (Gildemeister/Robert 2003). Die Verankerung von Gleichstellungszielen im Steuerungssystem des AMS beinhaltet auch eine Tendenz zur Beharrlichkeit, ein Festhalten an Gegebenem, macht Veränderungen schwieriger. Sie macht aber auch die Frauenreferentinnen zu Agentinnen dieses Systems. Sie gestalten das System mit. Damit wird für sie die Kritik an der Gleichstellungspolitik der Organisation schwieriger, kritisieren sie sich doch damit ein Stück weit selbst. Um eine suboptimale Nutzung der Gender-Mainstreaming-Strategie zu vermeiden, ist sowohl auf Seiten des Management mehr Gender-Kompetenz wie auch auf Seiten der Frauenreferentinnen mehr Gender-Mainstreaming-Kompetenz notwendig. Gender-Wissen, Gender-Mainstreaming-*Know-How*, Sensibilisierung und Gender-Trainings spielen für den Gender-Mainstreaming-Prozess eine zentrale Rolle, um immer wieder reflexiv eingreifen zu können. Die Fragen stehen in Verbindung mit der Teilung in eine prozessorientierte und inhaltsorientierte Interpretation von Gender Mainstreaming. Diese Unterscheidung ist zwar sinnvoll, um die Implementierung von Gender Mainstreaming zu verstehen, muss aber in der praktischen Umsetzung aufgehoben werden.

*Übersicht 15 Dimensionen des Gender Mainstreaming Prozess*

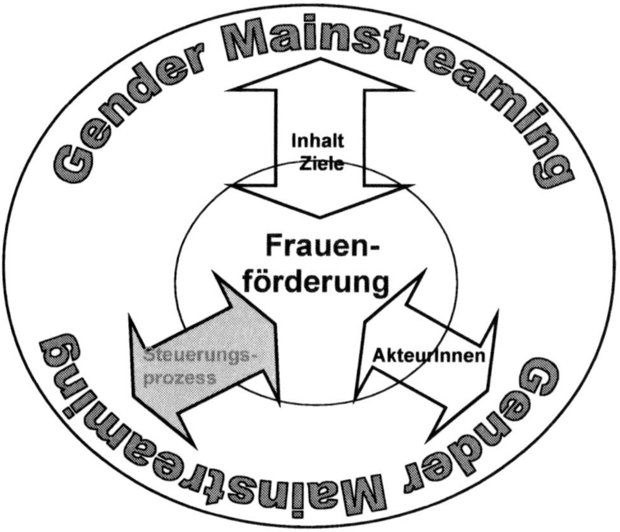


Entsprechend der für die empirische Untersuchung vorgestellten Grafik (vgl. Übersicht 8) kann der Umsetzungsstand von Gender Mainstreaming im AMS damit zusammengefasst werden, dass Gender Mainstreaming zwar in den Steuerungsprozessen weitgehend verankert ist, aber sowohl hinsichtlich seiner Zielsetzungen als auch hinsichtlich der damit befassten AkteurInnen hinter den Erwartungen zurückbleibt. Die gegebene Kombination der Weichenstellungen auf Steuerungs-, Ziel- und AkteurInnen-Ebene führt dazu, dass nicht eindeutig eine Richtung hin zu einer Gender-Mainstreaming-Strategie eingeschlagen wird, sondern dies eher zu einer Verstärkung der Frauenförderung führt. Der Prozess geht nicht eindeutig Richtung Gender Mainstreaming, sondern auch wieder zu Frauenförderung zurück, indem diese intensiviert wird (vgl. Übersicht 15).

Setzt Umsetzungsstrategien der beiden untersuchten Bundesländer Steiermark und Wien in Vergleich, so werden dennoch zwei unterschiedliche Varianten der Implementierung von Gender Mainstreaming sichtbar:

Die LGS Steiermark nimmt bei der Umsetzung der Gender-Mainstreaming-Strategie eine Art Vorreiterrolle ein. Dies ist wohl primär auf das koordinierte Zusammenspiel zwischen Frauenreferentin und LGS-Leitung zurückzuführen. Die LGS-Frauenreferentin hat den Gender-Mainstreaming-Ansatz für sich und die Institution analyseorientiert aufgearbeitet. Durch Unterstützung der LGS-Leitung wurde dies ermöglicht, indem einerseits Gender Mainstreaming vom Top mitgetragen und »angeordnet« wird, zum anderen Ressourcen zur Verfügung gestellt werden, um Gender Mainstreaming zu implementieren.

Etwas anders ist der Implementierungsprozess in Wien erfolgt. Zum einen hat es in Wien zunächst eine Verdoppelung der Funktionen gegeben, indem Gender Mainstreaming nicht von der Frauenreferentin mitbearbeitet wurde, sondern eine andere Person dafür zuständig war. Zum anderen ist man in Wien aber auch bewusst langsamer an die Strategie herangegangen und hat sich weniger auf den technokratischen Prozess verlassen; der notwendigen Veränderung im Bewusstsein der AkteurInnen wird Zeit eingeräumt. Inzwischen wurde ein Konzept zur Umsetzung von Gender Mainstreaming für die Geschäftsführung ausgearbeitet und werden Schulungen für Führungskräfte gemacht. Aber immer mit dem Problem der Konkurrenz mit anderen Zielsetzungen, durch die zu wenig Ressourcen bleiben.

Diese regionalen Unterschiede zeigen zweierlei sehr deutlich: Erstens ist Gender Mainstreaming keinesfalls eine »selbsterklärende« Strategie, die einfach *Top-Down* vom Management umgesetzt werden kann. Sie zeigen zweitens aber auch, dass von Seiten engagierter FrauenförderInnen (hier insbesondere der Frauenreferentinnen auf LGS-Ebene) Einfluss- und Gestaltungsmöglichkeiten auf die Implementierung von Gender Mainstreaming bestehen.

So kann im AMS keineswegs von einer Transformation der Politik gesprochen werden, durch die in allen Ebenen und Entscheidungen von allen AkteurInnen eine Gender-Perspektive eingenommen wird. Dies liegt zum einen daran, dass Gender Mainstreaming (noch) nicht auf alle Ebenen durchgesickert ist, die Widerstände und das Unverständnis, was Gender Mainstreaming bedeuten soll, in den RGS stärker gegeben ist als in den untersuchten Abteilungen der BGS. Zum anderen liegt es aber auch an persönlichen Widerständen und Eigenlogik sozialer Prozesse, durch die Geschlecht die Sozialstruktur bestimmt, obwohl ungleiche Behandlung nicht mehr als legitim gilt. *Doing Gender*-Prozesse, die die Benachteiligungen von Frauen in der Arbeitsmarktpolitik (mit)verursachen, bleiben bestehen.

Gender Mainstreaming führt im AMS zu keiner Verdrängung der Frauenförderung, im Gegenteil, Gender Mainstreaming verstärkt Frauenförderung. Sauer (2004) spricht bei der Untersuchung der Gender Mainstreaming Praxis in österreichischen Ministerien von einer »erfolgreich gescheiterten« Einführung von Gender Mainstreaming: Bisherige Frauenpolitik wird unter neuem Namen weitergeführt, frauenpolitische Maßnahmen zu Gender Mainstreaming Maßnahmen re-deklariert. Diese Beurteilung scheint für das AMS unangemessen, auch wenn im Fallbeispiel AMS die Implementation von Gender Mainstreaming kaum zu neuen Zielsetzungen und einer Integration aller AkteurInnen bei der Gleichstellungspolitik geführt hat, sondern ebenfalls Frauenförderung verstärkt hat. Aber Gender Mainstreaming hat dazu beigetragen, dass Gleichstellung für alle zum Thema wird und als Thema in der Organisations- und Steuerungslogik integriert ist. Auch wenn dies Bedingungen sind, die in der Geschichte der Gleichstellungspolitik mit neuen Hoffnungen für eine Gleichstellung der Geschlechter verbunden sind, bleibt sein Potential ungenützt. Und es bleibt offen, inwieweit der Prozess der Implementierung der Strategie damit bereits in eine Richtung festgelegt ist, die diese suboptimale Nutzung von Gender Mainstreaming zementiert oder Verbesserungen beispielsweise durch die Ausweitung der Zielgruppen für Sensibilisierungs- und Trainingsmaßnahmen zu erwarten sind.

Trotz der festgestellten Barrieren und suboptimalen Umsetzung von Gender Mainstreaming gilt das AMS sowohl für Organisationen im nationalen Kontext als auch für arbeitsmarktpolitische Institutionen im Ausland als Vorreiter einer effektiveren Gleichstellungspolitik, und dies soll hier nochmals betont werden. Die Schwierigkeiten bei der Umsetzung sind weniger auf die konkrete Ausgestaltung im AMS zurückzuführen, sondern scheinen im theoretischen Konzept selbst zu liegen. Denn Gender Mainstreaming ist ein Konzept, das primär die Prozesse der Gleichstellungspolitik verändert, indem Gleichstellung in der Verantwortung der Leitung in die politischen Entscheidungen und alltäglichen Arbeitsroutinen integriert werden soll. Die damit angestrebten Zielsetzungen und Veränderungen sind nach wie vor (Um-)Verteilungsziele zwischen Frauen und Männern und damit Verhandlungssache zwischen ungleichen Interessenslagen.

# Literatur

Acker, Joan (1990), »Hierarchies, Jobs, Bodies. A Theory of gendered Organizations«, in: *Gender & Society*, 4, 2, 139–158.

Ahrens, Petra/Kletzing, Uta/Kühl, Jutta (2004), »Instrumente von Gender Mainstreaming in der Verwaltungspraxis«, in: Meuser, Michael/Neusüß, Claudia (Hg.), *Gender Mainstreaming. Konzepte, Handlungsfelder, Instrumente*, Bonn/Berlin, 306–320.

Anker, Richard (1998), *Gender and Jobs. Sex segregation of occupations in the world*, Geneva.

Arbeitsmarktservice (2003 u. a), *Geschäftsberichte 1995 bis 2003*, Wien.

Arrow, Kenneth J. (1985), »The Economics of Agency«, in: Pratt, John W./Zeckenhauser, Richard J. (Hg.), *Principal and Agent*, Boston, 37–54.

Auer, Peter (2002), »Institutionelle und politische Voraussetzungen für Arbeitsmarkterfolge in Europa«, in: *WISO*, 25, 1, 13–43.

Beck-Gernsheim, Elisabeth (1981), *Der geschlechtsspezifische Arbeitsmarkt. Zur Ideolgoie und Realität von Frauenberufen*, 2. Aufl., Frankfurt a. M./New York.

Behning, Ute/Serrano Pascual, Amparo (2001), *Gender Mainstreaming in the European Employment Strategy*, Brüssel.

Beigewum (2002), *Frauen macht Budgets. Staatsfinanzen aus der Geschlechterperspektive.* Wien.

Bendl, Regine (2006), »Gender Theory Goes Business – Geschlechtertheorien als Ausgangspunkt zur Umsetzung von Gender Mainstreaming in verschiedenen Organisationskulturen«, in: Gubitzer, Luise/Schunter-Kleemann, Susanne (Hg.), *Gender Mainstreaming – Durchbruch der Frauenpolitik oder deren Ende?*, Frankfurt a. M., 69–104.

Benschop, Yvonne/Dorrewaard, Hans (1998), »Covered by Equality: The Gender Subtext of Organizations«, in: *Organziation Studies* 19, 5, 787–806.

Bereswill, Mechthild (2004), »Gender als neue Humanressource? Gender Mainstreaming und Geschlechterdemokratie zwischen Ökonomisierung und Gesellschaftskritik«, in: Meuser, Michael/Neusüß, Claudia (Hg.), *Gender Mainstreaming. Konzepte, Handlungsfelder, Instrumente*, Bonn/Berlin, 52–70.

Bergmann, Nadja/Pimminger, Irene (2004), *Praxishandbuch Gender Mainstreaming. Konzept, Umsetzung, Erfahrung*, Wien.

— (2001), *Die Toolbox für Gender Mainstreaming im ESF*, Wien.

Berthold, Norbert/Fehn, Rainer (1997), »Aktive Arbeitsmarktpolitik – wirksames Instrument der Beschäftigungspolitik oder politische Beruhigungspille?«, in: *Ordo. Jahrbuch für die Ordnung von Wirtschaft und Gesellschaft*, Bd. 48, Stuttgart, 411–435.

Biffl, Gudrun (1994), *Theorie und Empirie des Arbeitsmarktes am Beispiel Österreich*, Wien.

Bundesministerium für Wirtschaft und Arbeit (2001), *Zielvorgaben des Bundesministers für Wirtschaft und Arbeit zur Durchführung der Arbeitsmarktpolitik an das Arbeitsmarktservice*, Wien.

— (2000), *Ziel 3 Österreich 2000–2006. Ergänzungen zur Programmplanung*, Wien.

Bundesministerium für Umwelt, Jugend und Familie (1999), *Österreichischer Familienbericht*, Wien.

Bogner, Alexander/Littig, Beate/Menz, Wolfgang (Hg.) (2005), *Das Experteninterview. Theorie, Methode, Anwendung*, 2. Aufl., Wiesbaden.

Böheim, René/Hofer, Helmut/Zulehner, Christine (2002), »Lohnunterschiede zwischen Frauen und Männern in Österreich, Ein Vergleich zwischen 1983 und 1997«, in: *Kurswechsel* 1/2002, 50–56.

Bothfeld, Silke/Gronbach, Sigrid/Riedmüller, Barbara (Hg.) (2002), *Gender Mainstreaming – eine Innovation in der Gleichstellungspolitik. Zwischenberichte aus der politischen Praxis*, Frankfurt a. M./New York.

Buber, Isabella (2001), »Einflussfaktoren auf die Geburt eines ersten Kindes in Österreich. Bildungsspezifische Muster und ›Aufholeffekte‹«, in: *Demographische Informationen*, Institut für Demographie der Österreichischen Akademie der Wissenschaften, Wien, 30–38.

Callenius, Carolin (2002), »Wenn Frauenpolitik salonfähig wird verblasst die lila Farbe. Erfahrungen mit gender mainstreaming im Bereich internationaler Politik«, in: Bothfeld, Silke u. a. (Hg.), *Gender mainstreaming – eine Innovation in der Gleichsdtellungspolitik. Zwischenberichte aus der politischen Praxis*, Frankfurt a. M./New York, 63–80.

Calmfors, Lars (1994), »Active Labour Market Policy and Unemployment – A Framework for the Analysis of Crucial Design Features«, in: *OECD Economic Studies*, Nr. 22, Paris.

Cockburn, Cynthia (1991), *In the Way of Women. Men's Resistance to Sex Equality in Organizations*, London.

Cyba, Eva (1998), »Geschlechtsspezifische Arbeitsmarktsegregation: Von den Theorien des Arbeitsmarktes zur Analyse sozialer Ungleichheiten am Arbeitsmarkt«, in: Geissler, Birgit/Maier, Friederike/Pfau-Effinger, Birgit (Hg.), *FrauenArbeitsMarkt. Beitrag der Frauenforschung zur sozio-ökonomischen Theorieentwicklung*, Berlin, 37–61.

Dann, Otto (1979), »Gleichheit«, in: Brunner, Otto (Hg.), *Geschichtliche Grundbegriffe. Historisches Lexikon zur politisch-sozialen Sprache in Deutschland,* Bd. 2, Stuttgart, 997–1046.

De La Porte, Caroline/Pochet, Philippe/Room, Graham J. (2001), »Social benchmarking, policy making and new governance in the EU«, in: *Journal of European Social Policy*, 11, 291–307.

EGGE – EC's Expert Group on Gender and Employment (2002), *Indicators on Gender Equality in the European Employment Strategy*, Manchester.

Ehrenberg, Ronald G./Smith, Robert S. (2006), *Modern Labor Economics*, 9. Aufl., Boston u. a.

Engelbrech, Gerhard (1994), »Die Wiedereingliederung von Frauen im Konflikt zwischen Humankapitaltheorie und vorsorglicher betrieblicher Personalpolitik«, in: Beckmann, Petra/Engelbrech, Gerhard (Hg.), *Arbeitsmarkt für Frauen 2000 – Ein Schritt vor oder ein Schritt zurück?*, Nürnberg, 852–875.

England, Paula (1992), *Comparable worth. Theories and evidence*, New York.

Enzenhofer, Edith/Kaupa, Isabella (2002), *Evaluierung der Maßnahme karenz plus des abzwien*, AMS-info 48, Wien.

Europäische Gemeinschaft (2000), *Einbeziehung der Chancengleichheit von Frauen und Männern in die Strukturfondsmaßnahmen. Technisches Papier 3. Der neue Programmplanungszeitraum 2000–2006, Brüssel*

— (1999), *Mitteilung der Kommission über die Strukturfonds und ihre Konsolidierung mit dem Kohäsionsfond. Leitlinien für die Programme des Zeitraums 2000–2006*, Amtsblatt der Europäischen Gemeinschaft 1999/C 267/02. Brüssel.

Europäische Kommission (2005 u. a.) *Beschäftigungsobservatorium 1996 bis 2003*, Birmingham.

Fasching, Melitta (1999), »Daten der Arbeitskräfteerhebung 1998 zur Arbeitslosigkeit, Vergleich Mikrozensus – AMS Statistik«, in: *Statistische Nachrichten*, 8/1999, 653–664.

Fay, Robert G. (1996), »Enhancing the Effectiveness of Active Labour Market Policies: Evidence from Programme Evaluations in OECD Countries«, in: *Labour Market and Social Policy Occasional Papers Nr. 18*, Paris.

Felderer, Bernhard/Homburg, Stefan (2003), *Makroökonomik und Neue Makroökonomik*, 8. Aufl., Berlin u. a.

Flick, Uwe (1996), *Qualitative Forschung. Theorie, Methoden, Anwendung in Psychologie und Sozialwissenschaften*, Reinbek bei Hamburg.

Fraser, Nancy (2001), *Die halbierte Gerechtigkeit. Schlüsselbegriffe des postindustriellen Sozialstaats*, Frankfurt a. M.

— (1994), »Die Gleichheit der Geschlechter und das Wohlfahrtssystem: Ein postindustrielles Gedankenexperiment«, in: Honneth, Anne (Hg.), *Pathologien des Sozialen*, Frankfurt a. M., 351–376.

Frey, Regina (2003), *Gender im Mainstreaming. Geschlechtertheorie und -praxis im internationalen Vergleich*, Frankfurt a. M.

Gerhard, Ute (2000), »Die Töchter der Emanzipation: das Generationenproblem in der Frauenbewegung«, in: Becker, Sybille u. a. (Hg.), *Das Geschlecht der Zukunft*, Stuttgart, 15–28.

Gildemeister, Regine/Wetterer, Angelika (1992), »Wie Geschlechter gemacht werden. Die soziale Konstruktion der Zweigeschlechtlichkeit und ihre Reifizierung in der Frauenforschung«, in: Knapp, Gudrun-Axeli/Wetterer, Angelika (Hg.), *Traditionen Brüche*, Freiburg, 201–254.

Gildemeister, Regine/Robert, Günther (2003), »Politik und Geschlecht. Programmatische Gleichheit und die Praxis der Differenzierung«, in: *Soziale Welt*, Sonderband 14, 217–239.

Gildemeister, Regine (2004), »Doing Gender: Soziale Praktiken der Geschlechterunterscheidung«, in: Becker, Ruth/Kortendiek, Beate (Hg.), *Handbuch Frauen- und Geschlechterforschung*, Wiesbaden, 132–140.

Goldberg, Christine (2002): »Globalisierung, Karrieren und Familien – wo bleiben da die Frauen? «, in: Goldberg, Christine/Rosenberger, Sieglinde K. (Hg.) (2002), *KarierreFrauenKonkurrenz*, Wien u. a., 41–56.

Goldberg, Christine/Rosenberger, Sieglinde K. (Hg.) (2002), *KarierreFrauenKonkurrenz*, Wien u. a.

Görgens, Egon (1996), »Aktive Arbeitsmarktpolitik«, in: *WiSt*, Heft 4, April 1996, 175–180.

Gottschall, Karin/Pfau-Effinger, Birgit (Hg.) (2002), *Zukunft der Arbeit und Geschlecht. Diskurse, Entwicklungspfade und Reformoptionen im internationalen Vergleich*, Opladen.

Gottschall, Karin (1998), »Doing Gender while Doing Work? Erkenntnispotentiale konstruktivistischer Perspektiven für eine Analyse des Zusammenhangs von Arbeitsmarkt, Beruf und Geschlecht«, in: Geissler, Birgit/Maier, Friederike/Pfau-Effinger, Birgit (Hg.), *FrauenArbeitsMarkt. Beitrag der Frauenforschung zur sozio-ökonomischen Theorieentwicklung*, Berlin, 63–94.

— (1986), »Frauen und Arbeitsmarktpolitik: Zur Teilhabe erwerbsloser Frauen an Arbeitsbeschaffungsmaßnahmen«, in: Rudolph, Hedwig u. a. (Hg.), *Ungeschützte Arbeitsverhältnisse. Frauen zwischen Risiko und neuer Lebensqualität*, Hamburg.

Greve, Bert (2000), »Aktive Arbeitsmarktpolitik in Dänemark – Realität oder Rhetorik? «, in: *WSI-Mitteilungen*, 5/2000, 322–329.

Grießler, Erich/Leitner, Andrea/Leuthold, Margit/Littig, Beate/Pladerer, Christia/Prenner, Peter/Roiser-Bezan, Gina (2001), *Evaluierung der arbeitsmarktpolitischen Maßnahme Reparatur- und Service-Zentrum R.U.S.Z.*, IHS-Projektbericht, Wien.

Gregorisch, Petra/Kalmár, Monika/Wagner-Pinter, Michael (2002), *Zunehmende Einkommensungleichheit zwischen Frauen und Männern*, Projektbericht des BMWA, Bd. 3, Wien.

Hedmann, Brigitta/Perucci, Francesca/Sundström, Pehr (1996), *Engendering Statistics. A Tool for Change*, Statistics Sweden, Stockholm.

Heintz, Bettina/Nadai, Eva/Fischer, Regula/Ummel, Hannes (1997), *Ungleich unter Gleichen. Studien zur geschlechtsspezifischen Segregation des Arbeitsmarktes*, Frankfurt a. M./New York.

Helming, Elisabeth (2002), »Das Konzept des Gender Mainstreaming und Informationen aus dem DJI-Projekt ›Gender Mainstreaming in der Kinder- und Jugendhilfe‹«, in: *DJI, Dokumentation der Tagung ›Gender Mainstreaming in der Kinder- und Jugendhilfe‹ in Bonn am 11. September 2003*, 3–18.

Henninger, Annette (2000), *Frauenförderung in der Arbeitsmarktpolitik. Feministische Rückzugsgefechte oder Zukunftskonzept?*, Opladen.

Hirschauer, Stefan (1994), »Die soziale Fortpflanzung der Zweigeschlechtlichkeit«, in: *Kölner Zeitschrift für Soziologie und Sozialpsychologie,* 46/4, 668–692.

Hofbauer, Johanna (2004), »Distinktion – Bewegung an betrieblichen Geschlechtergrenzen«, in: Pasero, Ursula/Priddat, Birger (Hg.), *Organisationen und Netzwerke. Der Fall Gender,* Wiesbaden, 45–64.

— (2002), »Kontinuität und Wandel in betrieblichen Geschlechterbeziehungen an Beispielen der Mobilitäts- und Zeitkonkurrenz im Management«, in: Goldberg, Christine/Rosenberger, Sieglinde K. (Hg.), *KarriereFrauenKonkurrenz,* Innsbruck u. a., 44–66.

Hofer, Helmut/Leitner, Andrea/Schuh, Ulrich/Wroblewski, Angela (2005), *Frauen am Arbeitsmarkt. Entwicklung der Arbeitslosigkeit im Jahr 2004,* IHS-Projektbericht, Wien.

Holland-Cunz, Barbara (2001), »Probleme des Erfolgs – Überlegungen zu den ambivalenten Anforderungen institutioneller feministischer Theorie und Politik«, in: Batisweiler, Claudia u. a. (Hg.), *Geschlechterpolitik an Hochschulen. Perspektivenwechsel,* Opladen, 45–56.

Holzman-Jenkins, Andrea (1998), *Evaluation der arbeitsmarktpolischen Maßnahme Homeservice in Wien,* Projektbericht der Sozialökonomischen Forschungsstelle, Wien.

Huber, Peter (2001), *Territorial Employment Pacts in Austria. Paper for an expert network,* Wien.

Huschke, Jenny (2002), *Gender Mainstreaming. Eine neue frauenpolitische Initiative der EU oder nur ein weiteres Schlagwort? Ein aktueller Diskussionsbeitrag,* Osnabrück.

Jarosch, Monika (2001), *Frauenquoten in Österreich,* Innsbruck.

Jochmann-Döll, Andrea (2002), *Organisationsentwicklung und Gender Mainstreaming,* DJI, Dokumentation der Tagung ›Gender Mainstreaming in der Kinder- und Jugendhilfe‹ in Bonn am 11. September 2003, München, 19–29.

Kanter, Rosabeth Moss (1977), *Men and Women of the Corporation,* New York.

Kapeller, Doris/Kreimer, Margareta/Leitner, Andrea (1999), *Hemmnisse der Frauenerwerbstätigkeit,* Forschungsberichte aus Sozial- und Arbeitsmarktpolitik Nr. 62, Wien.

Keller, Bernd (2001), *Europäische Arbeits- und Sozialpolitik,* München/Wien.

— (1993), *Einführung in die Arbeitspolitik. Arbeitsbeziehungen und Arbeitsmarkt aus sozialwissenschaftlicher Perspektive,* München/Wien.

Kirner, Ellen/Schulz, Erika (1992), »Das ›Drei-Phasen-Modell‹ der Erwerbsbeteiligung von Frauen – Begründung, Norm und empirische Relevanz«, in: *DIW-Sonderheft 148*, 17–55.

Klinger, Cornelia (2001), »Gleichheit und Differenz. Von alten Sackgassen und neuen Wegen«, in: *juridikum,* 3/01, 108–111.

Knapp, Ulla/Weg, Marianne (1995), *Arbeit teilen – schaffen – neugestalten. Frauen-BeschäftigungsProgramm,* Pfaffenweiler.

Knapp, Ulla (1997), »Differenz und Dekonstruktion. Anmerkungen zum ›Paradigmenwechsel‹ in der Frauenforschung«, in: Hradil, Stefan (Hg.), *Differenz und Integration. Die Zukunft moderner Gesellschaften. Verhandlungen des 28. Kongresses der Deutschen Gesellschaft für Soziologie,* Dresden u. a.

Konle-Seidl, Regina (2005), *Lessons learned. Internationale Evaluierungsergebnisse zu Wirkungen aktiver und aktivierender Arbeitsmarktpolitik,* IAB-Forschungsbericht, Nr. 9/2005, Nürnberg.

Kreimer, Margareta/Leitner, Andrea (2002a), »Jenseits von Gleichheit – Fragestellungen einer chancengleichheitsorientierten Arbeitsmarktpolitik aus feministisch ökonomischer Perspektive«, in: *Kurswechsek,* 1/2002, 66–76.

— (2002b), »Zwischen Wahlfreiheit und Problemdruck – Gründe für die Nichterwerbstätigkeit von Frauen«, in: *Österreichische Zeitschrift für Soziologie,* 1/2002, 3–27.

Kreimer, Margareta (2005), *Ökonomie und Geschlechterdifferenz. Zur Robustheit disfunktionaler Diskriminierungsmechanismen,* Habilitation an der Karl-Franzens-Universität Graz.

— (1999), *Arbeitsteilung als Diskriminierungsmechanismus. Theorie und Empirie geschlechtsspezifischer Arbeitsmarktsegregation,* Frankfurt a. M.

Kubin, Ingrid/Rosner, Peter (1997), »Arbeitsmarktpolitik: Theoretische Grundlagen und österreichische Institutionen«, in: Nowotny, Ewald/Winckler, Georg (Hg.), *Grundzüge der Wirtschaftspolitik Österreichs,* 2. Aufl., Wien, 88–126.

Kuhn, Annette (2001), »Gendering the mainstream«, in: *Forum Wissenschaft,* 2/2001, 29–33.

Lassnigg, Lorenz/Leitner, Andrea/Steiner, Peter/Wroblewski, Angela (1999), *Unterstützung beim Wiedereinstieg. Möglichkeiten und Wirkungen frauenspezifischer Maßnahmen,* AMS report 10, Wien.

Lassnigg, Lorenz/Leitner, Andrea/Wroblewski, Angela/Steiner, Mario/Steiner, Peter/Mayer, Kurt/Schmid, Günther/Schömann, Klaus (2000a), *Evaluationsschema für Maßnahmen der aktiven Arbeitsmarktpolitik in Wien,* IHS-Projektbericht, Wien.

Layard, Richard/Nickell, Stephen/Jackman, Richard (2005), *Unemployment. Macroeconomic Performance and the Labour Market,* 2. Aufl. Oxford.

Leitner, Andrea (2005), *Gender als Mainstream – Doing Gender in Theorie und politischer Praxis,* IHS Reihe Soziologie, Nr. 70, Wien.

— (2004a), »Frauen – Gewinnerinnen oder Verliererinnen der Beschäftigungsintegration«, in: Zilian, Hans G. (Hg.) (2004), *Insider und Outsider,* München und Mering, 90–104.

— (2004b), »Gender Mainstreaming als erfolgreiche Strategie für Einkommensgleichheit von Frauen und Männern?«, in: Heitzmann, Karin/Schmidt, Angelika (Hg.) (2004), *Wege aus der Frauenarmut,* Frankfurt a. M., 35–58.

— 2003), »Overcoming barriers to equal pay in Austria: ambivalent experiences with gender mainstreaming«, in: Magnusson, Lars u. a. (Hg.) (2003), *Equal pay and gender mainstreaming in the European Employment Strategy,* Brüssel, 279–309.

— (2001a), »The case of Austria«, in: Behning, Ute/Serrano Pascual, Amparo (Hg.), *Gender mainstreaming in the European Employment Strategy,* Brüssel, 157–182.

— (2001b), »Frauenberufe – Männerberufe: Zur Persistenz geschlechtshierarchischer Arbeitsmärkte«, in: *IHS Reihe Soziologie,* Nr. 47, Wien.

Leitner, Andrea/Wroblewski, Angela (2005a): »Soziale Mobilität – Haben sich die Aufstiegschancen von Frauen und Männern in Österreich gleichermaßen verbessert?«, in: Schulz. Wolfgang u. a. (Hg), *Österreich zur Jahrhundertwende. Gesellschaftliche Werthaltungen und Lebensqualität 1986–2004*, Wiesbaden, 117–149.

— (2005b), »Zwischen Wissenschaftlichkeitsstandards und Effizienzansprüchen. ExpertInneninterviews in der Praxis der Arbeitsmarktevaluation«, in: Bogner, Alexander/Littig, Beate/Menz, Wolfgang (Hg.), *Das Experteninterview. Theorie, Methode, Anwendung,* 2. Auflage, Wiesbaden, 241–256.

— (2005c), »SP5 Gender Mainstreaming und Frauenförderung«, in: Lutz, Hedwig u. a. (Hg.), *Begleitung und Bewertung des Europäischen Sozialfonds Ziel–3 Österreich 2000–2006 und der österreichischen Arbeitsmarktförderung, Aktualisierte Halbzeitbewertung,* WIFO-Projektbericht, Wien.

— (2003), »SP5 Gender Mainstreaming und Frauenförderung«, in: Lutz, Hedwig u. a. (Hg.), *Begleitung und Bewertung des Europäischen Sozialfonds Ziel–3 Österreich 2000–2006 und der österreichischen Arbeitsmarktförderung, Halbzeitbewertung,* WIFO-Projektbericht, Wien.

— (2001), *Aktive Arbeitsmarktpolitik im Brennpunkt V: Chancen für Wiedereinsteigerinnen mit längeren Berufsunterbrechungen*, AMS report 26, Wien.

— (2000a), *Chancengleichheit und Gender Mainstreaming. Ergebnisse der begleitenden Evaluierung des NAP,* IHS Reihe Soziologie, Nr. 41, Wien.

— (2000b), »Frauen als Zielgruppe in der Arbeitsmarktpolitik«, in: *Wirtschaft und Gesellschaft,* 26, 2, 119–214.

— (2000c), *Evaluation der stiftungsähnlichen Maßnahme ›WiederIn‹*, IHS-Projektbericht, Wien.

Leitner, Andrea/Wroblewski, Angela/Hofer, Helmut/Mahringer, Helmut/Prenner, Peter/Schuh, Andreas (2003), *Evaluation der arbeitsmarktpolitischen Maßnahmen des Territorialen Beschäftigungspaktes Wien für 1999,* AMS-report 36, Wien.

Lewis, Jane/Ostner, Ilona (1994), *Gender and the Evolution of European Social Policy,* Working Paper 4 of the Centre for Social Policy Research, Universität Bremen.

Littig, Beate (2005), »Interviews mit Experten und Expertinnen. Überlegungen aus geschlechtertheoretischer Sicht«, in: Bogner, Alexander/Littig, Beate/Menz,

Wolfgang (Hg.), *Das Experteninterview. Theorie, Methode, Anwendung*, 2. Aufl., Wiesbaden, 191–206.

Lutz, Hedwig (2004), *Wiedereinstieg und Beschäftigung von Frauen mit Kleinkindern: ein Vergleich der bisherigen Karenzregelung mit der Übergangsregelung zum Kinderbetreuungsgeld,* WIFO-Projektbericht, Wien.

— (2003), »Auswirkungen der Kindergeldregelung auf die Beschäftigung von Frauen mit Kleinkindern«, in: *Wifo-Monatsberichte,* 3/2003, 213–227.

Lutz, Hedwig/Mahringer, Helmut/Pöschl, Andrea (2005), *Evaluierung der österreichischen Arbeitsmarktförderung 2000–2003, Vorläufiger Endbericht,* WIFO-Projektbericht, Wien.

Lutz, Hedwig/Mahringer, Helmut/Pöschl, Andrea. a. (2005), *Evaluierung europäischer Sozialfonds 2000–2006 Ziel 3 Österreich, Aktualisierung der Halbzeitbewertung,* WIFO-Projektbericht, Wien.

Lutz, Hedwig/Mahringer, Helmut/Pöschl, Andrea u. a. (2003), *Evaluierung europäischer Sozialfonds 2000–2006 Ziel 3 Österreich, Halbzeitbewertung,* WIFO-Projektbericht, Wien.

Lutz, Hedwig/Pimminger, Irene (1999), »Chancengleichheit für Frauen und Männern in den Maßnahmen für Arbeitslose«, in: BMAGS (Hg.), *Die Umsetzung des arbeitsmarktpolitischen Zieles im Europäischen Sozialfonds in Österreich,* Wien.

Magnusson, Lars/Mosesdottir, Lilja/Serrano Pascual, Amparo (Hg.) (2003), *Equal pay and gender mainstreaming in the European employment strategy,* Brussels.

Mahringer, Helmut (2005), *Essays on Child Care Costs and Mothers' Employment Rates and on Trends in Job Stability*, Dissertation an der Johannes Keppler-Universität Linz.

— (2003), »Arbeitsmarkt 2002«, in: *WIFO Monatsberichte,* 4/2003, 293–301.

Maier, Friederike (2002), »Gibt es eine frauenpolitische Wende durch die europäische Beschäftigungsstrategie?«, in: Bothfeld, Silke/Gronbach, Siegrid/Riedmüller, Barbara (Hg.), *Gender Mainstreaming – eine Innovation in der Gleichstellungspolitik,* Frankfurt a. M./New York.

— (1998a), »Konvergenz oder Divergenz. Zur Entwicklung der Frauenerwerbstätigkeit in der Europäischen Union«, in: Regenhard, Ulla (Hg.), *Die männliche Wirtschaft. Geschlechtertrennung und Konzepte der Frauenintegration,* Berlin, 19–43.

— (1998b), »Ökonomische Arbeitsmarktforschung und Frauenerwerbstätigkeit – Versuch einer kritischen Bilanz«, in: Geissler, Birgit/Maier, Friederike/Birgit Pfau-Effinger (Hg.), *FrauenArbeitsMarkt. Der Beitrag der Frauenforschung zur sozioökonomischen Theorieentwicklung,* Berlin, 17–35.

Mairhuber, Ingrid (2000), *Die Regulierung des Geschlechterverhältnisses im Sozialstaat Österreich. Traditionen, Wandel und feministische Umbauoptionen,* Frankfurt a. M.

Martin, John P./Grubb, David (2001), *What works and for whom: a review of OECD countries' experience with active labour market policies,* OECD Working Paper, 2001/14, Paris.

Martin, John P. (1998), *What works among Active Labour Market Policies: Evidence from OECD Countries' Experiences*, Labour Market and Social Policy Occasional Papers, Nr. 35, Paris.

Meuser, Michael/Nagel, Ulrike (2005a), »ExpertInneninterviews – vielfach erprobt, wenig bedacht. Ein Beitrag zur qualitativen Methodendiskussion«, in: Bogner, Alexander/Littig, Beate/Menz, Wolfgang (Hg.), *Das Experteninterview. Theorie, Methode, Anwendung*, 2. Aufl., Opladen, 71–93.

— (2005b), »Vom Nutzen der Expertise. ExpertInneninterviews in der Sozialberichterstattung«, in: Bogner, Alexander/Littig, Beate/Menz, Wolfgang (Hg.), *Das Experteninterview. Theorie, Methode, Anwendung*, 2. Aufl.,Wiesbaden, 257–272.

Meuser, Michael (2004a), *Geschlecht und Arbeitswelt – Doing Gender in Organisationen*, Vortrag bei dem vom DJI-Projekt am 29.4.04 in Halle veranstalteten Workshop ›Gender Mainstreaming in der Organisationskultur‹.

— (2004b), »Gender Mainstreaming: Festschreibung oder Auflösung der Geschlechterdifferenz? Vom Verhältnis von Geschlechterforschung und Geschlechterpolitik«, in: Meuser, Michael/Neusüß, Claudia (Hg.), *Gender Mainstremaing. Konzepte, Handlungsfelder, Instrumente*, Bonn/Berlin, 322–336.

— (1989), *Gleichstellung auf dem Prüfstand. Frauenförderung in der Verwaltungspraxis*, Pfaffenweiler.

Meuser, Michael/Neusüß, Claudia (Hg.), *Gender Mainstremaing. Konzepte, Handlungsfelder, Instrumente*, Bonn/Berlin 2004.

Myers, Kristen A./Anderson, Cynthisa D./Risman, Barbara J. (Hg.) (1998), *Feminist Foundations, Towards Transforming Sociology*, Thousand Oaks u. a.

Müller, Petra/Kurtz, Beate (2004), »Gender Mainstreaming als ›roter Faden‹ der aktiven Arbeitsförderung durch die Bundesagentur für Arbeit?«, in: *Zeitschrift für Evaluation*, 2/2004, 265–296.

— (2002), »Aktive Arbeitsmarktpolitik und Gender Mainstreaming: Strukturen von Teilnahme und Verbleib bei ausgewählten Instrumenten der Bundesanstalt für Arbeit«, in: Gerhard Engelbrech (Hg.), *Arbeitsmarktchancen für Frauen*, Beiträge zur Arbeitsmarkt- und Berufsforschung, Nr. 258, Nürnberg, 207–260.

Müller, Ursula (1998), »Asymmetrische Geschlechterkultur in Organisationen und Frauenförderung als Prozeß – mit Beispielen aus Betrieben und der Universität«, in: *Zeitschrift für Personalforschung*, 12/2, 123–142.

Naylon, Isabel/Weber, Friederike (2000), *Gender Mainstremaing als Ansatz einer Politik der Gleichstellung am Arbeitsmarkt. Die ESF-Vorgaben als Impuls für die Berücksichtigung der Chancengleichheit von Frauen und Männern in der Arbeitsmarktpolitik*, AMS report 14, Wien.

Nickell, Stephen/Layard, Richard (1997), *Labour Market Institutions and Economic Performance, The Labour Market Consequences of Technical and Structural Change*, Discussion paper series Nr. 23, Centre for Economic Performance, University of Oxford, Oxford.

Nohr, Barbara (2001), »Total E-quality, diversity und Gedöhns«, in: *Forum Wissenschaft*, 2/01, 15 – 19.

Ochs, Christiane/Seifert, Hartmut, (1992), Frauen und Arbeitsmarktpolitik, in: *WSI-Mitteilungen*.

OECD (2003), *Babies and Bosses. Reconciling Work and Family Life. Austria, Ireland and Japan,* Bd.2, Paris.

— (1993), »Active Labour Market Policies. Assesssing Macroeconomic and Microeconomic Effects«, in: *Employment Outlook,* 39–80.

Offe, Claus/Hinrichs, Karl (1984), »Sozialökonomie des Arbeitsmarktes: primäres und sekundäres Machtgefälle«, in: Offe, Claus (Hg.), *Arbeitsgesellschaft: Strukturprobleme und Zukunftsperspektiven,* Frankfurt a. M./New York.

Ostendorf, Helga (1996), »Überlegungen zur Geschlechterpolitik staatlicher Institutionen – Die Chancen der Implementation frauenfördernder Bildungsprogramme«, in: *Zeitschrift für Frauenforschung,* 3/96, 23–38.

— (1987), »Arbeitsbeschaffungsmaßnahmen für Frauen? Die Unzulänglichkeit des ›wichtigsten arbeitsmarktpolitischen Instruments‹«, in: Rudolph, Helga u. a. (Hg.), *Ungeschützte Arbeitserhältnisse. Frauen zwischen Risiko und neuer Lebensqualität,* Hamburg, 29–41.

Ostner, Ilona (1982), *Beruf und Hausarbeit. Die Arbeit der Frau in unserer Gesellschaft,* 3. Aufl., Frankfurt a. M.

Papouschek, Ulrike/Pastner, Ulrike (1999), *Über die Entwicklung der Bildung und Berufsausübung von Frauen in Österreich,* Hochschulberich,t Bd. 3, Bundesministerium für Wissenschaft und Verkehr, Wien.

Pastner, Ulrike (2000), *The Austrian NAP 2000 from a Gender Perspective. Final Report for the EU-Group of Experts ›Gender and Employment‹,* FORBA Research Report 1/00, Wien.

— (1998), *The Gender Aspects of the Austrian National Action Plan (NAP), Report for the EU-Group of Experts ›Gender and Employment‹,* FORBA Research Report 6/98, Vienna.

— (1997), *Über die Diskriminierung der Frauen am Arbeitsmarkt – und die Schwierigkeit, diesem Phänomen beizukommen,* Dissertation an der Wirtschaftsuniversität Wien.

Pechar, Hans/Unger, Martin/Bönisch, Markus (2005), *Equity in Education. Eine Bestandsaufnahme der Situation in Österreich,* Draft, IFF-Projektbericht, Wien.

Pimminger, Irene (1999), *Chancengleichheit im ESF. Qualitative Evaluierung der ESF-Programmperiode 1995-1999.* Projektbericht, Wien.

Rabe, Brigitta (2000), *Wirkungen aktiver Arbeitsmarktpolitik. Evaluierungsergebnisse für Deutschland, Schweden, Dänemark und die Niederlande,* Discussion Paper FS I 00-208, Wissenschaftszentrum Berlin, Berlin.

Rawls, John (1975), *Eine Theorie der Gerechtigkeit,* Frankfurt a. M.

Rees, Theresa (1998), *Mainstreaming Equality in the European Union, Education, Training and Labour Market Policies,* London/New York.

Riegraf, Birgit (2000), »Organisationswandel, Organisationslernen und das Geschlechterverhältnis«, in: Lenz, Ilse/Nickel, Hildegard Maria/Riegraf, Birgit (Hg.), *Geschlecht, Arbeit, Zukunft,* Forum Frauenforschung Band 12, Münster, 155–177.

— (1996), *Geschlecht und Mikropolitik. Das Beispiel betrieblicher Gleichstellung*, Opladen.

Rosenberger, Sieglinde (2001), »Die Geschlechterpolitik der Wende«, in: *Kurswechsel*, 1/2001, 31–37.

Rosenberger, Sieglinde K./Sauer, Birgit (Hg.) (2004), *Politikwissenschaft und Geschlecht*, Wien.

Rothschild, Kurt W. (1988), *Theorien der Arbeitslosigkeit*, Oldenbourg u. a.

Rubery, Jill/Fagan, Colette (1998), *Chancengleichheit und Beschäftigung in der Europäischen Union*, Bundesministerium für Arbeit, Gesundheit und Soziales, Wien.

Sauer, Birgit (2004), »Ein ewiges Pilotprojekt? Gender Mainstreaming in Österreich«, in: Meuser, Michael/Neusüß, Claudia (Hg.), *Gender Mainstreaming. Konzepte, Handlungsfelder, Instrumente*, Bonn/Berlin, 169–181.

Schambach, Gabriele/Bargen, Henning von (2004), »Gender Mainstreaming als Organisationsveränderungsprinzip – Instrumente zur Umsetzung von Gender Mainstreaming«, in: Meuser, Michael/Neusüß, Claudia (Hg.), *Gender Mainstreaming. Konzepte, Handlungsfelder, Instrumente*, Bonn/Berlin, 274–290.

Schernhammer, Bruno/Adam, Ursula (2002), *Evaluierung von jobcoaching2000*, AMS Report Nr. 31, Wien.

Schmid, Günther/O'Reilly, Jaqueline/Schömann, Klaus (eds.) (1996), *International Handbook of Labour Market Policy and Evaluation*, Cheltenham.

Schmid, Günther/Kull, Silke (2004), *Die Europäische Beschäftigungsstrategie. Anmerkungen zur ›Methode der offenen Koordination‹*, WZB-Diskussionspapaer SPI 2004-103, Berlin.

Schmid, Josef/Blancke, Susanne (2001), *Arbeitsmarktpolitik der Bundesländer. Chancen und Restriktionen einer aktiven Arbeitsmarkt- und Strukturpolitik im Förderalismus*, Berlin.

Schmid, Tom (1997), »Aktive Arbeitsmarktpolitik«, in: GPA (Hg.), *Stillgelegt. Weichenstellungen für den Arbeitsmarkt im Jahr 2000*, Wien, 143–159.

Schmid, Kurt (2003), *Geschlechtstypische Schulwahl in der Sekundarstufe I und II*, IBW-Mitteilungen Oktober 2003

Schmidt, Verena (2003), *Gender Mainstreaming – an Innovation in Europe? The Institutionalisation of Gender Mainstreaming in the European Commission*, Opladen.

Schönig, Werner (2001), »Methoden und Probleme der Evaluation aktiver Arbeitsmarktpolitik«, in: *WSI-Mitteilungen*, 9/2001, 562–565.

Schunter-Kleemann, Susanne (2001), »Gender Mainstreaming – neoliberale Horizonte eines neuen Gleichstellungskonzepts«, in: *Kurswechsel*, 3/2001, 15–25.

Schütz, Holger (2001), »Zielsteuerung in europäischen Arbeitsverwaltungen«, in: *Mitteilungen aus der Arbeitsmarkt- und Berufsforschung*, 2/2001, 207–225.

Sesselmeier, Werner/Blauermel, Gregor (1997), *Arbeitsmarkttheorien – Ein Überblick*, 2. Aufl., Heidelberg.

Sprengseis, Gabi (2000), *Die Implementierung des Wiedereinsteigerinnen-Sonderprogramms 1996 im Arbeitsmarktservice Österreich*, Diplomarbeit an der Universität Wien.

Stiegler, Barbara (2002), *Gender macht Politik. 10 Fragen und Antworten zum Konzept Gender Mainstreaming,* Expertisen zur Frauenforschung, Friedrich-Ebert-Stiftung, Bonn.

— (2000), *Wie Gender in den mainstream kommt: Konzepte, Argumente und Praxisbeispiele zur EU-Strategie des Gender Mainstreaming,* Expertisen zur Frauenforschung, Friedrich-Ebert-Stiftung, Bonn.

— (1998), *Frauen im Mainstreaming. Politische Strategien und Theorien zur Geschlechterfrage,* Expertisen zur Frauenforschung, Friedrich-Ebert-Stiftung, Bonn.

Stockhammer, Hilde (2003) »Gleichstellung als Ziel der Arbeitsmarktpolitik?«, in: *Kontraste,* 3/2003, 26–27.

Stromberger, Christine (1991), »Frauen am Rande des Nervenzusammenbruchs? Widerspruch zwischen Feminismus und Institution«, in: Angerer, Marie-Luise u. a. (Hg.), *Auf glattem Parkett. Feministinnen in Institutionen,* Wien, 163–175.

Tálos, Emmerich (Hg.) (1999), *Atypische Beschäftigung. Internationale Trends und sozialstaatliche Regelungen,* Wien.

Tondorf, Karin (2001), »Gender Mainstreaming – verbindliches Leitprinzip für Politik und Verwaltung«, in: *WSI Mitteilungen,* 4/2001, 271–279.

Unger, Martin /Angela Wroblewski (2005), »ESF-Ziel3 aus der Sicht der Maßnahmenträger«, in: Hedwig Lutz, Helmut Mahringer (WIFO), *Evaluierung Europäischer Sozialfonds 2000–2006: Ziel 3 – Österreich,* WIFO-Projektbericht, Wien.

Verloo, Mieke (2001), »Another Velvet Revolution? Gender Mainstreaming and the Politics of Implementation«, in: *IWM Working Paper,* 5/2001, Wien.

Vogel, Bernhard (1995), »›Wenn der Eisberg zu schmelzen beginnt…‹ – Einige Reflexionen über den Stellenwert und die Probleme des ExpertInneninterviews in der Praxis der empirischen Sozialforschung«, in: Brinkmann, Christian/ Deeke, Axel/Völkel, Brigitte (Hg.), *ExpertInneninterviews in der Arbeitsmarktforschung,* Beiträge zur Arbeitsmarkt- und Berufsforschung Nr. 191, Nürnberg, 73–84.

Wagner, Thomas/Jahn, Elke J. (2004), *Neue Arbeitsmarkttheorien,* 2. Aufl. Stuttgart.

Walter, Wolfgang (1994), »Strategien der Politikberatung. Die Interpretation der Sachverständigenrolle im Lichte von Experteninterviews«, in: Hitzler, Ronald/Honer, Anne/Maeder, Christoph (Hg.), *Expertenwissen. Die institutionalisierte Kompetenz zur Konstruktion von Wirklichkeit,* Opladen.

Weber, Andrea/Hofer, Helmut (2003), *Active Job-search Programs a Promising Tool? A Microeconometric Evaluation for Austria,* IHS Reihe Ökonomie Nr. 131, Wien.

Weinbach, Heike (2001), »Über die Kunst, Begriffe zu fluten«, in: *Forum Wissenschaft,* 2/01, 6–10.

West, Candace/Zimmerman, Don H. (1998), »Doing Gender«, in: Myers, Cristen/Anderson, Cynthia/Risman, Barbara J. (Hg.), *Feminist Foundations, Towards Transforming Sociology,* Thousand Oaks u. a., 167–190

Wetterer, Angelika (2003), »Gender Mainstreaming und Managing Diversity. Rethorische Modernisierung oder Paradigmenwechsel in der Gleichstellungspolitik«, in: Schacherl, Ingrid (Hg.), *Gender Mainstreaming. Kritische Reflexionen,* Innsbruck, 131–151.

Wiechmann, Elke/Kißler, Leo (1997), *Frauenförderung zwischen Integration und Isolation. Gleichstellungspolitik im globalen Modernisierungsprozess,* Berlin.

Wiederschwinger, Margit (1987), »›Problemgruppe‹ Frauen – Arbeitsmarktpolitik für Frauen«, in: Talos, Emmerich/Wiederschwinger, Margit (Hg.), *Arbeitslosigkeit. Österreichs Vollbeschäftigungspolitik am Ende?,* Wien, 167–180.

Williams, Christine L. (1993) (Hg.), *Doing ›women's work‹ Men in nontraditional occupations.* Newbury Park.

Wilz, Sylvia M. (2004), »Organisation: die Debatte um ›Gendered Organizations‹«, in: Becker, Ruth/Kortendiek, Beate (Hg.), *Handbuch Frauen- und Geschlechterforschung,* Wiesbaden, 443–449.

— (2002), *Organisation und Geschlecht. Strukturelle Bindungen und kontingente Kopplungen,* Opladen.

Woodward, Alison E. (2004), »Gender Mainstreaming als Instrument der Innovation von Institutionen«, in: Meuser, Michael/Neusüß, Claudia (Hg.), *Gender Mainstreaming. Konzepte, Handlungsfelder, Instrumente,* Bonn, Berlin, 86–102.

— (2001), *Gender Mainstreaming in European Policy: Innovation or Deception,* Discussion Paper WZB-Berlin.

Wroblewski, Angela (2004), »More Activation – More Chances for the Unemployed? Changes in Austria's active labour market policy after accessing the European Union«, in: *European Journal of Social Security,* Jg. 6, 1, 60–82.

Wroblewski, Angela/Leitner Andrea (2005), *Lernen von den Besten. Interdependenzen von Frauenerwerbstbeteiligung und Geburtenzahlen im Ländervergleich,* Edition der Hans Böckler Stiftung Nr. 130, Düsseldorf.

— (2004). *Benchmarking Chancengleichheit: Österreich im EU-Vergleich,* IHS Reihe Soziologie Nr. 67, Wien.

Wroblewski, Angela/Gindl, Michaela/Leitner, Andrea/Pellert, Ada/Woitech, Birgit/Lassnigg, Lorenz/Polt, Wolfgang (2005a), *Wirkungsanalyse frauenfördernder Maßnahmen des bm:bwk,* IHS-Projektbericht, Wien.

Wroblewski, Angela/Leitner, Andrea/Steiner, Peter (2005b), *Gendersensible Statistik. Vom Sex-Counting zur Genderanalyse,* IHS-Projektbericht, Wien.

Young, Brigitte (1995), »Staat, Ökonomie und Geschlecht«, in: Kreisky, Eva/ Sauer, Birgit (Hg.), *Feministische Standpunkte in der Politikwissenschaft,* Frankfurt a. M., 255–281.

Zilian, Hans-Georg. (Hg.) (2004), *Insider und Outsider,* München und Mering.

Zweimüller, Josef/Winter-Ebmer, Rudolf (1994), »Gender Wage Differentials in Private and Public Sector Jobs«, in: *Journal of Population Economics 7,* 271–285.

# Verzeichnis der Übersichten, Tabellen und Grafiken

# Verzeichnis der verwendeten Abkürzungen

| | |
|---|---|
| AlVG | Arbeitslosenversicherungsgesetz |
| AMFG | Arbeitsmarktförderungsgesetz |
| AMP | Arbeitsmarktpolitik |
| AMPFG | Arbeitsmarktpolitikfinanzierungsgesetz |
| AMS | Arbeitsmarktservice |
| AMSG | Arbeitsmarktservicegesetz |
| AMV | Arbeitsmarktverwaltung |
| AÜG | Arbeitskräfteüberlassungsgesetz |
| BGS | Bundesgeschäftsstelle |
| BMSG | Bundesministerium für soziale Sicherheit, Generationen und Konsumentenschutz |
| BMWA | Bundesministerium für Wirtschaft und Arbeit |
| DLU | Deckung des Lebensunterhalts |
| DWH | Data Warehouse |
| EAGFL | Europäischer Ausrichtungs- und Garantiefonds für Landwirtschaft |
| EFQM | European Foundation for Quality Management |
| EFRE | Europäische Fonds für regionale Entwicklung |
| EPPD | Einheitliches Programmplanungsdokument |
| ESF | Europäischer Sozialfonds |
| EU | Europäische Union |
| IESG | Insolvenzentgeltsicherungsgesetz |
| IKT | Informations- und Kommunikationstechnologie |
| IMAG GM | Interministerielle Arbeitsgruppe für Gender Mainstreaming |
| IT | Informationstechnologie |
| LGS | Landesgeschäftsstelle |
| MBO | Management by Objectives |
| NAP | Nationaler Aktionsplan |
| RGS | Regionale Geschäftsstelle |
| SUG | Sonderunterstützungsgesetz |

# Anhang

GesprächspartnerInnen in ExpertInneninterviews

Hr. Buchinger, BGS AMS
Fr. Stockhammer, Frauenabteilung BGS AMS
Fr. Egger, Frauenabteilung BGS AMS
Fr. Muschl, Frauenreferentin LGS Wien
Fr. Finster, Leitung LGS Wien
Hr. Fröller, Controlling LGS Wien
Hr. Söchting, Förderabteilung LGS Wien
Fr. Kindermann, Frauenreferentin LGS Steiermark
Hr. Faschingbauer, Leitung LGS Steiermark
Fr. Rautner, Controlling LGS Steiermark
Hr. Uitz, Förderabteilung LGS Steiermark
Fr. Eckhart, RGS Esteplatz Wien
Fr. Knapp-Sattler, RGS Esteplatz Wien
Fr. Lindegger, RGS Schlosshofer Str. Wien
Hr. Hinterholzer, RGS Schlosshofer Str. Wien
Fr. Marx, RGS Graz
Hr. Pichler, RGS Graz
Fr. Haas, RGS Voitsberg
Hr. Schmidt, RGS Voitsberg
Fr. Scambor, Beraterin für Gender Mainstreaming der LGS Steiermark
Fr. Aigner, Frauenreferentin LGS Niederösterreich
Fr. Prükler, Frauenreferentin LGS Burgenland
Fr. Perndorfer, Frauenreferentin LGS Salzburg
Fr. Winder, Frauenreferentin LGS Vorarlberg
Fr. Dallinger-König, Frauenreferentin LGS Tirol
Fr. Sailer, Frauenreferentin LGS Oberösterreich
Fr. Perner, Frauenreferentin LGS Kärnten
Fr. Pimminger, GeM Koordinationsstelle (2 Interviews)
Fr. Bergmann, GeM Koordinationsstelle (2 Interviews)
Fr. Dungl, Förderabteilung BGS

*Tabelle 11: Maßnahmen der Arbeitsmarktförderung (2000–2003)*

| | *Frauen* | *Männer* | *Gesamt* | *Frauen* | *Männer* | *Frauenanteil* |
|---|---|---|---|---|---|---|
| *LMP 2 Schulung* | *324.195* | *315.732* | *77,2%* | *73,8%* | *81,0%* | *50,7%* |
| Beihilfe zu Kursen am freien Bildungsmarkt | 63.258 | 53.791 | 14,1% | 14,4% | 13,8% | 54,1% |
| Lehrstellenförderung | 7.907 | 10.524 | 2,3% | 1,8% | 2,7% | 41,5% |
| Sonderprogramm Lehrwerkstätten | 0 | 390 | 0,1% | 0% | 0,1% | 0% |
| Vorlehre | 0 | 390 | 0 | 0 | 0,1% | 0% |
| Arbeitsstiftung | 6.150 | 10.524 | 2,0% | 1,4% | 2,7% | 37,1% |
| Schulung in Betrieben | 1.318 | 1.559 | 0,3% | 0,3% | 0,4% | 53,0% |
| Aktive Arbeitsuche | 86.101 | 105.244 | 23% | 19,6% | 27% | 45,2% |
| Berufsorientierung | 32.068 | 23.388 | 6,7% | 7,3% | 6,0% | 57,7% |
| Fachl. Qualifizierung | 112.897 | 92.770 | 24,8% | 25,7% | 23,%8 | 54,9% |
| Arbeitstraining | 5.711 | 8.186 | 1,6% | 1,3% | 2,1% | 43,1% |
| JASG-Lehrgang | 5.271 | 5.067 | 1,3% | 1,2% | 1,3% | 48,9% |
| JASG-Orientierung | 3.514 | 3.898 | 1,0% | 0,8% | 1,0% | 42,4% |
| *LMP 4 Beschäftigungsanreize* | *89.615* | *37.420* | *15,3%* | *20,4%* | *9,6%* | *70,6%* |
| Kinderbetreuungsbeihilfe | 53.154 | 1.169 | 6,5% | 12,1% | 0,3% | 98,6% |
| Eingliederungsbeihilfe | 36.461 | 36.251 | 8,8% | 8,3% | 9,3% | 50,0% |
| *LMP 6 Direkte Beschäftigungsschaffung* | *15.814* | *17.541* | *4%* | *3,6%* | *4,5%* | *47,7%* |
| Gemeinnützige Beschäftigungsprojekte | 5.711 | 6.626 | 1,5% | 1,3% | 1,7% | 45,9% |
| Sozialökonomische Betriebe | 8.786 | 10.914 | 2,3% | 2% | 2,8% | 46,1% |
| Kinderbetreuungs-einrichtung | 1.318 | 0 | 0,2% | 0,3% | 0 | 79,5% |
| *LMP 1 + 7 Beratung Gründungsinitiativen* | *9.664* | *19.100* | *3,4%* | *2,2%* | *4,9%* | *34,3%* |
| Unternehmensgründungs-programm | 6.150 | 11.694 | 2,1% | 1,4% | 3% | 35,3% |
| Gründungsbeihilfe | 3.514 | 7.406 | 1,3% | 0,8% | 1,9% | 32,6% |
| *Insgesamt* | *439.289* | *389.792* | *100%* | *100%* | *100%* | *53,0%* |

LMP-Kategorie steht für Labour Market Policy-Kategorien von Eurostat.

*(Quelle: Lutz u. a. 2005)*

# Danksagung

Bei der vorliegenden Arbeit handelt es sich um eine leicht überarbeitete Version meiner Dissertation, die ich im Herbst 2005 an der Universität Wien abgeschlossen habe. Mein besonderer Dank gilt Prof. Anton Amann und Prof. Christine Goldberg, die die Dissertation mit Interesse betreut und mit ihren Anregungen und Kommentaren zum Gelingen der Arbeit beigetragen haben.

Margarete Kreimer und Angela Wroblewski haben die Studie nicht nur durch inhaltliche Anregungen und Diskussionen, sondern auch durch Aufmunterungen vorangetrieben. Gabriele Sprengseis und Barbara Neubauer haben bei der Durchführung und Interpretation der Interviews mitgewirkt. Gertraud Stadler hat den Text lektoriert und damit dafür gesorgt, dass die Aufmerksamkeit beim Lesen bei den Inhalten und nicht bei den Tippfehlern bleibt. Lorenz Lassnigg, mit dem ich meine ersten Projekte im Bereich der Arbeitsmarkt- und Frauenpolitik durchgeführt habe, hat meine Sichtweise der Problematik geprägt und ist damit in der vorliegenden Arbeit präsent. Danke!

Besonders wichtig für diese Arbeit waren die InterviewpartnerInnen, die ihre Zeit zur Verfügung gestellt haben und mit viel Offenheit über ihre alltägliche Praxis und die Erfahrungen mit Gleichstellungspolitik berichtet haben. Für ihre Kooperationsbereitschaft möchte ich mich herzlich bedanken und hoffe, dass die vorliegende Arbeit ihr Engagement für eine gleichstellungsorientierte Arbeitsmarktpolitik unterstützen kann.

Und nicht zuletzt möchte ich mich bei meiner Familie bedanken, die mich dabei unterstützt hat, in der Balance des Lebens nicht nur die Arbeit für Beruf und Familie unterzubringen, sondern auch noch die Zeit für dieses Buch.

# Politik der Geschlechterverhältnisse

Patricia Purtschert
**GRENZFIGUREN**
Kultur, Geschlecht und Subjekt bei Hegel und Nietzsche
*Band 33 · 2006 · 209 Seiten · ISBN 978-3-593-38215-9*

Eva Kreisky, Georg Spitaler (Hg.)
**ARENA DER MÄNNLICHKEIT**
Über das Verhältnis von Fußball und Geschlecht
*Band 30 · 2006 · 372 Seiten · ISBN 978-3-593-38021-6*

Martin Weidinger
**NATIONALE MYTHEN – MÄNNLICHE HELDEN**
Politik und Geschlecht im amerikanischen Western
*Band 31 · 2006 · 264 Seiten · ISBN 978-3-593-38036-0*

Eva Sänger
**BEGRENZTE TEILHABE**
Ostdeutsche Frauenbewegung und Zentraler Runder Tisch in der DDR
*Band 29 · 2005 · 369 Seiten · ISBN 978-3-593-37847-3*

Christina Schachtner, Gabriele Winker (Hg.)
**VIRTUELLE RÄUME – NEUE ÖFFENTLICHKEITEN**
Frauennetze im Internet
*Band 27 · 2005 · 264 Seiten · ISBN 978-3-593-37726-1*

Ute Behning, Birgit Sauer (Hg.)
**WAS BEWIRKT GENDER MAINSTREAMING?**
Evaluierung durch Policy-Analysen
*Band 25 · 2005 · 240 Seiten · ISBN 978-3-593-37608-0*